宗教学纲要

吕大吉　　主编

吕大吉　龚学增
何其敏　金　泽　　编著
魏　琪

高等教育出版社·北京

内容简介

本书坚持以马克思主义为指导，强调以真理为师，博采众长；在吸取国内外宗教学研究最新成果的基础上，提出"学术需理性、信仰要宽容"的原则，对各种形式的宗教进行实事求是的具体分析和评价；其中的一些学术观点，如"宗教四要素说"以及宗教是一种"社会文化形式"而不仅仅是一种政治性的"社会意识形态"等，已成为一家之说并形成广泛影响。本书以吕大吉所著《宗教学通论》（荣获第四届中国图书奖一等奖、第一届国家图书奖提名奖中国社会科学院优秀著作一等奖、中国国家哲学社会科学基金项目一等奖等奖项）及《宗教学通论新编》为蓝本，重新编写而成；主要可供高等院校哲学和宗教学专业教学使用，也是高校文化素质教育和社会读者的最新读本。

图书在版编目（CIP）数据

宗教学纲要/吕大吉主编．—北京：高等教育出版社，2003.12（2024.8 重印）

ISBN 978-7-04-013116-1

Ⅰ.宗…　Ⅱ.吕…　Ⅲ.宗教学-高等学校-教材　Ⅳ.B920

中国版本图书馆 CIP 数据核字（2003）第 101991 号

出版发行	高等教育出版社	咨询电话	400-810-0598
社　　址	北京市西城区德外大街 4 号	网　　址	http://www.hep.edu.cn
邮政编码	100120		http://www.hep.com.cn
印　　刷	三河市潮河印业有限公司	网上订购	http://www.landraco.com
开　　本	787×960　1/16		http://www.landraco.com.cn
印　　张	27.25	版　　次	2003 年 12 月第 1 版
字　　数	470 000	印　　次	2024 年 8 月第 22 次印刷
购书热线	010-58581118	定　　价	47.70 元

物 料 号　13116-00

目　　录

第2编 宗教的起源和发展

绪　　论

第一节　学习宗教学的意义

一、全面了解历史，批判继承传统文化的必要途径

人类文明的历程是一脉相承的连续体，没有人类艰辛创业的昨天，也就没有人类引以自豪的今天。现代和未来的文明植根于既往的文明，为了把握现在，建设未来，必须考察既往。既往的文明包含物质文明和精神文明两类，在全面考察这两类文明之时，任何人都会发现一个久远而普遍的现象，这就是宗教。如果说宗教作为上层建筑对物质文明的影响只是间接的、部分的，那么，它作为社会文化形式对精神文明的影响则是直接的、全面的。在人类漫长的历史时代和广阔的地域内，宗教在很大程度上控制着社会的思想文化领域。在批判地继承以往的精神文明，建设新的精神文明的事业中，若忽视了对宗教的研究，肯定是不全面的。

宗教是一种十分古老而普遍的社会文化现象，也是至今依然存在，在社会和人生的各个方面发挥着重大影响的社会现实。它历尽人世沧桑，但历史的种种变迁只不过使它不断改变着自己的形态。它高踞于上层建筑的顶端，曾经使不可一世的君王俯伏于庙堂之下，使叱咤风云的英雄跪拜在神座之前。它在上层建筑和意识形态的各个领域都打上了自己的印记，对它们产生了广泛而深远的影响。哲学要追求宇宙的真理，宗教则说最高的真理是上帝的存在；科学要破解自然的奥秘，宗教则说神灵是自然的主宰；道德要寻求崇高的善，宗教则说崇高的善是对神的信和爱；艺术要创造惊心动魄的美，宗教则说高雅的美来自神赋予人的灵感。这些宗教观念渗透在许多哲学家、科学家、思想家、政治家、艺术家的思想里，在他们标榜真善美的著作和业绩中留下了深深的烙印。天堂地狱之教，因果报应之说，更是深入善男信女的心灵，成为指导其生活与行为的一种准则。宗教在社会历史上所起的作用之大，于群众生活的影响之深，是难以尽说的。要

了解一个国家和民族的社会、历史、文化和民族的心理特性,而不了解它的宗教传统,终不过是隔岸观花,难尽其妙。

二、培养和树立社会成员科学的世界观和健康向上的人生观

宗教作为人类社会发展到一定历史阶段的必然产物,在人类文化史上占有一定的历史地位。它作为一种社会文化体系,在一定的社会历史条件下,对于整合社会、促进社会稳定起到了应起的作用。但是,宗教观念毕竟是有神论,用马克思的话说,它是一种“颠倒的世界观”。这就决定了它对世界的认识带有很大的局限性,在基本的方面不符合客观世界的本来面目和发展规律。在宗教漫长发展的历史进程中,宗教有神论对社会的影响十分深远。宗教的神不过是人把自己的本质和属性加以异化的结果,但宗教却把神抬到主宰万事万物的至高无上的位置。人创造了神,但人自己却拜倒在自己的创造物面前。宗教抬高神,就必然贬低人。在宗教统治社会思想文化领域的年代,人性曾遭到压抑甚至摧残,人的认识世界和改造世界的能动性得不到充分的发挥。这就是宗教有神论的消极作用。

随着人类社会生产力的不断发展和科学的不断进步,人类对客观世界的认识越来越接近它的本来面貌。先进的思想家、哲学家、自然科学家不断涌现,他们开创了人类文化的黎明,不断剥开原始时代、史前时代人们加于世界之上的神秘外衣,不断地把宗教家颠倒了的世界观再颠倒过来,把神还原为人,把神性还原为人性,把天国还原为人世,把宗教还原于社会。这就在中外各历史阶段上产生了反对宗教蒙昧主义的启蒙思潮。这种启蒙思想,在历史上一直起着破除蒙昧、启迪文明、发展科学、推动社会的作用。

当今时代,经济发展,科技进步,人类精神文明达到了新的水平。我国是一个发展中的大国,也正迅速地走向现代化。实现我国的现代化,关键是要不断提高全民族的科学文化水平和道德素质。但是,目前我国国民的素质还不能完全适应飞速发展的现代化进程的要求。就以宗教方面的情况来说,我国宗教总体上说还处于较低层次的发展水平。特别是教职人员的文化修养、宗教修持有待提高,还不适应现代化社会对宗教的要求;社会上还有不少人对宗教持有不正确的态度,这既表现为一些人片面地把宗教视为社会主义社会的异己力量,也表现为一些人不加分析地无原则地美化宗教;还要看到,宗教的有神论在社会上还有很大的影响,尤其在一定程度上影响着青少年。我国是一个处于社会主义初级阶段的国家,思想文化的多元化是很正常的现象,但是主旋律应该是弘扬科学的

世界观和科学精神。要用科学的世界观和科学的宗教学知识帮助人们正确认识和对待宗教,特别是对青少年进行科学的启蒙宗教观的教育,这种教育是一个健全社会所必需的。学习和研究科学的宗教学,有助于全社会成员特别是青少年培养和树立科学的世界观和健康向上的人生观。

三、对各种具体的宗教现象、宗教史的研究具有认识论和方法论的意义

宗教学的研究涉及面很广。近20多年来,我国的宗教学研究逐步走向繁荣,并纷纷走上了高等学校的殿堂,特别是对各种具体宗教和历史的研究更是丰富多彩,成果累累。随着对具体宗教研究的深入,学者们越来越感到宗教研究方法论的重要性。宗教学发展史证明,如果没有真正科学的宗教理论提供认识论和方法论的指导,研究工作是难以开展的。科学的宗教学通过对各种具体宗教进行综合性的比较研究,在此基础上揭示出宗教的本质、功能和发展规律,对具体的宗教研究能起到提供理论分析的工具的作用,从而具有认识论和方法论的意义。在这方面,宗教学和具体的宗教研究的关系,与哲学和各门具体科学的关系是相似的。

四、有助于正确地认识和处理与宗教有关的国际国内政治,稳定社会秩序

宗教在现代社会继续保持着旺盛的生命力和对世界的强大影响。在各种宗教内部的不同教派之间,在宗教与宗教之间,在宗教与社会生活各个方面产生的错综复杂的矛盾和冲突,已成为当今世界社会政治问题的一个热点。

放眼全球,全世界现有2 000多个大小民族,分布在200多个国家和地区,总人口约60亿人,其中4/5的人口至今仍然程度不同地信仰着各种宗教,宗教的精神力量仍然十分强大。几万个大大小小的宗教组织,特别是基督教、伊斯兰教和佛教这三大世界宗教组织作为现实的社会力量活跃在世界舞台,它们利用各种手段传播着自己的宗教,广泛参与社会的各种活动,发挥着自己独特的作用。

近看我国,中国的发展离不开世界。我国的宗教问题与世界宗教问题的关系也十分密切。中国是一个多民族、多宗教的国家,各种宗教源远流长,国际联系广泛。现在信仰各种宗教的人口超过1亿人,宗教活动场所8.5万余处,宗教团体3 000多个,宗教教职人员约30万人。新中国成立后,由于社会制度发生根

本变革,对宗教制度也进行了民主改革,使我国宗教的状况发生了重大的变化。近20多年来,随着中国社会改革开放的深入发展,传统的计划经济体制逐步向社会主义市场经济体制过渡,经济社会的发展不断融入国际社会。这一过程充满着矛盾,国际国内的各种社会矛盾自然也会反映到宗教领域之中。

目前,我国各宗教的广大信教群众和绝大多数宗教教职人员正努力适应中国特色社会主义的事业,在国家的现代化建设中发挥着积极作用。另一方面也要看到,我国的宗教总体上有了较快发展,个别宗教发展更为迅速,宗教的社会影响明显增强。目前,在建立社会主义市场经济体制的社会转型时期,社会上一些混乱无序的现象也反映到了宗教领域。境外某些宗教加大了对我国传教的力度,特别是境外敌对势力利用宗教对我国的政治渗透逐步加剧,影响到我国宗教方面和社会生活的稳定。宗教问题与民族问题相互交织引起的社会矛盾也比较突出。民族分裂主义分子利用宗教进行的破坏民族团结和祖国统一的罪恶活动有所加强。邪教、迷信活动以及伪科学真巫术的现象也在干扰着合法宗教的正常活动。

丰富多彩的宗教现象,错综复杂的宗教问题,给我们提出了一系列的问题:宗教究竟是什么?宗教经久不衰的原因何在?宗教为什么会对人类的历史发展产生这么大的影响?如何评价宗教的社会历史作用?怎样批判地继承宗教的传统文化?宗教问题在社会生活中究竟占有什么样的地位?怎样正确认识和处理好我国的宗教问题?

历史证明,能否科学地认识宗教,能否正确处理好宗教领域中的各种矛盾,是一个关系社会全局的大问题。对我国现阶段来说,能否正确处理好宗教问题直接关系到国家的执政者同人民群众的血肉联系,关系到社会主义物质文明和精神文明建设,关系到加强民族团结、保持社会稳定、维护国家安全和祖国统一,关系到我国的对外关系,具有重大的政治意义。研究和学习宗教学这门学问,应该有助于我们正确认识和对待国内外现实的宗教问题。

第二节 宗教学的历史、性质和内容构成

一、宗教学发展史概述

“宗教学”作为一门独立的人文学科,是19世纪70年代以后由西欧的宗教学者逐步创立的。19世纪下半叶以后,西欧各国的宗教研究出现了真正的高

潮,其显著特点是:一方面它逐渐摆脱传统宗教神学的束缚,不是站在信仰主义的立场,而是以理智的态度对宗教现象进行学术性的研究;另一方面,它又从哲学体系中分化出来,以“宗教学”或“比较宗教学”的名称,成为一门独立的人文学科。1870 年,英籍德国学者麦克斯·缪勒在英国皇家学会作了题为《宗教学导论》的一系列学术讲演,他在这里第一次提出了“宗教学”这个概念。同时,他对宗教的研究远远超出了传统基督教的范围,对古代的宗教和东方的宗教作了较为广泛的比较性研究。所以,西方的宗教学者一般都把缪勒称为宗教学的奠基人,把《宗教学导论》的讲演看作是宗教学的开端。

近代宗教学的兴起是由当时的社会历史条件决定的。主要条件有三:

第一,启蒙思想的发展动摇了基督教的独断统治。15 世纪欧洲文艺复兴以来,自然科学、人文主义启蒙思想、唯物主义哲学和无神论宗教观有了强大发展,从各方面给予宗教和教会以沉重打击。基督教及其教会从中世纪以来的独断性统治地位被严重动摇,神灵的地位显著下降。人们,特别是知识分子阶层逐渐把对宗教信仰的虔诚视为愚昧的迷信。这就为宗教研究者创造了一种思想条件,使他们有可能不再把宗教视为盲目信仰的对象,而当作理智思考的对象。他们开始把基督教当作世界上众多宗教的一种,把它摆在与其他宗教并列的地位上作比较性的考察。如果没有启蒙思想对信仰主义和基督教至上主义的冲击,对宗教进行理性的思考和学术性的研究是完全不可能的。在这个意义上,近代西方的比较宗教学是启蒙思想的产物。

第二,学者宗教视野的扩大和世界上各种宗教资料的积累。16 世纪的地理大发现,打开了欧洲人的眼界,学者们走出了西欧—地中海地区的狭小天地,越来越多地接触到世界其他地区和民族的文化和宗教。随着知识和资料的积累,从 17 世纪到 19 世纪上半叶,陆续出现了一些对不同宗教和宗教现象进行分析比较的著作。如爱德华·布雷尔伍德的《世界主要地区语言差异和宗教差异研究》(1614)、亚历山大·罗斯的《世界全部宗教一揽》(1653)、拉菲托的《美洲野蛮人的风俗与原始时代的风俗之比较》(1724)、皮卡德和伯纳德的《世界各民族的宗教习俗和仪式》(1723—1724)、迪皮伊的《各种宗教信仰的起源》(1795)、本杰明·康斯坦特的《宗教》五卷本(1824—1831)等著作。这就使宗教学者对世界上各种宗教进行比较性的综合研究成为可能。

第三,进化论观念对比较宗教研究的影响。18 世纪的启蒙思想家霍尔巴赫以及休谟、19 世纪的黑格尔和孔德都曾以不同形式提出了宗教发展观的主张。其中,虽然是半有宗教史实的依据,半属哲学的思辨,但他们毕竟对当时已知的宗教史实进行了初步的综合,从而对近代比较宗教学的形成产生了历史影响。

1859年，达尔文的《物种起源》提出了生物进化论，对人类的精神产生了无法估量的影响。在宗教研究领域内，它使上述哲学思辨性的宗教发展观有了科学依据，立即成了比较宗教研究的基本原理和方法。在把进化论引入宗教学的过程中，斯宾塞起了特殊作用。还在达尔文的《物种起源》出版之前，他已经用进化论的观念来说明社会生活的各个方面。1862年，他在其《第一原理》一书中更把"进化"说成是一切事物都必须遵循的普遍规律。由于斯宾塞和其他学者对进化论的大力提倡，进化论思想迅速进入宗教研究和其他人文学科领域。宗教学者们无不热衷于宗教的起源和演化问题，特别是致力于原始时代宗教信仰的资料的搜集、整理和研究，比较宗教学因此而勃兴起来，而且必然与主张人类的文明也是不断进化的人类学相结合，形成宗教人类学。比较宗教学作为达尔文进化论的产儿，也随着达尔文主义在科学上的胜利而不断前进。欧美一些名牌大学相继开设了比较宗教学课程，设立教授讲席；出版了专业刊物；1900年在巴黎还召开了第一届宗教史国际会议，并建立了国际性的学术研究组织。

自1870年麦克斯·缪勒发表《宗教学导论》的系统讲演以来，宗教学已有130多年的历史，其中大体分为两个阶段。

第一阶段：从宗教学的兴起到20世纪初第一次世界大战之前，比较宗教学主要是在进化论的强大影响下研究宗教的起源和发展问题，出现了各种不同的关于宗教起源和宗教演化的体系。就宗教起源论而言，影响较大的，有麦克斯·缪勒等德国自然神话学派的"自然神话说"，英国人类学家泰勒的"万物有灵论"，斯宾塞的"祖灵论"，史密斯（英）、杜尔凯姆（法）和弗洛伊德（奥）等人的"图腾说"，马雷特、金、弗雷泽等人的"前万物有灵论"。这些理论实际上都是把宗教归原为原始时代野蛮人的错误观念，把文明社会的比较精致、复杂、高级的宗教说成是宗教的进化，这就打破了基督教神学长期宣扬的宗教天启说，有其合理的因素，具有启蒙的意义。正因为上述这些宗教起源问题上的宗教进化论具有反传统宗教的启蒙意义，一些具有护教色彩的宗教学者也利用某些宗教人类学的材料构造出反对宗教进化论的宗教退化论体系，著名代表人物是维也纳的天主教神父威廉·施米特。他认为世界上文化层次最古老、最原始的部族都信仰至上神，一神观念是亘古以来就有的，起源于上帝对人类的原始启示，多神教则是原始一神信仰的退化。施米特的这种宗教起源论被称为"原始启示说"或"原始一神论"。他的这种理论具有浓厚的护教主义色彩，其所根据的人类学、民族学的材料很多也不那么可靠，因此，不少宗教学者都对之表示怀疑，甚至采取批判以至否定的态度。但与此同时，也有一些学者认为，在有些原始民族中，确有信仰至上神的事实，不容一概否定。这些事实，性质上是与当时流行的各种宗教进化论完全抵触的，以进化论为其原则的宗教人类学的权威地位从此受到挑战，发生动摇。

应当指出，19 世纪下半叶以来各种宗教起源论和宗教演化体系，不可避免地都具有一定程度的猜测性质，他们往往只是根据体系构造者各自掌握的那部分人类学、民族学和考古学的事实，难免各执一偏，在理论上和事实上互相否定。在实证主义思潮流行的西方世界，这种情况的继续，必然使宗教学者逐渐对比较宗教学的理论和方法产生怀疑。他们把这种研究称为半哲学的思辨，说这种研究不可能得到经验材料的实证，不可能使比较宗教学成为真正的科学，而社会的因素又进一步刺激了这种怀疑情绪的发展。1914 年第一次世界大战的爆发及其对社会的严重破坏，从社会心理上打击了关于社会文明不断进步的乐观主义情绪，加强了资产阶级对宗教的需要。他们意识到，从达尔文的生物进化论到比较宗教学、宗教人类学的宗教进化论，都是在挖传统宗教信仰的墙角，必须放弃。这种种因素结合在一起，就使得西方宗教学者逐渐放弃对宗教的起源和发展问题的研究。这个趋势从第一次世界大战以后更趋明显。

第二阶段：随着宗教学者放弃无所不包的宗教进化体系的构造，他们逐渐专注于特殊的宗教、具体的宗教问题和宗教现象的实证性研究，这就造成了宗教学的分科化，形成不同的分支学科，使比较宗教学进入到第二个发展阶段。其中主要有这样几个分支学科：

宗教史学——主要是各种不同宗教的历史，而不再是熔世界上各种宗教于一炉的“宗教通史”，这实质上就是早期用进化论观点对古今各种宗教进行历史比较的“比较宗教学”。

宗教社会学——主要研究宗教与社会的关系，宗教在社会体系中的作用，宗教在社会生活和历史变迁中的功能。开创时期的主要代表人物是法国的杜尔凯姆和德国的马克斯·韦伯。

宗教心理学——对宗教现象的心理因素进行分析由来已久，但宗教心理学作为一门学科从宗教学中分化出来，则是 19 世纪末 20 世纪初的事情。近代实验心理学之父冯特的十卷本《民族心理学》用了三卷多的篇幅专门讨论神话和宗教问题，他的美国学生斯塔伯克于 1900 年第一次以《宗教心理学》为书名出版。留巴、詹姆士、普拉特、奥托也都相继研究宗教心理学。宗教心理研究之风吹及欧美，盛极一时。宗教心理学的流派很多，倾向不一，至今未形成一致公认的体系，难以作统一说明。

宗教现象学——最早提出这个概念的是荷兰学者向特比·德·拉·索撒耶，但范·德尔·来乌的《宗教现象学》(1933)则是这门学科成型的标志。第一次世界大战之后,欧洲资产阶级鉴于战争在人们心灵上造成的创伤,进一步意识到宗教拯救的需要。一些宗教学者有感于作为宗教人类学和严格的宗教历史学的比较宗教学破坏了宗教的神圣性,转而要求宗教学能说明宗教的真实性,把种种宗教现象说成是宗教本质的直接表现。这就产生了宗教现象学的理论和方法。宗教现象学不强调研究宗教的起源及其历史,而是把构成各种宗教体系的基本现象类型化、范畴化,对之做出不带任何价值判断的客观描述。现象学的理论原则有两条:第一,不做判断,即不用哲学的预先设定去做主观的解释;第二,直观本质,即把祭祀、祈祷、忏悔、礼仪等宗教现象视为信仰者内在本质的直接体现,对之表示理解、同情和爱。但在宗教现象学领域中,仍有描述现象学和哲学现象学之分。

通过对宗教学历史的简述可以看出,近代西方的比较宗教学的确已经摆脱神学的束缚和对哲学的依附,发展成为一门有自己研究对象和研究方法的独立学科。它对许多宗教现象和宗教问题的研究,取得了颇有价值的成果。尽管绝大多数比较宗教学者并不是真正的无神论者,但他们对宗教的起源和发展的研究,对各种宗教现象的分析,一般都抛弃了上帝启示论,消除了宗教现象的神圣性和神秘性,无疑具有科学的因素,值得我们认真总结,批判吸取。但在西方世界,由于传统宗教观念的束缚,总会对比较宗教学产生消极的影响。因此,尽管西方宗教学已有百余年的历史,但对这门学科的性质、对象、内容构成等一些最基本的问题还未找到科学的答案。例如,西方宗教学者对到底使用什么样的名称来称谓这门学问,至今仍有不同意见。宗教学的名称之所以难以确定,主要还是受到实证主义思潮的影响,以至许多宗教学者都想把宗教学研究的对象和范围限制在宗教现象范围内,既不主张涉及宗教现象的本质,也闭口不谈宗教发展的规律。而对宗教现象观察和描述的角度不同,自然就会得出不同的结论,从而形成不同种类的宗教学。这就是西方宗教学者难于确定宗教学的名称,对宗教学的性质认识不清的主要原因。由于对宗教学的性质问题都不能统一认识,对宗教学的内容和体系构成也同样莫衷一是。实事求是地分析近代西方宗教学的成就和欠缺,可以为我国宗教学的建设提供有益的教训,使我们能比较科学地确定宗教学的性质和内容构成等问题。

二、宗教学的性质和内容构成

宗教学所研究的对象当然是作为社会现象的宗教,但如果要把宗教学建设成为一门真正的社会科学,我们对宗教的研究就不能停留在宗教的现象形态和外部特性的范围。我们应透过宗教的外部现象把握决定它们的内在本质,通过偶然的属性揭示其必然的规律。而认识和把握对象的本质和规律,这是一切科学之所以成为科学的基本要求。相反,不承认社会历史现象有其内在的根据和本质,不承认它们的发生发展有其必然的规律,这样的学说和理论,很难说是一种真正的社会科学。

根据这个道理,我们可以这样来规定宗教学的性质和对象,即宗教学是认识宗教现象的本质,揭示宗教产生和发展的规律的科学。

按照这个规定,我们就可以进一步来确定宗教学所应包含的基本内容,探索宗教学作为一种学科体系的内在结构,使宗教学研究有自己的正确方向。

根据关于宗教学的性质的理解,我们可以由此推导出宗教学应该包含的基本内容有这样几个方面:

第一,作为科学的宗教学的研究对象,既然是宗教的本质,那么,就必须具体分析宗教作为社会文化形式的基本内容或构成宗教的基本要素。从对这些内容或要素的具体分析出发,找到宗教之所以为宗教并与其他社会文化形式区别开来的本质规定性,这就要求我们对各种宗教的宗教观念(如神灵观念、灵魂观念、神性观念等)、宗教感情(如敬畏感、依赖感、神秘感等)、宗教行为(各种形式的崇拜活动和崇拜仪式,如祈祷、献祭、巫术、禁忌、礼仪等)和宗教制度进行比较分析。只有通过对这些构成一切宗教的基本要素的比较分析,才有可能使我们具体地而不是抽象地,深入地而不是表面地认识宗教的本质。在西方的宗教学中有所谓"宗教现象学"的分支学科,大体上就是对各种宗教所共同具有的现象形态进行同时性的并列和比较。如果我们把这种性质的研究作为深入具体地把握宗教本质的前奏和手段,那么这种"宗教现象学"就变成了"宗教本质学"的必经的阶梯和有用的向导。脱离对宗教现象的研究,所谓对宗教本质的认识,就不可避免地成为一种没有具体内容的抽象。

第二,宗教学要研究宗教与其他文化形式的关系。为了进一步认识和把握宗教的本质,必须具体研究宗教的社会功能及其在历史上所起的作用。宗教作为社会文化体系中的一种文化形式,它的基本特征就在于满足社会的某种需要,为社会服务,它的本质也就在这种社会服务中表现出来。宗教学既然以认识和把握宗教的本质为自己的主要任务,那就必须深入研究宗教与其他社会文化形式的关系,因为宗教的社会意义,以及宗教在社会历史上的作用,就具体体现在上述这些关系之中,而正是这些实际作用具体体现了宗教的本质和基本特征。

具体说,宗教学应该包括宗教与经济、宗教与政治、宗教与哲学、宗教与伦理道德、宗教与文学艺术、宗教与科学等等问题的研究。通过对这些专门问题的研究,可以构成宗教学的若干分支学科,如宗教经济学、宗教政治学、宗教伦理学、宗教文化学、宗教与哲学和科学的关系等等。这些专门研究既有各自独立的内涵,彼此又互相联系、互相关联,不能截然分开。

第三,宗教学要研究宗教史。既然宗教学要揭示宗教发生、发展和走向消亡的客观规律,就必须对出现于历史舞台上的各种具体的宗教发展史进行研究,从中概括和总结出宗教产生和发展的根源,找出决定宗教发展的动力和原因,探索宗教演变的一般历史形态和内在的逻辑。这种研究,事实上构成西方宗教学者所谓的宗教史学。不过,我们所主张的按宗教的历史发展形态进行研究的宗教史学,根本目的在于借此来探索宗教演变的历史逻辑,正如社会历史的研究是为了探索社会发展的规律,指明历史发展的方向一样,宗教史的研究也是为了探索宗教发展的规律,预测宗教在未来的演变。在宗教学体系中,宗教史的研究具有非常重要的地位。宗教发展的规律,只有在宗教的历史演变中才能体现出来。没有宗教史的深入研究,要把握宗教发展的规律是根本谈不上的。为此,我们必须具体地研究原始宗教的形成和发展,研究古代社会的氏族宗教和部落宗教,阶级社会各国的民族宗教和国家宗教以及世界性宗教。宗教学关于宗教史的研究当然要包括对各种具体宗教的历史的研究,但又与具体宗教的历史研究有所不同。在宗教学体系中,各种具体宗教的历史不应该以独立的历史出现,而是应该把它们摆在世界宗教的历史位置上,寻找世界宗教发展的总的轨迹,揭示各种宗教产生和发展的共同规律。

第四,宗教学包括宗教哲学。宗教信仰的对象是上帝、神灵、灵魂和来世生活,任何一种宗教都有对上帝和神灵的崇拜,对灵魂不朽的信仰和对来世生活的追求,它们构成宗教的实质和基础。因此,各种宗教学说和宗教理论事实上都不能回避上述这些宗教学上的基本问题,这就像伦理学和美学不能不回答什么是善、什么是美,哲学不能不回答精神和物质的本质及其关系问题一样。历史上出现的各种宗教理论,都曾用自己的理论、范畴和逻辑对上述宗教基本问题提出了自己的答案。它们或者肯定其有,或者断言其无,或者提出新的说法变相地维护或批判传统神道观念。于是,一方面出现了宗教神学和论证有神论的各种哲学,另一方面则出现了无神论的宗教观、各种形式的自由思想和启蒙思潮,这两种宗教理论在历史上进行过长期而又激烈的论争,甚至发展为政治上的冲突和斗争。这种论争和冲突今后仍将继续下去。只要宗教继续存在,它就要肯定神灵的存在、灵魂的不朽和来世的天堂;而且也会适应科学的发展,利用科学一时说不清楚的问题构建新的神学体系。无神论哲学和自然科学则会根据新的科学发现和人性解放的新的要求,对传统的宗教神学进行新的批评。从历史看未来,我们大体可以预见到:有神论和无神论、信仰主义和启蒙哲学、科学与宗教的论争,可能改变形式,但不会停息。宗教的学术研究很难置身于两种宗教哲学的论争之外,保持所谓“客观中立”的立场。近百年来的西方比较宗教学的各派学者,宗教人类学也好,宗教史学也好,宗教心理学也好,宗教社会学也好,尽管他们可能在主观上对有神无神之类宗教哲学问题确有保持中立的意向,但在具体研究中不能不有所偏好,总是有某种哲学观念支配着他们的研究。泰勒的“万物有灵论”把一切宗教的神灵都归源于人由于误解梦幻、出神之类生理现象而产生“灵魂观念”,这个理论本身实际上具有普遍性的哲学意义,而且具有无神论性质。其他各派宗教学也是如此。所以,有神和无神两种宗教哲学的争论,不仅存在于哲学领域,也存在于宗教学的内部。各派宗教学事实上都有某种宗教哲学作为它的理论基础或指导性的思想。因此,对于宗教哲学,宗教学与其回避,不如实事求是地承认和自觉地选择。抛弃与科学事实不相符合的、虚假的宗教哲学;选择与科学事实一致的、科学的宗教哲学。这就意味着我们的宗教学体系本身就包含宗教哲学,宗教哲学构成了宗教学的基础理论和基本原理。

对于宗教哲学,不仅要研究当代的各种宗教哲学和宗教学说,而且要研究历史上的各种宗教哲学和宗教学说,总结并吸取它们的一切有价值的东西。宗教学说史上一切具有科学价值的优秀成果,决不能被视为过时的东西而被简单地否定,而是应该在我们今天的宗教学体系中得到更科学、更健康的发展。一切合乎科学的东西都是不会过时的,即使是那些在今天看来已经是错误的东西,也会从反面给我们启发,开阔我们的眼界,打开我们的思路。通过对宗教学说史,包括无神论思想史的研究,不仅可以使我们对宗教学的形成和发展有更深刻更全面的理解,而且可以使我们在各种宗教哲学和宗教学说的历史比较中,为我们正在建设的宗教学理论体系确定一个合适的位置和坐标,并为宗教学今后的发展,找到一条正确的方向和道路。

上述四个方面基本上构成了宗教学的主要内容。

第三节 学习和研究宗教学的态度、理论和方法

一、科学的态度:学术需理性、信仰要宽容

宗教研究和任何一种科学研究一样,需要一种科学的方法。方法是处理研究对象的程序和方式。研究者采取何种方法,一般来说总是以对待对象的基本态度为前提,以关于对象的本质和特性的认识为基础。所以,一般意义的方法

论，既包括认识论，也包括态度问题和立场问题。在科学研究中，选择何种态度、立场、认识论和方法论，非常重要。立场态度正确，理论方法对路，可收事半功倍之效。研究宗教，建设一门具有科学意义的宗教学理论体系也应该这样。

宗教在本质上是对超人间、超自然的力量和境界的一种信仰。在宗教研究中如何对待这种信仰，这是必须首先解决的立场和态度问题。在这里，不了解宗教信仰者的信仰心理，对宗教简单加以否定；或者站在宗教信仰主义的立场一味地维护宗教，都有害于宗教学术的发展。正确的立场和态度应该是：既要在尊重宗教信仰者的信仰的基础上，深入研究他们的信仰；同时，又要避免盲目迷信的信仰主义。如果不尊重宗教信仰者的宗教信仰，也就不会有对宗教的深入细致的研究。当然，尊重宗教信仰者的信仰，并不等于在理智上就赞同宗教信仰。无神论者在理论上可以否定宗教的有神论，但在政治上却完全可以维护宗教信仰者信仰宗教的权利。宗教信仰者有权利要求无神论者尊重自己的信仰，却没有权利要求无神论者放弃他们的理论。在历史上，宗教界常常对理性主义的宗教研究和理论上的无神论是不宽容、不尊重的，甚至使用极端的暴力和强权，对他们进行异端迫害。反过来，也有一些无神论者在掌握国家政权以后，也曾对宗教信仰采取过压制以至消灭的极端政策。这两种互相压制、彼此迫害的情况都加剧了社会的矛盾和冲突，妨碍了宗教学术研究的正常进行和发展。

科学的宗教研究，既要尊重宗教信仰者的信仰，也要反对信仰主义。信仰，不等于信仰主义。信仰，可以是理性的，也可以是非理性的；而信仰主义本质上则是非理性的。一个人，虽然有某种宗教信仰，但只要不是盲目地迷信自己的信仰，而是理性地对待自己所信和别人所信的宗教，这种态度就不是信仰主义。在我国，一个时期曾流行过一种说法，认为有宗教信仰的人不能研究宗教，只有马克思主义者才行。也还有些有宗教倾向的人坚持认为，只有具有宗教信仰的人，才有资格从事宗教研究，说什么一个宗教研究者如果不首先信仰宗教，就不可能理解宗教。这两种倾向都是片面的。

宗教学的研究不是为论证和肯定任何一种宗教，也不是简单地否定宗教，而是对宗教事实做理性的分析。有信仰的人可以研究宗教，没有宗教信仰或放弃宗教信仰的人也可以研究宗教。问题不在于他们有无宗教信仰本身，而是在于他们是否因此而影响宗教研究的客观性和科学性。有信仰的人完全有可能在研究宗教的过程中暂时把个人的特殊信仰放在一边，而对宗教的事实作出真正客观的描述和严格的理性分析；无信仰和放弃宗教信仰的人也完全有可能承认并深入研究各种各样的“宗教体验”。我们反对的，不是个人的信仰，而是一切服从于个人信仰的信仰主义。站在特定的宗教立场，把自己的“宗教体验”宣布为宗教的真理，这是信仰主义，不是学术研究；为了表示无神论的坚定性、彻底性，以至于置事实于不顾，否定任何“宗教体验”，否定宗教的任何一种积极的意义和价值，那也是一种“以无神论为至上”的“信仰主义”。这两种情况都不合乎理性的科学态度。

近代西方有不少宗教学者对信仰主义不以为然，强调宗教研究不要站在某一特定的宗教立场，而要对各种宗教一视同仁，把它们放在平等的地位进行客观的分析与比较。如麦克斯·缪勒等。这种客观主义的呼吁有助于冲破传统的基督教的信仰主义，有助于思想的解放，促进了近代比较宗教学的发展。

但也有一些宗教学者常常把这种“客观主义”解释成对宗教不问真假、不求是非的“中立主义”；谁要是对宗教神学持批判态度，就被斥为“不客观”。于是，无神论的、启蒙思想的宗教观便被贬为“形而上学”。这种“中立主义”在这种情况下便成了维护宗教信仰主义的一块盾牌。

更有甚者，另外一些宗教学者对“客观主义”的口号也大谬不然，反对在对待宗教态度上持客观主义的中立态度。他们强调情感和激情在宗教中起着一种正当和合法的作用，宗教研究者必须而且应该对宗教持热情的态度，而宗教学的任务在于指导和净化这种信教热忱。由此，他们反对对待宗教的“中立态度”，其目的是维护和提高信仰宗教的热忱，这实际上仍是一种维护宗教信仰的信仰主义。

近代宗教学由于在形成之初就深受实证主义哲学的影响，于是把自己规定为某种经验科学，倾向于拒绝理论思维的规范和指导。但是，任何一门学问，如果要想把它建设成为真正的科学，都不能满足于描述其对象的表面特性和外部现象，而必须通过外部现象认识其内在本质，通过偶然的属性揭示其必然的规律，这是科学之所以为科学的基本特性。宗教研究是一座充满神秘主义浓云密雾的迷宫。在这座迷宫之前，如果我们放弃一切理论思维，那就只会把它置于永远不可解破的神秘境地；如果我们带着错误的导游图（错误的理论和方法），那就会使我们永远陷于迷宫而找不到正确的出路。只有借助科学理论的理性之光，才能照亮幽暗的黑夜，给我们指示走出迷津的正确方向，解破宗教的神秘，把宗教研究变成具有科学意义的人文学科。

任何学术研究都是由人来进行的，研究者本人的世界观和方法论便不能不自觉地渗入其研究的过程之中。研究主题的确定，资料的选择和解释，结论的做出，都会反映出研究者的世界观和方法论。更何况，研究者毕竟生活在一定的社会环境和宗教背景之中，传统的教育，习俗的熏染，信仰的权威以及资助者的宗教倾向和政治需要，都会对宗教研究者产生有力的影响。大量事实证明，在宗教学的研究过程中，不存在要不要理论思维和指导思想的问题，而只是这种理论思维和指导思想是否正确的问题。这就像在大海中航行的船,没有导航设备是不行的。问题是选择什么样的设备来导航。是根据星辰的位置、指南针的指向呢?还是根据先进的雷达或电子导航设备?我们的宗教学研究,总是应该选择最先进、最有效的导航设备,即科学的世界观和方法论来作为指导思想。

二、全面准确地理解和运用马克思主义唯物史观的基本原理

在我国,宗教学的研究起步较晚,既缺乏坚实的理论准备,也缺乏充分的资料基础。为了把这门学科建设起来,当前迫切需要的是一种学术上的开放精神,把古今中外宗教学说史上一切有价值的探讨,都虚心地引进吸收、参考借鉴;一切具有科学意义的理论、观点和方法,我们都应该认真学习,借以指导我们的研究和建设。

一般来说,在学术研究领域(特别是社会科学领域),不可能有什么"惟一科学"的理论和方法。各种宗教理论的科学性,都只具有相对的意义,没有什么所谓的"绝对真理"。历史经验证明,只要把某一种理论宣布为"至高无上"的真理,随之而来的就是文化上的专制主义,思想和文化就会僵化,社会就会停滞,以至倒退。

对马克思主义宗教理论的认识也应该全面准确地加以理解。马克思、恩格斯是发动无产阶级起来推翻旧世界的革命家,是创建共产主义思想体系的思想家。他们在共产主义思想体系中的权威地位是无可争辩的。但他们不是专业的宗教学者,他们并没有建立起一个完整系统的宗教学理论体系。因此,对于马克思主义宗教观的真理性,也不能绝对化,否则也会走向谬误。应该看到,马克思、恩格斯的宗教观在近百年来的历史上(特别是在苏联、东欧的社会主义国家和中国)产生了非常大的影响;他们对一些重大宗教理论的分析,至今看来,仍是很有价值的。按照学术开放精神和以真理为师的原则,一切有科学意义的理论,不管是马克思主义的,还是非马克思主义的,都可以借鉴,指导我们的宗教学研究和建设。我们至今仍认为马克思主义唯物史观的基本思想,在说明包括宗教在内的诸社会意识形式和各种文化形式的本质和功能的时候,仍具有比较普遍的指导意义。主要有以下几点:

第一,不要从宗教本身的历史去说明宗教,也不要单纯用人类的其他精神因素去说明宗教的本质。

马克思和恩格斯在《德意志意识形态》一书中,提出了唯物史观关于"经济基础和上层建筑"的原理以后,就立即用这一原理去批判宗教研究的唯心主义

历史观,批判他们用精神去说明精神,从宗教本身去说明宗教的陈腐观点。按照马克思、恩格斯的观点,宗教不是一个绝对独立的“王国”,它的根本原因不在自身之中。马克思主义以外的其他宗教学说的根本缺陷就在于此。他们或者用人的恐惧感、依赖感、好奇心来揭示宗教的原因,或者用人类的天性、人生的需要、道德的要求、社会安宁的必需来说明宗教的根据,或者用上帝的启示、教主的创造、绝对精神或实体和自我意识的表现以及诸如此类的东西来规定宗教的本质。总之,一句话,是用精神的因素来说明宗教这种精神现象。在这种唯心主义宗教观的支配下来观察宗教的历史发展,各种宗教之所以在不同的历史时期采取不同的形式,就变成了“宗教精神的自我规定”和“它的继续发展”。这种说明问题的方法有一个总的特点,即:就宗教本身说明宗教。这无异于逻辑上的同义反复,实质上什么东西也没有说明。马克思主义的唯物史观以社会的物质存在决定社会意识的原理从根本上揭示了这种历史观的非科学性。

第二,宗教是社会意识和上层建筑的一部分,由作为社会存在的经济基础所决定,只有在社会经济基础中才能找到宗教的根据和本质。

宗教与哲学、法律、政治、艺术、道德一样,是社会意识和上层建筑的一部分。尽管宗教讲的东西尽是天国的事情,可是作为上层建筑,它的基础并不是虚无缥缈的天国,而是在人间,它是由社会的物质生产方式,即社会的经济制度决定的。因此,科学的宗教研究,如果要寻找宗教的根据和本质,就必须转向宗教的经济基础。宗教的内容和形式,它的教义、教理、崇拜对象、崇拜仪式以及宗教的组织制度,决不是像宗教神学家和唯心主义哲学家以及宗教学家所说的那样,来源于上帝神灵的启示和人类精神的发明,归根到底它是对社会物质生产方式的适应,为社会的经济基础所决定,并转过来为社会经济基础服务的。根据这个唯物史观的基本原理,在对宗教进行分析的时候,就必须对之进行社会的和经济的解剖。因为社会存在和经济基础才是宗教之最深刻的本质和秘密所在。

第三,社会的发展决定着宗教的发展,只有从上层建筑如何适应经济基础的发展而发展的历史过程着手分析,才能找到宗教发展的客观规律。

从辩证唯物主义哲学看世界,一切事物都有其发生、发展以至消亡的过程,而且,这个发展过程都有其客观的原因和内在的根据,表现为客观的必然性和发展的规律性。马克思主义唯物史观关于生产力和生产关系、经济基础和上层建筑的原理,不仅揭示了社会发展的内在动因和根据,而且使全部社会现象的发展变成为一个合乎规律的历史过程,并能对之作出合理的科学说明。宗教和各种社会现象一样,为社会生产力和经济基础所决定,随着生产力的发展而发展,随着经济基础的演变而演变。既然生产关系对生产力发展的适应,上层建筑对经济基础的发展适应是一个合乎规律的历史过程,那么,宗教和各种社会历史现象以及上层建筑各部门的发展就必然是一种合乎规律的历史过程。唯物史观不仅为宗教发展的规律性提供了理论上的证明,而且为寻找宗教发展的客观规律性指出了正确的方向,提供了认识论和方法论上的指南。

第四,马克思主义关于阶级和阶级分析的理论和方法并没有过时。

关于阶级斗争的理论和阶级分析的方法,是马克思主义唯物史观的基本思想之一。如果我们承认唯物史观的意义,就难以否认宗教具有阶级属性这一马克思主义的结论。但是,在我国,特别是在20世纪60—70年代的"文化大革命"期间,也曾犯过"以阶级斗争为纲"的严重错误。"文革"以后,人们对在社会主义时期所谓"阶级斗争,一抓就灵"的做法普遍厌弃是很自然的。但也不能全盘否定马克思主义的这一理论。现在的问题是:阶级斗争理论和阶级分析的方法,在分析历史事实和说明社会现实是否仍有一定的适用意义?这种理论是否过时?我们至今仍然认为,阶级的分野,乃是客观存在的历史事实。在世界各民族的历史上,在各种社会形态中,都是客观存在的。早在马克思、恩格斯之前,资产阶级的历史学者就已发现阶级划分和阶级斗争的历史事实了。阶级斗争学说并不是马克思主义的新发明,马克思主义在这方面所特有的发明是"无产阶级专政"的理论。人文学者可以不承认无产阶级专政的理论,但仍可以承认阶级区分的历史事实和阶级斗争的社会理论。

我们认为,宗教在历史上一般都在上层建筑诸领域中居于统治地位,与社会的政治结构结合在一起。大体上似乎可以给出一个一般性的判断:在历史的各个发展阶段上,各种社会阶级、各种社会力量都曾自觉不自觉地利用宗教为自己服务;在他们崇奉的神灵中打上自己阶级的烙印;在社会上居于统治地位的宗教总是统治阶级的宗教。

但是,我们也不能同意有的"马克思主义"学者在把宗教和统治阶级的特性联系起来以后就一概否定宗教在历史上的积极作用,把宗教视为反动的东西。即使我们严格按照马克思主义唯物史观的原理,也不一定就能得出"宗教即反动"的结论。按照马克思、恩格斯的观点,一个社会阶级和社会集团在历史上究竟起了什么样的作用,是积极作用,还是消极作用?是进步作用,还是保守作用和反动作用?关键在于它所维护的社会制度和经济基础是否符合历史的发展规律。如果符合,那么,这个社会阶级在那个历史阶段上就是推动历史前进的进步阶级,而不管它是统治阶级,还是被统治阶级;剥削阶级还是被剥削阶级。这就是说,并不是任何统治阶级在历史上都是起反动作用的社会力量。代替过时的经济社会体制的新兴奴隶制、封建制和资本主义制度,显然比它们所代替的旧体制优越得多。它们在当时解放了社会生产力,推动了社会的进步,在相当长的历史阶段起到了推动历史发展的作用。在那个历史发展阶段上,代表这种进步的社会体制的社会阶级无疑是进步的。只是到这种社会体制发展到了它的没落时期,成为阻碍社会生产力和历史前进的东西,而代表它的社会阶级仍继续维护它的时候,它才成为保守的以至反动的社会力量。历史上的被压迫阶级和被剥削阶级常年从事劳动生产,维持了社会的生存。但由于历史本身的原因,历史上的被压迫、被剥削阶级并非都是先进的社会经济体制的代表者。他们的理想和追求的社会经济制度超不过平均主义的空想范围。这种平均主义即使实现了,也不符合社会发展的规律。他们的境遇无疑是令人同情的,但他们的理想和追求并不一定是进步的。应该说,这种阶级分析的方法和结论,是符合历史唯物主义的基本精神的。相反,通常那种把统治阶级与反动、被统治阶级与进步联系起来,甚至直接画等号的"阶级分析"方法,倒是不符合历史唯物主义的。

对这种分析宗教问题的方法还可以换一种说明方式来进行。

社会的经济关系本质上是人与人的社会关系,各种社会意识和上层建筑则是人与人的社会关系在观念上的反映。宗教的性质也是如此。宗教信仰和崇奉的神是人的创造物,神的本性本质上是人的人性的自我异化。宗教的一切表现形式,如宗教观念、宗教感情、宗教行为、宗教制度,实际上都在表现人对神的依赖、敬畏、景仰、皈依和服从,在内容上体现为人与神的关系。人与神的关系是一种宗教关系。但是,既然神是人性的异化,神是人的投影,人与神的宗教关系本质上便是人与人的社会关系的反映或表现。这种观点就为我们具体分析宗教的本质、功能和历史作用问题提供了一个一般性的原理和方法。如果人与神的宗教关系所表现的人与人的社会关系具有历史的合理性,那么,尽管表现它的人和神的宗教关系是颠倒的、虚幻的,但它的社会意义也具有历史的合理性,在特定的历史条件下有可能起进步的积极的作用。反过来说,如果宗教所表现的人与人的关系不合理,已经或正在被历史所否定,那么,用人和神的宗教关系来维护和强化这种不合理的社会关系,其于社会和历史的作用显然是消极的。只要我们找到了人和神宗教关系的社会原型,我们就不难对宗教的社会本质、社会功能和历史作用做出实事求是的分析和合理可信的评价。

在阶级社会里,人与人的社会关系在很多场合(但并不是一切场合)都具有阶级关系的性质。所以,如果我们应用阶级分析的方法来分析说明宗教问题,我们就不仅要从人与神的宗教关系一般地看到人与人社会关系的原型,而且还要进一步分析出其中可能蕴涵的人与人社会关系的阶级内容(当然,有些人与人的社会关系不具有阶级内容)。事实上,历史上许多宗教崇奉的神的神性确实都具有明显的阶级色彩。因果报应之说,天堂地狱之教,以及“死生有命,富贵在天”的信仰,表面上对社会体系的各色人等一视同仁,机会均等,普遍有效,似乎没有特定的阶级性。但在实际生活中,由于社会上已普遍存在阶级分化的既成事实,这些教义的实际作用对于不同的阶级而言是大不相同的。从根本上说,它们对社会的既得利益集团更为有利,因为后者可以把自己的既得利益归因于前世善行的果报或上天命定的宿命。历史上不同社会政治力量之间的斗争常常与宗教关系密切。统治者常常利用传统宗教作为维护其统治秩序的精神支柱,推动社会前进的进步力量则经常进行反对传统宗教的斗争。在这种斗争中,他们根据当时的社会条件,或者走向各种形式的无神论,或者利用宗教的传统形式和宗教的某些教义,作为掩饰其经济政治要求的思想外衣。苦于危厄之中的人们常常把摆脱现实苦难的希望寄托在大慈大悲、救苦救难的菩萨和神灵的恩赐上,把对幸福的渴望寄托在西天的净土和来世的天堂。他们总是赋予神灵和菩萨以自己所希望的神性,在幻想的人与神的关系中倾注自己关于某种新的人际关系的理想。

因此,实事求是地对宗教的各个方面的意义和功能进行阶级分析,并不一定导致宗教研究简单化。只要这种分析符合历史的事实和生活的真实,它将使我们的宗教研究更深入、更具体、更令人信服。阶级分析也不必然引导人们一概否定宗教的社会价值,倒是有可能使宗教的社会价值得到更合理的说明。既然唯物史观把宗教视为上层建筑的一部分和阶级斗争的一种工具,宗教也就脱离个人信仰的狭小天地而获得了广泛深刻的社会意义。无论它对宗教的价值所做的评价是肯定还是否定,都具有重要的含义。

总之,马克思主义唯物史观的基本思想仍然具有科学的意义。但是,任何一种具有科学意义的理论和学说,都不能离开人而单靠思想本身自动起作用。当然,一种理论和学说只要是科学的真理,就能征服人,得到人的承认;但并非人人都能理解它,承认它,更不是每个人都能正确地应用它。即使科学真理的创建者本人也不一定能保证他永远正确地理解和应用他所发现的科学真理。牛顿创建了古典力学,发现了力学的三条定律,但他并未完全正确地理解他的力学定律应用的条件和范围。马克思、恩格斯在应用他们的唯物史观来分析一切社会现象时也不一定都恰如其分。他们的后继人在一百余年来的长期应用中更常有教条化、极端化、标签化、简单化的表现。正如我们不能因为对牛顿力学的误解和误用而抛弃牛顿定律一样,也不能因为人们对唯物史观的误解和误用而抛弃唯物史观所具有的科学内容。我们在宗教学研究和建设中提倡“以真理为师”的学术开放精神,对包括唯物史观在内的一切具有科学意义的真理,都力求准确地理解，正确地应用，尽可能避免犯误解和误用的错误。

三、借鉴近现代比较宗教学的合理成果

宗教学经过一百多年的历史发展，可以说是百花齐放，硕果累累。各分支学科正在向纵深发展，至今方兴未艾。我们应该如实地承认，近代西方比较宗教学各种流派应用各具特色的理论和方法，对各种宗教现象和宗教问题进行了精细的分析，提出了种种不同的学说，其中不乏真知灼见。在这些领域，我国学者过去几乎未曾涉猎问津。为了发展我国的宗教研究，建设我们自己的宗教学体系，我们应该了解和借鉴西方比较宗教学中的一切有价值的成果。我们不仅要利用他们长期积累起来的丰富资料，也不仅只是借鉴他们在局部性问题上的具体分析，而且还应借鉴他们的具有科学意义的理论和方法，当然，我们同时也要尽量避免它们未能避免的局限性和片面性。我们的宗教学理论体系应该博采众长，以一切真理为师。我们努力使各种理论和方法在一个统一的理论体系中都取得自己适当的位置，发挥特有的作用，各得其所，各展所长。例如，在本书中，我们应用宗教现象学的同时性比较方法分析了一切宗教的现象和要素，提出了宗教构成的四要素说，据此形成了本书的第一编《宗教的本质及其表现》的理论框架；我们又应用宗教史学、宗教人类学的历时性比较方法，吸收了唯物史观宗教历史形态发展论，提出了宗教历史发展的三种形态说，据此构成了本书的第二编《宗教的起源和发展》的理论框架；第三编《宗教的社会文化功能》则专门探讨了宗教与经济、宗教与道德、宗教与政治、宗教与民族、宗教与艺术、宗教与科学、宗教与哲学的关系，在这些部分中分析了宗教作为社会文化形式所具有的价值和功能。

同时，在分析某一种宗教现象和宗教问题时，本书也是从各种不同的角度，应用各派宗教学的理论和方法，对之做出全方位、多层次的说明。不管是哪一种宗教观念、宗教经验和宗教行为，都力图把一切宗教所共同具有的各种现象和因素，作出宗教现象学的比较和分类；对其本质做出心理学的探讨；对其起源与演变作出宗教史的说明；对其社会功能进行宗教社会学的分析；对其真假作出宗教哲学上的评论。这种兼容并蓄的学术开发精神，体现在本书的理论框架和具体论说之中。我们希望，本书可以提供一种证明：近代宗教学的各种理论和方法不仅并不互相排斥，而且可以在一个统一的宗教学理论体系中兼容共存，各得其所。

第1编

宗教的本质及其表现

第一章

宗教的本质、要素和逻辑结构

宗教的本质、要素和逻辑结构是宗教的核心问题，也是学习宗教学的起点。宗教本质论至今仍存在着多元化的趋势。在马克思主义产生以前，宗教本质论主要有三种类型。马克思主义也提出了自己的宗教本质论。在对上述宗教本质论评析的基础上，本书探讨了宗教的本质、要素及其逻辑结构，并据此对宗教做出了定义规定。

第一节　宗教本质论的三种类型

宗教作为一种历史悠久影响深广的社会文化现象，人们对它从小就耳濡目染，非常熟悉。神佛显灵的传闻，妖怪作祟的迷信，祭天祀祖的仪礼，驱邪赶鬼的巫术，五体投地的皈依，念念有词的祝祷，香烟缭绕的庙宇，尖塔耸天的教堂……持久而深入地在人们心灵里打上了宗教的烙印。只要一提到宗教，这种种现象就会浮现在我们的眼前，在脑海中生起无尽的遐想。但是，如果要求人们就"宗教是什么"的问题，作出一个揭示其本质的概括论断，则显得十分困难。即使是对宗教问题进行过专门研究的专家，也常常感到这是一个十分棘手、一言难尽的问题。特别是近百年来，随着宗教学的发展，宗教学者从不同的立场和角度，应用不同的观点和方法去研究宗教，在宗教研究领域建立了不同的分支学科，他们在分析宗教现象之后对宗教下的定义常常也是各不相同的。宗教学者们对宗教概念的本质规定性的理解，以及对宗教所下的定义，不是走向统一，而是日趋多样化，甚至互相冲突和对立。这种情况使一些学者甚至拒绝讨论什么是宗教的本质，避免就"宗教是什么"作出定义式的规定。

宗教定义多元化的趋势，实际上是宗教研究日趋深入，对宗教的理解更加全面的反映。我们应该认真研究这种多元化的趋势，分析各种宗教学说的内容，以便对这个问题有一个更加全面、深入、准确的理解。

在近代宗教学中,在把握和规定宗教的本质问题上,有三种类型的宗教本质论具有代表性。

一、以信仰对象(神)为中心

古今中外各种传统的制度化的宗教显然是以对神灵的信仰和崇拜作为所信仰的宗教的中心和基础的。19世纪末20世纪初,这一时期的宗教学主要是以宗教人类学和宗教历史学为基本内容,学者们着重研究人类历史上的宗教的形成和演进。传统宗教以神道信仰为中心的历史事实,使宗教学者们承袭了关于宗教的传统观念,把宗教理解为某种以神道为中心的信仰系统。但由于逐渐积累了世界历史上各种神道宗教的事实,对它们进行比较性的研究,促使宗教学者们超出特定的宗教神道信仰,把各种各样的宗教信仰对象抽象化、一般化,从而使用"无限存在物"、"精灵实体"或"超世的"、"超自然的存在"等抽象的哲学概念来表述,使之适用于世界历史上的各种宗教体系。近代宗教学的奠基人麦克斯·缪勒和著名代表人物泰勒、弗雷泽等人的宗教观就是这方面的典型。麦克斯·缪勒认为人们产生宗教意识的种子,乃是人们对无限存在物的认识和追求,因此,他认为,所谓宗教就是对某种无限存在物的信仰。在爱德华·泰勒看来,宗教发端于万物有灵的观念,因此,他对宗教所下的定义就是"对于精灵实体的信仰"。他以后的弗雷泽则提出了更概括的说法,认为宗教是对超人力量讨好并乞求和解的一种手段。宗教人类学家、天主教神父威廉·施米特虽然在宗教学说上持不同于上述几位学者的观点,但对宗教的本质和定义的看法仍是以宗教信仰对象(神)为中心。他认为,所谓宗教,从主观上看是对"超世(即超自然界的)而具有人格之力"的知觉,从客观上看是对这种力量的崇拜。总之,他们都是把宗教规定为信仰和崇拜神灵的体系。据此,泰勒认为宗教是灵与人的关系,施米特则说,宗教是人与超自然力(上帝)的相互交际。

对这种类型的宗教定义,持不同意见者认为它不适合于一切宗教。他们指出,虽然有些宗教中的神灵是具有无限性的存在,但有些宗教体系中的神灵并不具有无限性;虽然有些宗教的神灵具有超自然和人格化的性质,但另一些宗教的神灵则并不具有这种性质。最典型的异议是,许多学者认为,有些宗教,如原始佛教和中国的儒教崇拜的对象,并非人格化的神灵,这些宗教被他们说成是"无神的"宗教。因此,他们认为,对于宗教信仰和崇拜的对象,最好不用"神"(God)的观念,而改用"神圣事物"(The Sacred)的观念。他们所理解的"神圣事物"这个概念,其主要内容是:它是不同于普通的世俗事物的事物。"神圣事物"

这个概念可以把一切宗教信仰的对象都包括进去。因此,在这种宗教观看来,宗教就是对某种被奉为"神圣事物"的信奉。这种说法被认为是关于宗教本质的一种最简单、包容性最广的说明。持此说的代表人物是法国的杜尔凯姆、瑞典的瑟德布罗姆、英国的马雷特等。

更有一种倾向,不仅回避用"神"的观念,甚至连"神圣事物"这种观念也回避使用。有些宗教学者认为宗教的本质就在于信仰并俯首听命于某种比人更高的力量。例如,英国的人类学家马林诺夫斯基就直接把宗教规定为"对于较高势力的乞求"。这种观点近年来在西方宗教学中相当流行。

二、以信仰主体的个人体验为核心

在近代西方宗教学从人类学和历史学角度研究宗教的时候,逐渐兴起了一种新的方法,即从心理学角度来分析宗教信仰问题。宗教心理学特别强调宗教信仰者个人内在的心理活动在宗教生活中的意义,往往把信仰者个人的主观性感受和宗教体验视为宗教最本质的东西和宗教的真正秘密所在。有些心理学者认为,正是由于信教者有了关于神或神圣物的宗教感情和宗教体验,才对他们体验到的神圣对象进行崇拜、祈祷、祭祀,从而形成各种宗教体系。美国实用主义哲学家和宗教心理学家威廉·詹姆士的《宗教经验之种种》,专从个人的宗教体验研究宗教的性质和作用,实际上是把个人的宗教体验作为宗教的基础和本质。他认为,以个人的宗教体验为本质的"个人宗教",比以神学信条和教会制度为根本的制度宗教更为根本。以教会为基础的制度宗教一经成立,就变成因袭相承的传统。可是每个教会的创立者的力量,最初都是由教会创立者个人直接与神相通的宗教经验而来。不仅耶稣、佛陀、穆罕默德等超人的创教者如此,而且一切创建教派的人也是如此。詹姆士认为个人的宗教体验是宗教中最先起、最根本的因素。据此,他提出了自己的宗教定义:宗教"就是:各个人在他孤单时候由于觉得他与任何种他所认为神圣的对象保持关系所发生的感情、行为和经验"。[①]可见,他所理解的宗教就是个人对于神圣对象的感情和经验。詹姆士以后,西方宗教学者把个人的宗教感情和宗教体验作为宗教的基础和本质因素,并以此来分析各种宗教现象的方式大为时兴。德国神学家和宗教学者鲁道夫·奥托在1917年发表的名著《论神圣观念》,把信仰者个人对神圣物的直接性体

---

① 威廉·詹姆士:《宗教经验之种种》上册,唐钺译,商务印书馆1947年版,第30页。

验——“对神既敬畏又向往的感情交织”，说成是一切宗教的本质。英国当代著名宗教学者麦奎利认为宗教是存在本身（神或上帝）对人的触及，以及人对这种触及的反应。这里所说的人对神的感触和反应，就是指宗教信仰者个人对信仰对象的主观感受或宗教经验而言。

在宗教心理学者中，对于“宗教经验”的看法也并不完全相同。有由此出发来肯定宗教者，也有由此出发而对宗教持批判态度者。例如，弗洛伊德从分析人类潜意识出发推论宗教的起源和本质，把宗教说成是人感到畏怖时的一种需要。他的态度显然具有批判性。

也有的宗教学者，对这种宗教观提出了非议，认为即使我们承认某些宗教信仰者的内心世界有过某种神秘的宗教体验，但却没有理由和根据说广大信教群众普遍地具有这种经验。对于他们来说，即使承认其有，那至少也是表现得非常模糊的。如果我们把主观性的宗教体验视为宗教的本质，那么，最标准的宗教只能是诸如伊斯兰教苏菲派之类极少数神秘主义教派，这种宗教观显然没有普遍的适用性。

三、以宗教的社会功能为基础

宗教社会学者一般把宗教在人类社会生活中的功能和作用作为宗教的基本因素。例如，法国社会学家杜尔凯姆一方面把宗教规定为一种与神圣事物相关联的信仰和行为的统一体系，同时又认为，宗教的基础是社会的需要，故被宗教尊奉为“神圣”的事物，本质上无非是社会本身。用他的话讲，神明不是什么别的东西，无非是被象征地表现出来的社会。一切宗教的祭祀、礼仪、道德诫命、神学信条、宗教团体和宗教制度，都是由社会需要所决定的，为社会的一体化而产生的。他的宗教观在宗教社会学家中颇有代表性。宗教社会学家趋向于撇开宗教在观念上与其他社会意识区别开来的本质，专门致力于研究宗教的社会功能。有些学者甚至还把宗教的社会功能当成宗教的本质，并以此来规定宗教的定义。如美国宗教学家密尔顿·英格在其《宗教的科学研究》中把宗教规定为“人们籍以和生活中的根本问题进行斗争的信仰和行动的体系”。[①] 在他看来，人生根本的问题就是“存在”问题，其中包括死亡、罪恶、痛苦、不幸等，宗教的功能则在于减轻人生的不幸和痛苦，使之转化为最高的幸福。宗教是人们获得最高幸福的手段。

---

① 密尔顿·英格:《宗教的科学研究》,纽约,1970 年,第 7 页。

日本宗教学家岸本英夫在其《宗教学》中规定宗教的定义时，基本上也贯穿了上述社会功能学派的观点。他明确地说，他是以人的生活活动为中心来观察作为社会文化现象的宗教，从宗教在人们的生活中具有什么作用、发挥何种效能的角度来规定宗教。据此，他认为，所谓宗教，就是一种使人们生活的最终目的明了化、相信人的问题能得到最终解决，并以这种运动为中心的文化现象。[①] 这就是说，宗教的最基本的特征就是相信人生问题能得到最终解决。岸本英夫的这一规定与上述英格的观点异曲同工，一个认为宗教是使人获得“最高幸福”的工具，一个则认为宗教是使人生问题求得“最终解决”的手段。人有了最高的幸福，当然人生问题也就得到最终解决了。两种说法的基本意思和基本精神是完全一样的。

按照宗教学研究中社会功能学派的主张，我们势必会得出一个结论：凡是与他们所规定的宗教社会功能有着相似作用的社会文化现象，都可以成为宗教的等价物或类似物。他们事实上也是这样看的。从20世纪60年代以来，西方宗教社会学出现了这样一种倾向：把在社会功能上近似于宗教的非宗教现象称之为“非宗教的宗教”或“世俗宗教”。许多颇有名气的宗教社会学家把共产主义、爱国主义、民族主义、甚至热爱科学、推崇民主……等等都当成类似于宗教的“世俗宗教”。因为他们认为这些社会意识形式和社会文化现象都起着维系社会秩序、决定社会伦理价值的功能，与宗教的社会功能等价。而且宗教体验的突出表现，如崇拜、忠诚、自我牺牲等现象，在爱国主义、民族主义和共产主义等社会意识中也可以见到。

上述主张有明显的缺陷，因为它用各种社会文化现象在某些社会功能上的相似，抹杀宗教与非宗教的根本区别。这样一来，任何事物都因此而失去本质的规定性，变成彼此不分的一团混沌了。实际上，宗教与其他社会文化现象的根本区别，就在于它的社会功能依赖于对神、神圣事物或超自然力量的信仰，正是这种信仰构成了宗教区别于其他社会文化现象和社会意识形态的本质特征。

四、对上述三种宗教本质论的比较分析

上述三种宗教本质论因为都缺乏适用于一切宗教的普遍有效性，或者容易与其他的社会文化现象相混同，皆未得到学术界的普遍认可。显然，要对宗教下一个比较科学的定义，必须解决一个认识论和方法论的问题。对一个概念下定

---

① 岸本英夫：《宗教学》，日本大明堂，1961年，第17页。

义,也就是对这个概念所反映的那类事物的界限作出规定,指出这类事物之所以是这类事物、而区别于他类事物的质的规定性,即揭示它的本质。上述三种宗教观的缺陷就在于它们或者以现象为本质,或者是未全面准确地把握宗教的本质。神秘的宗教体验不可能是决定和产生一切宗教现象的本质,宗教经验乃是宗教传统和宗教教育以及习俗迷信的结果。人心中本无上帝神灵,此类体验必然得自后天。即使把我们的探索追根溯源地进行下去,找到某个第一位自称有此种宗教体验的人,它的根源和本质仍然在社会存在和客观环境之中。宗教体验并非宗教生活的出发点和原动力,而是传统宗教生活积淀而成的副产品。

宗教的社会功能是一个十分重要的问题。宗教研究的社会功能学派强调研究宗教的社会功能问题,显然是十分有益的。但我们不能因此而把宗教的社会功能看成是宗教的本质。一种事物的功能,是它所表现出来的作用和作用的结果,因而属于事物现象形态范围。不同的事物可能有同样的作用和效果。能够维系社会的秩序和一体化的,可以是宗教,也可以是政治法律体系,还可以是哲学世界观和伦理道德规范;给予苦难不幸者的安慰,既可以来自来世的天堂,也可以来自现实的世界。宗教和它的社会功能之间,并没有等质、等量或等价的关系。

任何事物的功能,都是其内在本质的外在表现,不仅不能决定事物的本质,相反,倒为本质所决定。宗教的社会功能,与政治、法律、道德、哲学、文化艺术的社会功能,尽管彼此有互相交叉和重合的现象,但如仔细地观察和分析,还是有明显区别的。它们各自发生作用的方式,更是大不相同。究其原因,只能说,这是由于这些不同的社会文化形式各有其独特的本质,各自的本质决定其自身并把自身与其他事物区别开来。由于宗教的社会功能乃是宗教的本质的表现,我们可以而且应该通过它来认识和揭示宗教的本质,却不能用宗教的社会功能来代替宗教的本质。要想给予宗教的社会功能以科学的说明,只有真正科学地把握了宗教的本质才有可能。

按照社会功能学派的说法,宗教的社会功能主要在于它能维系社会的稳定和一体性。但是,其他许多社会现象如哲学、政治、道德等等也可以发生同样的作用。为了区别起见,就必须从它们发挥作用的方式、工具和方法上寻找各自的特殊性。用他们的话来讲,宗教之所以是宗教,就在于它是以某种象征体系和价值体系来发挥自己的社会功能,而哲学是以概念体系,政治是以法权体系发挥自己的社会作用的。即使我们接受这种理论,宗教社会学家仍然必须进一步回答:宗教的象征体系和价值体系是什么?它为什么能够发生如此这般的社会功能?这就是说,必须进一步探索宗教社会功能的内在根据,即宗教的本质。所谓象征体系和价值体系无非就是神或天命之类。宗教之所以为宗教，正是在于它用神或神的诫命作为人们崇拜敬畏的象征性对象，从而发挥其固有的社会作用。实际上，离开了神的观念，宗教社会学家就不能谈宗教及其社会功能；或者，所谈的对象就不再是真正的宗教，而是其他的社会文化现象了。

要把握宗教的本质，规定宗教的定义，看来把宗教确定为信仰和崇拜神的体系，从总体上看还是正确的。至于使用什么样的概念和术语来表述神更为恰当（例如，是用"无限物"、"终极物"、"超自然力量"之类的抽象的哲学概念，还是用"神圣的"、"比人更高的力量"之类的术语），倒并不是最重要的问题。不管宗教学者使用何种术语，它所指的仍是那种超人的神圣的东西。世界上各种主要的大宗教，其崇拜的神都具有强烈而浓郁的与人同性同形的人格性，如果以此来衡量一切形态的宗教，就可能会发生所谓例外的情况。但如果像许多宗教学者所主张的那样，对"神"的概念作广义的理解，视为某种超人间、超自然的力量，把宗教理解为与此有关的信仰体系，或者对所谓神的"人格性"作更科学的规定，那么，对于宗教涵义的上述理解显然会有广泛的适用性。

但是，关于宗教的定义仅限于此还是不够充分的。对宗教的科学规定，不仅应该指出宗教是信仰和崇拜超自然、超人间力量的体系，而且应当力求揭示此种力量为什么能成为人们信仰和崇拜的对象，它们又如何表现于人们的观念之中，从而把宗教与其他意识形式区别开来。

第二节　马克思主义的宗教本质论

对于"宗教是什么"这个问题，马克思、恩格斯、列宁曾在自己的著作中不止一次地加以论述。他们关于"宗教是……"的论断，数量有十来例之多，大体上也可分为上述所讲的那三类：一类是以宗教信仰和崇拜的对象为中心；一类是以宗教信仰的主体为中心；另一类则是论述宗教的社会功能。根据上述对三类宗教本质观的综合分析，显然也不能把第二类、第三类视为揭示宗教本质的宗教定义。而第一类是否符合定义的条件，也要通过认真、具体的分析加以确定。

一、马克思、恩格斯、列宁的有关论述

马克思在1843年写的《〈黑格尔法哲学批判〉导言》中提出：

> 宗教是还没有获得自己或已经再度丧失自己的人的自我意识和自我感觉。①

这段话在论断的形式上颇有类似宗教心理学者视宗教信仰者主体的心理感受为宗教的本质的特点。但是,马克思在这里并没有把这种“自我意识和自我感觉”说成是宗教的本质。所谓“还没有获得自己或再度丧失了自己的人”,可以解释为尚没有意识到自己的主体性或丧失了自己主体性的人。这里的“主体性”,意指自己的命运。如果这个解释可以成立,马克思的这句话就可以理解为:宗教是那些尚没有掌握自己命运的人的自我意识,是他们的自我意识和自我感觉的异化。含义是深刻的,但在内容上并未说明宗教意识不同于其他意识的特殊本质。因为人的丧失主体性的自我意识和自我感觉并不一定表现为乞求上帝或追求来世的宗教意识,而完全可能用文学艺术、哲学或政治思想等形式予以表现。例如,在中国封建社会,“君要臣死,臣不得不死;父命子亡,子不得不亡”。臣、子在君、父面前也是“丧失了自己的人”,但臣、子对于这种丧失自己的自我意识却不是表现为宗教意识,而是表现为“事君以忠,事父以孝”的伦理意识。在尼采的超人哲学中,平庸的低能人也是没有获得自己或是再度丧失了自己的一群人,但尼采为他们安排的“救世主”并不是传统宗教的上帝(尼采宣布:上帝已死),而是权利意志达到顶峰,才能出类拔萃的“超人”。“超人”是人,不是神,“超人哲学”并不是宗教。

历史上各个时代的宗教都是不能掌握自己命运的人的“自我意识”。这是宗教在各个时代的共性,但这种共性并不是宗教所特有的,其他社会意识也可能具有这种性质。这表明它不是决定宗教之所以是宗教,并把宗教和非宗教区别开来的本质规定性,只有当这种意识同对超自然、超人间的力量(神)的敬畏和崇拜联系起来时,它才是宗教意识。

马克思、恩格斯关于“宗教是什么”的论断许多是说明宗教的社会功能的。如前所述,宗教的社会功能并不等同于宗教的本质。下面分析其中一些最著名的论断。

马克思在《〈黑格尔法哲学批判〉导言》中说:

> 这个国家、这个社会产生了宗教,一种颠倒的世界观,因为它们就是颠

① 《马克思恩格斯选集》第1卷,人民出版社1995年版,第1页。

倒的世界。宗教是这个世界的总理论，是它的包罗万象的纲要，它的具有通俗形式的逻辑，它的唯灵论的荣誉问题，它的狂热，它的道德约束，它的庄严补充，它借以求得慰藉和辩护的总根据。①

这一大段话主要讲的是宗教的社会基础和社会功能。马克思认为，宗教作为"颠倒的世界观"，其社会基础是"颠倒的世界"，它的社会功能就是为"颠倒的世界"提供总的理论上的辩护、感情上的安慰和道德上的制约。但这些社会功能也可以是其他形式的颠倒了的世界观（如为反动社会力量服务的社会意识形态）所同样具有的。宗教虽是颠倒的世界观，但颠倒的世界观并不就是宗教。因此，这个论断并不符合揭示宗教本质并对宗教下定义的逻辑要求。

马克思还说过：

宗教是人民的鸦片。②

由于后来列宁把马克思这句名言誉为"马克思主义在宗教问题上的全部世界观的基石"，③所以有些马克思主义的宗教理论工作者常把这句名言认作为集中揭示了宗教本质的经典论述。其实，这句话的内容讲的也是宗教的社会功能。在马克思看来，宗教的社会功能，集中到一点，就是对人民的麻醉。所以，宗教是人民的鸦片。但是，在社会生活中，对人民起麻醉作用的不仅限于宗教。一切"颠倒了的世界观"都可以为"颠倒的世界"服务，都可以成为"人民的鸦片"。"三从四德"之类的封建礼教，诲淫诲盗之类的黄色书刊，实际上都是麻醉人民的精神鸦片。所以，"人民的鸦片"不是把宗教和其他社会意识区别开来的本质规定性。

与此有关，列宁说过：

宗教是一种精神上的劣质酒。

这是列宁对马克思的上述论断的换一种说法，其性质和意义与上述相同。

① 《马克思恩格斯选集》第1卷，人民出版社1995年版，第1页。
② 《马克思恩格斯选集》第1卷，人民出版社1995年版，第2页。
③ 《列宁选集》第2卷，人民出版社1995年版，第247页。

二、《反杜林论》对宗教的规定

上述马克思、恩格斯的论断是他们在1844年1月之前写的，这属于他们的历史唯物主义的世界观和宗教观形成的时期。这些论述从各方面揭露了宗教的世俗基础、社会功能以及它们所表现的本质。但是，马克思、恩格斯都不是用定义的形式集中说明宗教之所以是宗教的本质。解决这个问题是恩格斯在1876—1878年所写的《反杜林论》中实现的。这部著作的社会主义编在讨论宗教问题时，一开始就对“宗教是什么”的问题提出了如下答案：

> 一切宗教都不过是支配着人们日常生活的外部力量在人们头脑中的幻想的反映，在这种反映中，人间的力量采取了超人间的力量的形式。

恩格斯本人并没有说他在这里是在给宗教下定义，但马克思主义的宗教理论工作者大多数都曾把它当成马克思主义的宗教定义来使用。因为这段话概括地揭示了宗教之所以为宗教的本质规定性，并把宗教与其他意识形态区别开来。短短一句话，包含着丰富的内容：

第一，它说明了宗教作为意识形式的特征：“一切宗教都不过是支配着人们日常生活的外部力量在人们头脑中的幻想的反映”。世界上没有本质上不是“幻想的反映”的宗教观念。也就是说，宗教信仰和崇拜的对象都是幻想出来的东西，客观上并不存在。佛教的佛，道教的神仙，基督教的上帝，伊斯兰教的真主以及原始宗教的神灵鬼怪、超自然的巫术力……统统都是幻想。这里，恩格斯所谓的“幻想的反映”，也就是马克思所谓的“颠倒的世界观”。但是，宗教作为“幻想的反映”，有别于其他形式的颠倒了的世界观，体现了宗教意识的特殊性。

第二，它揭示了宗教幻想的内容和对象乃是“支配着人们日常生活的外部力量”。这就说明宗教信仰和崇拜的对象，并不是什么超出经验之外、不可捉摸的神秘权能，而是与人们的日常生活密切相关，但却支配着人们的日常生活的外部力量。神圣的宗教也就被还原为它的世俗基础。

第三，它说明了宗教观念采取了“超人间化”的特殊表现形式。即这些支配人们日常生活的外部力量反映在人们头脑中，并不直接是以自然力量和社会力量这些“人间力量”所固有的形式表现出来，而是表现为“超人间力量”的形式，因而具有超自然、超人间的神圣性。如果人间力量不超人间化，它也就和其他的自然力量和社会力量一样，因而并不具有神圣性。人们也就不会对它们产生神圣神秘之感和敬畏之情,发展为信奉崇拜之举,从而也就不会有宗教的产生。这就说明,人间力量的宗教化,世俗力量的神圣化,宗教理想境界的超自然化,乃是宗教产生的前提。宗教信仰对象表现为超人间力量或超自然境界的形式,乃是宗教的基本特征,普遍适用于各种宗教。

第四,它说明了人间力量超人间化的原因,揭示了宗教观念的世俗基础和客观根源。按照恩格斯的论断,宗教所信仰和崇拜的对象,并不是任何一种"外部力量",而只是那些"支配着人们日常生活的外部力量"。因为,当一种外部力量已经为人所掌握和支配以后,它就不再是人们生活的主宰,反倒是为人们生活服务的工具,一般地说,人们是不会奉之为神圣而对之顶礼膜拜的。只有当外部的力量支配着人们的日常生活,对人是异己力量的时候,人们才有可能和必要把它当成生活所依、生存所系的主宰,幻想为神圣之物而对之崇拜。恩格斯的这个论断不仅表述了他对宗教本质的观点,也附带说明了宗教异化的原因和根据。

恩格斯的论断虽然具有相当丰富的内容,但严格说来,它所论断的只涉及宗教观念("神"观念)的本质特性。作为"神"的观念的定义是完全可以成立的。如果说作为宗教的定义,则是不够的。这是因为宗教并不单纯是存在于个人头脑中的主观观念,它同时也是客观存在的社会事实;宗教也不单纯是个人对某种超人间、超自然力量的虚幻信仰,它同时还是某种同社会结构密切相关的现实的社会力量。作为个人信仰的宗教是一回事,作为社会现实而客观存在的宗教又是一回事,二者有联系,也有区别。只要人们把支配自己的日常生活的异己力量幻想地反映为超人间力量,这种反映就构成宗教观念。没有这种反映,就没有宗教信仰的对象和对它的信仰活动和崇拜行为,也就没有所谓宗教的存在。但这种反映却完全有可能停留在反映者个人的头脑之中,并不必然表现为信仰宗教、崇拜神灵的行为。唯心主义哲学家可能在世界观上承认某种超自然的神或上帝的存在,但却不一定就是某种宗教的信徒。宗教观念只是宗教体系的前提,但有了前提并不等于得出了结论。只有当宗教反映超出了宗教观念的主观性,表现为宗教信仰的外在行为,超出纯个人的信念,表现为社会性群众性的信仰、准则和行为规范的时候,主观的宗教观念才获得了它的"物质外壳",宗教才作为一种社会现象出现于世。

综上所述,可以看出,无论是西方近现代各派宗教哲学的宗教本质论,还是马克思、恩格斯的各种论断,尽管它们各自都在揭示宗教的本质问题上提出了许多有价值的内容,推动了整个宗教学的进步,但它们都有自身的缺欠,都还不能作为现成的答案全盘接受下来,我们应该在他们已经提供的论断基础上,把这项重要的研究向前推进一步。

第三节 本书对宗教定义的规定

一、宗教是一种客观存在的社会现象

对宗教的各种类型的规定，都离不开“神”或神性物的观念。具有超人间、超自然的“神”或神性物的观念，在宗教体系中构成核心的本质的因素，但并不构成宗教的全体。因此，关于“神”观念的定义不能作为宗教的完整定义。宗教作为一种客观存在的社会现象包含有比“神”观念更为广泛的内容。

支配着人们生活的外部力量，或者是具体的，或者是不具体的。无论何种情况，一旦它被人们的幻想超人间化、超自然化以后，它就变成了某种神秘和神圣的东西。这种虚幻的宗教观念要想成为信众共同崇拜的对象，就不能始终局限在主观的幻想世界之中，而必须把它表象为信众可以感知和体认的感性物。因此，各种宗教几乎都是把其所信奉的神圣对象客观化为某种具有感性的象征系统。原始宗教所崇奉的图腾、氏族祖先、自然物和自然力，多神教中各种形象的神灵，都是神灵观念的感性象征。天主教神学家虽然把他们的上帝抽象化为无形的精神性存在，但同时又把十字架、圣母像、圣徒遗物之类作为上帝的象征和神圣事物；把耶稣基督说成是“道成肉身”和“上帝之子”，这实际上也是把他作为上帝和圣灵的感性象征。伊斯兰教谴责一切偶像崇拜，但真主却偏要通过某个具体的人（真主的使者穆罕默德）来传达他的启示。而且圣城麦加的克尔白神庙还要供奉一块黑石头。至于佛教寺庙中佛和菩萨的偶像更是多得难以计数。

有了宗教崇拜的偶像或其他象征表现，还必须有宗教象征物的安息之所、供奉之地，以便为信仰者提供宗教活动的场所。于是，金碧辉煌的寺庙、巍峨壮丽的教堂便傲然矗立在大地上，虚无缥缈的神灵便具有了物质存在的形式。这说明宗教的神并不仅仅是信仰者的主观观念，它已被客观化、物态化和社会化了。这种客观化、物态化和社会化的情况进一步体现在宗教信仰者的行为之中。

宗教信仰者的行为是信仰者用语言和肉体进行的外在活动，它是内在的宗教观念和宗教感情的客观表现。一定的宗教观念和一定的宗教感情总是相伴而生。当人们把异己力量表象为超人间、超自然力量时，也伴生了对这种超人间、超自然力量的敬畏感、依赖感和神秘感。情动于中而形之于外，发之为尊敬、爱慕、畏怖、乞求、祷告的言辞，表现为相应的崇拜活动。各种宗教都通过一定的仪式把这些原为自发而且分散的宗教行为规范化、程式化，并附加神圣的意义。因此，一切宗教的礼仪行为都是规范化的，而且是有组织地进行的，具有鲜明的社会性。

宗教的社会性更具体地表现为宗教组织和制度的建立。在原始社会里，整个氏族部落都崇拜共同的神灵，有组织地进行共同的宗教活动。宗教信仰和活动把每个氏族成员凝结在氏族社会的组织中。在阶级社会里，由于多种宗教的同时共存和彼此竞争，由于新兴宗教和教派的不断出现，各种宗教和教派的信徒往往由于社会利益的不同和信仰的差异，导致各种形式的冲突和斗争。在此基础上，形成了各种不同的宗教组织。宗教组织的出现，进一步消除了原始宗教信仰上的自发性，而使宗教成为以宗教组织为基础的社会性宗教。宗教既然有了一定的组织形态，为了对外立异和对内认同的需要，便相应地把本教的基本宗教观念教义化、信条化，并建立起与教义相适应的各种戒律规范和教会生活制度。这些共同的礼仪行为、共同的教义信条、共同的教会生活制度、共同的戒律规范，强化了宗教的社会性，把广大信仰者纳入共同的组织和体制，规范了他们的信仰和行为，影响以至决定了他们的整个社会生活。这就使宗教在现实生活中成为一种重要的社会力量。更由于宗教的教义、信条、行为规范、礼仪规定等常通过文化、艺术、哲学、道德的形式表现出来，不仅规范信仰者的信念和灵魂，更规范他们的价值观，所以，宗教也是一种社会文化体系。

二、宗教的基本要素及其逻辑结构

上述可以看出，宗教作为一种社会化的客观存在具有一些基本要素。这些要素可分为两类：一类是宗教的内在因素；一类是宗教的外在因素。宗教的内在因素有两部分：宗教的观念或思想以及宗教的感情或体验；宗教的外在因素也有两部分：宗教的行为或活动以及宗教的组织或制度。一个比较完整的成型的宗教，便是上述内外四种因素的综合。

宗教的四种基本要素在宗教体系中有一定的关系和结构。长期以来，宗教学者在如何理解和说明这种关系和结构问题上各持己见，体现了他们在宗教本质论上的差异。有强调宗教神道观念是宗教的基础和本质者；有强调宗教的感情和体验是宗教的核心者；也有强调最初的宗教原本是无意识的行为，宗教观念和宗教体验不过是宗教行为理智化和感情化的结果者。各执一词，难以趋同。看来，如果要以四种因素产生的先后来区分宗教的本质因素与非本质因素，是难以找到可信的答案的。实际上，宗教观念和宗教体验是统一的宗教意识的互相依存的两个方面。没有无识之情，也没有无情之识。宗教意识的情与识又必然形之于外,体现为宗教信仰和崇拜的行为,这一切又逐渐规范化为宗教的组织和制度。所以,构成宗教的内外两类因素乃是同一个事物的两个方面,概念上可分析为二,实质上内外一体,它们是互相伴生、相互制约的。

如果我们着重分析宗教四要素在宗教体系中的关系结构,就可以看出,它们在逻辑上即义理上的蕴涵关系是有序的。从逻辑上看,四个要素在宗教体系中实际上有四个层次。处于基础层或核心层的是宗教观念(主要是神道观念)。只有在有了宗教神道观念的逻辑前提下,才有可能产生观念主体对它的心理感受或体验。因此,我们把宗教的感受或体验作为伴生于宗教神道观念的第二个层次。宗教崇拜的行为(巫术、祭祀、祈祷、禁忌等)显然是宗教观念和宗教体验之外在表现,属于宗教体系的第三个层次。宗教的组织与制度则是宗教观念信条化、宗教信徒组织化、宗教行为仪式化、宗教生活规范化和制度化的结果,它处于宗教体系的最外层,对宗教信仰者及其宗教观念、宗教体验和宗教行为起着凝聚固结的作用,保证宗教这种社会现象作为社会结构的一部分而存在于社会之中。

宗教体系的层次结构可以用下图来表示:

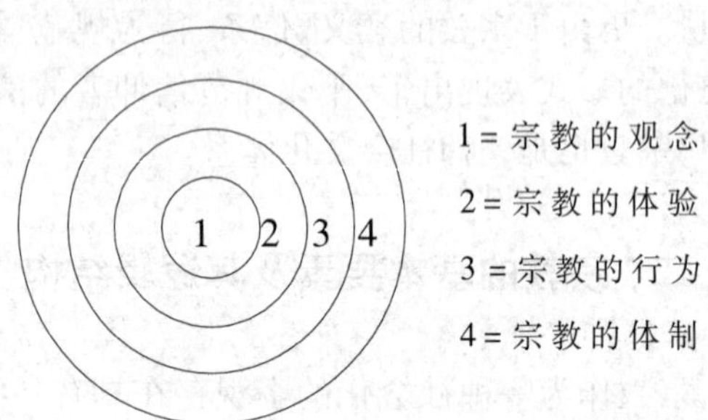

三、“宗教四要素说”关于宗教的定义规定

上面的图示对“宗教是什么”问题给了一个一目了然的回答。不仅说明了宗教是四个基本要素的综合,而且形象地表明了这四大要素的关系和结构。宗教作为一个整体,就是这四大要素如此结构组合而成的社会文化体系。有此四要素,并如此结构起来,就有了宗教体系;缺乏其中任何一个要素,都不成其为完整的宗教。本书把这种研究方法称之为宗教要素的结构性分析。这种分析暂时还是把宗教体系作为一个封闭性的系统来处理的。但是,宗教并不是一个自身决定、自给自足的封闭性系统。宗教的外在要素当然是其内在要素的外在表现。在内在要素中,宗教的感情和体验逻辑上必须以对神或神圣物的信仰为条件。问题是,神和神性又是什么?这种观念从何而来?这就进入到宗教思想体系的

深层次本质。从观念自身去说明“神”观念的来源,等于把它当成既定的、先在的事实,实际上犹如同语反复,什么问题也没有说。而要说明“神”观念的来源及其本质,这就涉及研究者的不同的哲学世界观和宗教价值观,因此,很难达到一致的共识。泰勒说,一切神灵观念起源于原始时代野蛮人对于梦幻、出神、疾病等生理、心理现象作了错误理解而产生的“精灵观念”;杜尔凯姆则认为,神灵观念来源于社会本身的神圣化;恩格斯认为那是对支配人们日常生活的异己力量的幻想的反映;至于宗教神学家们,则直截了当地肯定神灵的真实存在。各种见解分歧如此之大,如果都在宗教的定义中反映出来,那么,这样的宗教定义规定便只能在本派信奉者中得到承认,而必然受到其他学派的批判。为了避免无谓的争论,在对宗教下定义时,应该只限于说明一切宗教皆以信仰和崇拜神或神性物为中心和基础这一基本事实,而不必进一步揭示神或神性物观念的来源和本质。当然,这不是否定对宗教的深层次的研究,而只是把这种深层次研究保留到宗教定义之后或之外。这样的宗教定义,既然只限于经验事实,而不再涉及神或神性物的真假是非,不包含任何价值性评判,它就比较容易为各派宗教学者所认可。在此之外的进一步宗教研究中,你可以坚持你的无神论,也可以坚持你的有神论,甚至具体阐述你的“精灵论”、“巫术论”、“鬼神论”、“图腾论”、“超神论”、“泛神论”、“内在神论”,“原始一神论”等等。

这样,我们就可以对宗教下这样一个定义:

> 宗教是关于超人间、超自然力量的一种社会意识,以及因此而对之表示信仰和崇拜的行为,是综合这种意识和行为并使之规范化、体制化的社会文化体系。

上述可以看出,这个表述意在从经验事实上说明宗教是一种社会性的宗教意识(宗教神道观念和宗教体验)及其外在表现(各种宗教行为和宗教制度)诸多因素组合而成的社会文化体系,并且蕴涵着这四大基本要素的逻辑关系和层次结构。

四、对上述宗教定义的理解和应用

第一,揭示了宗教本质及其基本内容,可以把宗教与非宗教明确区分开来。上述宗教定义在理论上的一个特点是把宗教当作四种要素(宗教观念、宗教体验、宗教行为、宗教体制)的综合与统一。它一方面揭示了宗教的核心和本质内容是关于超人间、超自然力量的信仰（“神”观念）；另一方面又指出了这种作为宗教的核心和本质的“神”观念必然表现为宗教的感情和体验，宗教的崇拜行为和宗教活动以及宗教的组织和制度，这就意味着宗教的本质与其表现的统一。它一方面指出宗教的内在因素（宗教观念和宗教体验）；另一方面又指出了宗教的外在因素（宗教行为和宗教体制）。因此，宗教乃是内外诸种因素的综合。这就给予了宗教一种最为完整的规定，把宗教与非宗教作了明确的区分。在宗教学说史上，有些宗教学者之所以把某些非宗教文化形式宣布为“宗教”、“准宗教”、“世俗宗教”……其主要原因就在于他们不知道宗教是四种要素的统一和综合，而把宗教与非宗教在某一方面或某几个方面的相似之处夸大为整体的相同。我国和西方都有相当多的学者把“儒家学说”说成是一种“宗教”，即儒教，就是因为他们看到中国历史上的孔孟之徒把孔孟奉为“圣贤”，把他们的著作奉为“经典”，采取某种类似宗教崇拜活动的行为对“大成至圣先师孔子”顶礼膜拜。“儒教说”之所以不妥，主要在于此说只看到了儒家与宗教的外在行为方面的相似性，而忽略了一个本质上的事实：孔子、孟子本人是学者；他们的门徒也只是把他们看作是“圣贤”；而所谓“圣贤”，不过是道德高尚、知识渊博的人，而不是超自然的神。孔孟创建的理论是一种社会的、政治的、伦理的学说，而不是引导世人去追求天堂、净土之类超自然境界的宗教体系。对于中国传统的民族宗教，他们既有信仰的一面，也有否定的一面。孔子相信“死生有命，富贵在天”，主张“畏天命”，这是宗教性的信仰；但他同时又主张“敬鬼神而远之”，“不语怪力乱神”，表现出反传统宗教的态度。显而易见，孔孟儒家并未构想出某种作为宗教的核心和本质因素的超自然的神灵观念。因而，我们不能视其为宗教。当然，这只是就孔孟学说的本来面貌和中国历史上儒家学说的主流而言。后来的中国社会中确有一部分人把孔子神格化，把儒学神学化、宗教化，不过，这并未成为儒学的主流。因此，我们不能把支流等同于主流，把整个儒家当成儒教。

恩格斯的论断为什么也不能作为宗教的定义呢？也是因为恩格斯的论断只规定了“神”观念的定义，而没有把宗教的其他基本要素概括其中，它未能划清有神论哲学和宗教的界限。一个哲学家有可能承认某种超自然、超人间的力量，可是他并不一定把这种力量当成崇拜对象，对之礼拜、祈求和崇拜。

我们如此强调宗教是四要素的统一，还在于它意味着：只要是货真价实的宗教，就必然具备上述四个要素，即使是原始社会的宗教崇拜也不例外。

考古证明，我国北京周口店山顶洞人的尸体丧葬，是迄今为止我国发现的最原始的宗教迹象。它作为我国宗教最早的“幼芽”，尽管尚未发育成型为完整的宗教，但也出现了宗教四要素的“种子”。如果山顶洞人没有某种人死后灵魂不死的朦胧的观念,他们就不会对死人进行丧葬处理。这一过程包含着对“死灵”的敬畏感,没有这种感情和感受,就不会出现使用殉葬物的行动。这就是宗教的感情和行为。而丧葬仪式是在同一血缘集团中进行的,这实际上是一种社会性、集体性的宗教活动。可见,山顶洞人的“丧葬”这种最简单最原始的宗教活动,就已具备了宗教四要素的种子。随着原始社会氏族制的形成和完备,原始宗教的四要素也发育成型。崇拜的对象越来越具有超人间、超自然的神秘性和神圣性,成为原始氏族集团的命运的决定者、保护者;原始人越来越强烈地对之感到“尊敬”、“爱慕”、“景仰”、“畏惧”、“恐怖”、“震慑”,于是便表现为“祈求”、“崇拜”、“祭祀”之类的行动;原始的神灵总是氏族集团共同信仰的对象,对它的献祭和崇拜行动也总是氏族成员集体进行的,集体性的宗教活动越来越规范化、体制化,成为氏族制度共同遵守、一致奉行的制度。宗教行为制度化和社会制度宗教化同步进行,整个氏族制度下的社会生活都宗教化了。可见,原始时代的宗教实际上已明显而完备地具有宗教的四个基本要素。原始宗教尚且如此,后来的宗教岂能例外?古往今来有没有不完全具备宗教四要素的宗教呢?目前尚未发现。

第二,宗教四要素及其层次结构为宗教现象的分类和宗教学的范畴体系提供了理论根据。任何一门学科,如果它确是具有科学意义的一种学问,它应具有两点标志:

(1)从内容看,它应该反映其研究对象的本质和规律。本质找到了,它所决定的众多现象就找到了共同的根据,得到了统一的说明;规律找到了,众多的现象之间就有了必然的联系,而不再是偶然的堆砌;现象与现象之间的关联应该有可重复性,其关联应该是只能如此,不能如彼;而不再是凭人兴之所之,随意之所好而串联起来,既可如此,也可如彼。

(2)从表现形式看,这门学科应有反映其对象的本质、现象和规律的概念和范畴,而且,这些概念、范畴之间的关联,也应像它们所表现的对象的现象之间的必然联系一样,有其严格而必然的逻辑联系,而不是研究者可以随意之所好任意排列的。因为,概念、范畴之间的逻辑必然性乃是事物、现象之间的规律性的表现。

宗教的四要素说可以满足这两点要求。

首先,宗教四要素说把古今中外各民族一切宗教中的宗教现象,按照同一的原理和逻辑予以分类,最后归纳为四大类,并确定:一切宗教的事物和现象都可归类于这四大类宗教现象之中,而且一切宗教都必然具有这四类现象并以之作为组成宗教的要素。因此,宗教的四要素说具有一种科学性的理论所应该具有的普遍适用性。

其次,它发现并确定了宗教四要素之间的逻辑关系。人头脑中萌生的宗教观念(主要是灵魂观念、神灵观念、神性观念)是一切宗教的逻辑出发点。由于它被设想为超人间、超自然的力量和支配人们生活的异己力量,设想者便必然伴生对它的依赖感、崇敬感、畏怖感、神圣感、神秘感。内在的宗教敬畏感必然外在化为崇拜神灵的宗教行为,具体表现为巫术、献祭、祈祷、礼拜、崇拜、皈依、修行、悟道、苦行、禁欲之类的宗教活动。由于宗教信仰的社会性和集体性,为了对内认同、对外立异的需要,就必然要求把宗教信仰和行为规范化,于是就必然出现宗教观念的信条化、教义化、经典化;宗教经验的虔诚化、神秘化、目的化;宗教行为的仪式化、礼仪化;宗教信徒的组织化和宗教生活的制度化。于是,就出现了"宗教观念→宗教经验→宗教行为→宗教体制"的逻辑序列过程。要素的关联是严格符合这一逻辑必然性的,它们各自在此逻辑序列的位置只能如此,不能如彼,在这里,没有什么主观随意性可言。

最后,宗教四要素说反映了宗教四大范畴之间的逻辑序列与宗教的发生和发展的历史过程相一致。只要宗教学者们不带任何宗教成见和偏见去观察历史上任何一种宗教发生和发展的过程,当可发现,都可归纳为"宗教观念→宗教经验→宗教行为→宗教体制"的过程。前面已分析过原始宗教从萌芽状态到成型状态的发展历程,它非常典型地体现了宗教四要素依次发展的历史逻辑。佛教的创立,开始于佛陀在菩提树下静坐沉思数日之后的"觉悟",他"悟"到了作为最终解脱的"涅槃"境界(成佛)。有了这种对"涅槃"境界的直觉,就会伴生出对涅槃成佛的景仰、渴慕和追求;为了进入这种境界,佛陀逐渐形成了"四圣谛"、"八正道"、"十二因缘"一整套止观并行、定慧双修的修行法门。初转法轮进行传道后,有了越来越多的追随者,随之而结成僧伽团体。有了一个社会化的集体,自然要求集体成员奉行共同的教义,执行共同的纪律,实行共同的行为规范,佛教的戒律规定由之产生。总之,随着佛教信仰者的组织化,推进了佛教哲理的教义化、涅槃悟道的目的化、宗教生活的戒律化、宗教行为的规范化,一个体制化的佛教随之形成。

按照新约圣经的描述,耶稣创建基督教的过程也与此大同小异。旧约时代以色列先知关于上帝将派"弥赛亚"(基督、救世主)到世上来建立"千年王国"的预言,乃是基督教创教时的基本宗教观念。据福音书记载,耶稣在约旦河受洗以后,天忽然为他开了,他看见上帝之灵如鸽降在他身上,天上有声音说,这是我的爱子,我所喜悦的。有了这种宗教体验,耶稣就开始传道。随着基督教的传播,信仰者的增多,自然而然地形成教会组织。教徒在共同的教会组织中过共同的宗教生活,礼拜上帝和基督,实行"圣餐"之类的宗教仪式。后来为了在不同宗教的竞争中获得胜利,为了克服教内不同教派之间的分歧,逐渐用各种方式把基督教的思想、观念、主张系统化为统一的教义,作为基督教徒必须遵守的“信经”。在成为罗马帝国和中世纪封建国家的国教以后,又适应社会的政治结构形成教阶制度。

穆罕默德创建伊斯兰教的过程大体也是这样。

所以,无论是原始社会的氏族宗教,还是国家社会的国家宗教,以至世界性宗教,它们从萌芽到成长,再到成型的过程,实际上都是经历了“宗教观念→宗教经验→宗教行为→宗教体制”这样一个过程。宗教史的历史事实证明,宗教四要素的结构逻辑体现了宗教发生发展的历史逻辑。

第三,宗教四要素为宗教史的研究提供了认识论和方法论。宗教四要素说由于体现了理论与事实、逻辑与历史的一致,它的应用价值当不会局限于比较宗教学,而且将会对各种具体宗教史的研究发挥一定的理论参照作用。在以往的宗教史研究中,由于学者们一般把“神”观念等同于宗教,于是便自觉不自觉地把宗教史的发展看成是宗教观念,主要是“神”的观念的发展。具体内容往往局限于宗教观念、宗教教义、宗教哲学的提出和演变,以及各种教派在这些方面的分歧和纷争上;而对于宗教的其他要素(宗教情感、宗教行为、宗教组织、宗教体制)的形成和变化,却很少涉及,甚至基本没有涉及。从宗教四要素说来看,这种性质的宗教史并非完整的宗教史,而只能叫“宗教观念史”或“宗教教义史”。对于任何一种宗教而言,一部完整的宗教史应该包括宗教四要素的内容。因此,宗教四要素说将会为各种具体宗教史的研究提供一种认识论和方法论,为宗教史的研究开辟更广阔的研究空间,使它的内容更充实,形式更完整。

第四,宗教四要素为研究宗教的社会文化功能开辟了新的方向和途径。本书把宗教界定为是一种包含四个要素的“社会文化体系”,这就涉及宗教的四要素和文化之间的关系问题。这是一个十分重要的复杂问题。如:宗教在什么意义上是一种社会文化?宗教在文化大系统中处于什么样的地位?宗教的四要素对各种文化形式,对文化各个部门究竟起着什么样的作用?如何科学评价宗教的社会文化功能等等。考虑到这些问题在宗教学中的重要性,本书将在第三编“宗教的社会文化功能”中对这些问题进行专题讨论。

第二章

宗 教 观 念

各种宗教都有一套作为其信仰支柱的观念，甚至形成一套论证其信仰的观念体系，构成一种宗教世界观。它们是宗教行为的内在根据，是宗教组织借以建立信仰体制的骨架，它对整个宗教体系的构成起着基础性的作用。

最基本、最重要的宗教观念大致可归结为三个方面的内容：一是宗教的灵魂观；二是宗教的神灵观；三是宗教的神性观。三种观念是其他一切宗教观念的基础。各种宗教的信条、教义和教理事实上都是在这三种观念的基础上建立起来的。其所以如此，是由宗教的本质决定的。在宗教反映中，宗教信仰和崇拜的对象采取了超人间力量的形式。这种“超人间力量”也就是宗教所说的灵魂和神灵。神灵如何支配人们的日常生活，取决于信仰者对神灵的性质和权能的理解，即取决于信仰者赋予神灵以什么样的智慧、意志和权能。这些就构成了宗教神灵的“神性”。神的神性总是在它支配世界和人间生活中展现出来。神支配世界和人间生活的方式就是“神意”或“天命”；最能体现其意志和性能的行为则是神创造的“神迹”。所以，“天命”和“神迹”构成神性观念的主要内容和表现形式。

第一节　灵魂观念

一、灵魂观念的涵义

灵魂观念是一切宗教观念中最基本的观念之一。关于形灭而灵魂不灭的信仰，是广泛流行于古今世界上各种宗教体系中的普遍信条。按照近代宗教学的奠基人之一泰勒的“万物有灵论”，灵魂观念是整个宗教信仰的发端和赖以存在的基础，是全部宗教意识的核心内容；如果没有超自然的灵魂观念，就不可能有超自然、超人间的神灵观念，从而也就不会有宗教信仰本身。在基督教神学中，灵魂不朽与上帝存在、意志自由一起，构成宗教神学的基本命题。伊斯兰教神学大体也是如此。早期佛教不讲灵魂不灭，但其因果报应、生死轮回的教义在逻辑上必然导致承认不灭灵魂的存在，并以之作为业报轮回的主体。佛教传入中国后很快就完成了灵魂观的这种发展，"神不灭"成了中国佛教的坚定信仰。

通过比较各种宗教（原始宗教、古代民族宗教、世界宗教）的灵魂观念的性质和内容，世界各民族历史上的各种宗教中的灵魂观念大体上有两个共同点：第一，它们都认为灵魂是其所在之个体（人或物）的一切活动的生命力、原动力和操纵者，是个体之一切行为的主宰。第二，它们都认为灵魂可以离开形体而独立活动，甚至会更进一步认为灵魂不会随形体的死亡而随即死亡。

各种宗教的灵魂观念，总是认为灵魂与物质形体（肉体）对立。它高于形体、支配形体、独立于形体而活动，甚至不随形体死亡而死亡。这种形与灵的对立，在不同宗教系统中可能有不同的程度，但这种对立的存在却是普遍的。自然物体（包括人的肉体）的自然属性是有形、有生、有灭，而灵魂却是无形体、无生灭，这种灵魂显然被认为是具有超自然性质的东西。据此，我们可以把宗教的灵魂观念作这样的规定：宗教所信的灵魂是寓于个体之中、赋予个体以生命力，可以独立于形体并主宰其活动的超自然存在。

二、灵魂观念产生的原因

人类最早的灵魂观念产生于远古时代原始人的头脑之中。根据史前考古学的发现，早在旧石器时代晚期，西方的克罗马农人（距今3.5万—1万年）和中国的山顶洞人（最新的说法是距今2.5万年）的文化遗存中，就已经出现了在尸体周围撒赭石粉等宗教行为。北京周口店山顶洞人尸体之旁还放有钻孔的兽齿、石珠、骨坠等随葬物。而这种情况在古猿人的考古发现中是没有的。学者们由此断定，此时的原始人已经产生了关于灵魂不随人死而灭的死后生活的观念。

原始人是怎样和为什么在他们的头脑中产生出灵魂观念呢？按照泰勒的分析，原始人是从对两类生物学问题的观察中构成了一种与身体完全不同的灵魂观念的：第一，是什么构成生和死的肉体之间的差别，是什么引起清醒、梦、失神、疾病和死亡？第二，出现在梦幻中的人的形象究竟是怎么回事？处于低级文化阶段上的能独立思考的人看到这两类现象，便逐渐意识到在每个人身上都有两种东西，一个是"生命"，另一个是"幽灵"。生命可以使人有感觉，有思想，有行动,它一旦离开人体,人就会死去。幽灵则是人的影像,它可以在远离人体的地方向人们显现(如在梦幻中)。[①]由此再进一步,原始人把生命观念和幽灵观念结合为一体,就形成了灵魂观念,并认为灵魂可以脱离身体而独立活动,灵魂在人睡眠或出神时暂时离开身体,在死亡之后则永远离开身体。

泰勒的推断可以在原始人的生活经验中得到验证。在原始时代,当人们还不能科学地理解死亡现象的时候,很自然地便会把这归因于作为生命力之实质的灵魂的离去。我们不妨设身处境于原始人的日常生活经验来考虑这个问题:我的一位氏族同胞昨天还生气勃勃地活着,他与我谈话,一同上山打猎,追赶一头山羊,他一箭射穿了山羊的咽喉,然后我们一起把山羊弄回村寨分而食之,唱歌跳舞……可是,在今天早晨上山打猎的时候,突然一头猛虎扑过来,把他咬得遍体鳞伤,伤口淌着鲜血,最后血流完了,气也断了。这位昨天还生龙活虎般的同胞口不能说话吃东西了,肢体不能活动了,死去了。面对这种生活场景,我们的原始人就有可能推想,这位死去的同胞比他昨天一定是少了一件什么东西,而"那个东西"一定是使他得以活着的东西。一旦"那个东西"从他身上离开了,身体也就不能活动,死亡了。这种使身体活动的"生命力"、"活动力"……就是原始人的灵魂观念。聪明一些的原始人还可能从死者死去时的情景进一步推想:这种作为生命力的灵魂大概是从呼吸的鼻孔和流血的伤口逃出去的。灵魂甚至就是呼吸的气息或流通于身体中的血液。

泰勒在《原始文化》中收集了大量的人类学、民族学的事实,证明原始人中存在着将灵魂等同于生命力的灵魂观。加勒比人用同一个词标志"灵魂、生命和心",认为被指定在未来天国生活的人的主要灵魂就住在心里。太平洋岛上的汤加人认为灵魂遍布整个身体,但主要住在心中。巴索托人主张,人死了是因为他的心离去了,而人之所以大病痊愈全在于他的心回来了。这是因为原始人把人的心看作是人的生命、思想和情欲的主要动力。

呼吸活动是高等动物存活的重要特征,它的存在使得原始人十分自然地把呼吸与生命或灵魂视为一个东西。澳大利亚原住民用同一个词"瓦乌格"形容"呼吸、精灵和灵魂"。在加利福尼亚的内特拉(印第安部落民)语中,"皮乌茨"的意思是"生命、呼吸、灵魂"。《圣经·创世纪》说:"耶和华上帝用地上的尘土造人,将生气吹在他的鼻孔里,他就成了有灵的活人,名叫亚当"(2:7)。这个神话表明,希伯来人最初把呼吸的生气认之为赋予人们以生命力的灵魂。我国古

① 泰勒:《原始文化》,连树声译,谢继胜、尹虎斌、姜德顺校,上海文艺出版社1992年版,第416页。

代称“附气之神曰魂”,所谓灵魂也主要是指呼吸之气。

在《利未记》中,上帝对摩西说:“论到一切活物的生命,就在血中。所以我对以色列人说,无论什么活物的血,你们都不可吃。因为一切活物的血,就是他的生命”(17:14)。这显然是从打猎杀牲、战争阵亡等事件的经验观察中得到的结论。既然流血过多导致死亡,那么,血就是生命力,就是灵魂。

原始人的梦幻经验,导致他们不仅得出了灵魂可以脱离身体而独立活动的观念,还由此推论出灵魂的具体形象就是梦幻中的影像。原始人梦中见到别人,可一觉醒来,梦中人不见了,不仅不在身边,而且远在他乡。原始人由此推断:这必是梦中人的灵魂离开了他的身体进入我的梦境所致。他把梦中的经历当成一种真实的感官经验,把梦中的幻影当成真人真物的副本——他的灵魂。许多民族的宗教观念都认为人在睡眠时,人的灵魂就离开他而去。如果灵魂不回来,人的身体就不会醒。因此,澳洲土人如果要叫醒睡眠者,只有慢慢地唤醒他,才能给灵魂返回身体留下足够的时间。在印度的某些地区,不许改变睡眠者的外貌,如果给他的脸上涂上颜色或贴上胡子,他的灵魂返回时就可能不认识原来的寓主,睡眠者因此就会死去。由于相信人的灵魂具有和身体一样的形象,加尔维依岛上的土著居民认为胖子的灵魂也胖、瘦子的灵魂也瘦。祖鲁人不仅用同一个词称呼影子、精灵和鬼魂,而且认为人死的时候,他的影子会以某种方式离开死尸变成精灵。巴索托人把人死后留存的精灵叫做影子,并且相信,人若走在河岸上,鳄鱼会咬住他水中的影子而使之落水。

泰勒关于原始人形成灵魂观念的心理分析,大体上符合宗教人类学提供的事实。

三、灵魂观念的演变

灵魂观念和世界上的一切事物一样,是处在不断的发展过程之中的。

根据宗教人类学提供的大量事实,我们可以相当肯定地说,原始人最初形成的灵魂观念,并不是完全独立于身体,也不是纯粹灵性的。

缪勒对古代各民族灵魂观念的比较研究证明,几乎所有用来称呼“灵魂”的词,最初都是指从嘴里吐纳的、可见的和可嗅的气流或呼吸的词。德国心理学家冯特提出了“体魂”的概念。他认为,体魂是与整个身体联系或与某个特殊器官相结合的灵魂。宗教历史的发展证明了这些理论的可靠。在中国,直到春秋时代,人们把灵魂看成是物质的观念仍然很强烈。“子产曰:人生始化曰魄,既生魄,阳生魂。……匹夫匹妇强死,其魂魄犹能凭依于人,以为淫厉”(《左传·昭公七年》)。据《礼记·檀弓下》说,吴季扎曾认为“骨肉归复于土,命也。若魂气则无不之也”。这是指人死后“魂气”像气一样到处游荡。与中国一样,把灵魂认为是物质性的东西,在原始民族和已开化民族中都是广泛存在的。上文提到的古代犹太人和其他民族,把灵魂说成是呼吸、影子、气息……都是指物质性的灵魂。在其他一些宗教中虽然没有把灵魂直接与某种具体物质联系起来,但也认为灵魂与人体的某种物质属性有关。印度宗教的根本教义相信灵魂不死和不断轮回,其灵魂“实际是一种微妙身,但仍然是气体的而不是精神的”。[①] 伊斯兰教的《古兰经》虽然并未明确说明灵魂的本质究竟是物质还是精神。但许多重要的伊斯兰神学家仍把灵魂理解为非常稀薄精微的物体。[②] 早期基督教大体上仍然保持《旧约圣经》的传统灵魂观念。著名的教父神学家德尔图良就认为灵魂是由不可捉摸的物质与气体组成的。只是由于柏拉图哲学的影响,经院派神学家才逐渐清除了灵魂的物质外壳。特别是17世纪的笛卡儿二元哲学把物质与精神、肉体与思想绝对地对立起来,于是就把灵魂变成了纯粹精神性的实体。所以,极端的非物质的灵魂观念并非宗教本身固有的教义,而是唯心主义和二元论哲学演变为宗教神学信条的结果。

泰勒指出,由于原始人把自己的存在看成是其他一切存在的标准,便以此来推论其他事物的性质。通过人性的外推与泛化,人把生命力或灵魂赋予外间事物。不仅赋予有生命力的动物和植物,也赋予本无生命的自然事物(日月星辰山水火金之类)和人工器物。于是,物质自然界变成了皆有生命和灵魂的万物有灵的世界,变成了人性化的精灵世界。这种“万物有灵”的信仰形态不仅存在于文化的早期阶段与中期阶段,而且在当代文明的思想中也不绝如缕。某些较开化的民族明确地认为,树枝、石头、武器、船只、食物、衣服、装饰品以及其他物品都有其可分离的、活生生的精灵或灵魂。在泰勒看来,这种由人之灵魂外推或泛化为“万物有灵”的推理方式是人类童年时期思维的普遍特征,它也适用于理解早期的人们怎么会把生命的观念扩展到完全无生命的事物上。18世纪哲学家休谟和19世纪哲学家孔德把这种人性的外推和泛化称之为人的“自然倾向”和“天赋倾向”,孔德由此推断“物神崇拜”这种宗教现象就是如此形成的:

这种物神崇拜的特点就是自由而直接地运用我们下面的天赋意向,即

① (英)查尔斯·埃利奥特:《印度教与佛教史纲》第1卷,李荣熙译,商务印书馆1982年版,第56页。

② 参见《回教真相》,马坚译,商务印书馆1937年版,第251~252页。

在所有自然物和人工的外在物品中看到由生命而赋予灵性的实质，这种生命在其本质方面跟我们是相类似的，但是在力量方面却是变化着的。①

孔德这里的"物神崇拜"实即泰勒的"万物有灵论"。泰勒还由此做出进一步的推论。他认为，由于原始人相信灵魂独立于肉体，便进而相信灵魂不会随身体的死亡而死亡。死者既已没有生前的肉身，便只有纯粹的灵魂，原始人因此而萌生了纯粹精灵的概念。这些精灵可以随意或暂时附在别人的身体或其他事物之上，由此而产生精灵"附体"或"附魔"的现象。纯粹灵魂观念应用到自然界，便把各种自然物和自然力，演化为比较高级的多神教；最后通过各种途径，发展为统辖众神的"至上神"，以至发展为没有具体形象的、阴影式的惟一神的一神教。以上所说，就是泰勒从灵魂观念的演变而形成万物有灵论，在此基础上，进一步发展为宗教进化论的基本内容。尽管它并未得到宗教学家的一致赞同，但普遍认为它系统完整，言之成理，推动了整个宗教学的发展，值得我们参考借鉴。

四、围绕灵魂观念的宗教行为

由于古往今来的宗教信仰者总是把人的一切生命过程理解为"灵魂"的某种活动，是灵魂主宰和操纵的结果，为了求得更好的生，避免谁也不愿意经历的衰老、病痛与死亡，人们便想出了各种办法与"灵魂"发生关系：或者操纵"灵魂"的活动，使之服从于人的生存意愿；或者祈求"灵魂"的善意和关照。正是人类的这种发之于求生本能的人性要求，形成了人类最早的宗教信念、宗教感情和宗教行为。此即宗教学上所谓的"灵魂崇拜"。

对于灵魂的崇拜活动的全部表现形式基本上都是围绕生、老、病、死等生命过程进行的。

婴儿的降生，在不少民族中被认为是灵魂附于胎儿的结果。我国云南佤族人就认为，母腹中的胎儿，其灵魂尚未来附，仍然在其母所在村落四处游荡。为使婴儿降生，必须通过"叫魂"仪式使之附体，否则婴儿必然死亡。印度奥里萨邦的孔德人认为，人有四个灵魂，其中一个将世世代代留在孔德部族中间，一代一代地复生。因此，每当一个婴儿降生时，祭司都要问：部族成员中的哪一个回

① 奥·孔德：《实证哲学教程》，1830—1842. V·30，原注。参见泰勒《原始文化》，连树声译，谢继胜、尹虎斌、姜德顺校，第464页。

到了地上。约卢巴人常用“你回来了”这句话来迎接新生的婴儿。

人生过程中的疾病与衰老被认为是“灵魂”的活动,世界上许多民族都把疾病说成是病人的“魂”离开了他的肉体,为病人招魂成了许多民族的巫师和祭司们的专门技能。缅甸的克伦人把灵魂、精灵和神灵通称为“拉”,他们认为,“拉”在肉体睡眠时出来游荡,长时间不返回,人就会生病或死亡,这时,人们就围绕着病人跑,希望捉住他那游荡的灵魂,把它送回病人的头上,或在病人衣服上举行招魂仪式,向灵魂供献煮熟的鸡肉米饭祈求灵魂“拉”重新回到病人身上。我国古书把这种招魂仪式称之为“复”,意即用此仪式使失去的灵魂复返于自身。

在社会发展中出现的利害冲突和敌对关系,也会相应地投射到幽灵世界。人们相信,生前有益于人的鬼魂也将继续做有益于人的事,而生前有害于人的鬼魂也会继续为非作歹。正是这种宗教心理,产生了原始时代和古代社会祈求鬼魂的帮助的巫术活动,或控制和镇伏恶鬼作祟的驱鬼仪式。

生命的终结或死亡,被认为是灵魂永久地脱离肉体,而不是灵魂的死亡,因之产生的丧葬礼仪和丧葬制度是古代人灵魂不灭观念最生动、最集中的体现。

在人类社会的早期,人死后的尸体并无墓葬,“古之葬者厚衣之以薪,葬之中野,不封不树,丧期无数”(《周易·系辞传》)。旧石器时期中后期的人们开始埋葬尸体。新石器时代,考古发现了大量的墓葬群,显示尸体埋葬高度发展,并出现了各式各样的葬法与葬式。葬法有土葬、火葬、水葬、天葬、崖葬等。不同的葬法表现了当时人心中不同的灵魂世界的状况。中国汉文化系统普遍实行土葬,土葬象征死者进入了阴间世界。我国云南的普米族认为火葬可把死者灵魂送入光明世界,正常死亡的人都实行火葬,而“恶死”的人则要实行土葬,表示将其灵魂埋入地下,永远不能转生。古代中国南方某些地区的崖葬、悬棺葬所象征的阴间世界是在天上或山上。藏族的天葬则反映了这样的灵魂观念:借助于能往来于上界和人间的灵性动物——鹫鹰,死者的灵魂才能升入人们幻想中的“永生世界”。

各式各样埋葬尸体的方式,曲折地反映了活人世界的人际关系。仰身直肢葬与睡眠姿势同,反映亲人希望死者安息。父系社会的墓葬中,女性多为侧身屈肢,而同墓的男性则为仰身直肢,显然反映女性生前对于男性的附从地位。春秋秦人墓中,贵族为仰身直肢,殉奴则多为屈肢,这种葬式反映了社会生活中的阶级结构。而我国云南独龙族的屈肢葬,是为了让死者像生前一样环火塘而睡眠。

古苗族实行扭首葬，其意义在于让死者面向背后，关照其后人顺利成长。[①] 仫佬族俯身侧葬，以求避魔。[②] 台湾高山族一些支系将死者埋入床下的一深圆坑中，象征死者与家人继续生活在同一居室之中。在中国新石器时代各文化遗址中发现的墓葬群，则显示了血缘社会的集体生活在幽灵世界继续延长。各文化遗址中，同一墓地的众多墓葬，其头向大体一致。据学者推测，墓葬的头向或者说明其祖先的发源地，或者反映其幽魂的归宿地。而在中国的少数民族中，有些民族的墓葬也有固定方向，但解释却不相同。布朗族埋葬尸体的头向日落方向，赫哲族认为西方为大，头必向西；独龙族则面向日出的东方。有些民族，如傣族、黎族、壮族和部分瑶族是用鸡蛋卜的办法来决定墓穴和方位，各个墓向并不一致。

人死灵魂继续存在的观念导致最为直接的后果，就是以物殉葬和以人殉葬的礼制。为使死者继续生活，人们随葬生活用品和生产工具，甚至还有装饰品。随着社会地位和财富占有的分化，随葬物随之而有多寡悬殊的现象。在中国，由于祖先崇拜和孝亲伦理的发展，更逐渐形成厚葬的风气和等级化的丧葬体制。以人殉葬是灵魂不死观念导致的野蛮后果。《原始文化》一书中收集了大量从原始部族到文明时代的许多民族流行杀人入葬和以人为牺牲的野蛮习俗。我国新石器时代的不少墓葬中已发现大量人殉现象。秦始皇陵不仅有数以千计的兵马俑，而且还有数十座殉葬墓和近百座真马葬坑。直到汉代，我国历史上的杀殉制度才逐渐废止。

围绕灵魂观念的宗教行为，向我们展现了上古祖先对灵魂世界丰富多彩的想像力。

五、从灵魂不朽的信仰到宗教的来世生活论

灵魂与肉体分离，必然导致相信灵魂独立于肉体，并进而相信灵魂不会随身体的死亡而死亡。这种观念迫使人们去设想灵魂在人体死后的生活。因此，便出现了关于来世生活的种种想像。

对来世生活的想像使人们构想出来世生活的场所——冥府和天国。这个幽灵的世界处于地上——人世间、地下——地狱和天上——天堂的每个方面。

世界上许多民族都相信人死之后，其灵魂仍活动在地面之上，其中比较普遍

① 李宗昉：《黔记》卷三："郎慈苗，在威宁州属，……父母将死，俟气初绝时，将首扭向背后，谓曰好看后人。"

② 陆次云：《峒谿纤志》卷二："犾狫判服无常，与苗同俗，死则俯身侧葬，云为死者避魇也。"

的说法认为,亡灵继续活动在生前生活的地区,或者回到祖先的发源地。我国新石器时代的墓葬地,许多都选择在原始人聚居村落的附近,可能就是想使死者仍然能够与他们的亲属保持密切的交往。中国西安半坡遗址中发现的仰韶文化时期的瓮棺葬中,瓮棺顶部大多凿有小孔,那是为人死之后的灵魂出入提供的通道。阿留申岛的土著人认为,亡灵仍然在其亲属中走来走去,只不过活着的人们看不到他而已。实际上,直到现代的欧洲、美洲仍有许多普通平民相信世界充满幽灵。在有些民族的墓葬群中,墓葬头向的基本一致则反映了人们认为灵魂要回到祖先的居所过来世生活的观念。我国的一些少数民族在葬仪上要念"指路经",以引导死灵回到祖先故地去。

灵魂的居所在地底之下的信仰在原始社会相当普遍。北美塔库利人认为,人死之后,灵魂就去到土地的内部。春秋时代的中国人仍然认为,亡灵的居留地是在地下的"黄泉"。古代希腊人和罗马人的亡灵冥国都在地下。

历史上,有些民族在天上为灵魂安排了一个归宿。但这个天堂是太阳或太阳的光明所在,还是住在月亮里,或住在云天之上,各个民族看法不同。美国密西西比河边的印第安纳切斯人和佛罗里达的阿帕拉奇人认为,他们的领袖和勇士死后将去太阳的光明所在;而太平洋岛上的波利尼西亚人则把月亮当作其长官死后的天堂。这种天国或天堂观念,在发达的宗教体系中,如婆罗门教、佛教、琐罗亚斯德教、犹太教、基督教、伊斯兰教中,更是得到突出的表现和发展。

灵魂不朽的观念还导致人们去思考,这个幽灵世界与人间世界有什么关系?亡灵是如何生活的?亡灵的生活与现世人们生活的关系等问题。

灵魂生活"继续存在论"是出现得比较早的关于这些问题的解释。这种看法认为,来世生活的状况与死者生前的生活方式没有什么区别:身体状况一样,个人爱好不变,生活用具相同等。所不同者,是在早期及以后的很长时期里,人类想像中的精灵世界,环境更美好,生活更富足。但基本没有超出现实生活的基调:在死后的世界里,国王仍然是国王,奴隶们的阴间生活也没有什么改善。尽管后来产生的、更为发达的宗教体系中的"天国",比原始民族的"冥府"更为美妙,但就其实质而言,仍然不过是这种"继续存在论"的放大和延长。

在"继续存在论"看来,死后的生活并不因生前的道德表现而有所改变。然而,在后来的宗教发展历史上,灵魂未来生活的"继续存在论"逐步地让位于"报应论"。前者是把未来的生活描写为当前生活的继续,后者则认为未来生活是对当前生活的报偿,即对地上生活的奖赏和惩罚。

关于未来生活的好坏乃是对生前行为的善恶和功业大小的报偿这种信仰,在世界各原始民族中比较少见。泰勒在大量研究的基础上指出,在"继续论"

中，现世的等级生活在未来世界中还是等级生活。这种状况很容易在宗教信仰上从社会学的根据转换成伦理学的根据，把“继续论”转换成“报应论”。人性的本质可能就是这种转换的自然原因。原始人无论其开化程度如何，都必须依赖于他所在的氏族群体。为本氏族的生存而勇敢战斗以至流血，理所当然是一种英雄的美德，是应得到鼓励和奖赏的。反之，在战斗中畏怯不前，或做了不利于群体的事，无疑也应受到惩罚。这种生前的报偿观念会转移到死后的未来世界是非常合乎自然人性要求的。

在文明程度发达的社会，更加重视人的行为是否符合社会的道德规范。在这种情况下，宗教很容易设想出一种来世奖罚的信条来强化世人对社会道德规范的遵守。宗教祭司阶级则会把他们的特殊利益带进宗教仪式中，并把是否举行宗教仪式和贡献祭品作为能否得到来世幸福的条件。在这方面，古代埃及人的宗教信仰很具有代表性。据《死者书》记载，古埃及人的亡灵将被带到冥府之神面前接受审判。亡灵必须表明生前遵从了宗教的法规，没有违反道德的罪行，才能享受来世的幸福生活。古印度的《吠陀经》说，正直的人在神居住的天层中享受无穷幸福；撒谎者、不法者和不给神贡献祭品的人则被抛入深渊。在印度人的宗教——婆罗门教、佛教等中，道德报应说得到惊心动魄的表现，发展为因果报应和生死轮回的信仰。人的一切行为，都将因其善恶而得到死后的报应，无恶不罚，无善不偿。或者升为天神，或者重新降生为人，或者转生为牲畜，或者沦为饿鬼，或者打入地狱。古印度人以其丰富的宗教想像力把人间一切美好的享受放进天庭，而把人间一切可能想到的痛苦集中到地狱，上刀山，下火海，沸腾的油锅，黑暗的地狱……古典的婆罗门教和后来的印度教更看重道德的仪式性方面对于未来生活的决定性作用。死后的报应，与其取决于纯洁的生活和善良的事功，不如说取决于生前是否严格遵从净手、斋戒之类宗教仪式和是否奉献给婆罗门祭司以丰厚的祭品和礼物。宗教的道德报应说在这里完全变了味，成了祭司僧侣们牟取私利的一种手段。泰勒说得好：“对未来报应学说的信仰，事实上变成了各民族生活中强有力的杠杆。由于它以同等的力量扩及到善和恶，它已经变成了许多宗教的强有力的手段。祭司们为了自己的利益，为了强化自己的阶级并使它富有，为了在奉为准则的制度的范围内阻止智力和社会的进步，他们公开地利用它。在死河的岸上，在许多世纪之间，站着许多祭司，以便挡在所有那些不能满足他们关于仪式、宗教成规和礼品的要求的贫穷灵魂的道路。”①

---

① 泰勒：《原始文化》，连树声译，谢继胜、尹虎斌、姜德顺校，第572页。

第二节 神灵观念

一、神灵观念的性质和涵义

神灵观念是各个宗教信仰体系的基础,任何宗教都不存在是否相信神的有无问题,没有神也就没有信仰和崇拜的对象,宗教也将无从说起。然而在对神的理解,以及在赋予神以什么样的神性等方面,各种宗教不尽相同,甚至是千差万别的。

神是什么?人们首先想到的总是神与人的不同。例如,神的本领比人大,人在自然途径下不能办到的事,神则能轻而易举地办到。更有甚者,神总是想到做到,意到事成。人的生命是有限的,有生也有死,神则永恒不灭,长生不死。就这些差别而论,可以归结为一句话:人是遵循自然法则的存在,神则是不受自然法则限制的超自然的存在。

但是,如果人们再问:神的形象如何?并请你把它描述一番,那时,一般人的想法大概就会从神与人的差异转向神与人的相同,把神设想为与人同形同性的东西。不管中国道教的玉皇大帝、太上老君,佛教的罗汉、菩萨、佛,犹太教按照自己形象造出的耶和华上帝,基督教的耶稣基督,古希腊人的宙斯,古罗马人的朱比特,以及古代各民族宗教的保护神,……都是人形,不过比一般人更气派,更完美罢了。根据神的这个特点,宗教学有个专门的术语,叫做:"人格化",也就是说,神是人格化的东西。由于上面所说的两点内容,宗教学中通常把神说成是"人格化的超自然存在"。但这个提法受到怀疑性的批判。不少宗教学者认为它只是概括了部分宗教所信仰的神灵的特性,并不适合于一切宗教的情况。因为不少宗教学者在通过对原始宗教的研究后,发现有些原始人所信仰和崇拜的对象,尽管具有超自然的性质,但并未人格化。有些民族所信仰的"玛纳"、"玛尼图"之类,就只是具有泛泛的灵性力量,而没有与人同形的具体形象。还有许多原始民族则信奉和崇拜动物、植物或稀奇古怪的灵性实物,把这些等而下之的东西奉为神圣。他们认为这些宗教对象是"神圣化"的,但不一定是人格化的。

如果我们把神的"人格性"限定为在形象上与人同形,那么作为一切宗教之普遍性的崇拜对象的"神",就不一定必然具有人形的人格化。

但是,所谓神的人格化,其含义并不仅限于与人同形,更重要的内容是与人同"性",即在思想、感情、意欲等方面具有与人相同或相似的性格。在这一方面,我们可以肯定地说,一切宗教的崇拜对象,都是与人同性的。泛灵性的“玛那”、“奥伦达”也好,氏族社会的图腾物也好,灵物崇拜者的灵物也好,伊斯兰教没有任何具体形象的真主也好。在崇拜者心目中,他们都是具有人一样的思想、感情、意欲的,按照人的行为方式进行活动的。费尔巴哈以自然宗教所崇拜的太阳神为例,说明太阳神在自然宗教中已被人格化为具有人性的实体:“自然界是宗教的第一个对象;但是当自然界受人崇拜时,人并不是拿它看作像我们所见的自然界,而是拿它看作一种似人的或者不如说是属人的东西。人站在自然宗教观点上崇拜太阳,因为他看见一切都是依赖太阳的……。但是,倘若他没有将太阳想像做一个实体,自愿在天上运行着,像人一般,倘若他没有将太阳的影响想像做是太阳出于纯粹好意而自愿送给地球的礼物,那他就不会去崇拜太阳,向太阳祈祷。倘若人用着我们看自然界时所用的眼睛,恰如其实地去看自然界,那么宗教崇拜的一切动因都要丧失无存了。驱使人去崇拜某个对象的那种感情,显然是以这个观念为前提。即人认为对象并不是对这种崇拜无动于衷的,它有感情,它有一颗心,而且有一颗能感知人类事务的人心”。[①] 费尔巴哈的分析适合于一切宗教的神圣对象,它们都被人性化、人格化,具有人一样的好恶和爱憎,喜好人的尊敬,厌恶对它的亵渎,信仰者可以用种种讨好的方式祈求它的帮助,它们也常常因人们对它的亵渎而发脾气,对人降祸示警,进行惩戒。所有这一切,待人处事的原则和方式,都是人性化的。

现代美国宗教学者约翰·J. 古德在其《原始宗教》一书中讨论神灵观念的性质与意义时也提出了完全类似于费尔巴哈的观点:

> 神作为超自然实体,并不总是具有人的躯体的。但它的价值观念、意向、知觉、思维方式都具有人性和社会性,换言之,它具有与社会成员相同的“人格”,其根据如下:
>
> (1) 神总是注意着人的行为。
>
> (2) 总的来说,神的行为目的在于不断满足人类的要求,这种要求与社会需求联系紧密。
>
> (3) 神渴望赢得人们的关注和尊重,人们对神的忽视也会使之不快。
>
> (4) 神经常惩罚现世那些违背社会准则而行事的人。
>
> (5) 神并不总是大发“慈悲”的,它们也会喜怒无常,滥施神威,从而产

---

① 《费尔巴哈哲学著作选集》下卷,荣震华、王太庆、刘磊译,三联书店 1962 年版,第 679 ~ 680 页。

生破坏性作用。

(6) 神与人的关系以及诸神内部的相互关系具有社会特征,因为这些关系包含着互相交流、承诺、暗示、认可,甚至互相威胁等情况。①

在世界历史上,在一切宗教体系中,有没有任何根本不具人性的崇拜对象呢?没有,也不可能有。人之所以要崇拜某个神圣的对象,无非是这个神圣的对象被人认为与人的日常生活有密切的关系,它用种种方式干预人的日常生活。如果设定的神圣对象没有思想、感情、意欲之类的性格,它怎能理解崇拜者的行为和要求是否正当?又怎能对之产生好恶之心,做出干预人间生活之举呢?神圣对象的"神性"如果本质上不是人性,或者在神性中没有任何一丝一毫的人性,那么,神与人之间就没有任何"共同语言",不可能进行交际和交流,从而就不可能有任何形式的宗教。一切宗教的神圣对象的性能,本质上都是人性的,只不过这种人性在神圣对象身上被神圣化而已。

基于上述分析,把宗教崇拜的神灵理解为人格化的超自然存在,还是妥当的。不过,这里所说的"人格化",可能与人同形,也可能与人不同形,但无论如何与人同性。人格化的神,实际上是人性的神格化。

二、宗教的神是社会和人的投影

人是如何和为什么要把人自己的人性神格化为神呢?既然神的本性就是人性,神的本质就是人的本质,那么我们就不能在神那里,而应该在人那里去寻找问题的答案。

在各个宗教体系中,人性是通过两种方式被神格化的:一是把人的本性附加到一个本来不具人性的对象之上,使之变成人格化的神;二是把人的本性抽象出来,变成为独立的实体,这种神灵具有全知、全能的绝对惟一性。第一种方式在自然宗教和古代宗教中表现得非常明显。第二种方式以基督教最为典型。无论哪种方式,都是人性的对象化或"异化"。

比如,在宗教的偶像崇拜中,偶像是人自己双手做成的"物",而人却向物跪拜,对物尊敬,崇拜他自己创造的东西。人在这样做的时候,并不觉得自己是有创造能力的人,而是把自己的生命特质赋予了他所创造的物。他认为,只有通过

---

① 约翰·J. 古德:《原始宗教》,张永剑等译,河南人民出版社 1990 年版,第 42 页。

对凝结在偶像中的生命屈服和顺从,才能实现与他自身的接触。[①] 可见,人格化的神灵在信仰者的心目中虽然是个被认为“真实”的现实,但实际上却是一个异化的产物。这种异化使人所创造的物变成人的统治者。

那么,人性对象化或异化为神和神性存在物是如何实现的呢?神和神性物是人类的想像力幻想的结果。人的智慧、权能和存在都是有限的,但人的想像力却是绝对自由和无限的。人通过这种无限的想像力可以把有限的智慧无限地扩大为无所不知的全知,把有限的权能无限地扩大为无所不能的全能,把有限的存在无限地扩大为无所不在的全在。以这样一种想像力,不仅自然对象,社会生活中的支配性力量也一样会幻化为神圣的超人间的力量。最早的神灵观念就是当时的原始人把自己的本性,通过想像力附加到一个异己的对象上而形成的。而原始人之所以产生这种幻想的反映,是由社会的生存条件决定的。在原始社会生产力极度低下的时代,一切生存所系和生活所依的自然对象都是支配人们日常生活的异己力量。既然人只是人,既然人的一切作为、权能和智慧受自然法则的限制,那么支配人的力量便在想像中成了高于人的存在,成为不受自然法则限制的对象,成为各种宗教的神灵。也正是由于这个原因,各种宗教所赋予其神灵的神性都被打上了社会人际关系的烙印。有什么样的社会体制和人与人的社会关系,就有什么样神性的神灵。

社会关系的性质决定着人性的性质,社会关系的变化决定着人性的变化。宗教神灵所具有的道德、智慧与权能三种神性,本质上是人类自身特性的宗教异化。但人类自身的特性并不是抽象的,而是历史的、具体的。原始宗教本质上是氏族社会中的上层建筑,而它所崇奉的“神灵”,其神性本质上是氏族制度的神圣象征,是氏族制公社社会生活的组织者、决定者和保护者。在人划分为阶级或不同利益集团的社会中,所谓人的特性常被打上阶级或不同利益集团的烙印,道德观念也具有明显的阶级性和特定的集团性,至于理智与权能的运用,一般都是为特定的阶级或不同利益集团服务的。当它们被投射到神性世界而成为神性观念的组成内容之后,神灵的神意、上帝的天命也就具有了确定的阶级或阶层内涵。统治阶级或强势集团需要自己的神灵来维护自己的统治,被统治的人民和弱势集团亦需要某个救苦救难的神灵来满足他们幻想的某种幸福的要求。宗教随着社会关系的变化而不断调整自己的教义信条和体系,神的神性亦随着阶级或阶层需要的不同而不同,随着阶级关系或阶层的变化而变化。无论何时何地,

---

① 参见弗洛姆:《马克思关于人的概念》,载于《西方学者论“1844年经济学—哲学手稿”》,复旦大学出版社1983年版,第57页。

我们都可以从神灵世界的结构中看到社会结构的投影,在以社会性为其基本内容的人性中找到神的神性的原型。

三、神灵的种类

世界上的各种宗教对神的理解,以及赋予神灵的神性是千差万别的。这是因为,世界上各种不同的种族和民族处在不同的时间、空间和不同的历史条件之中,他们的宗教信仰各有自己的特殊性,使得各种神灵观念的发展途径也表现出多种多样的形态。考虑到这种情况,我们将概括性地描述一下历史上出现过的各种神灵观念的种类,并对各种神灵观念的宗教意义和社会意义做一些必要的分析。

在世界历史上曾经出现过的各种各样的神灵观念,大致可以归纳为以下一些类型:自然神、氏族神、职能神、高位神或至上神、绝对惟一神。这些神灵观念均是人类历史上曾经发生过的,但它们出现于历史上的时序,在不同民族的宗教发展史上可能是不同的。

(一) 自然神

在宗教学研究中一般认为,由于原始社会生产力水平极度低下,人类的生存所系和生活所需,几乎无不仰赖于自然的恩赐和偶然的机遇,而自然界是人们最主要的依赖对象,常常也是人们感受最深的、支配人们日常生活的异己力量。在人的想像力的作用下,这些支配人们日常生活的自然力或自然物,就变成了超自然、超人间的神物,成为了宗教信仰和宗教崇拜的对象。

自然界的范围十分广大,人们生活的自然环境各不相同,这些自然物或自然力千差万别,既有具体的自然物,也有比较抽象的自然力。缪勒认为,人类最早的宗教崇拜对象是物质性的自然事物。当时的人根据自己控制这些自然事物的能力,把它们分为:人类完全能把握的物体,如石头、甲壳等;部分能把握的物体,如树木、山河等;以及完全不能把握的物体,如天空、太阳、星辰等。并分别把它们作为物神、神、高级神。泰勒则从万物有灵论的角度指出,对自然物的崇拜,是人把灵魂观念运用到自然物之上,使自然物和自然力精灵化、神灵化的结果。后来,主张前万物有灵论的学者弗雷泽提出,在万物有灵崇拜之前,原始人已经相信宇宙是为某种非人格性的超自然力量所统治,并以此为据进行巫术活动。马雷特也根据美拉尼西亚人的"玛纳",易洛魁人的"奥伦达"等崇拜,指出人类最初视为神秘超自然力而进行崇拜和敬畏的对象,乃是某种泛灵的非人格的"力"。虽然这些学者对人们为什么崇拜自然神,以及人们是崇拜自然物在前,还是崇拜自然力在前有不同的看法。但在一个重要问题上是相同的,这就是自然物或某种控制自然的力是人类早期的宗教崇拜对象,它们被统称为自然神。

缪勒以及其他宗教学者对古代宗教的看法是有事实根据的。古代印度—雅利安宗教中的自然神特别多,万有皆神。《梨俱吠陀》将其分为三界:天界有日月星辰;空界有风雨雷电;地界有山河草木之神。我国各民族信仰和崇拜过的自然神也非常普遍,甲骨文已有祭土和祭山川的记载。《书经》和《诗经》明确记载古代人崇拜"上下神祇",即天神地祇。天神包括日月星辰、风雨雷电以及司命、司中的神灵;地祇则包括名山大川大湖的神灵。

崇拜和祭祀这些自然物和自然力的原因是什么呢?中国古籍有两种说法:一种说法认为,这些自然神是与人民生活密切关联的自然现象的主宰,如不崇奉祭祀,它们将带来自然灾害。《左传·昭公元年》说:"山川之神,则水旱疠(瘟疫)疫之灾,于是乎禜(读:永或营)之;日月星辰之神,则雪霜风雨之不时,于是乎禜之"。"禜",是古代专用于禳除灾害之祭。崇拜自然神的目的,在于祈求神灵的恩惠,免除神灵降灾为害之苦。还有一种说法略有不同,认为人们之所以崇拜它们,是因为它们与人们的生活密切相关,有功于人、有益于民。据《国语·鲁语上》记载,春秋名人展禽论及国之祀典时指出,国家对宗教崇拜对象的确定,主要是因为它们有功德于民,崇拜所以报恩以偿德:"加之以社稷山川之神,皆有功烈于民者也;及前哲令德之人,所以为明质也;及天之三辰,民所以瞻仰也;及地之五行,所以生殖也;及九州名山川泽,所以出财用也。"

这两种说法体现了古代中国人对自然崇拜物的性格的两种观点。前一种说法肯定了自然崇拜物具有神性,即为神灵;后一种则认为自然物之所以成为宗教崇拜对象乃是因其功德。前一种说法类似泰勒的万物有灵论,后一种说法类似缪勒的物质宗教说。

这两种说法都反映了古代人与自然力量和自然事物的关系。一方面无知,一方面又依赖。因其无知,才把生活所得看成自然的恩赐;因其依赖,才对之崇拜,求其赏赐,报其恩德。在社会生产力和人类理智力所达不到的地方,人类的想像力便长上了飞翔的羽翼,前来填补理智的空白。把支配日常生活的自然力和自然物,变成了超自然、超人间的神物,使之成为宗教信仰和崇拜的对象。

(二) 氏族神

指氏族的祖先神或氏族集团的保护神。氏族神灵观念的核心是深信祖先的灵魂仍然存在,并能够以不同的方式对其后代,特别是整个氏族的生活产生影响。氏族神观念是适应氏族制社会需要的产物。氏族制社会内部,氏族公社成员共同劳动,共同生活,在与其他氏族和部落的争战中,都极其需要利用血缘上的天然联系来维系氏族共同体的团结和一致。氏族神的崇拜既能把自己所属的氏族与其他人群和氏族区别开来,又能把整个氏族共同体紧密地联为一体。所以,氏族神信仰是原始氏族制社会的产物,其所表现的神人关系是血缘上的同族同类关系,神非同族,不受其祭,民也不祀异族之神。据《礼记》说:"神不歆(音:心,指受祭)非类,民不祀非族","鬼神非其族类,不歆祭祀"。这是氏族制社会祖先崇拜的典型反映。其表现形式是:家有近祖,族有宗祖,慎终追远,直至始祖。而此始祖往往有其非同一般的神圣来源,与某种图腾崇拜物感生相连。

图腾崇拜可以理解为氏族祖先崇拜的特殊形式。"图腾"一词最初源于鄂吉布瓦(Ojibwa)印第安人的方言 toeman,意为"他的亲属"和"他的标记"。所谓图腾崇拜,就是把某一种动物、植物或其他自然物作为一个氏族的共同祖先的信仰体系,相信图腾物与人有着血缘关系,并对图腾物顶礼膜拜。图腾崇拜产生的宗教根源在于万物有灵论和祖先崇拜。一方面,万物有灵观念提供了人的灵魂和人与自然万物神秘互渗的基础,另一方面,氏族社会的各个血缘家族形成的婚姻集团都各自选择某种与日常生活关系密切的动植物作为本群体具有神圣意义的外在标志。当人们把本集团的血缘关系推广到作为群体标志的动植物身上,将其视为自己的亲属的时候,就出现了对图腾物的信仰。因此,图腾崇拜与自然崇拜有明显的不同。一般的自然崇拜是把动植物神格化,崇拜者不分氏族、不分血统都对之进行崇拜;而图腾崇拜则表示某一氏族全体与某一特种动植物全体在血缘上的集团性关系。大多数图腾氏族都有关于该族如何出身于该图腾的神话和传说。据范文澜的《中国通史》显示的资料来看,在中国的原始时代大部分氏族都有图腾崇拜。

在氏族制社会中,氏族的祖先和领袖乃是氏族共同生活的开创者和领导者,因而必然成为原始氏族公社成员敬仰的对象。在那个普遍信仰人死灵魂不灭的幽灵世界里,氏族的祖先和领袖的灵魂就有了他们在生前社会中的特殊品质和特殊地位。斯宾塞的《社会学原理》对这种情况作了相当广泛的研究,他指出:"对一切超越于普通事物的东西,野蛮人就认之为超自然的或神圣的。超群的名人也是如此。这个名人也许不过是记忆中建立部族的远祖;也许是一位以孔武有力、骁勇善战而知名的领袖;也许是一位享有盛誉的巫医;也许是某些新器物的发明者;甚至他也许并非部族的成员、但却是带来了技艺和知识的卓越的异乡人;或者也许是由于征服获胜而握有主权的优越种族的一分子。不管他是上述那一种人物,由于其生前受人敬畏,其死后便受到更大的敬畏。对于这位鬼灵的邀宠礼,渐渐比那些不为人恐惧的鬼灵来得大,并发展为一种定为制度的崇拜。例外的情况是没有的”。①

斯宾塞所揭示的这一事实确实可靠。世界各地的不同民族历史上,或早或迟,都在不同范围内出现过“祖有功,宗有德”的祖先崇拜与英雄崇拜相结合的崇拜体制。我国古代宗教崇拜制度证明了上述事实的存在。从历史上看,盘古氏、女娲氏因其“开天辟地”、“抟土造人”的功绩被认作中华民族的远古祖先加以崇拜。华夏各支系在进入父权制社会后,分别把炎帝、黄帝等尊为祖先神灵。这些祖先神灵不仅是这一部族的血缘之祖,而且还是这一部族最高的政治权威和文化权威。后来,原始氏族制社会向两个方向发展,一方面,随着氏族成员的生殖繁衍,分裂出更多的小支系,直到分裂为以个体家庭私有制为经济基础的家庭;另一方面,由于氏族制公社的增多,各氏族单位便联合形成部落或部族;在私有制和阶级形成之后,部落或部族的联盟便形成民族国家。早期的氏族神就随着社会的这两种方向发展而演变。原始氏族以图腾为象征的始祖崇拜和祖先崇拜(氏族神),一方面发展为以家族祖先为基础的近祖崇拜,另一方面,则发展为部族联盟以至民族国家的保护神。这些部族的神灵常常以他们超人间的神性反映着他们是从多个氏族神发展而来。

(三)职能神

在世界各地的神灵中,有这样一种类型的神,他们不是某一种具体的自然事物,而是自然物所具有的某种特别的属性或功能;他们不是某个氏族的祖先和领袖,而是某种社会职业的原始创建者或某种行业成败的操纵者。他们往往脱离具体特殊的形象而具有更抽象的性格。宗教学一般把这种神灵叫做职能神。

在古今中外的各种宗教中,对职能神的信仰相当普遍。在古代巴比伦宗教中,就有分别主管智慧、慈悲、司法、爱护生命、性欲、战争狩猎、命运、艺术以及植物的繁荣等种种事务的神灵。古希腊奥林匹斯诸神差不多都是主管某一行业的职能神。古代罗马宗教的职能神之多,崇拜活动之繁琐,简直到了令人难以置信的程度。他们相信,每一种自然物体和自然现象都有其神性。每座森林、河流以至小溪,每条道路以至十字路口,每座房屋以至每一扇门……都有自己的神。不仅每一种行业都存在有专门的神,而且每一个人都有自己的保护神。更有甚者,似乎任何过程的每一瞬间都有专门的神主宰其间,单是人的童年就由43个神主宰着。

我国古代宗教中对职能神的信仰和崇拜,广泛流布于民间,大致可以分为四种类型:(1)由传说中或历史上的英雄人物转化而来,他们常常是某种社会职业

① 斯宾塞:《社会学原理》第1卷,Williams and Norgate, 1885年,第411页。

或生产技能的创建者:伏羲氏作网罟以渔猎,做八卦以卜吉凶祸福。神农氏教民稼穑,尝百草以治民之病。这些有功于人的文化英雄,后来逐渐被神化变成行业神。伏羲氏作为畜牧狩猎之神、占卜之神;神农氏则被当为农神、医药之神。(2) 从自然神发展来的职能神,如社神、城隍神,它们不仅是自然神,而且还是社会神。他们不仅能保证丰产,而且还能保证社会群体的平安,保证人们出征全胜,甚至包揽人们生、死、病、婚、丧等各方面的宗教事物。对这类神灵的崇拜虽然还保留了原始祭祀的遗风,但他们已变成职能神了。(3) 随着社会分工的发展出现的行业神。木匠有鲁班,航海有妈祖,读书人尊文昌帝君,武将重关公,纺织业奉黄道婆。这些神灵大多是对历史真实人物的神化,而且许多行业是把历史上的真实人物神化为祖师神和行业守护神的。(4) 与人们社会生活有密切关系的比较抽象的职能神,如主管男女婚姻恋爱的月下老人,主管人寿的寿星,以及招财童子、进宝郎君之类。这种分类大约可以适用于各种宗教中职能神的来源。

职能神有着不同于氏族神和祖先神的特点。他们不是以直接的血缘关系为纽带,而是因为人们操持相同的职业,或出于共同的利害关系。即便是以家祭方式崇拜的灶王爷,也同祖灵或图腾迥然不同,它和信仰者没有血亲关系。其次,在对职能神的信仰中,由于没有血亲关联的障碍,则呈现出高度的相容性,人们既可以信奉社神,祭祀农神,同时也可以给财神烧香叩头。第三,职能神的神性内涵越抽象,它的崇拜面就越广泛。它的内涵越具体,它的崇拜面就越窄。前述古代罗马宗教中主管人的童年的43个神,都只能是小孩成长的某一时期所供奉的神灵,其内涵相当具体。而社神和土地爷这类职能神所体现的社会力量和自然力是比较抽象的,因而同上述神灵或行业神比较,他们的社会覆盖面是后者无法比拟的。

职能神观念的出现,显然是社会分工在宗教上的反映。人们崇拜职能神,一方面是对历史上(或传说中)开创此类职业的文化英雄的纪念;另一方面说明人们对此项职业的本质和规律尚未完全认识,对生产和经营过程尚无把握,不得不祈求职能神的帮助。

(四) 高位神或至上神

这是一种建立在多神信仰的基础上、在神灵中位置较高或最高的神灵。与前几类神灵观念相比较,对高位神或至上神的信仰表明,人们心目中的神灵世界已经有了秩序,神与神之间已经出现了等级制关系。

前述的几类神灵,在性能和形态上都是各具特色的独立存在体。这种多样性是由自然现象、氏族群体和事物性能的多样性所决定的,神灵各自的独立性则反映了信仰自然神、氏族神、职能神的人们的社会特性和认识水平。当人们的生产力非常低下、行业分工非常分散,经济上的联系还只是非常偶然的现象的时候,他们的神灵也必然是分散的。这种情况就决定了在世界历史的早期,各民族各地区普遍出现同时信奉许多神灵的多神教。至上神就是在这个基础上产生的。

至上神观念的产生有复杂的原因和多种多样的途径,但由于至上神观念表现的是神与神的关系,表现了神灵世界的秩序和等级结构,即包含着从属与支配、服从与主宰的关系。按照我们对神灵观念的理解,这种关系、秩序和结构应该是建立在人间世界中人与人的社会关系、社会秩序和等级结构的基础上,并通过人类思维逐渐完善的逻辑推理能力实现的。原始社会从氏族制发展为部族联盟,出现私有财产制和家族制度,以及作为政治实体的国家,这种社会结构把人与人的关系纳入一个稳定的社会秩序和社会关系之中,使一般的社会成员必须服从于国王贵族、大祭司以及统治阶级的统治。至上神观念正是沿着这条社会秩序的发展轨道而运动和变化的。氏族长老的权威和氏族成员对他的无条件的顺从,就大有可能在他们的神灵世界中播下上下划分的种子,而国王和贵族则必然按照社会的统治秩序来安排万神殿的次序和等级,于是便出现了支配这种秩序、统率众多神灵的高位神或至上神。如中国的上帝和天,印度的梵天,日本的天照大神,蒙古人的蒙客·腾格里(长生天),希腊的宙斯,罗马的朱比特,波斯的密特拉等。事实是,东方各种宗教中的至上神差不多都是在奴隶制国家的形成过程之中发展和突显出来的。中国历史上的上帝观念的产生和发展,也几乎完全是与奴隶制国家的形成和发展同步运行的。夏商周三代是我国奴隶制国家制度形成和发展时期,周代留下的大量史籍,确凿无疑地证明当时已流行天帝崇拜并发展为制度化的国家宗教。根据这些史籍记载,并参考历史传说,还可以进一步推断至上神观念在五帝时代已经出现。据《书·舜典》记载,舜举办过祭祀上帝和群神的大典:

> 肆类于上帝,禋于六宗,望于山川,遍于群神。辑五瑞,既月,乃日,觐四岳群牧,班瑞于群后。

在这里,上帝、六宗、山川和群神已经构成了一种神灵等级秩序,而且把祭祀上帝群神的宗教仪式与部落首领对下属群牧的行政权威联系起来。

夏商周三代,天帝观念也随之改变。由于君主专制体制的建立,天帝作为至上神的至上性也随之发展,并与王族的祖先崇拜结合起来。殷代帝王的祖宗死后可以生活在上帝左右,传达上帝的旨意。这种君权神授观念在周代以后得到更进一步的发展。周代称上帝为天。天作为至上神是天上百神之王,在人间则是帝王之父,周王自称天子。从此以后,历代王朝都承袭了这种至上神观念,成为上下几千年一以贯之的正统宗教思想。

据学者研究,我国古代蒙古族的至上神"长生天"(蒙客·腾格里),是随着成吉思汗统一蒙古民族各部落建立统一帝国的过程中出现的。在此之前,蒙古族信奉众多的腾格里天神。[①] 蒙古萨满教祈祷词说:"上有 99 尊腾格里天神,为首者是蒙客·腾格里(长生天)"。《蒙古秘史》中共有 69 处提到"腾格里",其中 11 处称作"蒙客·腾格里"。这 11 处都是在乞颜氏贵族"立贴木真作了皇帝,号"成吉思"(见《蒙古秘史》第 123 节)以后才出现的。由此可见,"蒙客·腾格里"是人间的统一民族国家的专制君主在天神世界的投影。

古埃及和古巴比伦地区的至上神观念也是随君主制国家的形成和发展而逐步发展起来的。以氏族和部族为中心的单一社会,随着经济、交通、政治、文化等方面与其他社会集团的联系和接触而逐渐丧失了它的单一性,通过战争、合并与融合,逐渐形成国家。与此同时,在各自所奉的氏族保护神之间也进行着优劣强弱的比较和竞争,逐渐发展到神灵世界的统一。一些部落和氏族在政治社会上取得较为重要的地位之后,他们的神灵也因此而登上了显赫而独享尊荣的地位。埃及的至上神和人间帝王的中央集权制的发展有密切的联系。在古埃及历史上,各地区分分合合。在这个过程中,轮到某个城成为盟主时,他们的神也就随之取得同等的地位。在孟斐斯城成为全国的政治中心以后,普塔神(Ptah)也随之而成为全国宗教崇拜的主角。第四王朝、第五王朝的法老开始称为拉神(Ra,即太阳神 Re)之子,拉神在全国被奉为最高神,其神庙建于安城(On),又称日神(城)。公元前 18 世纪末,由于喜克索人的入侵,埃及本土势力退守到以底比斯(Thebes)为中心的南方。公元前 16 世纪,南埃及起来反抗外族侵略,逐出喜克索人。底比斯的主神阿蒙神(Amon)便成为全国最高神。阿蒙神庙的祭司位尊势大,高于贵族。后来埃及人又将太阳神拉与阿蒙合而为一,称为阿蒙—拉(Amon—Ra)。国王阿蒙霍特普四世(约公元前 1424 年—前 1388 年)与阿蒙神庙祭司贵族矛盾尖锐化,为打击阿蒙祭司贵族,他企图恢复对传统太阳神的崇拜。他把太阳神称为阿顿(Aton),奉为宇宙惟一神、世界的创造主和统治者。他本人自称阿赫拉顿(Akhnaton),把他自己和阿顿联系起来。他通过创立一神教来加强自己的统治地位。在巴比伦比亚,由于巴比伦城取得举足轻重的统治

① 参见蒙古族学者佟德富、苏鲁格主编:《中国各民族原始宗教资料集成·蒙古族卷》的《前言·蒙古族萨满教概说》(吕大吉、何耀华为该书总主编),中国社会科学出版社 1999 年版。

中心地位,它的保护神马尔都克遂成为巴比伦比亚的万神之王。

（五）绝对惟一神

至上神观念并不否定其他诸神的存在,只是把它们置于从属的地位。绝对惟一神观念则有所不同,它不仅肯定神的至上性,而且进一步肯定神的惟一性。至上神的至上性是以多神的从属性作为逻辑上的前提的,是一个相对性的范畴。绝对一神观念则在强调神的独一性的基础上,把至上神观念中所包含的上与下、一与多的对立完全否定了。因此,它是一个绝对的范畴,它的神是一个绝对的存在,被认为是独一真神。它或者根本不承认其他宗教的神灵的存在,或者认为其他宗教的神灵是虚假的东西或魔鬼。尽管一神教信仰体系把它们的神或上帝说得与众不同,独一无二,但他们描述上帝的神性的术语,并没有自己的独特范畴,仍然是采用其他至上神观念形容其神的那些象征性词汇。比如上帝是造物主、天主、神、帝王、父亲之类。这些词汇在任何一种宗教中都可找到。不过,在搬用到一神教之后,再也不许其他宗教使用了。

一般认为犹太教、基督教和伊斯兰教属于此一类型,但其表现方式也是各有特色。在犹太教中,上帝无所不在、无所不知、无所不能的基本概念是在长期发展的历史过程中形成的。以色列人曾经崇拜过家神和偶像。在沦为巴比伦之囚以前,以色列人曾因崇拜地区神和城邑神而受到过先知的谴责。只是在沦亡巴比伦时期和以后,以色列人才开始表现出一神教的倾向。以色列人在发展出绝对一神观念的历史时期,先后流亡于埃及、地中海沿岸和亚述、巴比伦地区,目睹一些大帝王把自己的权力扩大到本民族以外的广阔世界,接触到了其他民族宗教中已经出现的一神观念。这就使他们有可能用波斯的居鲁士、巴比伦的尼布甲尼撒这样的世界统治者的形象来重新塑造雅赫维,把他变成了绝对惟一的上帝——耶和华。即使到一神信仰成型以后,犹太教的上帝,既不是那么“惟一”也不是那么“绝对”。在《旧约圣经》中,以色列人虽然断然反对信仰其他神灵,反对偶像崇拜,但并未明确否定过其他神灵的存在。这是一种相对有限的一神观念。

基督教的绝对一神观念是在犹太教这种排他性的上帝观念的基础上发展起来的。基督教的神学家们把上帝说成是绝对的,他至高无上,惟一无二,全知、全能、全善,上帝之外,别无他神。但基督教的一神观念实际上也并不那样绝对。尼西亚会议承认上帝是圣父、圣子、圣灵的三位一体。这个观念在《新约圣经》中并无明确记载(只有一套祈求圣父、圣子、圣灵的三合一礼拜式的用语),但这却被奉为基督教的正统教义。这个教义很特殊,实质上无异于承认上帝虽是惟一,表现形式却有三个,是多神观念与绝对一神观念的一种调和形式。

伊斯兰教在此基础上发展出更极端、更排他、更不可妥协的绝对一神观念。

穆斯林“五功”中第一功的内容即是信仰只有安拉才是真主,除安拉外,别无神灵。不过伊斯兰教仍然和基督教一样承认天使的存在,并把大天使迦百利作为安拉与其使者穆罕默德之间的中介,而天使之类仍然是次级神灵。由此可见,公认的三大一神宗教的一神观念都不是纯粹和绝对的,他们以各种方式容纳了多神观念。

四、神灵世界的结构

由于至上神观念并不否定其他诸神的存在,这就出现了至上神与其他诸神的关系问题。实际上,这是在宗教幻想领域里,至上神在神灵世界中究竟建立何种天国秩序,以何种形式出现于这一秩序之中,用何种方式来支配这一秩序的问题。综合各种宗教的历史事实,神灵世界的结构大概有如下四种形式:

(一) 多神型

这种结构类型的神,都是各自独立的存在体。这些神灵在性能和形态方面,各具特性、多种多样。在世界历史的早期,各民族各地区普遍出现同时信奉许多神灵的多神教。它们分布于全世界各个地区,各有一定的特殊性,但它们有一个共同的特点,即宗教信仰者心目中的神灵世界,同时存在着数目众多、各有特性、彼此不相隶属的神灵。希腊—罗马的古典宗教中的众多神灵,每一个都有自己的姓名和形态,各有自己所专长的功能。姓名、形态和功能的特殊性使他们不能互相替代。至于神的数量,理论上可多至无限,因为在多神信仰体系中,世界上的万事万物都可能被神圣化。中国古代祀“百神”。“百”非确数,言其多也。古典印度教信奉的神灵多得惊人,据估计有3 300之多,而且多为有名有姓者。但大多数多神宗教体系所信奉的神灵,不超过数百个。

宗教学者一般按地域划分多神教为如下几种类型:古代埃及和中东宗教,早期印度—波斯宗教,古典印度教与现代印度教,佛教,中国和东南亚宗教,希腊—罗马宗教,日耳曼—斯堪的纳维亚—凯尔特—斯拉夫神话宗教,古代中美洲宗教,非洲和其他地区的现代种族宗教。

(二) 单拜主神型

在这一类型中,至上神以超越众神之上的最高神的形式出现于万神殿中,成为神灵世界的主宰和君主,众神则成为它们的下属和官僚。这种形式宗教学上称之为“单拜主神教”(Henotheism),中国古代的天帝崇拜、日本的神道教、希腊的宙斯、罗马的朱比特崇拜属于这类。

我国道教也可算作“单拜主神教”类型。道教神灵多而且杂,但以原始天尊为最高神,其下有三清(玉清、上清、太清)。三清为太极所分的三天,即清为天,犹宇天,大是天。一天为一清,一清有一主神。各天均有按等级秩序排列的一群神仙。可见,天国等级制比人间等级制还要复杂严格。

(三) 轮换主神型

有些宗教体系也崇拜一位主神,但这个主神不能永保至上神的主位,信仰者常在不同的时间,改变他们所信奉的主神,由几位大神轮流坐庄,交替为主。这种形式以古典印度教最为典型。在印度的《梨俱吠陀》中阿耆尼、因陀罗、伐楼拉轮流居至上神的位置而受到人的崇拜。缪勒把这种情况称为“轮换主神教”(Kathenotheism)。有些宗教学者认为埃及宗教和希腊宗教中也有类似情况。轮换主神教中主神不固定,这应从社会秩序和社会体制的特殊性去寻找此种宗教神灵观念的原因,可能与贵族权力的相对分散,城邦之间的互相牵制而未形成巩固的中央集权制度这种社会情况有关。

(四) 泛神型

这是一种把其他诸神作为单一的至上神的化身或表现的神灵观念。在这种至上神观念中,神灵世界中的其他诸神并未丧失其特殊性和独立性,但同时却被认为是同一主神的本质的多种表现形式。这显然是调和独一真神和多种神的对立,解决神的统一性和神的多重形式的矛盾,使之同时并存的一种努力。这种情况相当普遍地存在于许多宗教体系之中。希腊化时期的希腊—罗马在对女神伊西斯的崇拜中,无论多种神以什么名字出现,都被认为是女神的表现形式之一;古典印度宗教认为,原人神是世界万物和神灵的基础,一切事物都分享了他的生命。《奥义书》和《薄伽梵歌》则把《梨俱吠陀》中作为创造物之主的“生主”(Prajapati)转化为“梵”。这个梵被认为是宇宙的本原、世界的最高原理,是最高的“自我”,而我们个人的灵魂或自我则来自于大梵,故与梵在本质上实为同一。世界上万事万物都是大梵的一种表现形式,而一切诸神都是梵天的一种表现形式或化身。大乘佛教中佛有法身和化身以及佛性泛在于一切事物之中的佛性论,也属于这一类型。与这种神灵观念相应的宗教,在宗教学上称之为“泛神教”(Pantheism)。

(五) 二元神型

这种神灵观念以一种二元论的宗教世界观分析神性,划分神灵,把神灵世界说成是两个相互对立、但又都是至高无上的神或一对对具有神性的实体。这种宗教体系把世界上的一切都划分为对立的范畴:肉体与灵魂、物质与精神、黑暗与光明、死亡与生命、地与天、恶与善等等。反映在神灵世界上便出现两种对立的神:神与魔鬼、善神与恶神,形成二元的神灵观。在这种二元神灵观念的影响下,多神教中的杂多诸神被归属于两大营垒之中，这显然是诸神的杂多性走向神性统一的一种特殊形式。宗教学把这种宗教信仰体系称为“二元神教”(Dualism)。

希腊的神秘宗教奥尔菲斯教把肉体与灵魂对立起来的宗教二元论,对柏拉图关于物质与精神的哲学二元论的形成产生过重大影响,反过来又影响了后来的基督教神学,成为基督教禁欲主义和其他教义的理论根据。古代埃及宗教虽不是二元神宗教,但在奥西里斯神与塞特神的对立和斗争中,二神的神性是完全对立的。二元神信仰的典型形式是波斯的琐罗亚斯德教。此教把善与恶、光明与黑暗、清净与不清、创造与破坏、生与死极端地对立起来,并归原于最高善神阿胡拉·玛兹达(波斯文 Ahura Mazda)与恶神安格拉·曼纽(波斯文 Angra Mainyu)。它对后来的二元神宗教,如诺斯替教,特别是摩尼教产生过直接的影响。

基督教名义上虽然是绝对惟一神的宗教,但有些学者认为也可把它归属于二元神教的范畴,因为它在绝对的上帝之外,仍承认撒旦的存在。基督教圣经称撒旦为魔鬼,专门与上帝为敌。

第三节 神性观念

一、神性的涵义

随着神灵观念的演进,信神者的宗教心理活动便会促使他们去想象神灵究竟是如何支配和操纵自然世界和人间生活的。在宗教的幻想世界中,神灵是一种支配和操纵自然世界和人世生活的异己力量,这力量就是神灵的权能,也是神灵的根本神性。神灵是一种超人间的存在,它与世俗世界不同的神圣性在于,它的存在不受自然法则的限制,它具有主宰自然和人类的特殊意志、智慧和权能,其神圣性是通过能够支配和操纵自然界与人间生活的“天命”,以及神灵创造的“神迹”表现出来的。

从科学的宗教学来看,神灵是人的创造,神性则是人的自然属性和社会属性的异化。人总是按照人自身的属性和特征去构造神灵的神性,一般也是按照人自己支配和操纵自然世界和人间生活的可能和需要,去设想神灵所拥有的权能。而人类活动的重要特点之一就在于他们的行动是在一定的思想和意志支配之下,具有预定的目的性。因此对于人自己所能支配和操纵的事物,往往认为它们服从于人的意志和命令。人们把这种情况移植到宗教幻想世界,自然而然地就把人的意志和命令异化为所谓“神意或天命”，认为自然世界和人间生活是按照这种神意和天命，服从于神灵的支配和操纵的。这种支配和操纵是全方位的：(1) 信仰者相信神灵经常关心并干预世界(包括自然进程和社会人事)。这种关心和干预，有与人为善，为人谋福者；也有与人作对，为祸于人者。在许多宗教体系中，神鬼世界的构成都有善恶、正邪之分，这种具有道德性质的区分都是相信神灵对人事和自然经常干预的具体表现。(2) 相信神灵具有必要的智慧，懂得究竟通过什么样的一种安排，才能体现它对人的意愿。由于各种宗教体系的神灵一般都不直接出现于人的面前，所以它们的智慧就被说成是无声的天命，妙万物而为言。(3) 相信神灵具有实现其安排和意图的超自然力量和权能，能实现和完成通过自然途径所不能实现的意图。神灵所具有的超人的、超自然的特性就表现为神可以随心所欲、意到事成，具有为自然立法和废法的双重权能。这种内在的可能性，表现于事实之中就是宗教所谓的神迹，对于神可创造神迹事件的信仰，是一切宗教的特性。如果说，天命是神灵通过自然规律和社会规律显示自己的意志、智慧和权能，神迹便是神可以废除或中断这些法则的证据。这一切都说明，神有能力以自己的意志和命令来支配和操纵自然和人间生活。如果神灵不具有这种神性，也就不成其为神。神性的三个内容实质上是人类自身活动的三种特性的宗教异化形式，它是把人的行为所具有的意志、智慧和权能转移给神灵的结果。宗教神性观念的种种内容，处处都闪现着人类自身的意愿和特性的影子。神灵的这些属性在宗教观念中的具体表现就是天命观念和神迹观念。

二、天命观念

(一) 性质和类型

天命信仰所要求和包含的道德、智慧与权能三种神性，本质上是人类本质特性的宗教异化，它是把人的行为所具有的意志、智慧和权能转移给神灵的结果。对生存条件和幸福生活的追求，乃是人类作为最高级的有智慧的生物的自然本能。当人类把支配自己日常生活的力量视为异己的神秘力量的时候，他们就会把自己生存所系的客观环境视为神灵的有意安排，把幸福的生活、苦难与不幸，以及自己没有把握的未来都说成是天道的表现和神圣天命的显示。

宗教体系中，神意观念和对天命的信仰是非常普遍的，但天命观念的具体形式取决于各种宗教对他们所崇拜的神灵的神性的理解，即他们对天命所包含的道德、智慧和权能的具体理解，是神学想象中的人神关系的表达。如果按神灵神性的力量和权能的大小分，可分为有限天命观和无限天命观两种形式。

神的力量和权能有大有小、有强有弱。小至一事一物,大可包容天地万物。在这种情况下,它们所颁布或操纵的天命,在性能和作用的范围方面就有大小广狭的区别。在自然宗教和多神宗教中,神灵的权能一般都是有限的。他们主管的领域和所能支配的事物限定在一定的领域内,他们发出的命令也不能超出这个范围。在多神教向一神教的发展中,天命观的表现形式及天命权限的范围开始出现由有限向无限扩张的趋势。在绝对的一神教体系中,独一的真神(上帝或天主)是主宰万有、全知全能的绝对实体。过去和现在的一切都由天命发生,未来的一切都由天命预先安排,这个至高无上的神,可以按照自己的意志(天命)决定一切。犹太人的上帝耶和华是万事万物的创世主;基督教上帝的权能,更被神学家推向无限的领域,发展为上帝创造一切、上帝决定一切的无限天命观。伊斯兰教的真主的天命也具有绝对无限的性质:除真主以外无创造者,除真主以外无统治者。穆斯林的根本美德就是顺从上帝的安排,顺受上帝的前定。

在各种宗教体系中,对于神灵的内心世界、神灵的道德属性和理智特征的不同看法也导致不同的天命观。有些宗教神学家是用富于情欲和意志的色彩塑造和描绘他们心目中的神灵,而有些宗教神学家则使用富于智慧和理智的笔调去精心雕凿他心中的神灵。这样一来,就使不同宗教的天命观,在内容和性质上有不同的形态和色调:或者发自于神灵的恣情任意,表现为注重情欲的天命观;或者出自于神灵的伦理和理性的思考,使其天命具有某些伦理性和理智性的特征。因此天命观念又可以分为任意的和理性的两种。任意的天命观念常常反复多变,不可捉摸。神灵喜怒无常,天命亦不可预测。理性的天命观则往往表现为有常的天道和整然有序的世界结构(宇宙秩序)。在前一种天命观中,既然天命取决于神灵的好恶与喜怒,故人们可以用种种献祭、仪式的宗教信仰行为去影响神灵的情绪,投其所好、博其所爱。发自神灵的天命是可以改变的,其于人事的利弊是可以影响的,正如对贪婪的法官,可以通过贿赂而影响其判决一样。但在后一种天命观中,由于天命有常,表现于一定的规律和整然有序的世界结构之中,所以天命是定然如此,不可改变的。这种规律和秩序在我国传统宗教中常以“天道”之名称之。“天道”是天帝无声的命令,它显示了天命的不可抗拒、不能改变的神圣性。在这种天命观念支配之下,宗教天命观常常具有前定宿命论的性质。

原始宗教的精灵和神明,他们的意志、命令和行为,常常看不出其中有什么普遍性的理性原理,人们生活于“天有不测风云,人有旦夕祸福”的气氛之中,过着听天由命的生活。以后逐渐认识到天道有常,社会有序,人必须顺乎自然的常规,适应社会的秩序。只有在这时,他们才会把这种常规和秩序异化到神灵及其天命之中。从前一种宗教天命观念到后一种宗教天命观念有一个漫长的发展过程。从殷墟卜辞中可以看到,殷人的上帝对殷王求卜的事项可以发布各种指示,但这些"帝命"(天命)的性质和内容只不过是对求卜者作出或吉或凶、或可或否的简单回答,从中看不出他之所以做出这种回答的理性根据。殷人的上帝基本上是一个恣情任性的专制君主,他发出的天命基本上偏重于一己的意志和情欲。西周以后,形成了"天道"观念。天道观念向两个方向发展,一方面向科学和哲学方面发展,另一方面向天命神学发展。宗教神学认为天道是天命的表现,它体现了天帝的意旨,预示人事的吉凶。于是统治者便设置专门的神职人员去观察天道,觇知天命,这就是宗教神秘主义的占星术。孔子的天命观就保留了这种传统宗教的天道、天命观念。他认为天虽然不说话,不像天子、国君那样直接发号施令,但可通过自然事物的有规律、有秩序的运行来表现自己的意志:"子曰:天何言哉？四时行焉,万物生焉,天何言哉?"(《论语·阳货》)孟子也说:"天不言,以行与事示之而已矣"。(《孟子·万章上》)孔孟心目中的天命是表现于自然秩序和社会秩序之中的。

不仅自然秩序是天道或天命的表现,而且社会秩序和伦理规范也是天道或天命的表现。这种天命观念在我国传统宗教中表现得尤其强烈和突出,我国最早的一部成文典籍《尚书》从头到尾贯穿着这种天命观念。它认为虞夏商周历代王朝的兴替、重大历史事件的发生、典章制度的确立、伦理规范的制定均由天命所定,遵循天道而行。

西周代殷之后,周人特别强调天命的道德方面。周公旦提出以德配天的思想,认为天命靡常,惟德是辅,上天是否继续授命于人君,视人君之所作所为是否合于天德为转移。合则天命常在,违则天命转移,使有德者居之。周公的天命观,与殷代比起来,有明显的道德伦理因素。这种以德为本的天命转移论,后来又与阴阳家的阴阳五行说结合起来,形成了五行德运说,使天命神学发展到了新的高度。战国时期,邹衍把阴阳五行概念从自然界推广到社会历史领域,认为历代王朝的兴替是五行相克的过程。

秦始皇统一中国后,应用这一套宗教神秘主义观念,来证明秦王朝以水德运,水克火,故代周而王,是奉天承运,天命所归。从此以后,我国历代王朝的帝王都要为自己的统治权从五行德运说寻找奉天承运的根据。汉武帝时,董仲舒把传统天命论与阴阳家的五行德运说进一步从理论上融为一体,建立了一整套以天人感应和天命观念为中心的宗教神学,使天命论更加系统化。他认为天是至高无上的主宰,天有阴阳二气,阴阳二气产生木→火→土→金→水五行。五行相生相胜、周而复始、循环不已,于是有春(木)、夏(火)、秋(金)、冬(水)四时(土兼四时)和东(木)、南(火)、西(金)、北(水)四方(中配土),由此而产生万物。五行相生体现了天的恩德，五行相胜体现天的惩罚。天通过阴阳五行的变化而产生万物，指导人类。同时，君臣、父子、夫妇之类人伦关系，也是阴阳天道在社会人伦上的表现。儒家关于三纲五常的封建伦理道德，因此而有了天命所定的神圣性。董仲舒这一套是一种很有体系的天道观和天命论。在这种天道观和天命论中，天对世界万事万物的安排和操纵是有一定的原理原则的，天的意志和命令就体现在这种有固定秩序的运动和变化过程之中。从宗教学上看，这是一种表现为一定秩序的、具有一定理智色彩和浓厚的伦理色彩的天命论（即前述的第二类天命论）。董仲舒的天命论对我国传统宗教神学影响巨大，被汉武帝定为一尊，为历代帝王奉为正统。中国封建社会二千年，封建统治者的官方宗教神学的主体，基本上就是董仲舒这一套天命神学，当然也有一些变化和发展，但那些都是比较次要的东西。

（二）传达方式

神或天帝既然通过神意或天命来操纵自然、干预人事，就有一个如何显示和传达其旨意的方式问题。各种宗教体系都在自己特定的历史条件和文化背景之下，驰骋其宗教想像力，构造和臆想出天命表达的方式和途径。有些宗教神学家把神或上帝显示其旨意（天命）的方式统称之为“启示”，或称“天启”。归纳起来，天命启示的方式大致有两种：

（1）通过各种天象和天道启示天命。各种宗教的神灵均被宗教家说成是超感官的存在，因此他们不可能亲自出场向人颁布诫命，直接宣示自己的旨意和命令。但各种宗教体系都认为神与自然直接有关，认为自然为神所支配。在这种天命观念的支配之下，各种自然现象往往被认为是天命显示的兆头，人们可以通过对兆头的解释来预测天命和神意的性质与内容。因此，各种宗教体系便构造出了占吉凶、卜祸福、顺天命以定人事的种种宗教占卜方式。在非常古远的年代就已出现了相当复杂的天道观念和占星术。古代美索不达米亚人就把星宿天象视为天命的显示，我国历代朝廷也极其重视天象观察。

（2）通过神讬、先知、救世主之类中介者来传达天命。天象、天道等自然现象只是天命启示的象征性语言，这种象征性语言的意义，一般总是有赖于精于此道的占卜者和占星术士之类宗教职业者去做出解释。因此，各种宗教体系几乎都同时承认有其他的更为直接的天命启示方式——神灵委托神讬、先知或救世主之类的中间人来传达自己的旨意和命令。这些中间人被认为是一些特殊的人物，他们常常自称与那些不但控制人类事务和命运，而且还控制着整个世界的超自然神灵有着特殊的、有效的联系。这类宗教人物早在原始宗教发展到一定阶段时就已出现。世界很多地区的巫术宗教的巫师和萨满教中的萨满，就被人们认为是神明和精灵的代理人。他们声称与超自然界的神明和精灵有特殊的交往，某个神明和精灵在一定的场合下附在他们的身体上，借他们的口直接宣示神灵的旨意。有时他们的宗教使命甚至逐渐成为某个特殊的家族、部落、社会阶层和职业集团的世袭特权，如，古希腊的欧摩尔比德家族，古犹太教的利未族，印度的婆罗门种姓，马雅人的巫医等等。中国的谶纬神学主张，天的意志通过阴阳五行和天象的变化表现出来，按阴阳五行和天象变化，可以占验吉凶祸福，了解“天意”。

三、神迹观念

（一）性质和意义

神迹，与神意或天命一样，乃是宗教赋予神的基本特性之一。对于神可创造神迹事件的信仰，是一切宗教的特性。宗教赋予神的意志、智慧和能力是超人的、超自然的，神灵必须显现出超常的能力来证明自己可以随心所欲、意到事成。这种内在的可能性，表现于事实之中就是宗教所谓的神迹，即神按照自己的意志和能力创造的某些特殊事件。

虽然在许多宗教的观念中，一切自然事件都是天命的安排或神意的体现，但合乎自然法则的常规并不属于神迹。只有那些不能用自然常规做出解释、特殊而又反常的事件，才是宗教意义下的神迹。神迹事件的两大特性特殊和反常，缺一不可。因为所谓“特殊”并不一定违反自然法则，长命百余岁，或一个身体健壮的人突然死去……这种事相当罕见，但却不一定真正违反自然之“常”，因而并非神迹。但彭祖活八百岁，道教的神仙长生不老，基督教的耶稣死而复活……这些事便不可从自然法则中找到根据，而只能从超自然的神灵那里得到说明。所以，神迹的主要特性和本质内容，乃是对自然法则的违反和破坏，它是与自然法则直接矛盾的对立物。正是在这一点上，宗教所谓的“神迹”与自然界的“奇迹”有原则性的区别。任何一个事件，无论其多么惊天动地，奇妙壮观，但如果其循着自然途径发生，我们迟早可以做出科学的说明，无需借助神的意志和力量。而宗教的神迹本质上必须是反乎自然规律的事件。

各种宗教体系之所以竭力宣扬违背自然规律的神迹信仰，是因为：第一，在于神迹是神可以废除或中断自然法则的证据，它既是神的全能的证明，也是对神本身的存在的证明。第二，大慈大悲，普爱众生，是神之所以受人信爱的根本特性。如果神不拥有超出自然法则之上的权能，打不破自然必然性的锁链，不能在信仰者生死祸福的紧急关头，满足人靠人力所不能满足的愿望，神便无法证明自己的慈悲仁爱，也便有失去善男信女崇拜和信仰的危险。

神迹的宗教意义和宗教功能即在于，神迹是一种证明，它使善男信女不仅相信神的全能和仁爱，而且相信神的存在。因此对神迹的信仰，乃是宗教赖以立足的一块基石。

（二）创造神迹的神圣主体种种

神迹是神灵神性的证明，神迹的创造者大致有如下几种：

（1）神和神圣力量

神迹总是发生或起源于某种神圣的、超自然的、精神性的神秘力量。这种神圣而又神秘的力量可能以个体化形式表现为上帝、诸神、精灵之类，也可能表现为非个体的泛灵论式的超自然力（法术力）。

在宗教信仰中，神迹是神的自由意志和大能（或全能）的必然推论。宗教在其发展中可能越来越多地采用理性的形式以掩饰其反理性的本质，诸神和上帝可能越来越多地被赋予理智和道德的属性，而改变传统宗教所塑造的像专制暴君一样随心所欲、恣意行事的神灵形象。但任何一种宗教和任何神灵都不可能取消神行奇迹的权能。因为否定奇迹或神迹，就是否定神具有超自然的力量，取消神的神性，最终导致对神和宗教本身的否定。

（2）宗教创建人

各种宗教的创建人或教主，如果不是自封的，也总是被其信徒奉为神圣人物。他们常常是神迹事件的主体和神奇传说的中心。他们的出生伴随着超自然奇像，生活行为笼罩着神秘主义的迷雾，生活的遗物、遗骨和坟墓都成了继续发生奇迹的源泉。种种神奇传说，究竟是怎样产生出来的，宗教学说史上有不同的观点，宗教神学当然是相信它的真实性，论证它的真实性。但客观的宗教研究则对此持否定态度。

以宗教创建人为中心的神迹故事的作者常常是宗教创建人的信徒，但也不排除创建人本人进行有意的欺骗。一种在传统宗教之外新建的宗教，要想赢得群众的信仰，主要依靠迎合群众的社会要求，但也得同时用神奇的超自然力量调动群众对宗教神秘性的兴趣。神迹故事是最能调动人的好奇心和狂热信仰的。所以，宗教的创建者一般多假托天命，讲述自己所见的奇迹。摩西自称他亲见上帝，面受上帝的诫命和律法；耶稣自称“神子”和基督（救世主）；穆罕默德自封为真主的使者；洪秀全自称是皇上帝的“次子”；我国各种民间宗教的教主则往往自吹自己具有某些神力异能，以吸引那些希望依靠神迹满足自己愿望的信众。

（3）圣人（萨满、高僧、高道、圣徒）

宗教体系中有些“圣人”也常被认为是创造奇迹事件的主体。他们是人，与宗教创建者的超人地位相比他们更接近于普通人。但因他们往往自称（或被人相信)神灵附体,或者苦修得道,或者德行高超,从而超凡入圣,获得常人所没有的异能,能行常人所不能做的奇迹。原始巫术宗教中的巫术师,萨满教中的萨满,印度宗教中的苦修者和瑜珈师,佛教所谓禅定苦修而获神通的高僧,道教修行得道的真人和仙人,以及基督教、伊斯兰教中的德高望重的"圣徒"就属于此种能行奇事的"圣人"。

(4) 圣物

宗教的"圣人",尽管有时在其生前即被神化,但毕竟是人,他们的寿命总是有限的(道教的"仙人"例外,他们肉体不朽、长生不老)。所以,各种宗教体系归之于"圣人"、"圣徒"的神迹,大多是通过他们遗留在世上和坟墓中的非生命的遗骸或遗物而发生的。一个地方,如果拥有某个圣人或圣徒的遗骨或遗物(例如"佛牙"、"舍利"、所谓耶稣基督的裹尸布、所谓钉死耶稣的真正十字架的碎片),那里就会受到神的保护,成为宗教信徒朝拜的中心。以这些圣物为中心,逐渐产生许多神奇的奇迹故事。

(5) 圣地

某些特别神圣的地方,也可成为神迹的发源地。耶路撒冷、西奈山、麦加是犹太教、基督教、伊斯兰教著名的圣地,我国西藏地区的神山、神湖,内地的许多名山大寺,常被说成是某个神或佛居住或是显圣的所在。宗教创建人的出生地和活动中心,甚至他们的遗物、遗像保存的地方,由于它们具有的象征性的宗教意义和宗教价值,也常常成为信徒朝圣和崇拜的中心。朝拜圣地,常被宗教组织定为信徒的善功。许多善男信女把这作为一生最大的心愿。

(三) 各种宗教中的神迹

上述诸种神迹,普遍出现于世界各种宗教体系之中。

(1) 原始宗教和古代宗教中的神迹

早在原始宗教和古代宗教关于诸神及其活动的神话传说中,诸神就被赋予了超自然的法术力和神通,受到人们的敬拜。诸神通过法术、神谕、治疗疾病、启示吉凶祸福,进行神判表演奇妙神通,创造出许多非人力所能为的神迹。原始人和古代人的宗教幻想世界是一个到处有神灵、到处创奇迹的世界。

(2) 我国传统宗教中的神迹

我国宗教传统所崇拜的天帝虽是自然和人事的主宰,但天帝的人格化特征相对说来不太突出。孔子"不语怪力乱神"的主张也限制了人们关于神创奇迹的想像力。不过,随着儒家的宗教化,使孔子在汉代的谶纬神学中逐渐变成了预知一切的宗教先知。

秦汉时期的神仙方术赋予神仙以超自然的能力。早在《庄子》书中已宣传有所谓具有超自然神力的“真人”：“登高不栗，入水不濡，入火不热”（《大宗师》）。

如果说《庄子》书中的“真人”是一种寓言，那么秦汉时的方士则公开宣扬和贩卖长生久视的神仙之术。据《史记·秦始皇本纪》，方士卢生对秦始皇说道：“真人者，入水不濡，入火不热，凌云与天地久长”。秦皇汉武为神仙方术所惑，求不死之药，做神仙之梦。

秦汉方士的神仙思想与巫术宗教相结合，后来发展为道教。道教的神仙思想认为人可以通过外丹和内丹之类修炼，得道成为长生不老的神仙，具有许多创造奇迹的法术和神通。印度佛教传入中国后，对中国人民的宗教幻想有很大的影响。在佛教的佛和道教的神仙的法力和神通方面，佛道既互相促进，又互相竞争。它们竞相吹嘘自己的崇拜对象所拥有的创造奇迹的超自然神通，确是“道高一尺，魔高一丈”。于是乎，在佛道和民间宗教的幻想世界中，充斥着变化莫测的神仙鬼怪，神通广大的高僧高道，魑魅魍魉，牛鬼蛇神，无奇不有。

（3）印度宗教和佛教中的神迹

印度的宗教、神话和哲学，使印度成为一个万花筒式的神迹世界。神及其化身，具有神力异能的神话英雄，以及他们的神奇的行为和事功，在印度的吠陀经典和其他史诗中得到大肆铺陈，详予渲染。印度宗教则宣扬自我（精神）可以通过苦修摆脱身体的束缚而获得解脱与自由，从而拥有妙不可言的神通。瑜珈术之类“外道”，广泛流行，历久不衰。据原始佛教经典的说法，释迦牟尼似乎并不赞成说他具有神奇力量。据一则故事说，他在河岸上见到过一个苦行外道。此人苦修二十五年之久，从而获得在水面上自由行走的神通。佛陀却说，这太不值得，既然只花一文钱即可乘船渡河，又何必花二十五年的时间和功夫呢？然而，随着佛教的传播，有关佛陀的本生、本行之类神奇故事却越来越多，愈演愈奇。

在早期部派佛教中，不同部派对佛陀到底是人、还是神的问题，已有争论。大体上，上座部认为佛陀是历史上的人，他所不同于一般人的地方只是他人格伟大，智慧高深而已。大众部则把他描写为神：据说他从兜率天下凡入胎，其母站立分娩；他生来即有特异的“三十二相”。如头发乌黑发光，舌长及耳，臂长过膝，面色金黄，面颊如狮，头顶有肉髻，眉间有珠如球，音深而远，胸表卍字……等等。佛陀还有“八十种好”：有眉如月，耳轮垂埵，指圆而纤细，鼻不现孔……等等。三藏经典不断提到这些神异奇特的“大人”之相。尽管如此这般的形象实在有伤大雅，但其不同凡响的怪异却足以骇世惊俗。后来，大乘佛教传说把释迦牟尼的降生说得越来越奇。据《五灯会元》卷一所载，他“才生下，乃一手指天，一手指地，周行七步，目顾四方曰：‘天上天下，唯吾独尊’”。如此神奇的新生婴儿，普天之下，大宇之内，绝无仅有。按照大乘佛教的法身、应身之说，历史上的那位乔达摩·悉达多并不是佛的真身，而是佛为了在人间宣传教化的方便而依托的肉身。因此，他就具有佛所有的种种神通。据《异部宗轮论》说："如来色身，实无边际；如来威力，亦无边际；诸佛寿星，亦无边际"。

龙树在《大智度论》（卷28）中具体论述了佛、菩萨为什么具有广大神通的理由：

> ……菩萨离诸欲，得诸禅，有慈悲故。为诸生取神通，现诸希有奇特之事，令众生清净。何以故？若夫希有事，不能令众生得度。菩萨摩诃萨作是念已，系心身中空虚，灭粗重色相，常取空轻相，发大欲精进心，智慧筹量心，力能举身。未筹量已自知心力大，能举其身。比如学[illegible]，常坏色粗重相，常修轻声空相，是时便能飞。二者亦能变化诸物，令地作水，水作地，风作火，火作风。如是诸大，皆令转易；令金作瓦砾，瓦砾作金，如是诸物，各能令化。

这就是说，如果佛、菩萨不行"稀有奇特之事"（神迹），就难以取信于信众，众生不能得度。佛、菩萨之所以有此神奇的神通，是因为他们"系心身中空虚"，"灭粗重色相，常取空轻相"，既然法我两空，一切皆空，故能飞行天宇，变化万物。

更有甚者，佛教还有一种理论，说什么不仅佛和菩萨具有神通，而且一般佛徒也可通过修持禅定而获得神通。

由于这种禅定可获神通的理论，使佛教（特别是大乘佛教）充满了想像力惊人的神奇事件。佛和菩萨的神通和法力，被佛教吹得无边无际，简直达到了随心所欲、无所不能的程度。在这方面，任何宗教的神迹信仰，都不能与佛教相提并论。

（4）犹太教和基督教中的神迹

犹太教和基督教作为一神论宗教，信仰一个人格化的全能的创造者。他一方面可以任意创造世界，另一方面又可以随心所欲地毁灭世界；一方面安排事物的正常秩序，另一方面又对事件的自然进程进行干预，这就使一神论的宗教信仰必然包含神迹观念。

犹太教《旧约》认为神迹是上帝当然应行的事。《诗篇》72章说上帝耶和华"独行奇事"；《约伯记》第5章说上帝"行奇事不可胜数"。《诗篇》第136章在称他"独行大奇事"的同时，还开列了耶和华所行"大奇事"的清单。他行奇事、造奇迹的目的，是使他的创造物赞美他，承认他是上帝：

> 你们要称谢耶和华……称谢那独行大奇事的，因他的慈爱永远长存。称谢那用智慧造天的。……称谢那铺地在水上的。称谢那造成大光的。……他造日头管白昼。……他造月亮星宿管黑夜。……称谢那击杀埃

及人之长子的。……领以色列人从他们中间出来。……称谢那分裂红海的。……他领以色列人从其中经过……却把法老和他的军兵推翻在红海里。称谢那引导自己的民行走旷野的。……称谢那击杀大君王的。……他杀戮有名的君王。……就是杀戮亚摩利王西宏,……又杀巴珊王噩,……他将他们的地赐他的百姓为业……他救拔我们脱离敌人。……他赐粮食给凡有血气的。……你们要称谢天上的上帝,因他的慈爱永远长存。

这差不多就是犹太上帝所行神迹的流水账。

基督教的《新约》记叙了大量有关耶稣基督的降临、诞生、生活、受难和复活的神迹故事。各福音书还记叙了耶稣在传道中所施行的各种神迹。尽管由于神奇的令人难以置信,而且各福音书的记载彼此又各不相同,影响了这些记叙的可信性,从而不断遭到理性主义的怀疑和批判,但神学家们并不为此而稍感难堪。因为在神学家们看来,惟其荒诞,才是神迹,才更值得信仰。总之,《新约》中的耶稣神迹远比他的教诲更有力地在信徒中留下了印象。

(5) 伊斯兰教中的神迹

伊斯兰教认为真主安拉不仅过去在施行奇迹,而且仍在不断创造奇迹。按照伊斯兰教的说法,犹太教、基督教中的先知摩西或耶稣所行之奇迹,都是真主借他们之手进行的。奇怪的是,穆罕默德虽然自称受主的派遣,可是在《古兰经》中却明确地拒绝用征兆和神迹来证明他作为主的使者的天职。穆罕默德之所以拒绝表演神迹的要求,无疑因为他是一个真实的人,并无神奇之异能以行神迹。他常用自然现象而不是用反自然的现象作为真主的启示和神迹。

穆罕默德关于神迹的态度与新约圣经中的耶稣,呈鲜明的对比。尽管穆罕默德本人在神迹问题上表现“谦虚谨慎”,但后来有关他的传说和记叙,使他的诞生和生活经历都带上了日益众多的神奇色彩,其中有些事件还写进了《古兰经》之中。例如,《古兰经》第17章第1节经文说:“赞美真主,超绝万物,他在一夜之间,使他的仆人,从禁寺到远寺,他在远寺的四周降福,以便我昭示他我的一部分迹象。真主确是全聪的,确是全明的”。穆斯林据此认为,穆罕默德于某个夜晚由天使陪同,乘天马由麦加到耶路撒冷,又从那里登上云霄,遨游九重天,见过古代先知和天园、火狱等,黎明时,重返麦加。因此,穆斯林视此为神迹,视耶路撒冷为圣地,定于每年希吉拉历七月十七日为“登霄节”,以志纪念。在伊斯兰教的某些教派(如苏菲派)中,神秘主义气氛非常之浓,围绕圣徒和圣墓产生了许多神迹,朝圣者有关于此的说法一个比一个更为神奇。伊斯兰教旨主义神学承认神迹是事实。特别需要指出的是,伊斯兰神学认为世界是真主安拉用连续的时间原子反复制造的存在物，所谓自然的规律性只是安拉在反复创造宇宙时的习惯，真主作为全能者可以随时反惯常之习惯，创造出不同于自然惯常秩序的神迹。安拉在必要时当然要制造反自然的神迹，一则表现他的全能，二则证明他所派使者的真实性，当然这也是压倒对手和不信教者使之沉默的一种手段。伊斯兰教的神迹后来在对圣徒的崇拜中特别突出。按照信徒的说法，圣徒本人生前和死后的坟墓都具有赐福消灾的能力。

总之，神迹信仰普遍存在于各种宗教体系之中，这说明神迹作为神的基本神性之一，与宗教本身有着不可分割的本质联系。费尔巴哈说：如果没有神迹，神就不成其为神。由此再进一步，我们也可以说，如果没有对神迹的信仰，宗教也会因此而丧失引人入胜的魅力，丧失广大信众对它的信仰。

第三章

宗教经验

宗教信仰者对神性物(各种超自然、超人间的神圣力量、神灵神性)的信仰,既可在信仰者的心中表现为一定的观念形态和概念形式(如神灵观念,神魂观念,以及天命、神迹之类神性观念),也可在情绪上引起信仰者的种种反应,如惊异、安宁、神秘等体验。按照一些宗教家、神学家、宗教虔信者的说法,这种情感或情绪上的反映,有其神秘、神圣的来源,它们产生于宗教信仰者对其所信奉的神圣对象的特殊感受和直接体验。20世纪初,美国实用主义哲学家和宗教心理学家威廉·詹姆士在他的《宗教经验之种种》(1902)一书中,把这种感受和体验称为"宗教经验",并进行了详细论述。此后"宗教经验"这个概念,在西方世界的宗教研究和宗教学著作中得到了广泛的使用。

由于宗教神学家和自称具有宗教体验的信仰者把所谓宗教感受和宗教体验说成是人与神的直接遭遇、相会、会合、一致,甚至合一,是人对神的直观,具有浓厚的神秘主义性质,所以,宗教学者一般又称其为"神秘主义"。宗教之为宗教,本身就是神秘主义。神秘主义与宗教的本质特性紧密联系,不可分割。因此,研究宗教现象不能离开对宗教经验的分析。

第一节　宗教经验的涵义

一、宗教经验是信仰者对神圣物的精神体验

"宗教经验"是什么?在宗教信仰者的生活中到底有没有"宗教经验"这种东西?这是我们在这个领域中必须解答的一个问题。概略地说,所谓宗教经验就是宗教信仰者对于神圣物(神、神圣力量、神性物)的某种内心感受和精神体验。例如,各种宗教的虔信者,特别是各种宗教和教派的创始人以及所谓高道、

高僧、圣徒、先知、降神者之类“半人半神”式的宗教人物，常常声称他们对于自己所信仰和崇奉的神灵、神圣力量和神性物有某种直觉式的体验和感受，也有宣称自己经常与神灵直接交际、面受启示者。他们还把这种直觉的体验和直接的交往作为对所信之神圣对象的直接验证，视为其所建宗教或教派之真实性的根据。据佛经，释迦牟尼说他在菩提树下静坐沉思七天，终于悟道成佛。随后又经受了魔王长达一月之久的扰惑考验，证实了他的觉悟。犹太教的摩西说，他在西奈山上亲见上帝并面授诫命。基督教福音书说，耶稣在约旦河受洗，上岸后，眼见天忽然裂开，有圣灵如鸽者降临其身，耳闻天上声音，说他是上帝的爱子。从此以后，耶稣便到处传道，宣传上帝的福音。穆罕默德则说他在 40 岁时去希拉山洞里静思，听到大天使迦百利向他传达真主启示的声音，此后一生又不断享受到这类神圣的经历和体验。近代西方宗教学家一般不直接否认此种传说，而是把它称为“宗教经验”，企图做出心理学的分析和社会学的解释。

“经验”是一个具有多重意义的概念。狭义的经验是指直接的感性经验，即人对外部世界的感知。而广义的经验除了前者，还包括了主体从各种心理活动中得到的感受，即对于内部世界的感知，包括了痛苦和欢乐等内省体验，带有极强的主体性和情感性。宗教经验属于广义概念上的经验，它是宗教信仰者对于神圣物（神、神圣力量、神性物）与自己的关系而产生的某种内心感受，是与神圣存在沟通产生的精神体验。

二、宗教经验的存在问题

宗教经验究竟是宗教职业者自欺欺人的骗术，还是某些宗教信仰者宗教生活中客观存在的事实？这是宗教学在理论上判断其性质前必须解决的一个事实问题。种种情况表明，我们应该把宗教经验作为宗教生活的事实予以承认。宗教信仰者对异己支配力量的依赖感，对神灵审判的恐惧感、敬畏感，是一种常见于信仰者宗教生活中的宗教感受和宗教体验。孔子畏天命，还说“圣人迅雷风烈必变”。孔夫子尚且如此，普通人耽于迷信，产生诚惶诚恐的宗教体验，也在情理之中。有些宗教信仰者对于天命和神意的宗教感受在感情上可以达到非常强烈的程度，并且产生可观察到的后果。萨满教的萨满，民间宗教的巫师，彝族宗教中的“苏尼”，在他们自称与超自然精灵或神灵进行交往的过程中，确实是处于种种恍兮惚兮、如醉如痴的神迷状态。虔诚的宗教信仰者则由于深信一切事物皆由天命，一切行为均受上帝和神灵的审判，因此而常有鬼神上帝时刻监视自己的感受。消灾祈福，求神保佑，就成为他们一切行为的动机。对于职业巫师所谓与神鬼交际的宗教体验,有识者当然难以置信。但虔诚的宗教信徒、耽于迷信的普通人和神秘主义的虔修者所表露出的宗教感情和宗教行为,却是真诚的。因为这些人一般并不需要欺骗谁,常常也不需要表演给别人看。这种真诚而又自然的宗教感情和宗教行为,显然是以他们在精神上的某种宗教体验为基础的。我们可以用科学的观点和方法对这类宗教感情和宗教体验做出合乎理性的解释,剥去其神秘主义的眩人色彩,但却不能否认这种神秘主义的宗教经验在这部分人精神上的存在。正如海市蜃楼一样,虽是真正的幻象,却是客观的真实。视为神仙的天堂洞府则假,但若否认其在观察者视觉上的存在,那也不是真理。

第二节　宗教经验的表现形式和类型

综合各种宗教信徒的自我述说和旁观者观察到的材料,宗教经验有多种表现形式。如在神圣物面前的敬畏感;对神圣物的依赖感;对神圣力量之神奇和无限的惊异感;相信神对自己行为的审判而产生的罪恶感和羞耻感;信仰神的仁慈与宽恕而产生的安宁感;自觉与神际遇或与神合一的神秘感,如此等等。

以上种种宗教经验在历史上的宗教和宗教信仰者的宗教生活中均有表现。

一、在神圣物面前的敬畏感

由于宗教信仰者把其所信仰和崇奉的神灵奉为超人间、超自然的神圣,自然而然会在内心产生某种尊敬、景仰、爱慕、畏惧和恐惧的感受以及相应的感情流露。在西方的一些语言中,宗教和畏怖这两个词甚至有等价的含义。在罗马人那里,畏怖(metus)一词含有宗教的意思,反过来,宗教(religio)这个词有时也表示畏怖、恐惧之意,所以,dies religiosus 即宗教日,在他们那里表示一个不幸的日子,即为人们所恐惧的日子。在德文中,表示最高的宗教崇敬的字眼 Ehrfurcht,在字面上也是由 ehre(敬)和 furcht(畏)这两个词构成的。而崇拜这个词的词义,就是指尊敬与钦佩。

原始民族和古代各民族对于神圣物的敬畏感表现得最为明显而突出。许多原始民族都把自然界中那些足以引起畏怖和恐惧的力量和现象当作自己崇拜的对象。有些民族最崇拜"恶神",因为"恶神"被他们认为是世上一切灾祸的主使者。印度有些地方的居民,除了祈祷恶神以外不做其他宗教仪式,这些恶神都有各自的名字。人们越是觉得他们可怕而有力,也就越是崇敬他们。印度教信仰的最高神灵之一湿婆神就被认为是破坏之神。在有些民族中，最高的神灵就是足以激起人的最大畏怖的自然现象的人格化，即雷雨、闪电之神。古代希腊人干脆把雷神奉为最高神。古代日耳曼人（至少是北方日耳曼人）、芬兰人、拉脱维亚人，认为雷神（Thôrr 或 Donar）是第一个资格最老的至尊之神。甚至有些民族除了“雷”这个字眼以外再没有其他表示神的字眼。可见，在这些民族那里，神不过就是自然界的雷鸣，通过听觉器官在人身上所造成的震撼人心的感受和体验。我国古代史料和史籍中关于对神的敬畏感的记载甚多。甲骨文卜辞说明当时的帝王每事必向上帝和鬼神问卜请示，求上帝“降若”（若，即诺，允准之意）或“降不若”。如此惟命是从，若没有对上帝遵从、畏怖的宗教感情体验，是不会有的。《诗经》说：“畏天之威，于时保之”（《我将》）；“敬天之怒，无敢戏豫；敬天之渝，无敢驰驱”（《板》）。

一般说来，异己力量对于人们日常生活的“异己性”和“支配性”，对于被支配者说来，就是不知其所以然的神秘性和不得不然的权威性，从而在信仰者内心深处燃起具有若干神秘色彩的敬畏感。它表现为，人们在日常生活的言论和行为中惟恐触犯神灵的权威和命令，引起他们的不满，常用严格的禁忌规定把神或神圣物与其他的世俗之物分隔和孤立起来。禁忌规定加强了神和神圣物的神秘性与威严性，反过来又加剧了信仰者对它的敬从感和畏怖感。随着神明观念在历史上的进一步发展，它的权力、威严日益增大，以至达到神奇莫测的程度，它在宗教信仰者内心中激发起来的神秘感、敬从感、畏怖感，也相应膨胀。

二、对神圣物的依赖感

依赖感是在宗教信仰者的宗教生活中另一种常见的宗教经验。人类早期之所以普遍流行对自然物和自然力的崇拜，就是因为人要生存就不能离开它们。“这种依赖，在动物和野蛮人身上，是一种不自觉的、没有考虑到的依赖；而对于理性的人来说，则是自觉的依赖它，进而意识到它、表象它、崇拜它，就是进入宗教”。[①] 原始民族和古代各民族的宗教史实也从各个方面证明了费尔巴哈的上述论点。中美洲的凯克奇族印第安人在祈祷时说，“神啊！你是我的主，你是我的母亲，你是我的父亲，是山和谷地的主人”。这是子女对父母、奴仆对主人的依赖感的典型表现。中国的《国语·鲁语》记载展禽的一段话也表明了我国古代

① 《费尔巴哈哲学著作选集》下卷，荣震华、王太庆、刘磊译，三联书店 1962 年版，第 436～437 页。

之所以崇拜自然物和自然力的理由："加之以社稷山川之神，皆有功烈于民者也；……及天之三辰，民所以瞻仰也；及地之五行，所以生殖也；及九州名山川泽，所以出财用也。"

在人类早期，人类生存所系与生活所需，几乎无不仰赖于自然的恩赐与偶然的机遇。在社会生产力和人类理智力尚未达到的地方，人类的想像力便来填补理智的空白，把这些支配日常生活的自然力和自然物，变成了超自然、超人间的神物。后来的基督教等一神宗教不再把自然物和自然力当作神崇拜，那只是因为按照他们的信仰来看，他们的存在并不是直接依赖于自然，而是依赖于一个异于自然物的精神或意志。但他们之所以把这种精神和意志看成神圣的、最高的实体来崇拜，也只是由于他们不仅把它当成了自己的生命和存在的创造者和维持者，而且当成了世界万物的创造者和维持者。基督教等一神宗教的上帝崇拜更加深刻地反映了信仰者对上帝的依赖感。

依赖感产生神灵和宗教，神灵和宗教又会反过来加强对它的依赖感。当人类生存所系的自然物和自然力被表象为神物的时候，人对这些崇拜对象的宗教体验就更具有神秘色彩。狩猎的成败，农业的丰歉，气候的变迁……都被想象为神灵的意志左右其间，在信仰者心目中引起对神恩的喜悦、爱、感恩之情和对天罚的畏惧、恐怖之感。这些宗教感情和宗教体验本质上都是依赖感的表现。

三、对神圣力量之神奇和无限的惊异感

古代希腊的哲学家亚里士多德认为宗教—神话观念和哲学一样，起源于人们对天体运动和宇宙创生问题的惊奇感："古往今来人们开始哲理探索，都应起于对自然万物的惊异。他们先是惊异于种种迷惑的现象，逐渐积累一点一滴的解释，对一些较重大的问题，例如日月与星的运行以及宇宙之创生，作成说明。一个有所迷惑与惊异的人，每自愧愚蠢（因此神话所编录的全是怪异，凡爱好神话的人也是爱好智慧的人）"。[①] 在亚里士多德看来，对自然事物和天体现象的惊奇，产生宗教和神话观念，摆脱神话的愚蠢，就形成哲学。对自然事物和天体现象的惊奇感是否就是宗教神话的最初原因，虽然这个结论并未得到多数人的赞成，但人类对未知力量有神秘莫测的惊奇感则是众所周知的事实。自然力量的巨大、自然景象的壮观、自然结构的精巧等，都可以激起人们的惊奇感；自然过

① 亚里士多德：《形而上学》，吴寿彭译，商务印书馆1959年版，第5页。

程之整然有序、严格一致的规律性,可以引起人们的惊奇感;自然规律的破坏、世界秩序的反常,更能导致人们的惊奇感。一旦这种种自然力量、自然规律被神话化,想象为神灵活动的结果或神圣天意的表现,作为人类自然感情的惊异感就会笼罩上一层神秘主义的云雾。宗教神学家和宗教者在体验到惊奇感之余,会把自然的规律性说成是神灵和上帝对世界的理性统治和对人的恩惠,而把反乎常规的自然秩序的事件,想象为神灵和上帝创造的奇迹。费尔巴哈说得好:

> 自然界中一切奇异和显著的现象,一切使人瞠目结舌、震撼迷惑、燃起幻想、激发惊异,以及以特殊的、不平常的、不可能的方式刺激人的感情的东西,都对宗教的产生发生一定的影响,并且都能成为宗教崇拜的原因和对象。塞尼加在他书信中说:"我们带着敬畏去观看大河的源头。我们为从隐蔽中突然涌出的小溪设下祭坛。我们崇拜温泉。我们只是因为某些湖泊的幽暗和深不可测而把这些湖泊视若神明"。①

同样,社会生活中也会发生许多令人惊异的偶然事件。一些信仰者在对自己的皈依体验的描述中,常有对神灵许愿求助而后来竟如愿以偿之类的事件,并因此而产生惊异感。

四、罪恶感和羞耻感、安宁感和获救感

当宗教信仰的对象被赋予道德属性,成为道德规范的立法者和人们行为的审判者的时候,信仰者就会把自己的一言一行和上帝的惩罚联系起来,产生相应的宗教感受和感情反应。

我国西周时期,周公发展了"以德配天"的思想,认为天命决定人事是以道德为准。天神一方面授予君主以统治权,另一方面也时刻监视着君主是否有失德的行为。在这种宗教思想的影响下,统治者自然会因相信上天的监临与裁判而产生相应的宗教体验。历代统治者由于相信上天的惩罚,非常容易产生惧怕自己行为失德,从而获罪于天的神秘感情。许多祈祷仪式就是由此而起。孔子说,"获罪于天,无所祷也"。显然孔子本人就产生过此类的宗教感情。

各种宗教差不多都讲善恶报应:《周易·坤·文言》说:"积善之家,必有余庆;

① 《费尔巴哈哲学著作选集》下卷,荣震华、王太庆、刘磊译,第546页。

积不善之家,必有余殃。"道教发展为"承负"说,即一个人行为的善恶不仅可以决定本人或者不死而成仙,或者死后而为鬼,而且还可以影响子孙后代的命运。佛教讲因果报应,生死轮回;基督教、伊斯兰教则讲末日审判。这种种教义,深入人心,普遍而深刻地影响着信仰者的行为动机,在感情上激起强烈而持久的反应。当善男信女自觉到其行为不合乎教义的规定和神的道德要求时,自然而然地会产生罪恶感、羞耻感之类宗教体验;而当其相信佛的慈悲,神的仁爱,或相信通过适当的祈祷仪式,可以取得神的宽恕的时候,这种罪恶感、羞耻感又会自然而然地转化为安定宁静之类宗教感受。这类情况在信仰者的宗教生活中屡见不鲜。

基督教的"原罪"教义是其整个信仰体系的基础之一。基督教虔诚信仰者的罪恶意识可以非常强烈。祈祷忏悔等宗教仪式构成了基督教宗教生活的重要内容,其目的即在于使教徒获得上帝的仁慈和宽恕,使心灵得到安宁、平静之类宗教体验。

如果说,在前一类消极的体验中,信仰者感觉到的是神圣的存在和神对个体的关注,人与神是处于分离的状态的话,那么在安宁、喜悦、升华或获救一类的体验中人则感受到了人与神圣存在的亲密联系。人们常常用拯救者、父亲、情人、朋友等象征性的言辞来形容这种体验。

在基督教的皈依体验中,与上帝建立联系被描绘成旧的自我的死亡而自己由此获得了"新生",这实际上是一种自我升华或获得拯救的体验。禅定的宗教功能即在于通过特定的宗教程序,内省静思,净化思想,对治烦恼,由痴而智、祛污到净,使修行者产生出一些神秘的心绪宁静、身心安适、愉悦、喜乐等宗教感受,出现某些特定的宗教经验,甚至还可达到"断生死,得神足",随心自由境界。

值得注意的是,在获得宗教经验的时候,各种经验常常不是独立存在的,它们往往交织在一起。从一定意义上说,宗教经验是一个过程,常常是以震颤、敬畏、焦虑、羞耻开始,以完满、欢乐、安宁结束。它可以是瞬间完成的,也有可能是长时间达到的。

五、自觉与神遭遇或与神合一的神秘感

宗教经验中最神秘的部分,就是宗教信仰者自觉与神遭遇或与神合一的体验,所以,一些宗教学者特别把这一部分宗教经验叫做"神秘主义"。

早在原始宗教中,人们已表现出有与其所崇拜的对象神秘合一的神迷表现。最典型的表现便是"萨满"的生活。

萨满教类型的宗教在世界上许多地区皆有发现。萨满是典型的宗教职业

者。典型的萨满常表现出奇特的精神分裂行为，不时发作，歇斯底里，神志昏迷，在森林中游来荡去，在村落中狂蹦乱跳，念念有词，传达诸神的旨意和精灵的声音。有上述特殊表现的人物在老年萨满的指导下通过入教礼之后就成为神和精灵附体的对象，进入入神状态。据说，在神和精灵的帮助下，这个萨满就获得特殊的能力：他可以感到它的头部到处都长有眼睛，可以看到神和精灵隐遁之地，能够找出人们生病的原因（通常认为是失去灵魂和恶精灵作祟），找到那些迷路或被窃去的灵魂，去除引起疾病的邪魔。这种种神迷状态都通过各种戏剧性表演形象地表现出来。

按照我们这里的术语，萨满的入神状态就是人神际遇的宗教经验。现代的宗教研究一般认为，这种入神状态既是一种戏剧性表演，又是一种对萨满本人自身有效、真实不虚的宗教经验。萨满在神迷状态时戏剧性的表演，当然是传统延续和模仿的结果，但萨满在传统宗教和特定的文化历史背景影响之下，往往是真诚地相信神迷状态的神秘性和神圣性的。这种信仰加深了表演的真实性，并诱发了他自己的通神经验，使他自我意识到神灵附体，成了获得某种神秘法术的人。

这种神秘主义的宗教体验在历史上的各种形态的宗教中都有表现。

例如，一些宗教创建人总是声称，他们对于自己所信仰和崇奉的神灵、神圣力量或神性物有某种直觉式的体验和感受，自己曾经有过与神或神性物际遇交会的神圣经验，并以其作为创教的基础。

老庄道家把“道”视为宇宙的本体，万物则是“道”的具体体现。据庄子说，一个人只要得到了道，就可以成为非凡出众以至拥有神通的人。这种“得道”观念后来便成了道教所谓人如得道，可以长生不老、羽化登仙的理论根据。修道之人追求得道成仙，超出了其他宗教追求人神相遇的主观意识，而相信人在客观上直接即身成神。这种人道相通的信仰是一种特殊的神秘主义。佛教净土宗则声称经常诵念“阿弥陀佛”，可以获得亲见阿弥陀佛前来迎往西天净土的宗教经验。

古代印度宗教把“梵我同一”的宗教—哲学观念发挥得淋漓尽致，认为梵即是一，一即一切；大梵即是自我，自我就是大梵。人应通过宗教修行最后回到与梵同一的神圣境界。《奥义书》写道：

> 啊！拉希克达，我将把不可看的永恒的梵对你讲说，要告诉你，死后的自我下场如何。那些愚昧无明的灵魂，将视其业和理智的发展，有些投生母腹，有些转生草木。他即使是在我们睡梦之中也是清醒的，化形为我们欲见之物——他确是纯净无瑕，他就是大梵，而且确是不朽者。大千世界的一切事物都在梵中而获得他们的存在。任何人都不能使之改变。那就是自我。

……

谁要是看到启示于内心的自我,谁就获得永恒的极乐。谁看不到,谁就得不到此乐!谁看不到,谁就得不到此乐!他是智力中的智慧,变化中的永恒。尽管他是一,却使众多的愿望成为可能。谁要是看到启示于内心中的自我,谁就得到极乐世界。谁看不到,谁就不能到此极乐!谁看不到,谁就不能到此极乐![①]

与此类似,一个中世纪的神秘主义者凯瑟琳这样描述了她的体验:

除了上帝之外,我什么也看不见,没有自己也没有自己以外的东西。这种情景是如此的引人入胜,以至别的一切东西都视而不见,或者无所喜好,无所欲求。肉体和灵魂的存在如死了一般,无法行动……我所有的感官都失去了它们正常的活动,全被禁锢在一片带着极度兴奋、沉溺于神爱的狂热之中……我无目而视,无心能明,无感觉而有情,不尝而有味。……这种情景,既无法目睹,也不能言传,甚至也不容思索。[②]

从宗教心理学角度分析,这可能是修行者在禅定或入神高潮中获得的一种幻象,即我们这里所说的神秘主义的宗教经验。根据神秘经验体验者的描述,我们可以发现这种神秘的宗教体验具有一些共同的特征。

首先,这些体验的一个突出的特点是人神一体的感觉。此时,作为单独实体的自我意识消失了。詹姆士的《宗教经验之种种》一书对此类材料有大量的收集和评述。他认为,各种宗教的神秘主义宗教经验有一个共同的特点,即都主张在这种经验中人与神合为一体:

在神秘状态中,我们与绝对成为一体,并且又做到知道我们的这种合一。这个是永存的并胜利的神秘传统,几乎全不因地域或宗教的差别所改变。在印度教、在新柏拉图主义、在苏菲主义、在基督教神秘主义、在惠特曼主义,都是同一调子的再现。……这些名著的语言,永远是说人与上帝一体。[③]

---

① 译自罗伯特·S. 艾尔渥德:《神秘主义与宗教》,New Jersey,1980年,第48~49页。

② 译自加文·保罗:《热那亚之圣凯瑟琳的生平与言论》(Garvi paul:*The life and sayings of Saint Catherine of Genoa.*)Staten Island NY:Alba House 1964。

③ 威廉·詹姆士:《宗教经验之种种》下卷,唐钺译,商务印书馆,2002年版,第408页。

第二，这种神秘体验具有难以表达性。神秘主义者在试图解释它们的体验时常常出现表达方面的困难，认为没有任何语言能恰如其分地评价它们的感受。于是，往往借用一些象征性的词汇对这些感觉做形象化的描述："炫目的黑暗"，"无形的形态"，"要用语言来表达它是不可能的，或者对所有未曾亲身感受过的人来说要理解它也是不可能的"。①

许多宗教的神秘主义教派都强调通过对神的虔诚信仰和深沉的爱，可以进入心醉神迷的入神状态，达到与神的同一。印度人称之为巴克蒂（Bhakti）的印度教虔信主义认为，解脱之道在于通过激发起强烈的爱，实现摆脱自我的自由和与神圣被爱者的同一。伊斯兰教苏菲派也认为，通过神秘的爱以及禁欲、苦行、忏悔、断念沉思、隐静等方式，能达到"神人合一"的入神状态。

詹姆士在对各种神秘主义的宗教体验作过一番分析之后，得出了这样的结论：

(1) 神秘状态在其充分发展之时，通常是，对于经验它的个人而言，有权被视为绝对有权威的经验。

(2) 对于没有经验到神秘状态的任何人而言，这些状态并不具有什么权威性，因此对没有经验的人来说也没有不审查就接受它的启示的义务。

(3) 这些状态否定了单纯基于理智和感官的非神秘的、理性意识的绝对权威。它表明理性意识只不过是意识的一个部分，而不是全部。非理性的神秘真理也是有可能性的。②

詹姆士这三条结论中的前两条，大体上已得到宗教研究者承认，即神秘的宗教体验对于体验者个人自身是有效的。局外人既然不能对他的内在感觉有所感觉，当然也不能因为我们没有这种感觉而否认其在体验者心中的存在。根据同样的理由和原则，正因为局外人没有此种神秘体验，所以，神秘体验的体验者就不能把他个人内心的体验宣示为普遍有效的真理，要求无此体验者接受他个人的内在经验。问题在于第三条。神秘体验在某些人心中的出现果真能打倒理性意识的权威吗？这种体验的"神秘性"是货真价实的神秘呢，还是可以做出理性解释、并不神秘的心理状态呢？神秘经验的对象和原因究竟是什么东西呢？这些问题我们将在下面进行讨论。

---

① 译自保罗·加文《热亚那之圣凯瑟琳的生平与言论》。

② 威廉·詹姆士《宗教经验之种种》下卷，唐钺译，第411页。

第三节　获得宗教经验的途径

各种宗教都有帮助信仰者获得宗教体验的手段。归纳起来大致有如下四种：

一、理论的引导

主要是指用逻辑推理的方法，证明神的存在；或用理论上的分析，把信仰者引导到教义规定的修行目标上去，通过使信徒在理智上坚定对神的信仰，引导信徒产生感情上的反应，产生宗教体验。这种引导主要通过讲经、说法、布道和理论修习等方法来完成。

佛教修习方法是定慧并重，止观双修。佛教的"慧"就是用佛教的世界观和人生观分析一切，认识一切皆苦，四大皆空，破除"我执"，断痴除爱。在此认识基础上，使自我意识不受物质世界和世俗生活的影响，不再对外界有任何欲望和求索。这样就可以使意识清净和宁静，为在禅定修习过程中获得神秘幻觉准备心理条件。

但是通过理论论证达到宗教体验的境界是比较困难的。佛教"慧"学艰深晦涩，一般人难以入门而得其奥妙。因此，由慧而入定获得宗教经验的人，为数不多。倒是净土宗的念佛成佛法、禅宗的顿悟成佛法更能吸引众多的信众。因为这些宗派不讲高深的佛理，着重强调信仰的虔诚，以个人体认神圣存在的紧迫性和强烈性，作为虔信与忠诚的特征，激起信徒见佛成佛的强烈愿望，从而更易于获得所希望的神秘体验。

基督教和伊斯兰神学自中世纪以来一直致力于对上帝的存在寻找逻辑上的证明。神学家们为此绞尽脑汁。然而科学和哲学的发展，不断证明各种神学的论证都不过是形而上学的概念游戏，因此，绝大多数迷恋于宗教体验的神秘主义者，并不强调逻辑推理对于获取神秘体验的作用。他们一般都强调宗教体验的直觉性，反对通过烦琐的逻辑推理来达到对神的认识。由于神秘主义教派一般都强调宗教体验的直觉性，几乎总是与正统神学处在互相对立的立场上。

二、道德的净化

旨在通过心灵洁净、行为纯正来邀取神佛的恩宠和悦纳。

宗教道德的核心，集中到一点就是对所信神明的敬畏和爱，要求信徒一言一行符合神的旨意。由于宗教长期宣传神对人在道德行为上的监临与审判，自然会引起信仰者感情上的反应。如果信仰者自己意识到道德行为有不合于教义规定和神灵旨意的话，就会自然产生出对神灵审判的畏怖感和羞耻感。而当其自觉到道德行为符合于宗教道德规范时，也会产生获得神宠的幸福感或与神合一的神秘感。献祭、忏悔、祈祷等宗教礼仪都强调了道德净化的作用。

一个完全彻底地按照宗教教义和神明的要求来净化自己道德行为的宗教信仰者，往往也是向往于极乐世界的迷信者和迷醉于人神合一的神秘主义者，自然更容易在主观感受上产生神秘的宗教幻象。《高僧传》中此类记载甚多，兹摘抄数例如下：

> 竺僧显，本姓傅氏，北地人，贞苦善戒，节疏食，诵经业禅为务，常独处山林头陀人外，或时数日入禅亦无饥色。……后遇疾绵笃，乃属想西方，心甚苦。至见无量寿佛以真容光照其身，所苦都愈。是夕，更起澡浴，为同住及侍疾者说已所见，并陈因果，辞甚精研。至明清晨，平住而化。（卷11）

> 释慧通，关中人，少止长安太后寺，蔬食持咒。诵增一阿含经……常祈心安养而欲栖彼神国。微疾，乃于禅中见一人来，形甚端严，语通，言良时至矣！须臾，见无量寿佛，光明晖然，通因觉禅，具告同学所见。言迄便化。（卷11）

> 释道法，姓曹，敦煌人，弃家入道，专精禅业，亦时行神咒。后游成都，王休之、费铿之请为兴乐、香积二寺主。训众有法，常行分街，不受别请。及僧食乞食所得，常减其分，以施虫鸟。每夕辄脱衣露坐，以饲蚊虫。如此者累年。后入定，见弥勒放斋中，光照三涂。果报于是，深加笃励，常坐不卧。元徽三年，于定中灭度。平坐绳床，貌如恒日。（卷11）

这些记叙，有可能是自欺欺人的宗教宣传，但更可能是“信诚则灵”而产生的心理幻觉。从宗教心理学的科学分析看，这种体验并没有什么神秘之处，完全可作科学的解释。

三、药物的使用

许多宗教神秘主义者都使用兴奋性和麻醉性药物，以激发神秘的宗教体验。酒的兴奋性刺激，龙舌草、大麻叶之类药物麻醉，往往使用药者的身体发生生理化学变化,从而引起心理上、情绪上的反应,产生神秘体验。

在宗教献祭活动中早就开始使用各种具有药物的饮料,它们作为奉献给神的力量,而由担任献祭的祭司喝下。在古代印度,有一位重要的神灵叫苏摩。"苏摩"原来是一种饮料,它取自一种现已无法确认的植物,据传说是通过压榨取得汁液,加以牛奶调和,并且要在当天食用。在《梨俱吠陀》里苏摩的效力被这样描述:

> 我喝了苏摩,我变成了不死之人。
> ……
> 我洋洋自得,越过了天空、大地
> 因为我喝了苏摩。
> 我提起了大地,把它任意安放,
> 因为我喝了苏摩。①

其实有许多麻醉药都可以引起精神状态的改变。威廉·詹姆士曾经用一氧化氮做过实验,声称它可以"极大程度地激发神秘主义的意识"。小说家奥尔德斯·赫胥黎在《认识的门径》一书中记录了他自己1954年做的一个实验。他认为,从"拍约他"的植物根茎中提取的有一种叫做墨斯卡灵的东西,如果使用的剂量适当,就可以深刻地改变意识的性质。② 20世纪60年代的蒂莫西·利瑞把自己在吃了一些墨西哥圣蘑菇后的反应描述成"我一生中最深刻的宗教体验"。他甚至认为:"系统宗教的工具是化学药品、麻醉药、兴奋剂。"

近代的心理学一般都认为这些幻觉是麻醉剂的作用使服用者进入催眠状态。在这种状态下,长期信仰的宗教观念会把被麻醉者的精神和心理导向宗教幻想境界,产生解脱尘缘、羽化登仙、与神会合之类神秘体验。所以,这种宗教经验明显地是一种生理变态和心理变态的综合现象。使用药物以获得宗教经验的方法,事实上揭穿了宗教经验的虚伪性,说明它既不神秘更非神圣。

四、宗教的修习

各种宗教的神秘主义者为获得神秘的宗教体验,都有一套修习方法。中国道教的坐忘、止念、定观、存神、入静,印度宗教的瑜伽术,佛教的禅定、止观以及

---

① 《梨俱吠陀》8:14;10119。

② 奥尔德斯·赫胥黎(Adous Huxiey):《认识的门径》(*The Doors of Perception*),第15页以下。

念佛诵经，伊斯兰教苏菲主义的静坐沉思等都属于这个范畴。据《斯维多斯梵多罗奥义书》，瑜伽修行术的目的就是认识梵，使自己的光与梵统一起来，消除无明，超脱羯磨（业报）。修行者端然正坐、静心冥想、控制感官和呼吸，使心灵转向内心，集中冥想梵。据说，通过这些过程，就可在心象中见到梵的标志，实行灵魂（自我）从肉体的解脱，免除疾病、老和死，并得到心情愉快、神清气爽、语音美好的感觉和体验。印度宗教把瑜伽修行术看成是获得梵我合一的神秘体验的一种方式。

密宗佛教中的初步修炼就是抑制心灵，使之平静，专注一心，培养注意力和知觉，在这一基础上再辅以更复杂的方法修炼。其方法之一：心观。在心观中，坐禅者在心中构想各种各样、形形色色的精神意象，代表宁静、美丽、愤怒、恐怖的密宗神祇。这些神灵与修行者在一起，指引他们完成这一过程。

虽然不同的宗教体系，各有自己的修习方法，但却在基本点上有共同之处。它们都是通过控制自己的思想和感情，排除外物的刺激和肉欲的干扰，把思想集中到宗教目标上来。从宗教神秘主义角度看，这就可以使修习者的心灵脱离肉体的羁绊，超脱时空条件的限制，从而直接与超经验的宗教世界和神明交通际遇，产生神人合一的宗教体验。这按照佛教的说法就是所谓“心定自然神通”（道教主张肉体飞升，羽化成仙）。这种神秘主义的修行术，在印度和中国等东方宗教中最为发达。近年来，又在西方世界逐渐时兴。这种种宗教修习本质上仍属于催眠术之类。因为修习者心意高度集中，便进入催眠状态。在这样一种忘我状态下，潜在的与神遭遇的欲念，长期培养起来的宗教信念，心不由己的语言，就会使神秘修行的实践者发生神灵附体、与神会合的宗教幻象。

以上四种获得宗教神秘体验的方式和方法，只是各类获得宗教体验的途径中的一些主要者。这些方法的实行，虽然有可能比较容易地获得宗教经验，但并不构成获得宗教经验的充足条件。宗教信仰者和神秘主义者可以作充分的自我准备（建立宗教世界观，按宗教道德净化行为，身心方面的修习等等），但所希望的神秘的体验并不一定出现。这意味着，获得宗教经验的方法与宗教经验的获取之间并没有必然的因果关系。在神秘主义者中通行的解释仍然是“诚则灵”的原则，把获取宗教经验的成败最终归结为信仰者的信仰是否虔诚。但“诚”与“灵”之间却没有确定的因果关系，“诚则灵”是一个标准的信仰主义原则。它在解释宗教经验的灵与不灵方面，不需要任何其他理性的根据。总的说来，“诚则灵”的原则本质上是为一切“失灵”的宗教实践进行开脱和辩解的遁词。

第四节　宗教经验的实质

在宗教的虔信者、特别是自称具有宗教经验的人看来,宗教经验表明了体验者自身以外的、作为宗教经验之原因和对象的神性物的实在。科学的宗教学不承认任何神和神性物的存在,因而也不承认它是宗教经验的原因和对象。对于宗教经验的实质及其产生的原因和对象问题,我们可从三个方面着手分析。

一、宗教经验与世俗经验的比较

如上所说,宗教经验的内容和表现形式有敬畏感、依赖感、羞耻感、安宁感之类,但这些类型的感受并不一定为宗教感情或宗教体验所独有。事实上,许多世俗事物和自然对象都可在人们心中引起类似宗教感情之类的体验。普通人在完全与宗教无关的世俗生活中,也有可能产生诸如此类的感受和体验。"谈虎色变",表现了人对虎的畏惧感和恐怖感;婴幼儿因走失父母而啼哭,反映了子女对父母的依赖感。实际上,人都会有信赖感,而基本的信赖产生于父母给予孩子的信赖感。社会政治权威的气派,可以在小民百姓心中引起敬畏感;巨大的自然力量在尚未认识其自然原因的人们心中常常不由自主地产生神妙莫测的惊异感。许多纯世俗性的社会观念、道德观念和政治信条都可在人们心中产生类似于宗教感情的神圣感和庄严感。有道德良心的人也会因往昔所犯的道德过失而不断受到良心的谴责,常有无地自容的羞愧感。这说明,宗教神秘主义把敬畏感、依赖感之类视为独特的宗教感情或宗教经验是不合乎事实的。威廉·詹姆士就不承认宗教感情的独特性:

> 在许多关于宗教的心理学和宗教哲学的书中,作者都企图指出宗教确然是什么现象。有人认为它与依赖的感情相连;又有人认为是由恐怖而生;别的人们又把它与性生活连起来;又有些人以为就是对无穷之感;以及其他说法。对于宗教情操有这种不同的看法,这就应该使人不相信他会是单一特种过程;并且只要我们情愿将"宗教情操"这个名词认为是宗教对象更迭引起的许多情操的集团名称,我们就见到宗教情操大概并不含有任何种在心理上具特性的东西。有宗教的恐怖,有宗教的爱情,有宗教的严畏,有宗教的喜乐等等。可是宗教的爱情只是人的自然爱情对宗教对象而发罢了;宗教的恐怖只是普通"交际"的恐怖,人心在神明报应的观念可以激动这个

> 范围内的普通感荡罢了；宗教的严畏就是与我们黄昏在森林中、或是在山林中的身体震激一样的情绪，不过由于想到我们对于超自然的关系而起罢了。一切在宗教徒的生活中起作用的各种情操，都有同样的情形。宗教情绪是具体的心理状态，由一个感情加上一个特殊对象而成，所以它当然是与其他具体的情绪不同的心理作用。可是我们并没有理由假定，有个单纯的抽象的“宗教情绪”，并且它是一个与众不同的，并为每个宗教经验都含有而无例外的单纯心理作用。①

既然“宗教感情”并不具有宗教神秘主义者独立于自然感情的独立性，它们也就没有独立于自然源泉之外的神圣来源，我们就不能从宗教经验者对神的感受或体验出发，进而推论神的真实存在。

但这并不意味着我们把宗教感情与自然感情完全等同起来，否认宗教感情的任何特殊性。对人的敬畏感与对神的敬畏感当然是有差别的，两者的差别主要在于与敬畏感相联系的对象不同。用詹姆士的说法，“宗教情绪是具体的心理状态，由一个感情加上一个特殊对象而成，所以它当然是与其他具体的情绪不同的心理作用”。问题在于，宗教经验的“特殊对象”究竟是不是神？又是如何加上的？

二、宗教经验没有客观的对象

宗教经验所经验的“特殊对象”不仅不是什么神或任何神性之物，而且它根本就没有客观对象。换言之，宗教经验所经验的“对象”并非客观的实在。为了说明我们的结论，我们应该先分析“经验”的性质。

“经验”，是一个认识论范畴。从唯物主义的经验论看来，所谓经验乃是通过人的感官对于外物的感知和反映。经验并不是主观自生的自我体验，它是外部世界的物质客体及其属性和运动作用于人的感官而产生的感觉。经验的产生以外物的存在为其前提，外物的存在则是经验的对象和客观源泉。经验的真实性，以其是否符合于它所反映的客观对象而定。任何一种思想和观念如果没有作为其最终源泉的感官对象，就不可能是具有客观内容的感觉经验，而只是个人的主观幻想。

---

① 威廉·詹姆士：《宗教经验之种种》上卷，唐钺译，第26～27页。

宗教经验者所谓的“宗教经验”就属于这样一种纯主观的幻想。因为,他们所宣称的关于神或神性物的感受或体验,并没有任何存在于感官之外的客观对象作为它的源泉。事实上,任何一位自称拥有所谓宗教经验的人,都没有像感触到一张桌子、一把椅子、一只苹果那样,感触到神或神性物的客观存在。世界上各大宗教的神学家尽管都相信神的存在,但也都承认神是不可感知的、超经验的存在物,认为神不可能成为感觉经验的对象。如果坚持宗教神学关于神是超经验存在物的神灵观,那么,所谓宗教经验所经验的对象就不是真正的神,宗教经验就是没有真实对象的主观幻想;如果坚持宗教经验所经验的对象是神,则所经验的神便是经验的对象而不是超经验的神,换言之,它是像桌子、椅子、苹果之类的可感物,不是真正的神。如果一方面坚持宗教经验的对象是神,另一方面又坚持神是超经验存在物,那么,这种宗教经验便是对超经验存在物的经验,对不可感知者的感知,这就陷入于一种名符其实的悖论。

当然,关于“经验”问题,除了唯物主义的经验论以外,还有唯心主义的经验论。但是即使是在后一阵营中,绝大多数哲学家也反对把“宗教经验”看成是对于超经验存在物的认识。休谟认为,人类经验所及的直接对象就是“经验”本身,即自己的感官印象。人绝对不能超出自己的感官印象之外而认识超经验的存在物。感官印象之外是否有神灵之类精神实体存在,乃是不可知的问题。休谟以后的实证主义、实用主义、逻辑实证主义几乎都遵循休谟的不可知主义路线,并沿着这个方向来解决“宗教经验”的性质问题。以经验自然主义相标榜的实用主义哲学家杜威不同意所谓宗教经验表现了超自然神明的说法。在他看来,包括宗教经验在内的“宗教事物”,乃是人的经验的一种性质和一种生活态度,与其说它表现了超自然的实在,不如说表现了人自己的精神。这在事实上否定了宗教经验的客观内容和客观对象。

三、宗教经验的“超验对象”是主观观念的对象化

既然宗教经验没有也不可能有超经验对象,那么,所谓宗教经验者关于人神际遇的神秘体验,便只能是一种主观幻觉,他们体验到的神圣对象只能是主观观念的对象化。宗教经验完全是属于人的感情方面的东西,没有认识的价值。人们不能从宗教经验者个人关于神的体验进而肯定其对于神有什么认识,更不能肯定神的存在。

欧洲宗教学说史上有不少启蒙思想家对宗教信仰进行了心理分析,把神圣对象归结为某种心理活动。德谟克利特、伊壁鸠鲁、卢克莱修认为对神的恐惧

感,并不是神灵引起的。实际情况倒是相反,是恐惧感产生神,而不是神使人对它产生了恐惧感。费尔巴哈进一步分析了宗教的心理根源,认为一切神灵观念都是人的依赖感的结果。不是神在人们心中引起对它的依赖感,而是人对自身之外事物的依赖感把所依赖的事物幻化为神。这些宗教心理分析事实上是它把人们对于神的感受和体验归结为心理活动,而所谓神不过只是心理幻想的对象化。

20 世纪以来,西方不少有名的心理学者沿着这条路线继续前进,做了更具体、更细致的心理分析。其中,奥地利的弗洛伊德和美国的留巴的学说最有影响,值得我们注意。

弗洛伊德通过他独具特色的精神分析方法,把人的各种情感和行为归结为压抑在潜意识领域之下的性欲冲动,宗教感情和宗教行为也不例外。按照弗洛伊德的说法,宗教和神灵观念,人在神面前的犯罪感以及相应而生的宗教禁忌、宗教仪式等宗教行为,都是产生于他所谓的原始人类的“奥狄浦斯情结”。据他说,在人类早期,父亲在性生活方面享有对于女性的垄断特权,男孩子们的性欲因而受到压制。在性欲冲动之下,男孩子们联合起来杀死了父亲,实现了性的冲动。可事后,又对自己这种乱伦弑父行为感到悔恨。为消除犯罪感,求得精神上的平静,便把已死父亲尊奉为神,规定相应的宗教崇拜禁律和赎罪仪式,于是就形成了人类早期的神观念和图腾宗教。弗洛伊德说:

> 图腾宗教是导源于儿子们的罪恶感,人们为了减轻此种心理而以服从它的方式来请求父亲的宽恕,所有以后的宗教大概也都在致力于解决此种难题。它们所以产生差异只是由于文明程度及人们对此所采取之手段不同而已。不过,在基本上,它们都具有相似的本质,而人们也无时不在对此做挣扎。①

弗洛伊德的宗教起源论从历史唯物主义看,无疑只是一种想当然的大胆臆想。宗教人类学者一般都不承认它的科学性。它的意义在于它把宗教观念、宗教感情和宗教行为归结为人类纯主观的精神活动,说成是性欲引起情绪活动,这就使宗教信仰的神圣对象成为人类欲望所生的心理幻影。美国的詹姆斯·留巴更是有意识地使用心理分析方法来说明宗教经验问题。留巴是威廉·詹姆士的同时代人,他们都着重研究宗教心理问题,但他俩的观点却大不相同。詹姆士并

---

① 弗洛伊德:《图腾与禁忌》,杨庸一译,中国民间文艺出版社 1988 年版,第 180 页。

不否定宗教经验中超经验存在物的真实性，而在留巴看来，宗教经验者所谓神明显示的宗教体验，与野蛮人相信神灵显示的感受本质上是一回事：

> 他确信上帝的存在，这原因与野蛮人确信神灵存在的原因是相同的。野蛮人听见雷声，就以为自己知觉到了雷神。他真正听到的，是一种特定的响声，而他却由此推论出一个造成这响声的伟大存在物（指雷神）的存在。同样地，神秘主义者体验到了大量或多或少不同寻常的感受、情感，而他就得出了结论，说他们是一种神圣的显示。①

留巴把宗教信仰者的宗教体验归结为与宗教有关的情感活动，解释为心理反常状态，反对宗教经验中任何超自然东西的存在。

有的心理学家认为可以用对生命的追求来解释人类同某些超人力量建立的联系，认为对神明的信仰，本质上是人处在生活困境中想得到帮助的愿望。这种深刻的体验导致把自己的理想和愿望客观化、对象化，从而产生神明观念，并建立起人与神的相互交往关系，“本来是由于努力要解释那些印象特别深刻的体验，而在神明身上将自己的理想客观化，并且，又同这些神明建立了相互交往的关系”。②

上面提到的思想家和宗教心理学者对于宗教感情和宗教信仰活动所做的心理分析，对于我们正确认识“宗教经验”问题有启发意义。它告诉我们，人对于神的种种宗教感情或宗教经验不过是纯粹主观的、精神性的活动。不是真有什么客观存在的神圣对象引起我们对他的体验和感情反应，而是人们关于神的心理幻影对象化而变成了宗教信仰的神圣对象，常常是由主观的观念、信念和意见本身激发起来的。这种情况在宗教生活中更明显也更常见。

善男信女并不是因为见到了神的显示才信仰和崇拜神，而是传统的宗教观念和宗教本身的宣传才使他们培育起对神的信仰和感情。我国的善男信女谁也没有亲眼见到过真正的观世音，但对观世音的信与爱的强烈感情，却世世代代保存于他们的心中，引起许多有关观世音显灵托梦之类宗教体验和宗教幻想。基督徒并不是先有了耶稣的体验才信仰耶稣和基督教，而总是从传统的宗教中接受了关于耶稣和基督教的信仰，然后其中一些人才宣称他有所谓关于耶稣的神秘体验。但这种宗教体验不过是长期信仰而造成的心理幻象。唐僧怀感的《释

---

① 留巴：《转变中的宗教》，第187、198页，见夏普《比较宗教学史》，伦敦，1975年，第105页。

② 留巴：《对宗教的心理学研究》，第111页，见夏普《比较宗教学史》，伦敦，1975年，第104页。

净土群疑论》在为净土宗作辩护的时候也不能不承认:实际上并没有佛从西方来此授手相迎,也没有佛引彼众生往生净土,而是因为众生念佛,与佛有缘,自心变现阿弥陀佛来迎信徒。这就是说,所谓信徒的宗教体验不过是自心变现,是主观的心理幻象而已。

宗教的情感和体验与宗教信仰者的信仰内容有直接关系,它们受到传统文化背景和社会舆论、道德、宗教的影响很大。它不仅常常由传统文化和社会因素激发而起,而且也因传统文化和社会因素的差别而有不同的主观体验和不同的感情反应。不同宗教的信仰者,他们对于神的体验,总是他们自己所信奉的神,与他们所信宗教的特殊教义密切有关。这种种宗教经验的差别,只能归因于传统宗教信仰和传统文化背景的差异。它有力地证明,是宗教信仰等文化社会因素引起和铸型宗教经验,而不是宗教经验决定宗教信仰。在这种经验中,人所观察到的不是自然,而是自己。

第四章

宗教行为

宗教信仰者内在的宗教体验和宗教观念通过外在的身体动作和语言形式表现出来就是宗教行为。它的表现形式多种多样,各种形式在各种宗教中都经历了从自发到自觉,从分散化到规范化、从无序到有序的过程。归结起来,主要的宗教行为有巫术、宗教禁忌、祈祷献祭、宗教祈祷等。这些宗教行为作为宗教体验和宗教观念之外在表现,从不同方面反映了宗教的本质。对这些宗教行为进行分门别类的比较研究,有助于我们更加具体、更加深入地揭示宗教之本质。

第一节 巫术

一、巫术的性质和特点

巫术(magic)是一种广泛存在于世界各地区和各历史阶段的宗教现象。它的通常形式是通过一定的仪式表演来利用和操纵某种宗教信仰对象影响人类生活或自然界的事件,以满足一定的目的。巫术的仪式表演常常采取象征性的歌舞形式,并使用某种据认为赋有巫术魔力的实物和咒语。

对巫术问题展开学术性的研究是在 19 世纪晚期,宗教学兴起之后才开始的。泰勒和弗雷泽是这方面的先驱。泰勒在《原始文化》一书中把巫术当作原始时代野蛮人的一种科学。因为他认为,野蛮人为达到特定的目的,便使用象征性的模拟行为,假定这种象征性的模拟行为与所期望的目的有直接的因果关系。所以,巫术是一种以“巫术的象征原理”为理论基础的现象,是以理性的类推程序为根据的逻辑思想体系。当然,在他看来,巫术所假定的因果关系只不过是观念的主观联想,因此,是一种“假科学”。

弗雷泽继承和发展了泰勒的观念,也认为巫术和科学一样,以因果律为推理

基础,相信某一特定行为必然导致特定的后果:

> 不论在什么地方,只要感应性巫术以纯粹彻底的形式出现,它就是在假定,在自然界中,一个事件必然接着另一个事件发生,绝没有任何精神力量或人格力量的干预。因此,它的基础概念是与现代科学的基础概念完全一样的。构成这整个体系的基础的,是对于自然界的秩序和齐一性的虽然隐蔽、但却真实而坚定的信仰。①

弗雷泽也和泰勒一样,认为这种巫术的因果观念只是一种错误的观念联想,而不是对自然过程的因果联系的认识,所以他也认为巫术乃是“假自然律体系”(Spurious system of natural law)。

弗雷泽认为巫术与宗教在性质上是不同的。巫术企图命令和控制超自然力量,宗教则对之祈求;巫术的产生先于宗教,只是当巫术失败之后,才转而向超自然力量祈求,从而产生宗教;当人们认识到宗教的虚假与无效,于是产生了科学;随着科学的发展,巫术与宗教一起成为迷信。弗雷泽总结的这个巫术→宗教→科学的三阶段进化论体系名噪一时,在西方宗教学中产生了强烈的影响。围绕这个理论,学者们进行了持久的论争。主要争论三个问题,一是巫术是不是科学?二是巫术算不算宗教现象?三是弗雷泽的巫术→宗教→科学三阶段进化论能否成立?这三个问题涉及巫术的基本性质,是我们科学地认识巫术问题的关键。这里需要说明以下几个问题:

(一)巫术不是科学

巫术在本质上是相信有某种可以控制和利用的超自然力量的存在,人们可以凭借它实现自己的非人力所能实现的意图。正是在这一点上,表明巫术本质上不仅与科学不同,而且完全对立。因为科学的本质性因素及其基本特点就在于它是从自然本身去说明自然的根据和理由,完全不借助于超自然、超人间的力量,否则科学就不成其为科学了。尽管泰勒和弗雷泽在分析巫术的性质与特点时,承认巫术行为包含着某种象征性的类推原理和因果关系,但这并不能成为把巫术与科学等量齐观的理由。因为弗雷泽视为与巫术对立的“宗教”也同样包含有象征性的类推原理。宗教信徒对神明的祈祷与哀求,本质上是人际关系的类比和外推。在人际关系中,人通过对别人的祈求达到一定的目的,这里也包含

---

① 弗雷泽:《巫术》第1卷,1932年,第220页。转引自夏普:《比较宗教学史》,第91页。

有因果关系的认识,把这种因果推理用类推的办法用到人—神关系之上,就成了弗雷泽所理解的"宗教"。在这里,巫术并没有完全不同于宗教的特殊优越性而可以把自己放置在科学的位置上。泰勒所谓巫术是"假科学"、"假自然律体系",这些提法也反映了巫术的本质。假的不真,真的不假,正说明巫术不是科学,二者本质上是对立的。

马林诺夫斯基还根据他在太平洋特洛布利安群岛原始部落民的实地调查,发现巫术在认识论上的特点是原始人对经验—理性知识的空白与缺乏。原始人对在人工技巧和经验知识足够运用的场合,并不求助于巫术,只是在人没有经验—理性知识、人力没有把握因而危险很大的时候才求助于巫术。原始人把这两种情况分得很清,毫不相混。这清楚地说明巫术的基础是对神秘力量的信仰,而不是作为科学知识之萌芽的经验—理性知识。从原始时代起,巫术与科学在认识论上就有着明确的界限。

(二) 巫术是宗教行为体系的一种现象形态

对于巫术与宗教,西方宗教学者几乎普遍认为,两者虽有相似之处,但在性质上却是完全不同的社会文化现象。他们比较了二者对待超自然力量(神性物)的态度、目的和方法,认为在这些方面,二者是完全不同的。宗教信徒对待超自然力量的态度是谦卑的,而巫术信徒的态度则是傲慢的;宗教信仰者通过祈求、祷告和献祭等卑躬屈节的方式邀取神灵的恩宠,巫术信徒则使用颐指气使的巫术手段命令和控制神灵为己所用;宗教信徒的宗教崇拜行为所要达到的目的是希望解决人类生存和生活中的根本性问题(如死亡、拯救、解脱尘缘之苦等等),巫术信徒的巫术活动所要达到的目的则比较直接和相对局限,一般是生活中急需解决的具体问题(如疾病的治疗,吉凶的预测,天气的控制,丰收的保证,战斗的胜利等等)。由于宗教与巫术的这些差别,西方宗教学者一般都在概念上把二者对立起来。其实,这种对立是经不起批判分析的。因为巫术并不是宗教之外的另一种社会文化现象,而恰恰正是宗教行为体系中的一种表现形式和现象形态。宗教本质上是把支配人们日常生活的异己力量幻想地反映为超人间力量并对之进行崇拜的一种社会文化形式,巫术本质上也是如此,也是相信有某种支配人们日常生活的异己力量的存在。正是有了这种信仰,他们才进一步通过巫术去利用这种力量。在这个根本点上,巫术和一切宗教是一样的,没有本质的不同。既然如此,我们就不能把巫术与宗教视为两类不同性质的社会文化现象,并在此基础上来比较它们的"相似性"和"差别性"。所谓巫术不同于宗教的"特殊性"不是相对于宗教行为体系的总体而言,而只能是相对于其他宗教行为而言。

在宗教中,人与神的关系本质上是现实社会关系和人际关系的投影。在现实社会生活中，当一个人能依靠自己力量达到所欲目的时，他是无求于人的，这时，他会自认为是自己生活和命运的主人。但当他的目的和欲求超出自力所能实现的范围时，他就不得不求助于他人的力量了。求助的方法无非两种：一是“软”的一套——用表示尊敬和爱戴赢得对方的好感，用祈求与央告博得对方的同情，用送礼和贿赂换取对方的支援等；另一种是“硬”的一套——用权术和计谋诱使对方为己服务，假借更高权威的名义支配对方。在宗教生活中，人们处理人—神关系的方法都不过是上述软硬两套手法的宗教化，用种种仪礼规定为之穿上神秘的外衣，演化为神圣的宗教行为。软的一套宗教化后就成为各种宗教行为体系中的祈祷、忏悔、献祭、礼拜、许愿、还愿等；硬的一套则宗教化为各种形式的巫术活动。两套行为都是以信仰神秘的超自然的异己力量为前提，以求助于这种神秘力量实现生活欲求为目的。目的相同，手段各异。同是决定于宗教的内在本质，异是同一本质的不同的外在表现。它们都是宗教信仰的一种方法和手段，因而都是宗教行为，是宗教的一种现象形态。

在人际关系中，人们达到目的的方法和手段决不会是单一的，往往是多种手段或者交替使用，或者同时并举。宗教中的人神关系也是如此。在一般情况下总是软硬兼施，奴隶式的祈祷、贿赂式的献祭与权术式的巫术一齐用上。在安塔曼岛居民中，为了治疗疾病，除了进行各种赶走病魔的巫术以外，也对病魔献祭和祈祷。我国各民族宗教的生活中也有如此情况。彝族驱魔治病的巫术，常是先享以酒肉，然后强力驱赶。对超自然力量持完全傲慢态度的纯巫术并不存在，没有任何巫术成分只有纯粹的祈祷活动的宗教也是没有的事。新约福音书大量记载了耶稣在传道过程中经常表演赶鬼治病的巫术活动，就是明显的例证。当代美国的宗教社会学家英格就明确提出“巫术与宗教总是非常紧密地联系在一起的”，“几乎没有一个宗教不具备某些与之混为一体的巫术成分”。[①] 这实际上是承认巫术与宗教“混为一体”，密不可分，是宗教行为体系中的一种现象形态。

（三）“巫术→宗教→科学”三阶段进化论难以成立

既然巫术是一种宗教行为，巫术与宗教混为一体，弗雷泽所谓巫术的产生先于宗教的“巫术先行论”和“巫术→宗教→科学”的三阶段进化论就不符合宗教史的事实。不少宗教人类学者在原始民族的宗教信仰中都发现巫术的强制与宗教的祈祷同时并存，不能认为巫术的产生先于宗教；同时，在一种巫术破产之后，巫术并未让位于宗教的祈祷而退出历史舞台。泰勒和弗雷泽的继承人马雷特和

① 英格：《宗教的科学研究》，纽约，1970 年，第 71 页。

哈特兰德根据美拉尼西亚的“玛纳”信仰得出结论说:美拉尼西亚人对“玛纳”这种神秘力量不能做出合乎理性的说明,就产生一种用把内心感受到的神秘的超自然力量对象化和人格化的巨大冲动,于是产生宗教;同时,又产生了一种把超自然的“玛纳”变为无害的、友好的东西的冲动,这就是巫术。在这种冲动中,宗教与巫术同时并存。这种状态既非宗教也非巫术,但也可以说既是宗教又是巫术。马雷特把这两者混为一体的状态称之为“巫术—宗教”状态。哈特兰德在其《仪式与信仰:宗教史的研究》中进一步发挥了马雷特的上述论点。他认为,原始人受到“玛纳”之类神秘力量的压抑,产生了敬畏和惊奇之类的感情。它们把这种种现象认为是一种人格的显示。于是,原始人便竭力与这种人格打交道,或者发生友好的关系;或者予以控制。在方式上则像对待人与人的关系一样,应用语言和行动来对待这种非人类的、超自然的人格。这种语言和行动,可能是巫术的仪式,也可能是宗教的仪式。如果用的是强制的、控制的方式,那就是巫术的仪式;如果用的是诚惶诚恐与尊敬的态度,那就是宗教的仪式。哈特兰德认为,巫术与宗教的界线不是固定的,而是混杂在一起的。他的结论是:巫术和宗教是从同一根源生长出来的,二者是一块牌子上的两个方面。[①] 这就是说,巫术与宗教同源同体,其产生无先后之分。

至于科学的产生,更不能说是在认识了宗教的虚妄之后。在早期人类的生产实践中以及在此基础上产生的经验—理性知识中已开始了科学知识的萌芽,而在其蓬勃发展之后,宗教也未退出历史舞台。人类认识发展的历史事实并未给弗雷泽的三阶段进化论提供令人信服的证明。

二、巫术的人性依据和社会基础

作为宗教行为的一种,巫术为许多学者所关注,人们试图找到巫术形成的原因。总结学者们的分析,可以把巫术出现的原因归纳为两个方面,即巫术的出现有其重要的人性依据和现实的社会基础。

(一) 巫术的人性依据

早在 1892 年 J. H. 金在他的《超自然物及其起源本质和演进》一书中就分析了巫术出现的原因。他指出,当早期人类感觉到自然进程或个人意识的常规为某种异常情况所打破的时候,便根据它对个人生活的利弊分别为好与坏、幸与不

---

① 上述哈特兰德的巫术理论,引自威廉·施米特:《比较宗教史》,肖师毅、陈祥春译,辅仁书局 1948 年版,第 172 ~ 173 页。

幸两类，并因此而产生相应的愿望和惧怕。人们把造成"不幸"的力量视为一种与自己对立而不可捉摸、无法控制的力量，由惧怕而产生恐怖，并由此产生粗糙的联想。当人们发现了自己所以发生这些幸与不幸的感觉的"原因"时，他便企图应用这些"原因"作为获得幸运和避免不幸的方法，这就是巫术的开始。在最早期，每人都是自己的法师。到第二个时期，有特殊心智的人，发展起更大的巫术力量（魔力），于是出现了以巫术为职业的巫术师或萨满。

马林诺夫斯基根据人类学研究的结果更进一步分析指出，巫术是在一切实际情况使人的感情处于紧张状态时，在思想和行动上对这种实际情况做出的合乎人性的自然反应。如：原始人在希望达到一个目的而不能实现时，就会产生和爆发出相应的感情和情绪活动，并做出相应的身体动作来，如诅咒、乞求等。似乎因为这些行动，诅咒已中伤了仇人，乞求已传达给了心中的对象，而恐惧在发狂的举动之后，似乎也慢慢地消沉下去。当这种爆发过后，人常常会有一种情绪上的满足，其结果，有时就会形成与所追求的目的相当的幻觉，并把这种幻觉看做是来自外界干预的结果。由此，应运而生了咒、仪式，以及相信咒与仪式的效力的信仰。[①]

无论以上学者如何注意把宗教与巫术做出区分，他们都一致同意，巫术是原始人对神秘的异己力量有所感受和体验的时候，自然产生的言辞和行为，并使其固定化的结果。

（二）巫术的社会基础

在早期的人类生活中，巫术行为从人的自然反应到固定化的行为，除了人类个体对它的需要外，还在于一定社会历史条件下产生的社会需要。

马林诺夫斯基指出，在原始时代，人类理智—经验领域内的空白点很多很多，生产和生活中的偶然因素起着相当程度的决定作用，巫术便在这种情况下适应社会需要而发生。在这种情况下，巫术是对人类的知识发展所出现的空缺的一种补充。"巫术总是出现在人类行为的这些方面知识令人失望的方面。原始人不能控制天气。经验告诉他，雨、阳光、风、炎热和寒冷这些现象，无论他怎样思索它们、观察它们，它们都不是自己的双手造就的。所以，他就用巫术的方法对待它们"。[②] 原始社会生产力的极端低下决定了科学文化的极度落后，从而使巫术迷信的应用成了社会的必然。如果原始人不诉诸巫术，他们的日常生活和生产活动是难以想象的。

---

① 参见马林诺夫斯基：《巫术、科学、宗教与神话》上册，李安宅译，商务印书馆 1946 年版，第 99 页。

② 马林诺夫斯基：《文化的科学理论及其他文集》，第 198 页。

三、巫术的种类

巫术的表现形式很多,难以尽说。近代西方宗教学学者们应用不同的分类标准,把巫术分为不同的类型。

第一种:按构成巫术的原理和法则,把巫术分为"模仿巫术"和"接触巫术"。

巫术产生于原始人的因果律观念,它包含两条法则,由此形成两类不同的巫术。

(1)"类似法则"(Law of Similarity)。相类似的东西可以产生类似的结果。按照这个法则,巫术施行者认为,如要达到某种目的,只要模仿真的事物,使用象征这个事物的象征物,就可得到所期望的结果。如要诅咒或祸害某个仇敌,就可作一个类似或象征此仇敌的偶人,对之施行诅咒巫术,即可达到目的。如欲其瞎眼就针刺其目,欲其心痛则针刺其心。这种以"类似法则"为原理的巫术,称之为"模仿巫术"。

(2)"接触法则"(Law of Contact)或"传染法则"(Law of Contagion)。它相信接触到了的东西就能够相互感染。据此法则,巫术施行者认为,如要对某人某物施加所欲的作用,就可对他接触过的东西或其身体中之一部分施行法术。这种以"接触法则"为原理的巫术,称之为"接触巫术"。

第二种:从功能的角度来分析巫术,可分为生产巫术、保护巫术和破坏巫术三种形式。

生产巫术:旨在使人们在技术不足、人力没有把握的情况下,为保证生产过程顺利、劳动成果丰收施行的巫术。

保护巫术:目的是预防或消除危险、治病,保护个人或集体免除自然的灾害或别人的算计。

破坏巫术:专门用于谋害别人或破坏他们的活动。

第三种:根据巫术结果的道德价值,把巫术分为"白巫术"(也称"吉巫术")和"黑巫术"(也称"凶巫术")。

"白巫术"(White magic):以行善为目的,如呼风唤雨保丰收,保护财产,为人赶鬼驱邪以防害治病。施行巫术的出发点都在于保护人类自身,保护氏族。特别是在人们忧乐所系的健康问题上,巫术应用得最为广泛。

用于制服敌对势力,将巫术的功能扩大到报复或捉弄敌对者的巫术叫"黑巫术"(Black magic)。

"白巫术"大体上包括上述的生产巫术和保护巫术,"黑巫术"则相当于破坏巫术。

巫术虽然可以按不同的分类标准区别为不同的类型，但本质上都是使用一定的言辞、动作和方法对待和处理人与超自然、超人间神秘力量的关系的一种手段，旨在利用这种神秘力量来影响其他事物为己所用。巫术作为宗教处理人一神关系的手段之一，构成宗教体系中一个不可分割的组成部分。但这并不意味着一切宗教体系中都包含有上述种种类型的巫术。各种不同的宗教在社会历史条件的影响下，常有把某种类型的巫术排除于正统的教义信条之外的情况。基督教在中世纪就曾把巫术视为魔鬼的伎俩予以严厉残酷的打击。这种历史情况正是构成西方宗教学者把巫术与宗教严加区分的文化背景。就事情的实质而言，这并不表示基督教与巫术对立，而只是表明基督教会组织按其所了解的教义规定把巫术分为合法与非法两种。它把"非法的"巫术视为左道旁门，从基督教中清除出去，而把圣经中载明的那些巫术视为神迹，固定为正统的教义。

四、巫术的社会功能和历史作用

在人类的原始时代和早期社会中，巫术和巫师起着非常重要的作用。如何评价巫术和巫师的这种作用，是非常富有学术意义的课题。

弗雷泽曾深刻分析了巫术和巫师的历史作用。他首先指出，在原始时代，尽管大多数巫师的巫术活动往往归于无效，但至少，它使巫师这一部分人从以体力劳动为主的谋生需要中解脱出来，被社会允许和鼓励从事对大自然奥秘的探索。他们为要担当起巫师的责任，就要使自己知道的比别人更多，尽可能通晓一切有助于人与自然艰苦斗争所需的知识和一切可以减轻人们痛苦并延长其生命的知识。诸如，药物及矿物的特性，雨、旱、雷、电的成因，季节的更替、月亮的盈亏、太阳每日每年的运行、星辰的移动、生死的秘密、疾病的医治等，所有这些，都成了早期社会巫师必须关注的对象，促使他们寻找答案，这就促进了知识和文化的发展。弗雷泽的这一论断深有见地，也符合于历史实际。如果我们放眼以观世界各民族的知识、文化发展的历史过程，在其原始时代和早期社会阶段，巫师都是当时社会中最有知识的"文化人"。我们华夏民族早期社会中的知识阶层就是史籍所谓的"医、方、卜、史"，他们实际上都是当时的"巫师"或由巫师发展而来，医、方、卜、史，作为一种文化，其出现亦是由原始时代的巫术逐步发展的结果。

弗雷泽指出，巫师制度不仅是文化知识得以发展的契机，而且还是神圣君权得以形成的关键。由于巫师在早期社会中享有举足轻重的社会地位，受到人们的敬畏和社会的敬重，这就使他们有可能攫取最高的政治权力，甚至成为部落的首领和国家的君王:"总起来说,我们似乎有理由推引出这样的看法:在世界很多地区,国王是古代巫师或巫医一脉相承的继承人,一旦一个特殊的巫师阶层已经从社会中被分离出来并被委以安邦治国的重任之后,这些人便获得日益增多的财富和权势,直到他们的领袖们脱颖而出,发展成为神圣的国王。"①巫师在早期社会之所以能攫取位高权重的地位,就在于他们在部落社会主持"公众巫术"仪式,而在部落民的心目中,全部落的福利有赖于这些公共仪式的履行。主持其事的巫师自然上升到社会的上层权势地位,这就诱使那些比较精明而又有野心的巫师进入这个职业。他们发现,想要欺骗不如他们聪明的兄弟并利用他们的迷信是轻而易举之事。愈是善于欺骗的精明能干的巫师往往愈能爬上权力的顶峰,建立起个人神圣的专制统治。弗雷泽认为,社会的这种发展,并非就是坏事,也起过好的作用:

> 在人类早期社会,专制政权竟是人类的最好朋友,甚至听起来似乎背离事实,即它也是自由的最好朋友。我们这样说并不过分。因为在极端的绝对专制的暴虐统治下,比起野蛮时期的表面有自由,实际上每个人从出生到死亡一生命运早就被世代承袭的习俗的铁框框所注定了的情况,毕竟还有较多一些的自由(在其最佳意义上说的自由),自由地想自己之所想,自由地形成自己的命运。
>
> 因此,就巫术公务职能曾是最能干的人们走向最高权力的道路之一来说,为把人类从传统的束缚下解放出来,并使人类具有较为开阔的世界观,从而进入较为广阔自由的生活,巫术确实作出了贡献。对于人类的裨益决非微不足道。当我们更进一步想到巫术还曾为科学的发展铺平道路时,我们就不得不承认:如果说巫术曾经做过许多坏事,那么,它也曾经是许多好事的根源;如果说它是谬误之子,那么它也是自由和真理之母。②

弗雷泽的分析,颇有一些历史主义和辩证法的精神,对我们今天理解巫术和巫师的历史作用问题仍有启发意义。当然,巫师及其所建的神权专制政治的积极作用只是在早期社会那种特殊的社会条件下才有意义。社会的进一步发展和进步,就要求打破这种巫师制度和神权专制统治。

在弗雷泽之后,马林诺夫斯基指出了巫术还执行着另一项十分重要的社会

---

① 弗雷泽:《金枝》上卷,徐育新、汪培基、张泽石译,中国民间文艺出版社 1987 年版,第 138 页。

② 弗雷泽:《金枝》上卷,徐育新、汪培基、张泽石译,第 74 页。

功能，即为处于困境之中的人们，提供一个超自然的避难所，使之在精神上得到某种安慰。他认为，某些人之所以深深地迷信巫术，乃是因为他们陷入自己知识完全无能为力的境地，因为在理智的经验中没有出路，于是藉着仪式与信仰逃避到超自然的领域去。[①] 作为第二道防线，巫术使技术免遭由于人们的知识不完善而造成的危害。他的说法从一个方面反映了历史的事实，是不能否认的。不仅在原始时代如此，即使在文明社会里，巫术对于那些受异己力量支配的人而言仍起着同样的作用。护身符会使战士增加战斗时的勇气；丰收仪式会减轻农民对于天灾的忧虑和不安。

但是，必然的东西并不就是完全积极的东西，巫术在鼓起原始人的"信心"的同时，也增强了他们的迷信。对巫术的信赖程度越大，探求真实的因果知识的需要越低。假若巫术作为一种对人们的知识显得无能为力的状况的补充手段，由此成为固定的东西，那么巫术也会成为人们探寻和接受新知识的障碍。随着人类控制自然、改造世界的能力的提高，巫术越来越成为社会的累赘和科学的绊脚石。固然，由于人与社会、人与自然关系中不明白、不合理的因素的存在，那些丧失了"自我意识"的人，仍然需要逃避到超自然领域，寻找神灵的恩典和巫术的帮助，鼓起应付生活困境的信心。巫术师的符咒，算命先生的命运启示，确有可能给那些濒临绝境的疾病患者、失业者、失恋者提供超自然的幻景，使绝望的心灵复燃生命的火花。但在生活节奏日益加快的文明社会里，巫术的超自然幻景消逝得也会更快，给巫术的信徒留下的东西只能是一片空虚和更深沉的绝望。

第二节　宗教禁忌

一、宗教禁忌的性质和特征

宗教生活中的禁忌是一种常见的现象，本质上是人们信仰和崇拜神秘异己力量和神圣的宗教对象的一种宗教行为。由于人们对神秘力量和神圣对象在观念上有所意识，在体验上有所感受，一般就会在情绪上产生惊奇、恐惧、畏怖以及尊敬、爱戴等宗教感情。这种敬畏感往往在行为上表现出来，在人与神秘力量和神圣对象的关系上，体现为对自己行为上的限制和禁戒规定，这就是宗教禁忌。

---

① 马林诺夫斯基：《巫术、科学、宗教与神话》，李安宅译，第 109 页。

在原始时代,宗教禁忌包含在经由传统的积淀而形成的习俗之中。在宗教的进一步发展中,则往往通过教义规定,成为规范化的宗教戒律的一部分。

禁忌行为也有世俗性的。如我国封建时代帝王的名讳就是法定的禁忌,违者按律处置。[①] 有些禁忌虽已列人宗教禁戒之中,但其内容和性质则属于世俗生活中人们行为准则的宗教化,本质上仍是非宗教的。世俗性禁忌与宗教性禁忌都是威慑于某种"权威"而限制自己的行为,这是其共同之点。但两种禁戒规定所针对的对象是完全不同的。

世俗性禁忌是震慑和屈服于人间的权威;宗教性禁忌则是震慑和屈服于超人间的权威——神秘力量或神圣对象。

作为宗教行为的一种,宗教禁忌与巫术所依据的思想原则有类似之处。信仰图腾的民族禁吃图腾动物,孕妇禁吃兔肉(害怕因此而生出兔唇之子),即是以同类感应为其思想原则;有些民族禁止进入圣地,接触圣供,在神圣的宗教节日不许发生性行为,此类禁忌即是以接触感染巫术为其思想原则。但是,禁忌与巫术又有原则性的不同。巫术对神圣物的态度不是纯粹的谦卑与屈服,而是旨在通过某种方式力图控制它和支配它,使之为已所用;禁忌对神圣物的态度则是敬拜和畏怖,它力图控制和限制自己的行为,以免于干犯神圣物,使之不为己害。因此,在表现行为上,巫术是积极的、进取性的,禁忌则是消极的、防范性的;在行为目的上,巫术是为了达到某种有利于己的目的,禁忌则是为了避免某种有害于己的结果发生。

这些特点就决定了宗教禁忌作为宗教处理和对待人—神(神秘力量和神圣物)关系的方法和一种手段,是介于巫术与祈祷之间的一种类型。

二、宗教禁忌的起源

近代宗教学对于宗教禁忌起源的研究,严格来说,主要是从 19 世纪末期英国宗教学者罗伯特森·史密斯开始的,弗雷泽和以杜尔凯姆为代表的法国宗教社会学派和瑞典的瑟德布罗姆发展了史密斯的理论。他们的理论很有影响,也有其合理的因素。我们在这里主要介绍他们的观点。

根据史密斯的研究,禁忌作为一种宗教行为和宗教现象,是与关于神圣事物的功能和意识同时产生的。史密斯指出,神圣一词源出闪族语,含有"分离"

① 这种世俗性禁忌也可能来源于讳忌神名的宗教性禁忌。公元前 300 年,犹太人一看到耶和华的名字,就改读为"主",就是避圣讳的意思。

(Separation or Withdrawal)的意思。因此,神圣观念即"禁止"(Prohibition)的观念。一当古代人把神圣事物与普通事物区别开来,就对之做出了不同于对待普通事物的禁戒规定,从而产生了宗教禁忌。史密斯在其名著《闪米特人的宗教》中提出:闪米特人把事物区分为神圣的事物和非神圣的普通事物两类。所谓神圣事物是慑于神的震怒而在严格的限制之下才能使用的事物;非神圣的普通事物则是指那些不怕遭受惩罚,可以随意使用和摆布的事物。神圣的事物包括了绝对禁止人们随意使用和处置的事物,或者在某种特殊情况下禁止使用的普通事物。它们可以是特定的时间、地点和人物,也可以是许多自然事物。而对这些人、时、地和物所作的禁戒规定就是宗教学、人类学所谓的"禁忌"。所以,神圣物、神圣观念和禁忌规定有密切的关系。史密斯还指出,在古代人关于神圣物的观念中,有两类事物:一是崇高洁净的事物,是为洁净的神圣;一是污秽不洁的事物,是为不洁的神圣。这两类神圣物各自与神的关系不同:纯净的事物与神有关,和神发生联系,所以人们不能随意使用;不净之物则使神讨厌,如予使用便是对神的亵渎,所以也不能使用,不准它在神圣的场所出现。于是,对这两类事物都做出了禁戒规定。

史密斯的密友弗雷泽以更丰富的事实论证了禁忌规定与神圣观念的联系:在未开化民族的心目中,洁净与污秽尚未有严格的区别,那时,神一样的君主、首领或僧侣,同杀人者、服丧者、产妇、月经期处女、猎人、渔夫等,这两类人都被认为是具有灵性,在现实生活中会产生危险的力量。人们惧怕这种危险,于是便设法同它隔开,以此来防范它的危险势力的传播。这就是禁忌的意义和目的。

前万物有灵论的倡导者马雷特根据自己对波利尼西亚宗教的调查资料,一方面把"玛纳"作为神圣观念的本质,另一方面则把禁忌—"塔布"作为玛纳的伴生物。因此,他认为最原始的宗教就是"玛纳—禁忌"两个观念的联合,并把这两个联合的观念看做是"宗教的最小定义"。

以杜尔凯姆及其门生休伯特、摩斯为代表的法国宗教社会学派进一步发挥史密斯的学说,认为宗教发端于原始人关于神圣物和世俗事物的严格区别:当神圣物被区别出来以后,就必须有相应的一套"禁止"和"隔离"的禁忌规定。杜尔凯姆更进一步指出,一个社会集团的"神圣物"实质上就是社会本身,相应的禁忌规定则不过是把社会神圣化而由社会集体设定的制度。

著名的瑞典宗教学家纳坦·瑟德布罗姆以更加系统化的理论形式阐述了神圣观念与禁忌规定的不可分割的关系:最原始的神圣观念发端于原始人对某些望而生畏、令人惊奇的事物的反作用,表现为嚎叫和绝望的叫喊声,然后通过语言形式给这种心理上的反作用以外在的表现,把它们叫做"伟大的"、"有力的"、

“非常古老的”、“危险的”、“有功的”、“神圣的”等等。于是,人们便警惕地注视这些事物,用禁令之类限制性规定去对待它们,把它们和普通事物区别开来,成为“超自然”的“神圣”。禁忌规定一方面是为了避免危险,同时,又是社会成员必须无条件执行的“无上命令”,是人对神圣承担的义务。瑟德布罗姆认为原始人的神圣观念和相应的神圣制度是当时社会的最珍贵的宝库,他们从中获得力量、成功和信心。而禁忌制度则加强和巩固了对神圣的信仰。因此,禁忌的神圣感乃是社会生命力量的源泉。

以上关于宗教禁忌起源问题的学说,基本上是一脉相承。他们都认为宗教起源于神圣事物与凡俗事物的划分。宗教意识发端于神圣观念,而神圣观念和神圣事物必然伴生相应的禁忌规定。禁忌规定是神圣观念的本质规定性,有神圣观念就必然有相应的禁忌规定。而没有禁忌规定,神圣物就必然与普通凡俗之物无异而不复成其为神圣。

三、宗教禁忌的种类

宗教禁忌可按照下述两种分类原则进行分类。

第一种:既然只要把神圣事物与一般世俗事物区别开来,就产生相应的禁忌规定,我们就可以按被视为神圣事物的种类来划分禁忌的种类。

(1)关于神圣实体的禁忌:属于神圣实体者有神灵、超自然巫术力(玛纳之类),以及各种精灵、鬼灵、妖怪等。

(2)关于具有超自然神力和神性的人或自然物的禁忌:如原始社会的首领、祭司、巫师、国家形成后的君主、奇形怪状的事物、图腾物以及作为神灵象征的偶像等。

(3)关于神圣地点的禁忌:如举行宗教仪式的场所、圣殿、寺庙、宗教发端的圣地等,都被信仰者视为与其他地方不同的神圣不可侵犯之地,有相应的禁忌规定。如规定其信徒在进入圣地之前要禁食、斋戒、禁欲、净身等。

(4)关于神圣时间的禁忌:与人类生活密切有关的季节转变的关键时刻,个人生命成长的转变时刻(如出生、剃发、命名、成人、妇女月经期、妊娠期、生产期、结婚、死亡),神圣人物的诞辰和忌日等等,都被认为是与其他时节不同的神圣时间,在不同时间都规定有相应的禁戒和仪式活动。如我国传统礼仪规定,父母死亡之日为“忌日”。在忌日,禁止饮酒作乐,甚至禁食。佛教规定农历一、五、九月为“忌月”。在此三个月中信徒要素食,斋戒,禁屠宰。伊斯兰教规定,每年有一个月为“斋月”,在此月中,禁白天进食和过性生活。

上述分类说明,与禁忌规定相联系的神圣对象,不单是人格化的神灵和超自然的神秘力量,而且神性物存在于其中的时间、空间形式也被视为神圣而有相应的禁忌规定。

第二种:按照禁忌规定本身的表现形式和物质手段,可以把禁忌分为:

(1) 语言禁忌:在神圣对象、神圣场所、神圣时间,禁说污秽不净、亵渎神明的言辞,或不吉利的话。非说不可的术语常用谐语或隐语代之,以避其讳。我国民间旧俗,船户出航时,吃饭不许说"饭",因"饭"与翻船的"翻"同音;进城不许说"城",因"城"与沉船的"沉"同音。我国贵州的彝族,在请巫师驱鬼时不敢说"鬼"一词,而以他词代之,怕鬼听见后前来加害。

(2) 行为禁忌或作业禁忌:从事某项生产和事务时,要在行为上严守一系列禁忌。我国古代种庄稼、出门办事都要选择良辰吉日,避开凶时忌日。甚至北魏贾思勰的《齐民要术》这样的经济和技术性的著作中都有遵守此类禁忌的记载:"凡九谷有忌日,种之不避其忌,则多伤败"(《种谷》编)。贵州苗族在其父母死后一个月内不能过桥,不能赶场。西南地区不少的少数民族(如彝、佤、纳西、景颇、哈尼等),每寨皆有"神林",被视为神圣住地,严禁砍伐、拾柴以及任何破坏森林的行为。新几内亚的土人编织渔网未完成时,也有许多的禁忌。

(3) 饮食禁忌:饮食是生活所需,生命所系,在人们的日常生活中居于头等重要的地位,故饮食方面的禁忌最能体现对神圣物的情感。在宗教禁忌中,饮食禁忌是最常见、最重要的禁忌,大都涉及食物的种类,何者可吃,何者不可吃。图腾氏族一般都规定不可吃被尊为图腾的动植物。中国佛教从五戒的"戒杀生"发展而禁止吃肉。犹太人的饮食禁戒在《圣经》的《利未记》(第 11 章)和《申命记》(第 14 章)中有详细而具体的规定。伊斯兰教所规定的饮食禁戒很多取自犹太教的摩西律法。穆罕默德特别禁止穆斯林吃死动物的肉、血、猪肉和奉献给偶像的食物。《古兰经》和摩西律法在饮食禁戒上的最大差别在于穆罕默德绝对禁止任何含酒精的酒类饮料。

各种宗教的食物禁忌还有一种情况,它不涉及对食物禁食或可食的种类,而是在特定的时间和空间有相应的禁忌规定。至于何时何地,则视各种宗教对神圣时间、神圣地点的教规而异,往往在其具有神圣意义的宗教节日里有关于饮食的禁戒规定。在原始民族的宗教中规定,孩子成长的不同阶段都有或长或短的禁食期。犹太教规定在逾越节不吃一切含发酵物的食物,而且节日使用的餐具在一年中其余的日子里不能再予使用。在基督教的修道生活中,禁食则被认为是最有效的一种苦行措施。

(4) 性禁忌:各种宗教对于信仰者在异性接触和性生活方面都规定有暂时

性的或永久性的禁戒。如图腾社会内禁止内婚和性行为;神圣时间和神圣地区禁止性行为;佛教僧侣、全真教道士、天主教神职人员均规定有永久性的性禁戒。在各种禁忌中,性禁忌和饮食禁忌是最难持守的,它最充分地表现了信仰者对神圣物的敬畏感,因此也最具神圣意义。

四、宗教禁忌的功能

禁忌在宗教生活中具有显著的功能。禁忌本身就是神圣观念的伴生物,它反过来又可强化神圣观念的神秘性,把神圣对象置于神秘莫测、神圣不可侵犯的地位。如果宗教不围绕神圣事物设定一系列禁忌规定,它就和普遍凡俗之物处于同等的地位,不复成其为神圣。宗教生活以神圣事物为其核心,而以禁忌规定为其神圣物的支撑。

有些宗教系统的禁忌规定的主要目的之一在于获得神秘性的宗教体验。许多原始民族的成年礼就有非常严酷的禁忌:把成丁的少年隔离起来,严禁接触异性。在很长一段时间内禁吃许多种食物,有的甚至规定相当一段时间完全绝食。长时间禁忌和苦行生活,除了具有脱离过去、进入新生(成年人集团)的象征意义以外,主要就是在此绝食苦修期间,通过成年礼的少年会出现精神错乱现象,因而容易引起关于神或精灵的幻觉和异象。在图腾社会里,这种幻象通常就是作为氏族神之象征的动物形象,这个形象于是就成了这个少年的保护神。伊斯兰教斋月禁食的宗教意义大体上也是如此。据伊斯兰教神学家爱勒吉斯尔说,斋戒的目的有二:一是顺从主命,禁戒私欲,使理智控制嗜欲,不让它再自由地指挥理智,去违犯法律;二是通过饥饿和痛苦,才能想象饥民饥饿时可怜的状况,以此激动其恻隐之心,以便使其慷慨好施,乐于缴纳"天课"。与原始宗教中的绝食禁忌相比,伊斯兰教增加了伦理方面的含义,但本质上是借此培养对真主的顺从。在各种宗教体系中,虔诚的宗教信徒总是严守禁戒的典范,他们处处谨小慎微,惟恐触犯神怒。制服其欲求与自由者,并不是人的理智,而是神秘力量和神的权威。

宗教的禁忌规定必然在社会生活中发挥自己的作用和影响。这种社会作用的功过,在不同性质的社会体制中和不同的历史阶段上应该是有所不同的,要作具体分析,不可一概而论。英国人类学家玛丽·道格拉斯在其《洁净与危险》一书中认为,通过禁忌规定把事物区分为污秽与洁净,是文字前社会或部落用以维持其对外隔离、对内认同的社会标志。一个社会群体的成员为了表示他属于这个群体,就得尊奉表示其社会身份的标志:他不可吃图腾物,不可吃被认为是亵渎不净的食物和饮料，他应该参加吃圣餐，以及遵守与他那独特群体有关系的其他礼仪。他据此就可以宣称他和其他所有群体有所区别，而与他自己的群体成员一致。所以，宗教性的食物禁忌是加强群体的内部团结，培养成员的认同感的一种手段和方法，在那个部落社会之间互相争战的历史年代里是社会的必需，有不容否认的社会历史作用。按照瑟德布罗姆的说法，严酷的禁忌制度成了原始人在生活上必须遵守奉行的"无上命令"，使原始人的动物式的欲望受到限制，由此受到自制的教诲，有助于原始人伦理意识的培养。弗雷泽也说，与神圣观念相联系的禁忌制度在社会生活中对确立和稳定政治，对确保私有财产不被盗窃和不受侵犯，对婚姻的神圣性，对保护和尊重人的生命都有作用和意义。

瑟德布罗姆和弗雷泽的说法是有一定道理的。禁忌规定的产生和存在是历史的必然，有其社会的根据和理由，它有适应社会需要的一面。在特定的历史意义上，我们似乎可以这样说，原始社会以来的社会生活中，如果没有与神圣观念相联系的宗教禁忌制度的严酷可怕的制裁，社会的文明和进步是难以想象的。当然，我们不能把宗教禁忌在一定历史阶段上的这种社会作用抽象出来，绝对化地应用到一切历史过程之中。随着历史的进步和文明的发展，人的理智水平和道德水平提高了，人际社会关系对个人行为的制约和调整能力加强了，宗教禁忌制度越来越成为人的愚昧无知、软弱无力的根源之一，对人的主观能动性的发挥是巨大的精神枷锁。中国古代的智者老子曾说"天下多忌讳，而民弥贫"，[①]对禁忌的这个批判尖锐而又深刻。班固的《汉书·艺文志》谈及阴阳家的功过时，对宗教禁忌有这样一段评价："阴阳家者流，盖出于羲和之官，敬顺昊天，历象日月星辰，敬授民时，此其所长也。及拘者为之，则牵于禁忌，泥于小数，舍人事而任鬼神。"司马谈的《论六家要旨》也说："阴阳四时，八位，十二度，二十四节，各有教令。顺之者昌，逆之者不死则亡，未必然也，故使人拘而多畏。又谓春生、夏长、秋收、冬藏，此天地之大经也，弗顺则无以为天下纲纪。故阴阳家序四时之大顺不可失。若拘牵禁忌，则畏鬼神废人事矣"。班固与司马谈的评论相当全面中肯。顺乎自然法则，是生产之所必须，但附会为鬼神，拘牵于禁忌，则"使人拘而多畏"、"畏鬼神废人事矣"。古人尚有如此见地，今人当作何评论，也就无需多谈。

宗教禁忌是一种随着社会变迁而变化的文化现象，具体的宗教禁忌总是历史的和文化的，即使某些禁忌在某个社会或某个时代曾有着极为重要的作用，它们的价值和社会作用也必然会随着时代的变迁而发生变化。

---

① 《老子》五十七章。

第三节 献祭与祈祷

献祭和祈祷是宗教信仰者与信仰对象、人与神进行交际和沟通的行为方式,表现了人对神的感情和态度。宗教的神灵作为支配人们日常生活的异己力量的人格化,必然在人们的内心世界引起对它的依赖感和敬畏感。有所依赖就有所祈求,有所敬畏就有屈服于神灵的行为和言辞,祈求的方式可以是奉献礼品,换取神的帮助,可以是阿谀奉承求其慈悲,也可以是卑躬屈节求其怜悯……这些常见于宗教生活中的现象就是献祭与祈祷。所以,献祭和祈祷乃是对神灵依赖感和敬畏感等宗教感情的行为表现。信仰者通过这样的宗教行为与其所信仰的神圣对象打交道,求得神的帮助来达到和满足自己的目的和需要。

一、献 祭

献祭是用物质性的供品来换取神灵的帮助和恩赐的行为。据《说文》,“祭”之字义从月(同肉),从又(同手),从示(祀神)。意思是说,用手拿着肉(祭品)献给神享用。《孝经·士章疏》的解释是:“祭者际也,人神相接,故曰际也。”两种解释,精神上基本一致:供献牺牲,与神打交道,把人间事务(自己所要达到的目的)禀告神灵,冀求神灵赐福,表现了人对神的依赖感和敬畏感。

献祭行为的宗教心理既有谦卑和虔敬的一面,也有着与此对立的心理活动。试以原始社会的自然宗教为例。原始人之所以崇拜自然物体和自然力量,对之献礼敬拜,根源在于人对自然的需求中感觉到如果没有自然,我就无法存在。自然于是便从人们生存所依的对象变成了神圣的对象。可是,人为了生存,便必须占有自然。在人的需求的后面和对面,有着与之相反的另一种感觉:享受。享受使我感觉到我自身的存在,感觉到我的不同于自然的独立性。在人的生活和体验中存在着需求自然与享受自然、敬拜自然与占有自然的对立:需求与敬拜是畏神的、谦卑的、虔敬的;而享受与占有是傲慢的、忘神的、不敬的。享受和占有自然是人在生活实践上的必需,这个“必需”却与人对自然的那种理论上的敬拜直接矛盾。宗教上的献祭行为就是这些矛盾的心理过程的统一。向自然索求并企图占有自然者便做出各种献祭的动作,说出各种祈求的言词,向神格化的自然进行商品贸易式的交换,在感情上进行安慰,在物质上给予补偿,在言辞上表示谦卑。随着神灵观念的发展,神被信仰者赋予了更大的权能和更高的道德属性,人的依赖感和敬畏感也相应而发展到更高的程度。人们更是觉得必须向神献祭,感恩祈福了。对这样做的结果费尔巴哈分析为:“获得自我感——自信、满意、对后果有把握、自由和幸福。”①当然,这种相信献祭之后神必相助的自我满足感,仅只是主观性的感觉,是虚幻的自由和幸福。

献祭行为的三个主要的构成因素是:献祭的对象(神);献祭的主体(人);献祭的供品。如果我们要对献祭行为分类的话,大致可以根据上述三个方面进行。

献祭的对象随各种宗教的宗教观念中神灵的多少及神灵的性质而有所不同。原始宗教相信万物有灵,故有灵者皆祭。而惟一神信仰的宗教就反对祭祀别神。中国传统宗教的核心则是尊天、敬祖、拜鬼神。因为人们相信天神干预人事;鬼神掌管日月风雨,治理山川;祖宗父母为生命之本,死后灵魂不灭。为此,必须向天地、鬼神、祖宗表示敬拜之情,借以求福、免灾、报本,于是乃有献祭之礼。据此,祭祀大致分为祭天地、祭鬼神、祭祖宗三类。

《礼记》根据古人献祭的对象,把祭祀之典分为五种:天地、社稷、山川、五祀、祖先。历代的情况虽有变化,但大体相同。《大清会典》的祭统分为三等十八项:

> 凡祭三等:圜丘、方泽、祈谷、雩祀、太庙、社稷为大祀;
> 日、月、前代帝王、先师孔子、先农先蚕、天神、地祇、太岁为中祀;
> 先医等庙、贤良、昭忠等为群祀。

其中,祭天地神明属于宗教性祭祀,祭先师圣贤属于社会性纪念活动,祭祖宗则介于二者之间,属半宗教性、半纪念性活动。

在阶级社会中人被划分为不同的阶级和等级。因此,人的献祭活动也受制于他所属的社会等级,从而有所不同。我国古代礼仪对此有具体的规定,表现出严格的阶级性。《礼记·祭法》规定,天子可祭祀百神,行七种祭祀。诸侯、大夫、庶人递减,庶士庶人仅是一家之主,只可以祭祖先神或灶神。

当然,上述规定,是就举行正式的祭祀典礼而言,民间自发性的献祭活动并不完全受此局限。至于其他国家和民族的宗教献祭活动由于历史传统和宗教文化背景的不同,各有自己的特点,难以简单归类。

祭祀必献祭品于神。祭品总是视神圣对象的等级和祈求者个人的社会身份而定。祭品有献牲的,也有不献牲的。我国古代对此有分别:无牲而祭曰荐,荐而加牲曰祭。加牲亦有等级,分为太牢和少牢。太牢具有三种牲:牛、羊、豕。少

① 《费尔巴哈哲学著作选集》下卷,荣震华、王太庆、刘磊译,三联书店 1962 年版,第 462 页。

牢则只具两牲:羊、豕。一般来说,献祭的礼品在性质上应是选择神所赐的恩物中,最初的和最优的献于神。游牧民族所受的天赐是牲畜,农耕生活所受的天赐是百谷,因此是最多见的祭品。人把自己最高价值的宝物——人的生命作为牺牲,献祭给神灵,就是人祭。

在世界各民族的宗教史上,差不多都有过以人为牺牲的情况。人祭是最隆重的献祭品。直至解放前夕,我国云南的佤族仍有猎人头以祭谷魂的陋习。古代墨西哥特别盛行人祭。据统计,每年在庙宇中杀人祭神者一般数达 2 500 人。据印度的《百段梵书》记,古印度的祭典,其初原以人为祭,其灵魂逃走而入于马中,更以马为牺牲;其灵魂逃走入于牛,再入于羊、野羊,而进入土地之中,从土地生出米麦,从此以后,用米麦代人为牲。这段记载反映了献祭之供品的发展过程。按基督教教义,圣餐礼中的麦面饼和酒,乃是耶稣的肉和血。据宗教学者的分析,这显然是原始时代行人祭之后分食牺牲的遗风。

二、祈　　祷

信仰者对神圣对象的祈祷活动,本质上与献祭行为完全一致,是人对神的信赖感和敬畏感的行为表现。就祈祷这一概念的内涵而言,它主要是通过语言形式和身体动作来表现信仰者内心对神的依赖感和敬畏感,不一定要供献祭品。祈祷可以是口头的,也可以是非口头的,是对神圣对象的一种殷勤的态度,无论是否伴随着出声的或吟诵的词语,都属于祈祷的范围。不过,在现实的宗教生活中,献祭与祈祷经常是联系在一起进行的,央告和祈祷可能是进行在献祭之后,或出现于整个祭祀仪式过程之中,也可能不供献物质性的牺牲和供品,只念诵祷告词。宗教学者就祈祷词的目的、内容和祈祷行为的表现形式,把祈祷分为以下几种类型:

(一) 请愿式祈祷和代祷

请愿式祈祷主要是求神赐福,实现祈求者物质生活和精神生活中的欲求。这种祈祷的较低层次是迷信式的,抱着神会有求必应的想法进行祈祷;而一些较高级形式的宗教或对宗教理解较为深刻的信仰者则认为,靠祈祷支配上帝的想法是可笑的。在适宜的情形之下,正当的人带着正当的目的,在适当的时间所进行的祈祷,才被认为是有效的。但祈求者的愿望并不能因一次祈祷行为而必然实现,为此,“诚则灵”成为诠释祈祷是否能予实现的基本原则。有规律、有程式的献祭和祈祷本身就是“诚”的体现。一些岁时仪式性质的献祭和不问功利的祈祷都有“诚意”在其中。

在祈祷行为中，人是祈求者，神是满足祈求者。神灵是赐福的实体，天福则是献祭和祈祷行为的目的。对神灵无所祈求的祈祷是没有的。所以，请愿式祈祷是祈祷的基本形式。各种宗教为了扩大其对信众的影响，都在教义上宣传神是无所不能、有求必应的赐福者。在这方面，祈祷具有巫术一样的功能。有些宣扬祈祷可以得到神灵“有求必应”的报偿的宗教，就径直强调虔诚的信仰和祈祷在实用方面的巫术性效果。我国民间的观世音菩萨的信仰者总是相信只要在灾患中祷念观世音之名，观世音就会显灵，救人于危难之中。净土宗信徒则相信只要经常虔诚地祷念阿弥陀佛，佛就会亲来迎接，度上西天净土。在这方面，基督教《新约圣经》也为我们提供了典型的例证：“你们若有信心，不怀疑，不但能行无花果树上所行的事（由于耶稣诅咒，无花果树立即干枯），就是对这座山说，你挪开此地，投在海里，也必成就，你们祷告，无论求什么，只要信，就必得着。”①《雅各书》把这称为上帝对人的考验。② 这些说法，表现了宗教祈祷对人民的精神麻醉作用：它把人们祈祷愿望的实现，归之为信仰的虔诚和上帝的恩惠；而把祈祷的失败，归结为信仰的不诚和上帝的考验。成败皆有理，这就是宗教的广大神通。

由别人代为进行祈祷，是为代祷。代祷在原始宗教和各种宗教中都存在。原始人可以为家庭、氏族和部落的其他成员代祷，这反映了原始群体中的团结意识。古印度《梨俱吠陀》的赞歌里，父亲为他的所有后裔（家族）向火神阿耆尼恳求，犹太人的领袖摩西经常为犹太人祈求上帝宽恕，耶稣被钉在十字架上还代为行刑的刽子手向上帝祈祷：“父啊，赦免他们。因为他们所作的，他们不晓得”（《路迦福音》23:34）。基督教神学家据此把耶稣的代祷说成救世主的使命，从而具有神圣意义。

（二）感恩式祈祷

感恩式祈祷是当人们觉得生活之中的需求得到满足时，便对他们视为施恩的神圣对象表示感恩戴德之情。在中国的祭天仪式中，封禅就属于感恩式祈祷。封禅是中国特别隆重、难得举行的祭祀天地的大典。封禅必须是皇帝登东岳泰山，在山上筑土为坛以祭天，报天之功，故曰封；在山下除地，报地之功，故曰禅。封禅之礼不能随便举行，也没有定制，必须出现两种情况才可以议行：一是改朝换代，“易姓而王，必升封泰山，报告成”（《白虎通》）；二是世治国胜，“昔古圣王，功成道洽，符瑞成，乃封泰山”（《尚书中侯》）。最理想的是两种情况兼而有

---

① 《新约圣经·马太福音》(21:21–22)。

② 《新约圣经·雅各书》(1:2–8)。

之。如《五经通义》中是:“易姓而王,致太平,必封泰山、禅梁父,何?天命以为王,使理群生,告太平于天,报群神之功。”

通过感恩式祈祷,人们是想在心理上达到与异己力量的统一。所以,宗教学者认为,感恩式祈祷更充分地体现了人对神的敬畏之感和虔诚信仰之情,它强化了人对神的依赖和驯服,固定了人与神的关系。

(三) 崇拜祈祷

宗教学家一般把礼拜或崇拜说成是最高的祷告形式,因为崇拜最充分地体现了人对神的敬畏感和惊异感。在宗教的崇拜性祈祷中,信徒对神往往表现出依赖和顺从的感情:念祈祷词、诵经文、唱颂歌,并同时伴随鞠躬、叩拜以及其他一些身体动作。为了表示崇拜,他们会两臂高举,抚摸或亲吻圣物,深深鞠躬,甚至五体投地。在做这些崇拜动作时还不时发出表示敬畏、惊奇或欢乐的喊叫声,如“哈斯”(希伯来人)、“呼”(伊斯兰)、“斯瓦哈”(印度教徒)。伊斯兰教礼拜仪式规定礼拜者先说“真主至大”,同时两手高举,然后严肃而立,如仆见主,且先注视地上,两手交于脐下,然后诵读《古兰经》。这种礼拜仪式和祈祷词,其基本精神即在于表现和加强信徒对神灵的敬畏之感和崇拜之情。

(四) 与神合一的祈祷

各种宗教神秘主义派别一般都强调通过崇拜性祈祷与神交通,在祈祷中获得与神直接会话以至与神合一的神秘经验。这是一种以体认神圣存在为目的的祈祷境界。这时,祈祷者会感到自己与神灵结成了某种特定的亲密关系,如爱人关系,父子、母子关系,朋友关系,拯救者与被拯救者的关系。祈祷者有一种“神在我里面,我在神里面”的感受,而且是用语言难以表述的。“你就是我,我就是你”,这样的祷词在伊斯兰教和基督教中都有所见。按照16世纪西班牙阿维拉的神秘主义者圣特丽沙的说法,祈祷的精华是独自与心爱的神经常谈话,与神保持亲密的友谊。神秘主义者在祈祷中与神合一的体验,从科学的心理学看来,实质上不过是神志专注于神所产生出来的心理幻觉。祈祷行为本身是宗教神秘感的体现,但它又可反过来加深宗教感受和宗教体验的神秘性。各种宗教,特别是神秘主义者教派之所以着重强调祈祷在宗教生活中的作用和意义,其主要原因之一即在于此。与神合一的祈祷行为在东方宗教中表现得最为引人入胜,丰富多彩。如中国道教的内丹修炼,佛教的禅定,印度宗教的瑜珈术等。

三、忏　　悔

向神承认自己有罪,借以表示对神的坚定信仰,并求得神的宽恕和赐福的行为被称为“忏悔”。在伊斯兰教的名词为“讨白”，指教徒向安拉表示悔罪的行为。当宗教信仰的对象被赋予道德属性，成为道德规范的立法者和人们行为的审判者的时候，信仰者就会把自己的一言一行和神灵的惩罚联系起来。道教发展的“承负”说，佛教讲因果报应、生死轮回，基督教、伊斯兰教则讲末日审判。这种种教义普遍而深刻地影响着信仰者的行为动机。所以，宗教行为中的忏悔，不同于日常生活中的“道歉”。它是宗教信徒以宗教信仰对象所树立的价值标准衡量自己，凡是有悖于神灵要求的行为，就被认为是与神的分离，就是自我毁灭，因此是需在神灵面前表示悔罪的行为。

这类祈祷方式依照每个人的神学和传统的文化观念而有所不同。按佛教教规，僧侣每月应有两次在佛陀和僧众面前公开承认自己的罪过。犹太教和基督教都强调忏悔的意义，认为它是个人得救的第一步。在宗教仪式上的洗罪或洗礼也是忏悔的行为表现。基督教的“原罪”教义更是其整个信仰体系的基础之一，祈祷忏悔等宗教仪式构成了基督教宗教生活的重要内容，其目的即在于使教徒获得上帝的仁慈和宽恕，使心灵得到安宁、平静之类宗教体验。

四、献祭与祈祷的性质和功能

宗教家和具有宗教倾向的宗教学者特别热心于宣扬献祭、祈祷行为在纯化精神方面的意义和净化道德方面的价值，似乎献祭和祈祷克服了人在巫术行为中所表现出的傲慢自大和贪欲，表现出了人对神的尊敬、爱慕、畏惧、谦卑、虔诚，这就培养和加强了人的美德，有助于社会秩序和人际关系的安定。这个说法有一定的道理和事实根据。

献祭和祈祷确实更充分地体现了人对神的敬畏之感和虔信之情。它强化了人对神的依赖和驯服，固定了人—神的关系，从而也固定了人—神关系所表现的人—人关系。但是，献祭和祈祷的这种道德功能和社会功能是否就是真正的“善”或“美德”，是否真正有益于社会和历史的进步，却需要另做分析。这主要决定于不同历史阶段上人—神关系所体现的人—人关系的性质。如果当时的人—人关系有其历史的合理性，符合于社会发展的需要，那么，通过献祭和祈祷之类宗教行为来固定和强化当时的人—神关系和人—人关系，也就符合于历史的要求；如果当时的人—人关系已成为社会历史发展的障碍，献祭、祈祷等宗教行为的社会功能就只能是消极的。

献祭和祈祷，并不是像有些宗教学者所说的那样，是什么纯精神性的宗教要求。正如费尔巴哈指出的，献祭和祈祷是人的依赖感的反映，表现了人自己无法实现的生活欲求，在这方面，它们和巫术行为一样，都是以满足自己欲求为目的的手段。献祭、祈祷与巫术之间的区别并不是追求精神性目标和追求物质性目标的对立；更何况，目的的精神性或物质性并无高尚与卑贱之分。祈祷死后的天堂并不比呼风唤雨、祈求丰收的巫术更真、更善、更美。墨西哥宗教的大规模人祭确乎充分体现了人对神的尊敬、爱慕与虔诚，但谁能说它比云南佤族的猎人头祭谷魂的巫术更高尚呢？基督教的圣餐礼，当然比血淋淋的人祭在道德上净化多了，但基督教神学家所谓圣餐礼上吃的是耶稣的肉，喝的是耶稣的血，其中究竟有多少高尚的道德意识呢？善良人对这种"吃人肉、喝人血"的礼仪难道不觉得恶心反胃吗？在社会生活中，每一个正直的人，无论是宗教信仰者也好，不信仰宗教的无神论者也好，都希望公正，讴歌正义；都会对贪赃枉法的邪恶之行和营私舞弊的不正之风义愤填膺，难以容忍。如果把这种共通的道德原则用之于宗教世界，我们大概就会发出共同的疑问：为什么作为人间真善美之最高表现的神明一定要接受礼献的祭品，倾听阿谀奉承的祈祷词，才动慈悲之心和怜悯之情，予人们以帮助呢？实际上，这种受礼而后徇情的行为，是不配在道德方面为人师表的。

第五章

宗 教 体 制

在由四个基本要素组成的宗教体系的层次结构中，宗教的组织制度（宗教体制）处在最外层，它的内容是由其他三要素决定的，是它们的外部形式或外在表现。离开了宗教观念、宗教体验、宗教行为这三个要素，宗教体制就没有自己的内容。它的特点无非是把其他诸要素的内容规范化和制度化，使个人性的信仰组织化为社会性、群众性的宗教；把个人内在的各具特色的宗教观念规范化为信众共同信奉的教义；把个人的内心体验变为信众共同追求的修行目标；把个人的崇拜行为程式化为共同奉行的宗教礼仪制度；从而使各种变动不居、因人而异的宗教要素固定化、规范化为神圣不可违犯的宗教体制。任何一种制度，无论是国家的政治制度，社会集团的契约性规定，还是宗教的神圣体制，它的性质、意义与作用只有一个，就是把国家的公民、集团的成员和宗教的信众的思想、信念和行为统一起来，使之服从于共同的规范。纯属个人的观念、感情和行为是无需建立某种规范和制度的。因为它只对个人有约束力，无需得到别人的赞同和服从。因此，我们就可以在逻辑上推导出宗教体制作为宗教要素应包括如下几个方面的内容：

（1）由宗教信徒的组织化而形成的宗教组织和科层制度；

（2）由宗教观念的信条化而形成的教义系统和信仰体制；

（3）由宗教体验和宗教理想境界的目标化而形成的修行体制；

（4）由宗教行为的规范化而形成的宗教礼仪制度。

第一节　宗教信徒的组织化与科层制度

一、宗教组织的性质

任何一个社会组织的性质都是由它的组织目标决定的，宗教组织也不例外。

当一种宗教信念不仅为某个个人所接受，而且得到众多信徒的信从时，他们就会在共同信念或共同信仰的旗帜下组织起来，采取一定的组合形式，结为一定的互动的团体。宗教组织的基础在于宗教信仰的群体性或社会性。一个纯属个人的，仅为某个个人所有的宗教观念、宗教经验以及形之于外的宗教行为，并不构成一种宗教。宗教之所以为宗教，就在于它不是孤立的个人信仰和个人行为。许多个体信奉同一种宗教，就必然要求建立共同遵守的教义体系、行为规范和宗教生活制度，结成为一个有共同信仰的团体和组织。这是宗教之社会性的逻辑展现和必然产物。

宗教组织既具有宗教性的一面，也具有社会性的一面。

宗教组织的宗教性质表现为，宗教组织在本质上是宗教观念和宗教感情的外在表现形式，它的表现形式在一定程度上便为后者的内容所规定。各种不同的宗教和教派各有自己的宗教观念，形成不同的教义和信条，这就决定其外在的组织形式也各有自己的特点。

原始时代氏族部落社会以及以血缘关系为纽带而形成的宗法社会盛行祖先崇拜，就把当时的社会成员组合在崇拜共同祖先的氏族组织和宗法社会组织之中。佛教的僧伽组织和寺院组织，无疑表现了佛教对于尘世世界虚妄不真的轻视和回避，同时又有利于其追求超凡脱俗的价值观的宗教修行。早期基督教徒把希望寄托在弥赛亚很快就会降临世界拯救世人之上，这种信仰促使当时的基督徒组织具有经济互助的性质，并把教友聚会公共用餐作为教会主要的宗教活动。中世纪的罗马天主教会，其组织形式和活动职能，明显地体现了天主教关于上帝主宰世界，并通过其在尘世社会的代理人罗马教皇和教会组织管理尘世事务的宗教观念。穆罕默德在麦地那时期建立的伊斯兰社团——“乌玛”，在宗教观念上表现了真主安拉作为超氏族、超部族的“独一真神”的普世性质。

由于宗教观念和宗教感情的性质与宗教组织的密切关系，当宗教的观念和感情发生一定的变化时，表现它们的组织形式常常也会发生相应的变化。即当宗教的形式（组织、制度等）不适应已经变化的内容（思想、情感和体验等）之时，二者的矛盾斗争常常是引起宗教改革、促成宗教发展的动因之一。这种情况在一种宗教分裂为不同教派时表现得最为明显。基督教宗教改革时期，由于对基督教教义在观念上有不同的理解，导致教派分立，不同的教派在教会组织形式上也形成各自的特点。我们可以预料，随着宗教观念的多元化发展，教派的分立和宗教组织形式的多种表现仍将继续存在和发展。当代，三大世界性宗教都相继出现了企图结束教派分立状况的“统一教会”运动，[①]这种强调各个宗教与各教派之间进行“对话”的意向性宣告，在当前与其说它们正在走向“普世合一”，不如说更多地反映了它们各自在教义和组织上的分立。

宗教组织作为宗教之内在本质的外在形式，还必然受社会结构形式或社会组织形式的影响和制约。这个特点决定了宗教组织还具有社会性质。这是因为，信仰宗教的人是生活在一定的社会关系网络之中的社会的人。这些社会的人如何组织成为信仰宗教的团体，按照什么样的原则和形式来建构它，都不能不受当时社会关系和社会结构的影响，直接或间接参照了该社会关系的性质和形式。时代越是古老，其参照的情况便越是直接。在原始社会和古代民族国家时代，宗教的组织与社会的结构之间曾经达到重合的程度。以后，随着时间的推移和历史的进步，这种结合关系逐渐趋于松散。特别是在传统的民族—国家宗教之外出现了新兴的创建宗教的情况下，新宗教的组织便逐渐脱离整个社会组织结构而独立。但是，新宗教的教会组织与传统社会组织的脱离并不是绝对的。特别是当新兴创建的宗教得到国家统治者的承认与支持时，它的组织形式更常常是当时社会关系、社会结构的缩影。

二、宗教组织的形成与演变

（一）从自发到自觉的宗教组织

从历史的角度观察，各种创建宗教，如道教、佛教、基督教、伊斯兰教，都有自己的由创教者（教主）自觉创设的宗教社团——如佛教的“僧伽”，基督教的教团和教会之类。这一点至为明显。但是原始时代的宗教和古代社会的民族宗教和国家宗教的组织形式就并不十分明显。因为这类宗教来自于不知其源头的古老传统信仰，没有一个立宗创教的创教人（教主），也没有由创教者创设的、独立于社会组织之外的宗教组织。但这并不意味着当时社会之中就不存在自发性的宗教组织。氏族社会就是由氏族成员按血缘关系组织而成的结构非常严谨的社会群体。这个群体的形成完全是自发的，不存在创建者。当时的氏族组织与宗教组织在组织上和结构上是浑然一体，无法分开的。它们是同步形成、同步发展的。在氏族血缘关系上建立的氏族群体无疑是构成共同宗教崇拜的社会基础，而共同的宗教崇拜又为氏族群体的形成提供了精神纽带。没有共同的宗教信仰

① 如“世界基督教会联合会”、“世界佛教徒联谊会”和“世界穆斯林大会”。

对象,则没有共同的信念;没有共同的宗教活动,则没有共同的行为准则,氏族成员很难团结在一个社会群体之中。在这种情况下,一个氏族血缘群体,一个部落,事实上就是一个由共同的宗教信念和共同的宗教崇拜活动团结起来的宗教团体。尽管氏族社会中并没有由创教教主创建的独立于社会组织之外的教团或教会,但氏族群体比之于这类教团或教会,其组织性更为坚固,信仰更为一致,行为规范更为统一,甚至是比佛教僧伽、基督教教会、伊斯兰教"乌玛"之类教团组织更具宗教性的宗教组织。

原始的氏族—部落社会转变为阶级社会之后,形成了国家。与此同步,原始性的氏族—部落宗教也逐渐转变为国家宗教,崇拜的神灵及其崇拜的方式也有了相应的变化。但是,原始社会氏族宗教向阶级社会的国家宗教的演变,其间并没有明确的历史转折点。国家宗教和氏族宗教一样,都是世代传承的传统宗教,是古老宗教信仰的自然延续。一个民族国家的任何成员也和氏族社会的成员一样,从其出生之日起,即生活在世代相传的传统信仰和宗教体制之中,都必须接受祖先视为神圣的传统宗教信仰。国家社会的全体成员都是传统宗教的信仰者,因此,他们没有必要在传统的社会组织、社会体制之外,另搞一套独立于国家和社会的宗教组织和宗教体制。这种宗教组织和社会组织完全合二而一的情形,与原始社会中氏族宗教的情况基本一致。

但是,当社会上出现了反对传统宗教或改革传统宗教的"新宗教",即出现了"创建宗教"之时,情况就大为不同了。由于新建的创建宗教具有反传统宗教的特点,其信仰者在其创建时期,必然会面对传统宗教的反对,这就导致新宗教的信仰者为了维持自己的信仰,取得存在的权利,只能在新信仰的基础上建立自己的教会组织和宗教体制。无论是我国的道教、波斯的琐罗亚斯德教和摩尼教,以及三大世界性宗教佛教、基督教和伊斯兰教,它们建立的教会组织,都是在传统的社会组织之外,由新宗教的皈依者自己组建起来的。随着这些宗教群体在世界范围的传播和发展,这种由共同信仰形成的新的宗教群体演变成为超国家的联合体,成为世界性宗教。在当代经济全球化的世界浪潮面前,各个独立的宗教组织都在探索新的合作形式,已成为"大传统"的三大世界性宗教都相继出现了企图结束教派分立状况的"统一教会"运动。

无论是原始社会的氏族宗教组织、传统社会的家族或社区的宗教组织,还是现代社会的"教会"形式的宗教组织,都是宗教维持其自身发展的结果。

（二）宗教组织结构的科层化

从宗教自身结构的角度观察,宗教组织的发展不仅与外在于它的整个社会结构有关系,而且还与宗教本身的结构有关。任何一种宗教的发展都离不开广结善缘,发展信众,扩大组织。但随着宗教组织的扩大,它会遇到一系列的问题。首先,信众的增多使得对于教义信仰的认同程度出现较大的差异和更多的分歧,信仰者偏离宗教规范的言行也会随之增多;过去那种成员之间的亲密关系日趋淡化,特别是一般成员与宗教领袖之间直接互动的机会必然随之减少,有时还有与之相联系的认同与信仰的各种差别。其次,群体愈大,其级差程度也随之而增加。随着宗教组织的扩大和组织活动的复杂化,出现了协调内部关系以及分工掌管各项职能的需要。于是,在宗教中产生了分科掌管、分层负责的结构——科层制度。

宗教组织成员由分工专业化到科层化的过程,早在原始社会就已开其端。一部分人从“家为巫史”、民巫不分的状况中分化出来,成了主持氏族或部落宗教仪式活动的“专职者”。随着社会的发展,国家的形成,宗教组织的扩大,宗教仪式活动日趋复杂,主持宗教活动的“专职者”也就越来越多,其与俗人的区别也越来越大。比如,古埃及人在各地修建神庙,使神生活于其中,一座大的神庙一般有几个主祭司和不少的次级祭司。道教、佛教、基督教、伊斯兰教等宗教在创建之初,其成员比较少,成员之间的关系也比较简单、平等。但随着成员的增多,组织的扩大,也不可避免地走向科层化。张陵创道教,信徒发展至千余人,便把其组织划分为 24 个教区(24 治),每治“立祭酒,分领其户,有如官长,并立条制”(《神仙传》)。佛陀悟道创教后初转法轮,开始只有五位信徒(五比丘),后来逐渐扩大形成“僧伽”组织。在信众较多的地方还有地区性的僧伽组织,可独立发展新成员,其中之德高望重者成为僧团领袖人物。佛教发展到一定规模时,由于宗教生活的需要又形成了“僧院”这种组织形式。为管理生活于僧院中的出家僧众,不可避免地要建立规章制度,设立维护和执行这些规章制度的专职人员。佛教传入中国后,也逐渐形成了严格的寺院管理制度和日益复杂化的管理结构。

这种分科掌管、分层负责的结构体制——科层制,本来是宗教组织作为一种社会群体随着组织的扩大而不可避免的产物。但在存在着阶级结构的社会中,这种科层制度不可避免地具有阶级结构的色彩。那些在宗教组织的科层结构中担任各级职务的管理者,因其职能特点而逐渐从一般成员的队伍中分离出来,形成宗教组织中的特权阶层。所以,我们一般也把宗教组织中的科层结构称为“教阶制度”。

宗教组织成员由分工专业化而科层化或阶级化的过程,其具体表现可以归结为:从没有宗教专职人员到有名目繁多的专职人员,从没有宗教组织的首领到有各级首领;从没有定型的或只有不成文的简单的制度到有定型的成文的复杂的制度;从只有单一的层次(如全体氏族成员参加的宗教组织)到有多层次(如基督教的教会、教区、教廷、修会、修院和国际联合会等)、多领域(如基督教的学校、法庭、群众团体、工会和政党等)的组织。

宗教组织内部的科层化、等级化,既有宗教特点,又具有社会性质和世俗性质。任何宗教建立的宗教组织,不管它打着多么神圣的旗号,提出何等诱人的神学根据,它可以把自己叫做上帝创建的"地上的天国"、"神圣之城"等但它本身仍不过是一种社会群体,逃避不了任何社会群体皆必须遵从的社会规律。

决定宗教体制的形成与发展的,有宗教内容和社会环境两方面的因素。同研究宗教思想和宗教情感相比、研究宗教体制的形成和发展,更需要注意社会环境方面的因素。因为宗教的有形要素(行为、组织和制度)比无形要素(思想、体验和情感)受到世俗生活和社会环境的影响更多,人为的成分更重于自发的成分,与经济基础和其他上层建筑的关系更密切。

三、宗教组织的核心——僧侣

相对固定的成员是任何一个宗教组织保持神圣目标、规范信仰行为的重要条件。依照这些成员与神灵的关系或宗教素养的区别,他们或是专职,或是兼职,或是指导宗教活动的教职人员,或是一般信徒,在宗教组织中拥有不同的地位,充当着不同的角色,行使不同的职能。其中,作为宗教组织实体性标志的僧侣,是在各个宗教组织中居于核心地位、在各种制度推行过程中起着关键作用的特殊人物。

中文"僧"或"僧伽"是个源于佛教的外来词,是梵文 Sangha 的音译,本义是信仰佛教的出家修行者,四人以上的僧团。僧侣的英文是 Priesthood,系从希腊文 Presbyteros(长老)演化而来。有此称呼的人在罗马人那里是指在举行向神献祭和其他宗教仪典时的司祭者。佛教中所指的僧伽,在各个宗教组织中并不普遍,而主持宗教仪典的祭司意义的僧侣在各种宗教体系中却普遍存在。为此,宗教学上所称的"僧侣"应该是泛指各种宗教中的专门神职人员,特别是那些精通宗教仪式的知识与技术,从事沟通人神关系的特殊人物。各种宗教及其组织都有一套向神礼拜、献祭、祷告、祈求神灵赐福免灾的行为与活动,并有相应的固定程式——宗教仪式。随着崇拜行为日益多样化,宗教仪式越来越复杂,其中渗透着越来越多、越来越深的宗教知识和文化形式,而一般的宗教信徒(平信徒)越来越难以熟悉和掌握这一套技巧和知识。在这种情况下,一部分精通宗教仪式的知识与技巧,专门以此沟通神人关系的特殊人物应运而生。这些宗教神职人员在宗教组织中是精通宗教仪式的知识与技术,从事沟通人神关系的特殊人物,是立誓献身于神圣信仰的出家僧众和修士，抑或是为广大信众服务的专职宗教从业者。

僧侣类人物在原始宗教中已自发地出现了。据中国古籍记载，在这类人物出现之前，原始社会曾有过“家为巫史”、“民神杂糅”的阶段，其后才出现了“司天以属神”的专职宗教人物：巫、方、卜、祝等。祝是主持祭仪、朗诵赞词的专职祭司；卜是占卜之官；“巫咸”是黄帝时的神巫，其后代世为巫师。在强调神灵与普通人不能直接打交道，而必须通过某种中介的宗教群体中，巫师、萨满、巫医、占卜者之类都是用一定的仪式行为以沟通人神关系的宗教专职人员。人们认为他们不但能控制人类的吉凶祸福，掌握着人们的命运，而且还能控制和掌握整个世界的超自然力（鬼神世界），能同鬼神界建立有效的联系。这就使他们在社会生活和社会结构中占据关键地位，常被社会认之为宗教领袖和精神领袖。担任圣职常常成为某些部落或家族的世袭特权。例如，犹太教的大祭司只能由利未家族（特别是亚伦的子孙）的后代担任；在印度教中，婆罗门种姓是世袭相承的祭司贵族；在古希腊埃留西斯秘传宗教中，只有优摩尔皮德家族才能成为祭司僧侣；而在玛雅人中，只有参加了巫医职业集团的人才能充当巫医。

由于僧侣具有神圣的社会地位，要想成为僧侣的人，除了具有上述社会文化条件或世袭传承制度外，往往还规定有其他必须遵守的条件，诸如，独身、苦行、拥有宗教经验等等。当然，这些条件规定，在不同的宗教体系和社会文化背景下不会完全相同。

原始时代的巫师、祭司这类人物，作为当时的宗教从业者，与后来的宗教从业者有所不同。他们是自发形成的，而后来的宗教从业者则常常是由宗教教团组织按其教规章程，经过教育训练之后而授予相应的圣职，然后作为教区或社区的代表而与神灵打交道的。

古代各文明国家都出现了正式的宗教僧侣。古埃及的法老实际上就是最大的祭司或僧侣。法老被认为是神的化身，在最重要的仪典中，只有法老才是神庙中的主祭者。但实际上，法老常将此祭司职权托付给神庙中的其他专职僧侣。神庙中的僧侣，除侍奉神灵、主持祭仪之外，还负责民众的丧葬超度仪式，兼管行政、民事和教育。而这种差别的基础在于宗教从业者们在神面前的地位，或他们与神的联系的密切程度。

两河流域在公元前四千纪以后，神庙和僧侣势力即已强大起来。神庙是宗教活动的中心，也是政治和经济事务的中心。神庙中的僧侣分成若干等级，分工负责宗教事务和民事事务。

在吠陀时代的印度，婆罗门祭司贵族垄断了向神献祭之类的宗教仪式的主持权,其地位高于国王和武士贵族刹帝利。按照婆罗门教的说法,人的命运、甚至宇宙的存在及其进程,均有赖于人向神献祭。因此,只有婆罗门祭司才拥有关于神以及与神打交道的知识,人们认为他们把人和宇宙的命运控制在自己的手中。

《奥义书》反对这种传统的崇尚祭仪的僧侣体制,主张一个人的最高解脱之道不是通过祭祀,而是过一种苦行生活,弃绝世俗享受,追求神秘的宗教体验,从而使内在的自我与宇宙的神圣主宰——梵达到同一。这种主张后来与瑜伽禅定修行法门结合起来,形成耆那教和佛教僧侣的修行道。它们认为要从生死轮回之苦中解脱出来,必须专心致志于宗教修行,不杀生、不贪欲、放弃一切有形的占有,实行行乞生活,只有如此,才能在禁欲中达到精神上的纯净和升华。但是,随着佛教的发展,佛门僧侣除了个人的宗教修习之外,还要为社会提供宗教服务,沟通世俗界和神圣界的关系。

早期基督教教会的主教和长老实际上就是当时主持宗教仪式、管理教区事务、授予圣职、施坚振礼的僧侣。后来,基督教僧侣体制向两个方向发展:一是苦行修道的隐修院修士制度,一是政教合一的教皇制度。基督教在成为罗马帝国的国教后,随着帝国分裂为东西两部分,西部教会形成教皇制,东部教会形成牧首制,都在不同程度上与国家政权相结合。西部罗马教廷更凌驾于世俗国家之上,教会攫取了许多民政管辖之权。各级教会僧侣作为上帝与人的中介,牢牢地控制着人民的精神生活和世俗生活。一般信徒的生老病死、婚丧嫁娶都有相应的宗教仪式,必须由教会僧侣主持其事,人们才会感到得到上帝的允许和恩宠。宗教改革后,新教反对罗马天主教关于教会及其僧侣是上帝和人的中介的观念,而主张每个基督徒因其对上帝和基督的虔信从而称义得救,勿需教会僧侣的中介。新教因此认为每个信徒都是僧侣。正如马克思所评论的,基督教新教把僧侣变成俗人,也把俗人变成僧侣。不过,尽管新教反对天主教关于教会是神人中介的传统信条,但新教的教牧人员事实上仍起着神人中介的传统作用,只不过形式上有所变化而已。从实质上看,任何宗教组织都是沟通神人关系的桥梁,而实际发挥这种桥梁作用的人,就是教会中的祭司和僧侣。没有僧侣的核心作用,教会组织不仅建立不起来,也将无从发挥作用而失去其存在的意义。

四、宗教组织的类型

宗教组织作为一种社会性的群体组合,既是一种宗教性的组织,又是一种社会性的组织。作为宗教性的组织,它是宗教的内在因素(宗教的观念或教义)的外在表现形式;作为社会性的组织,它的表现形式及其变化又受到社会的形态、社会的需要和社会的发展的影响。根据这一基本原理，我们可以概括出两条原则或标准，并以之来区分宗教组织的主要类型：

第一，一切宗教的基本目标都是追求超自然的彼岸境界，宗教组织的终极关怀目标就是带领它的信众走向这个彼岸世界。可是，不同宗教或不同教派对于这个“彼岸”的观念或教义规定并不完全一样，其“彼岸”与“此岸”的关系，“彼岸”隔离“此岸”的程度，各有不同。这种宗教观念、宗教思想的差异便使宗教组织有不同的构建形式，表现为“出世型”和“救世型”两大类型。

救世型：大多数宗教组织都是救世型的，他们追求彼岸的终极幸福，但却意在解救现实的苦难；乞求超自然的神灵，意在神灵用超自然的方式赐给他们尘世的幸福，免除生活中的灾祸；甚至希望救世主直接君临这个世界，建立“地上小天堂”。出世信仰是手段，救世救人是目的。

上述宗教及其组织的终极关怀对象，与其说是“彼岸”，毋宁说是“此岸”；本质上不是出世，而是救世。

出世型：虽然一切宗教都具有不同程度的出世性特征，但从终极目标和宗教实际生活上完全抛弃现实社会生活的真正的出世型宗教却极少。在这少数出世性宗教中，以印度的各种宗教最为典型。古代印度的各种宗教，包括古典婆罗门教、耆那教和佛教的宗教目标，都是断生死、绝轮回，求得个人的最终解脱。这些宗教的终极目标本质上都是个人的解脱，而不是社会的拯救。其宗教生活基本上都是远离社会，遁世苦修。

基督教的隐修士修会、修道院、托钵僧团以及伊斯兰教苏非派之类神秘主义教派也具有类似上述印度宗教的特点。它们也应属于“出世型”。

“救世”与“出世”的差异，只是相对而言。不仅在两种类型宗教组织之间有种种半出世、半救世的过渡形式，而且它们各自也不是纯粹的、不变的。很多出世型宗教组织常常在一定社会条件下参与了种种社会活动和政治斗争。我国魏晋南北朝隋唐时代的佛教各宗许多高僧大都与当时的政坛保持着千丝万缕的联系，并拥有相当规模的寺院经济。这样一来，佛教寺院就逐渐演变成充满勾心斗角、互相竞争的“世俗社会”。宗教的组织，既是一种群体组合，它就必然会出现一个组织赖以建构秩序和管理的“科层化”的结局，由此而难免触染社会化、世俗化的“污泥浊水”。另一方面，救世型的宗教及其组织在其终极关怀目标难于实现之后，也常常把现实的目标转移到虚无缥缈的来世，并把信徒群众的宗教生活引导到超凡脱俗的个人灵修和高不可及的道德追求。基督教教会原本向其信徒提出了救世主在地上建立千年王国的救世许诺，后因不能实现，便改变为引导信徒服从上帝旨意，遵守宗教组织的行为规范，做一个善良的基督徒，以便顺利通过基督的末日审判,使复活的肉体进入来世的天国。尽管基督教教会从中世纪以来已经发展为政教合一的世俗化的社会政治力量,它也不会忘记为基督徒个人虚悬一个出世性的终极目标。也许可以说,一个救世型宗教组织越是世俗化,它就越是为其组织的信徒个人高悬一个尽善尽美、引人入胜的天堂。

第二,一切宗教组织都是社会性的存在,但其在社会政治生活中所处的地位、参与的程度却是各不相同的。以此为标准对各种宗教组织进行比较研究,可以把它们区分为“政教合一型”组织和“政教分离型”组织。

原始社会的氏族—部落宗教,古代国家的国家宗教,成为国家垄断性国教之后的基督教、伊斯兰教、南亚各国的上座部佛教以及西藏黄教等,都具有明显的政教合一型特征,其宗教组织或者与社会的政治系统合二而一,或者高踞于社会系统之上,对其具有支配性影响。造成政教合一型宗教组织出现的原因,或者是由于自古而然的传统(如氏族—部落宗教和古代的国家宗教),或者是由于在各种宗教的竞争中,一种宗教得到了统治阶级和国家政权的青睐,取得了唯我独尊的垄断性地位,成了统治性的国家宗教。

但是,政教合一或政教分离的状况都是可以改变的,在一定的社会条件下,前者可以变为后者,后者也可以变为前者。中世纪以来,基督教在欧洲一直是统治性的政教合一的国教,但近代资产阶级民主革命后,许多西方国家都实行了政教分离体制。尽管教会与社会政治仍有密切关系,但过去那种神权直接支配俗权、宗教直接支配政治的状况毕竟已不复存在。

五、宗教组织的社会作用

宗教组织,作为宗教之内在因素(宗教的观念与体验)的外在表现,对于宗教的巩固与发展起着重要的作用,它把个人性的信仰变成有共同信仰的群体和社会性的组织。由此,个人性的内在信念逐渐固定为共同信奉的制度化的教义信条,分散性的个人崇拜行为逐渐发展为对信仰群体有约束力的信仰体制。如果没有宗教信仰者的组织化,个人性的内在信仰就不会变成社会性的宗教。在这个意义上,宗教的组织化是宗教得以巩固的手段和进一步发展的前提。

宗教信仰者一旦组织起来,其信念和行为被规范化而固定下来,纳入统一的信仰体制以后,就成为信仰者必须尊奉的神圣传统。在事物的发展中,传统特别是被神圣化的传统,一般总是一种只须遵行照办、不得修改违犯的保守力量。当新的宗教观念和某些具有比较活跃的宗教感情的特殊个人的宗教体验与传统的宗教信仰体制不相一致时,就势必引致坚持神圣传统的原有宗教组织的强制性干预，发展成新旧宗教观念的对立与冲突，其结果往往是建立起与新宗教观念和新宗教体验相适应的宗教组织，从而形成一种新的宗教或新的教派。

由此看来，宗教组织的宗教功能具有两重性：既是宗教观念得到巩固和发展的条件，又是宗教观念进一步发展必须突破的桎梏。这种两重性也直接影响到宗教组织在社会生活中发挥的作用。

宗教组织的类型不同，它们对社会的影响和作用也因此而有不同。救世型的宗教组织总是力图直接干预社会生活的各个方面，其社会影响之大显而易见。但它对社会的发展到底发生正功能还是负功能，则视其所维护的宗教观念的社会政治内容的性质而定。国家宗教（包括国教化的创建宗教）的组织和体制一般都是政教合一型体制，属于救世型，它们的社会作用，主要在于维护传统的统治秩序和现存的社会制度，一般不会支持社会的变革。而在特定的历史时期，特别是在传统宗教居于垄断地位的社会环境中，一些反映人民变革社会的愿望的政治组织也会被迫穿上宗教的外衣，提出反现存社会制度的主张。这时，他们往往把宗教组织作为组织群众、掀起社会变革运动的形式和纽带。在这种情况下，"救世型"宗教组织在历史上的作用就可能具有积极的意义。

至于出世型组织，其社会作用特别是对社会政治生活发挥作用的方式，大都是间接的；而它在宗教方面的作用则较救世型组织表现得更为直接和明显。这就注定它会更多地表现出宗教的消极作用——即转移苦难人民对现实社会的注意力的作用。它的出现，常常根源于人们对现实社会的不满与失望；它的影响，却是造成人们对现实社会的容忍和逃避，因为它为这种不满与失望提供了某种精神补偿。从另一方面看，它又是通过逃避社会来抗议社会，通过退出政治来参与政治的"救世"手段之一。从总的效果看，它的社会作用往往是把积极的反抗力量转化为消极的旁观者或遁世者，对于统治者维持现存秩序并不一定是有害的。

政教合一型的宗教组织所起的社会作用，在很多方面类似于救世型的组织。由于它是社会结构密不可分的组成部分或基本单位，就使社会和政治组织带上了宗教属性，对社会的作用就几乎等同于宗教本身的作用。更因为它本身就是统治性的国教，其社会政治作用自然而然地具有明显的保守性质。但是，有一点必须指出，所谓"保守"，并不一定就是"反动"，这主要应视其所"保守"和维护的社会政治秩序的性质是否符合于社会发展的规律和方向。如果这种社会秩序尚能容纳社会的进步，那么，对它的维护就是社会所需要的；只有当这种社会政治秩序妨碍社会的进步和发展时，维护和保持它的宗教组织，无疑就起着消极的、甚至保守的作用。

与政权分离的独立型宗教组织和出世型组织在外延上部分重合,其社会作用也有很多类似之处。值得注意的趋势是:随着政教分离原则在现代社会中日益普遍地推行,这一类宗教组织的社会政治作用就变得越来越间接。这是政治脱离宗教的监护这一历史潮流的必然结果。

第二节　宗教观念的信条化与信仰体制

一、宗教信条、宗教教义的性质

宗教是一种信仰体系。任何宗教都有一套体制把它的信仰巩固下来,以便得到全体信众的一致信仰和遵从。信仰体制的核心就是宗教的信条和教义。如果我们把宗教比做一个像动物或人一样的实体,那么,信条或教义便是它的"灵魂"。宗教的信条和教义使信仰同一宗教的众多信徒具有共同的信念,结成一体化的教会组织。

"信条"(Symbols,articles of faith)作为一个宗教的基本信仰,往往被宗教视为该宗教之所以为该宗教并区别于其他宗教的东西,改变其信条,实无异于使之变质为其他宗教。因此,一个宗教及其组织一般总是把遵奉该宗教的信条视为一种忠诚的表示,要求其信徒在公众礼拜式上或新信徒的入教仪式上,要用一定的象征方式表达其对该教信条的信仰,或者通过诵念有关的经文、真言,明确说出自己永远信仰这些宗教信条。

各种宗教的信条,其表现形式归纳起来大体上有两种:一是融入于宗教神话、公共仪式以及奉为神圣的经典、经文或法典之中的传统信仰,它要求其信徒在生活中付诸实践,但却无需在特定仪式上明确表白出来;二是用成文形式把基本信条表现为"信经"(Creed)和"信纲"(Confession)。"信经"和"信纲"是对宗教的基本信条做出简明的规定和权威性的阐述。但二者之间也略有区别。"信经"是指在信众举行公共礼拜或新教徒入教仪式时,他们必须用语言诵出信条的条文,简明地申明自己对它们的信仰;而"信纲"则一般是指一个宗教组织对自己所确定的信仰作比较详细系统的教理声明。

宗教所谓的"教义"(Doctrine),指的是对其信仰、信条和教诲的一种理性的了解和概念的阐明,是关于信条和教诲的一种系统性的知识。在对信徒进行加强信仰的教导,向社会进行布道宣传,以及在对不同宗教、不同教派、不同意见者以及对非宗教者进行论战的过程中它发挥指导性的作用。宗教教义中最重要的核心部分,有些人称之为“教理”(Dogma),它们被认为是专门阐述宗教教义的原理和原则。教理的理性和思辨性强于教义,是关于宗教教义的神学思考。教义和教理比之于简明扼要的宗教信条来,无疑是更为理性化、体系化的宗教知识。但从本质上看,宗教的教义和教理仍不过是对宗教信条的解释与阐明,是宗教信条的概念化和理性化,二者之间不过是宗教发展阶段上的差异。任何宗教(包括原始宗教)皆有其基本信仰、基本信条,但却不是任何宗教皆有概念化、理性化的教义体系和教理原则,它们是宗教信条发展到一定阶段后的产物。

二、宗教信条、宗教教义的产生与功能

宗教信条、宗教教义在本质上是一种宗教观念。要说明宗教信条、宗教教义的产生和形成,就要研究宗教观念为什么和如何信条化和教义化。

在一切宗教体系中,每个个人心中的神及其神性实质上是个人想象力的产物,个人的神和神性观念必然具有个人的特殊性,随个人的文化背景、社会环境、宗教传统的不同而有所不同。更有甚者,这种随个人体验和想象而生的神观念和神性观念也会随个人境遇的变化而发生体验和想象的变化。如果宗教不是社会性群体的共同信仰,便永远是个人性的信念。但是,人类生活的群体性决定了历史上不会有脱离社会群体共同信仰的个人性宗教。从原始时代起,每个个人心中体验和想象的神观念、神性观念就自然而然地经历着一个由社会集体予以集中和筛选的过程。这个过程无疑是非常之漫长和曲折的。一当社会集体对共同的神灵取得一致的看法,赋予它以特定的神性,它就得排斥一切与之不相符合或相反的个人性的神和神性观念。这种宗教观念从个人性走向社会化、从特殊性走向共同性的过程,也就是宗教观念信条化的过程。原始氏族社会的氏族宗教是由各氏族群体确定其信仰对象和基本信条的。国家—民族宗教和其他类型的各种宗教和教派则分别是由各国家、各民族、各宗教和各教派来确定其基本信条的。确定的方式尽管不完全一样(或是根据氏族的传统,或是根据宗教或教派创建者从其宗教经验中获得的宗教启示;或是成立于宗教长老会议的决议;或是国家政治统治者应用其行政权威颁行的律法等),但无论何种宗教,其所确定的基本信条,都有一个对其所信仰的基本对象从内在的观念发展为公开的信条的过程,都是宗教观念的信条化。

从宗教信条的产生即可清楚地看到它的功能在于,一方面统一信仰者的信仰,加强信众的对内认同感,使宗教能持续发展下去。特别是当某一宗教处于文化冲突的历史旋涡的时候(如从闪米特文化转到希腊文化,即从巴勒斯坦转到

罗马),或某个自称拥有神圣启示的"真正宗教"崛起之时,信条、正式的信经,往往有助于使原来的宗教信仰延续下去和保持认同一致,而不致发生信仰上的变易。其中,正式规定的信经作用更大。这是因为信经是由语言文字表达出来的信条,而符号性的语言文字具有相对的抽象性、可理解性和概括性,所以信经在多元宗教、多元文化的竞争中是巩固信众认同信仰的标志。

宗教信条的进一步发展便是出现宗教的教义和教理。这是因为,在宗教的发展中,特别是当社会上出现各种宗教的竞争、冲突时,尤其是一个宗教分裂为不同教派时,往往爆发激烈的论争。在这种情况下,各宗教、各教派自然地需要对自己的信条进行理论上的辩护,对别教别派的信条进行驳斥。于是,就逐渐形成了系统性的宗教教义体系。它产生于宗教斗争的需要,它的功能和作用也与宗教信条一样,一方面对内认同,统一信仰;另一方面,对外立异,排斥异端。

宗教家、神学家为辩护其宗教信仰所作的一切努力,其核心动机在于维护宗教的权威。这就要求教义的阐释应该精确、有说服力。但是为了绝对地、无条件地维护信仰的权威,教义阐释又不能严格遵守逻辑推理的必然性,而往往需要通过似是而非的理论形式直接导向对其所信宗教的基本信仰和基本启示的辩护。于是教义阐释出现了内在的矛盾:一方面要求对宗教信仰做出合乎理性的解释;另一方面又不顾理性和逻辑的必然要求而提倡对信仰和信条的绝对信仰。各种宗教的教义史都充满了理性与信仰的冲突与矛盾,而理性最终总是被要求从属于信仰的需要。

在宗教信仰体制的发展中,宗教教义作为强化信众对宗教信仰的教育模式,其传统作用无疑是保守的。但教义作为一种对基本信仰、基本信条的理论解释,也往往给原有的信仰和信条注入新的探索性的内容,产生新的理解,从而改变传统的教诲,有时甚至改变了它的内容。在这个意义上,教义的发展也常有革新的意义。

在各种宗教教义的发展中一般有两种倾向:一种倾向是把教义解释理解为,原本的信条已包含全部真理,宗教在历史过程中的一切发展,都已包含在原有的基本信念之中,教义解释只不过是对之进行逻辑展示,以求对固有信条的充分理解。近现代各大宗教中出现的所谓"原教旨主义"就是这种倾向的典型表现。另一种思想倾向是把教义解释理解为有机发展进程,强调教义的解释并不只是对原本启示的含义作解释性说明,还应注意到当时的科学、哲学的发展和重大社会历史事件对宗教思想产生的影响。当然,宗教神学家考虑这些发展时会避免与其宗教的基本信仰相冲突。他们一般总是把这些科学、哲学和社会历史事件附会于原有信仰之中,极力调和原有信仰与科学、哲学的矛盾,以期表现出宗教教会能够承受文化变迁的冲击,在不影响其信众的认同和组织的巩固这一条件下继续存在和发展。这种倾向往往给传统宗教注入新的内容和活力。正是由于这个缘故,各大宗教在不同历史阶段都出现了所谓的“现代主义”。

第三节 宗教理想境界的追求与修行体制

一、宗教修行的性质与意义

世界上的许多宗教体系都存在有一种与追求宗教理想境界相联系的修行或修道生活,有些宗教还把这些修行者组织起来,把修行生活制度化,形成一定的修行体制。尽管各个宗教对于修行、修道生活的具体法门不尽相同,但只要实行宗教修行,一般总是要求修行者必须按照其宗教的教义信仰体系(教理、教法)来坚定其思想信仰、养练其宗教情操(此即佛教所谓的意业)、规范其语言(此即佛教所谓的语业)和行为(此即佛教所谓的身业)。只有通过这种种修习,才能最终实现其所追求的善果,达到该宗教孜孜以求的理想境界。宗教的修行则是达到和实现其理想境界的桥梁和手段。

各种宗教为满足不同精神层次的信仰者的需要,向虔信宗教的善男信女许诺了不同层次的理想境界。但是,无论层次高低,都不是自然而然即可达到的,而是需要按照教理教法的规定进行身体、精神的训练与修习。而宗教信仰者中的激进派总是想与其所崇拜的超自然神灵建立直接的联系,企图直接从神那里获得拯救和启示。在这种追求的驱使下,他们发明了各种各样的艰苦的修行方式,这决定了宗教修行与苦行主义、禁欲主义之间结成了不可分离的关系。在各种宗教的修行法门和修道生活中,我们几乎总可以看到苦行主义、禁欲主义的踪影。低层次理想所追求的修行难度小,禁欲与苦行程度低,故进行这种宗教修行者相当众多而且普遍。宗教理想境界愈高,愈神圣,愈神秘,其所要求的修行难度必然更大,苦行禁欲的程度更为严酷,进行这种宗教修行者必然越来越少,只能是宗教信仰者中之少数激进的“精英”。

二、宗教修行的目的

宗教修行者之所以不惜忍受种种苦行、禁欲的磨炼,从事艰苦的宗教修行,都是有其宗教目的的。此种宗教目的表现形式多种多样,层次有低有高,但说到底，都与其所信宗教之教义体系所确定的神圣信仰对象和神圣境界有关。其目的大致可归纳为如下几种：

（一）生存条件的满足

各种宗教中最广大的那部分普通信徒信仰宗教的根本目的，都不过是为了乞助于超自然神灵来满足并改善他们自力无法满足的生存条件，解决生活中的各种问题。于是，各种宗教体系（从原始时代的宗教到文明时代的宗教）构造出了各式各样的与神灵建立交通和联系的方式，如献祭、祈祷、禁忌、巫术等。一般说来，这些宗教活动只要求信众举行相应的仪式。我们还应该注意到所有这些仪式活动（特别是宗教仪式所包含的"洁净"意义）都具有"宗教修行"的某些最初级、最原始的意义。例如，各种宗教差不多都规定在一些比较重要的仪式活动之前和进行期间，信仰者都必须严格遵守一系列禁忌性规定（斋戒、禁食、禁止性生活之类）。似乎只有遵行此类禁忌规定，才能保持身心的洁净状态，博得神灵的信任与喜悦，从而得到神灵的救助，实现信仰者所追求的理想或欲求。

（二）追求与神相通的神秘体验，获得超自然权能或神通，甚至悟道成佛、得道成仙

追求与精灵或神灵相交通的神秘体验，早在原始宗教中即已出现（如萨满的通神状态）。随着宗教在历史上的发展，这种追求进一步神圣化和神秘化。许多宗教信仰者中的激进派（所谓"宗教精英"）都有与其所崇拜的超自然神灵建立直接的联系，直接从神那里获得启示的企图。他们寄希望于艰苦的修行或修道，相信只要通过修行过程的磨炼，就能获得与神相通甚至与神合一的神秘体验。更有甚者，他们甚至相信通过修行能使自己获得神灵才能具有的超自然权能（佛教和道教把这种超自然权能称之为"神通"）。这种对神秘的宗教体验和超自然神通的追求，在东方宗教中表现得最为突出。

（三）清除罪欲的触染，寻求救赎与解脱

差不多所有的宗教修行生活都依据这样一种神学信念：现实的世俗世界都是不完美的，在世俗生活中，人的精神和灵魂总是受到罪恶、无知、物欲的污染，必将由于罪而得到恶报。或者在生死苦海中轮回，或者受到上帝的惩罚，死后进入地狱受苦受难。要想实现完美境界，必须冲破生活常规，进行艰苦的修行和磨炼，使受到污染的身体和心灵受到控制，恢复纯净完美的精神状态。所以，很多宗教的修行生活几乎都主张退出社会，在一种禁欲苦修的世外环境中，或进行瑜伽、禅定之类精神修炼（印度宗教），或进行祈祷、礼拜、赎罪等形式的神秘主义的修道实践（基督教、伊斯兰教等）。经过长期的修行锻炼和善行的不断积累，

修行者就能断除一切罪欲与无明,达到精神的完美洁净境界,实现最终的解脱。

（四）社会的拯救与改善

有些宗教修行者个人或团体还抱有社会拯救方面的目的。犹太教库姆兰社团在死海附近过一种集体的、禁欲主义的修行生活。基督教的隐修体制也是在不满世俗社会和对腐败了的正统教会的抗议中形成的。佛教僧团和僧伽制度的形成,也是与佛教对世俗社会生活充满贪、嗔、痴、情欲横流、罪业不断的不满,力图从社会逃避出来进行禁欲修行有关。

各种宗教的修行体制和修道生活都在不同程度上包含有对现实社会的不满与抗议,并把修道生活当成自己的理想社会生活。至于这种修行体制和修道生活是否真的那么“理想”,以至可以让整个社会生活照此奉行,那自然应另当别论。

三、宗教修行法门种种

宗教修行者是按照教理教法的规定进行身体、精神的训练与修习的,因此,宗教修行者为达到其理想境界而进行的修行有种种不同的方式与法门。追求的境界愈高,修行法门的难度愈大,其对修行者的身体与精神上的限制与控制愈益严酷。比较普遍的方式有:

（一）遵守禁忌规定

遵守禁忌规定是盛行于原始宗教时代的一种宗教行为,其目的是在超自然力量面前限制自己的行为,对超自然力量表示敬畏、博其好感,求其不为己害。禁忌规定的范围很广,从语言禁忌、行为禁忌、食物禁忌到性禁忌等。这些禁忌规定,在后来的发展中,成为一切宗教修行的重要内容。

（二）独身

独身不婚,是各种宗教的修行体制和修道生活中一项常见而且重要的内容。许多宗教中负有宗教使命的圣职人员,甚至一些虔诚的信徒为了全身心地献身于神圣事业,求得神恩而达到自己所追求的宗教理想境界,便对神宣誓终身坚持独身不婚,或者婚后又离开配偶,出家独身,专心修行。还有一些并非僧侣的俗人或信士,为了提高自己的宗教修养而自愿立誓不婚,尽管宗教教义上并不要求他们必须如此。这种情况应该算作是一种个人性的修行行为。当然,并不是所有宗教都主张独身不婚。犹太教、伊斯兰教、基督教新教就把结婚、性生活看作一种自然的生活状态,即使专门的神职人员也不必独身不婚。而佛教、道教(全真派)、罗马天主教和东正教便推崇独身不婚,赋之以崇高的精神荣誉。它们一般都把宗教修道生活与正常的社会结构和人性的正常要求对立起来。

(三) 禁欲与苦行

在宗教史上,禁欲和苦行一直是宗教修行实践和修道生活中最为普遍也最为重要的方式。一般说来,遵守宗教禁忌的规定是暂时性的,大多是在特定的时间和场合才必须遵守它们。当它们被宗教修行者当成制欲修身以取悦神灵,邀获神恩,实现某种宗教理想的手段时,它们就被变成修行者必须长年奉守的清规戒律。于是我们就在各种宗教的修行体制发展史上看到,许多宗教的修行者几乎都有素食、节食、独身、童身的戒规与制度,它们成了宗教修行的重要方式。宗教修行者相信,通过禁欲主义和苦行主义的修行实践,可以控制自己在肉体和心理上的欲望,抵制外界邪恶力量的诱惑,增进自己坚持宗教所要求的道德标准,开发精神潜能,促动灵性力量的活跃,同时可以博取神灵对自己的同情和好感,给予特殊的恩宠,从而达到宗教修行所追求的理想目标。

(四) 瑜伽、禅定

瑜伽、禅定是印度宗教特有的修定方式。古代印度各派宗教几乎都认为瑜伽、禅定是实现人的最终解脱、体证"梵我合一"的基本途径。瑜伽修炼的方法很多,但其根本之点无非是要修行者离动住静而作内观,端坐调息,控制意识活动,排除情欲杂念,达到心如明镜,一念不起,泯灭物我,实现梵我合一。到此境界,上者可获解脱,下者可得神通。瑜伽修炼并不是纯宗教性的修行行为,但它的基本理论和基本方法却几乎为各派印度宗教所接受和发展。佛教的禅定对此作了进一步的发展,提出了以"四禅八定"为内容的"世间禅"和以修"不净观"为内容的"出世间禅"的修行法门。犹太教的"哈西德"派,基督教的神秘主义者和伊斯兰教的苏菲派,也各有一套达到"神人合一"境界的修行方式。

(五) 外丹与内丹

外丹术与内丹术是中国道教的基本修行法门。道教修行所追求的终极境界是长生成仙,秦汉时代的神仙方术即已提出了一系列修炼成仙的方术。如行气、吐纳、导引、坐忘、守一、服食、炼丹、房中术等等。这些神仙方术后来被道教吸收,发展为外丹术和内丹术。

外丹术:秦汉时,神仙方士认为用铅汞丹砂炼制金银,可以合成不死的丹药,服之可长生成仙。魏晋南北朝的葛洪吸收并发展了这些主张,成为外丹术之集其大成者,形成道教中之丹鼎派。此派把炼制还丹金液说成是长生成仙之第一法门。

内丹术:内丹术的基本主张是将人体的相关部位比作外丹修炼的炼丹炉,以人的精、气、神为药物,掌握其运行方法,运用"神"去烧炼,经过一定的修行炼养步骤,使精、气、神在体内凝结为“内丹”(圣胎),从而实现长生成仙。

四、宗教修行的组织模式

按照修行生活组织化、制度化的不同情况,宗教修行组织模式又大致可以区分为如下几种类型:

(一) 个人隐修

真正的宗教隐士和隐修制度的主要特点是非常注重单独生活,在修道中,特别重视沉思静修,长期而且不断地进行默祷。由于隐修悟道者是个人志愿进行,因此,隐修者一般有个人自订的在精神上律己的戒律,或对已成为信仰基础的宗教经典、宗教戒律做出极端的(甚至是古怪的、异端的)解释,以此作为自己修道生活的行为规范和神学根据。

(二) 寺院修道

寺院修道的基本特点就是它是集体进行的,因而必须有一套规范化的修行条例,建立一种对修行者个人有约束力的共同遵守的修行体制。在这一点上,寺院修道与个人隐修明显不同。隐士隐修没有条例,它为个人自定戒律留有较多的余地。寺院修道的修行规范,也就是通常所说的清规戒律。

(三) 托钵僧及其修会

云游乞食是许多宗教修道生活的一种形式和制度。其基本含意是把修行者置于清贫寡欲的生活条件下,一方面用苦行磨炼自己的身体与精神,另一方面借云游四方进行布道和求道。求施主施舍的行乞生活与寺院修道生活是两种不同的修道体制,但历史上的许多修会却把二者结合起来,具体办法是把二者分别安排在不同的时间进行。

第四节　宗教行为的规范化与宗教礼仪

一、宗教礼仪的性质

宗教信仰者的宗教活动总是通过一定的礼仪形式来表现。没有礼仪和不符合礼仪规定的宗教活动一般被认为是渎神的行为。所以,有些宗教学者认为礼仪意味着宗教。杜尔凯姆认为,全部宗教现象可以归结为两个基本范畴,即信念和礼仪。信念是意识的状态,由表象构成;礼仪则是一定的行动方式,是宗教活动的规定性形式。他非常重视宗教礼仪在宗教中的地位和作用，视之为宗教现象的两个基本范畴之一。

宗教学者一般所说的宗教信念也就是广义的宗教意识，包括关于神和神圣物的观念以及对它在情绪上的感受和体验。宗教观念和宗教经验必然要在信仰者的行为上表现出来，于是就在宗教生活中出现了巫术、禁忌、献祭、祈祷等等宗教行为。这些宗教行为都是信仰者的宗教意识在行为上的表现，只是由于信仰者达到其目的的手段和方式有所不同，才表现为上述种种不同的宗教行为。由于宗教在任何社会中都是一种社会现象，个人的信仰总是被纳入于一定的社会信仰体制之中。在一定的社会体系和宗教社团中宗教行为常常是社会性地、集体性地进行的。在社会体系和宗教社团的集体制约之下，各种宗教活动和个人的宗教行为都会逐渐趋向划一，固定为一定的程式和规范。

宗教行为的表现方式基本上都是人以象征性的语言和动作表示对神的依赖和敬畏，并因此而与神打交道，沟通人与神的联系。既然各种宗教行为都是内在宗教意识之外在表现，那么，宗教礼仪作为宗教行为的程式化，便不能不为宗教意识之内容和性质所决定。尽管各种宗教关于神和神性的教义规定不尽相同，人神关系的具体含义也因之而有差异，但总的说来，神总是高于人的力量，是超人间、超自然的力量。人神关系在宗教生活中总是表现为人对神的依赖和敬畏。各种宗教行为的目的都是为了使人与神的关系更加亲近，用各种方式借助神的权能，实现人类自力所无法实现的生活欲求和理想追求。总的目的的一致决定了表现形式的近似。这种行为方式大体上可以分为两个组成部分：一是人为了表示对神的依赖和敬畏，在言辞上阿谀奉承，在身体动作上表示出奴隶式的屈服和顺从，向神请示祈求，邀取神的恩宠；另一过程的方向则与此相反，是神在接受人的礼拜、献祭以后，也对人的祈求表示自己的态度，做出反应和回报，这是神趋向和接近于人的过程。这两种过程都是宗教信仰者以象征性的语言和身体动作的形式表现出来的。因此，我们可以这样说，这种以象征性的语言动作所表现出来的上述两种过程的宗教行为，就构成了宗教礼仪的主要内容和一般图式。如果我们抛开各种宗教礼仪形式构成的细节，宗教礼仪中的这两个过程是有普遍意义的。各种巫术仪式基本上都有某种降神仪式，神灵附体之后则对人的请求做出回答，比如应人之请做出各种驱邪伏魔的法术动作。我国传统的祭典虽然种类繁多，仪式各异，但祭祀仪式的整个过程，主要是祈求神明和神明赐福这两个过程。[①] 当然,各种宗教体系中的祭典仪式并不完全一致。

二、宗教礼仪的种类

既然宗教礼仪本质上是宗教行为的程式化、规范化和制度化,那么,由此可以自然地得出一条有用的结论:有什么样的宗教行为,就可在其规范化后产生相应的宗教仪式。这就为宗教学提供了一个对宗教仪式进行分类的原理:根据宗教行为的种类来划分宗教礼仪的类型。正如我们在本章上述各节已经考察过的那样,普遍流行于各种宗教体系中的宗教行为主要有巫术、禁忌、献祭、祈祷等,因此,宗教礼仪的主要类型便是巫术仪式、禁忌仪式(以及与违犯禁忌有关的洁净仪式)、献祭仪式、祈祷仪式。如上所说,巫术属于对神和神秘力量的控制和作用,献祭和祈祷属于对神秘力量的祈求,而禁忌则介于二者之间。所以,上述几种宗教仪式可以再概括为巫术仪式和祈求仪式两大类型,禁忌仪式可视其具体的内容和性质分别归入两大类中。不过,在实际的宗教生活中,特别是在人类的早期和古代历史上,各种形式的仪式往往是混杂在某种宗教仪典之中的。

根据宗教仪式在社会生活中所发挥的功能,宗教仪式又可以分为积极仪式与消极仪式。积极仪式以集中和有效地应用神圣力量为其目的,如狩猎仪式、增产仪式、启示仪式,各种成人仪式和生命关节仪式等。消极的或禁戒的仪式是通过所谓的禁忌仪式和违禁之后的禳解仪式。

有些宗教学者根据一个仪式是经常举行还是偶尔举行,把宗教礼仪分为偶发性的危机仪式和周期性的岁时仪式两种类型。一个人何时患病,是否失窃,出行办事是否吉利……都带有偶然性,吉凶祸福又常不可预测,人们往往求助于神灵的保佑和启示,这就要举行一定的治病仪式、占卜仪式、驱魔仪式之类。此类仪式都是偶尔举行的,是为了解决偶发性的生命危机或生存危机而举行的,我们可名之曰"偶发性的危机仪式"。古人视各种季节的变换、岁时的循环为天意的安排,于是而逐渐把这些与生产活动紧密相联系的季节变换神圣化,定期举行宗教仪式,祈求神灵帮助。在原始时代和古代的社会中,这种周期性的岁时仪式是一种非常隆重、非常盛大的宗教祭典。比如,受到宗教人类学者普遍重视的"生命关节礼仪"就包括一个人生命历程中的各个关节点:受孕、出生、满月、百日、

---

① 我国传统的祭典虽然种类繁多,仪式各异,但以下几项在各种祭典中大致都有所表现:1. 献牺牲。2. 迎神享祭礼。3. 主祭上香。4. 三献:初献(奠爵正中);正献(奠爵于左);终献(奠爵于右)。5. 诵读祝祷文。6. 赐福祚。7. 送神。

成年、结婚、丧葬……都要举行特定的宗教仪式。这些仪式,对于每个个人而言,只是一次性出现,只有一个周期,并未循环再现;但对于社会群体而言,它们又是周期性地再现于每一个人的生命历程之中。正是在这个意义上,可将其归入于"周期性礼仪"类型之中。

关于"偶发性的危机仪式"和"周期性的岁时仪式"的分类,对于我们把握与分析宗教仪式的性质、内容与功能是很有帮助的。这个二分法的分类原理,不仅清楚地陈述了两类仪式各自的特性及其差异,而且也说明了它们的共同本质。偶发性危机仪式是为了解决个人生活中的偶发性危机,周期性岁时危机则是为了解决社会群体周期性再现的、与生产生活密切相关的重大事件。从个人性与群体性、偶发性与周期性的差异看,两类仪式各有其特殊性;但这两类仪式都是为了顺利度过生命过程中的困境与危机而祈求超自然的恩典与启示,体现了共同的本质与功能。

三、宗教礼仪的功能

宗教礼仪无论对于宗教本身还是对于宗教信徒赖以生存的社会,都会产生重要的影响和作用。主要表现在以下方面:

(一) 强化宗教信仰

宗教信仰者本来对他所信仰的神灵和鬼怪没有实在的和具体的感触,可是在宗教的巫术仪式中,法师做出了种种关于神灵下凡附体、降魔伏鬼的表演,于是就使人获得了关于神灵鬼怪的具体感受。在其他各种宗教仪式中,无论是神坛和礼拜堂的布置,神像和法器的陈设,仪式过程中歌颂呗赞的应用,宗教音乐的使用,神话故事的诵读与表演,教义的宣讲,祝祷文的念诵,圣餐礼的进行,气氛庄严肃穆,使仪式参加者时刻有一种神灵如在上下左右监临的神秘感和神圣感。这种戏剧化式的表演使宗教信仰的神圣对象在宗教仪式过程中取得了具体可感的象征性形式,从而强化了信仰者对宗教的信仰。

(二) 满足精神需要

一个人或一个群体之所以举办一个巫术性的或祈求性的宗教仪式,总是因他们的某种欲求无法用自己的力量促其实现,只得寄希望于通过一定的仪式行为而求得神助或神启。

当巫术士、萨满和道教道士在赶鬼治病、驱魔伏邪的仪式表演中,以种种戏剧化的象征动作把致人于病的妖魔鬼怪赶走或摄伏时,病人的心理显然会得到极大的宽慰。当一个自觉犯罪的基督徒通过忏悔告解仪式得到神父的一句话:

“孩子，上帝已经宽恕了你的罪行”时，他自然会产生某种从罪恶上解脱出来的精神安慰。按照已经神圣化了的程序举行的宗教仪式，能够给人以目的实现的感觉和意象，从而消除焦虑，增强信心，相信未来事态定会逢凶化吉，遇难呈祥。

（三）团结社会群体，整合行为模式

宗教仪式具有整合行为模式、团结社会群体的价值与功能。宗教仪式的这种功能是为一切宗教学者、特别是为宗教社会功能学派所重视的。

杜尔凯姆指出，宗教崇拜的神本质上是社会自身的神圣化，社会通过对它的信仰和崇拜活动而结成一个道德的共同体。宗教仪式的社会功能在这里得到集中的表现。所有这些仪式的基本目的在于使社会共同体继续维持下去，重新加强社会成员个人从属于社会共同体的观念。在举行宗教仪式时，一大群社会成员聚集在一起，兴高采烈，进入高度虔敬和狂热的状态。正是这种状态，社会共同体表现出了对个人的压力和权威，宗教仪式因此而加强了信仰者个人与神的关系，从而也加强了个人与神所象征的社会的关系。按照杜尔凯姆的说法，宗教仪式是一种手段，社会集体通过这一手段来定期地重新肯定自身。那些认为自己是被一个有一致的利益和传统的团体联合在一起的个人，则通过共同的仪式活动而意识到他们在道德上的一致性。

马林诺夫斯基也作如是观。在他看来，巫术及其仪式对于社会是一种将其组织起来的力量。例如，在图腾制社会里，各种有关的巫术仪式规定了氏族部落的社会结构和组织制度，政治事务、战争活动、生产活动都取决于巫术仪式的结果。可以认为，巫术仪式活动为一个社会群体提供了一种团结所必须的道德和法律的机制。以丧葬仪式为例。原始社群中人数很少，一个成员的死亡决非无足轻重。如果死者是一重要人物，很有可能会破坏常态的生活，动摇社区根本。村民出于恐惧，可能抛弃尸体逃离村落，从而使团体瓦解。在这种情况下乃举行丧礼，通过这种神圣化了的仪式使活人与尸体保持一种关系，相信死者灵魂继续存在，相信它有善意（或恶意）。由于举行了追悼的礼、祭祀的礼，于是，人们便相信宗教仪式的举行战胜了恐惧、失望、灰心等离心力，从而使受到威胁的群体生活得到最有力的重新统协的机会。[①] 马氏指出，宗教的各种仪式如入世礼、丰收仪式、图腾仪式、食物尝新的仪式等，都意在使人类的生活与行为神圣化、规范化，从而成为一种最强有力的社会控制力量。

拉德克里夫-布朗以更有力量的论证强调宗教仪式的社会价值。他指出，我们应该把各种宗教的或巫术的仪式看作是一个复杂的社会体制的组成部分，

① 马林诺夫斯基：《巫术、科学、宗教与神话》，李安宅译，商务印书馆 1946 年版，第 34 ~ 35 页。

人类正是在这一制度中用一种有条理的方式组织在一起共同生活。没有宗教的信仰和仪式,一种社会秩序就不可能形成和存在。这是因为,人类有秩序的社会生活依赖于社会成员精神中的某种控制其相互行为的感情,而这种感情则有赖于宗教仪式的培育与维持。祖先崇拜仪式与社会的世袭制结构显然有着一致的关联,献祭仪式则是社会用来再一次肯定和加强那些为维护社会的一致所必须的感情。与马林诺夫斯基不同,布朗认为,仪式的功能与价值并不仅仅在于仪式可以缓解个人生活中的焦虑,更在于仪式也能增加个人和社会的焦虑,而且这种令人提心吊胆的恐惧和焦虑体现了仪式的社会功能和社会价值。因为,通过人们的仪式活动,通过共同的希望与恐惧,通过人们对事件的共同关注,社会群体中的不同个体便暂时地或永久地联系在一起。而这种仪式命令的背后是一种社会公认的宗教信念:如不遵从仪式的规则,就会有某种突祸降临。不是患病,就是死亡;不仅危及个人,而且祸延氏族。正是在这里,体现了仪式的社会价值。它是一种强制性的社会力量,是把人们结合在社会体系之中的社会意义的象征表现。

总括杜尔凯姆、马林诺夫斯基和拉德克里夫-布朗等人对宗教仪式的功能和价值的分析,我们可以看到,尽管他们各有不同的强调重点,但都一致认为,宗教仪式是把个体连接起来,组织到一定的社会关系(社会网络、社会结构)之中的凝结剂,它可以规范化个体的行为和情操,形成社会的秩序。这种理论分析相当深刻。

一种宗教行为方式之所以能被作为礼仪或仪式进行,是因为它得到了社会和集团的承认,社会和集团赋予它以权威。所以,宗教仪式便具有超个人的权威,对该社会和该集团中的个人具有约制力,使遵守和奉行宗教仪式成为个人的强制性义务。这必然会把个人的信仰与行为统一起来,起到维持和强化宗教信仰的作用,进而又增强了个人的认同感而起到维系和巩固社会秩序的作用。但与此同时,也惟其因宗教仪式的这种作用,它也就成了社会的制动器和思想的窒息剂,停滞了社会的进一步发展。事实上,在原始社会向文明社会发展,以及文明社会进一步向前发展的每一历史关头,宗教的信仰及其象征表现——仪式——都成了制约社会进步的保守因素。还应该特别注意到,在一个单一的群体社会中,一个惟一无二的宗教及其仪式,当然可以起到社会凝结剂的作用,但随着社会的分化和发展,多种族、跨地区、跨文化的复杂社会体出现了。这时,多种宗教信仰和多种宗教仪式同时并存,它们之间势必互相排斥、互相竞争。在这种情况下,宗教信仰及其仪式在整个社会中所起的作用,就往往不是单一社会群体中的团结作用,而是由宗教排他性所起的分裂作用了。历史上不少民族之间的宗教战争,基督教新旧两派为推行各自的教义和教仪而发动的多次战争,伊斯兰教内部各教派之间的纷争以及诸如此类,都一再证明了这种“排他性”的存在及其危害。

第2编

宗教的起源和发展

第六章

概说宗教的起源和发展

第一节　各派宗教起源论

宗教是怎样产生的？这是宗教学领域中至关重要的问题。如何回答这个问题，直接涉及宗教学者对宗教的本质及其发展规律的理解，反映了他们在宗教研究中的立场、观点和方法。学者的宗教观如有不同，他们的宗教起源论也会有所不同。视宗教为神圣的护教主义者总是要为宗教寻找一个神圣的源泉，而对宗教持批判和怀疑态度的理性主义者一般都对这种“神圣的源泉”持怀疑以至否定的态度。宗教学必须重视宗教起源问题的研究。只有对宗教起源问题有了真正科学的说明，我们才能真正了解宗教产生的条件和根据，从根源上发现宗教之所以为宗教的本质，进一步揭示宗教发展的途径，认识和理解宗教所具有的文化意义与社会功能。

19 世纪下半纪，由于达尔文生物进化论的问世，传统的宗教及其神学世界观受到沉重打击。进化观念深入到各门各类自然科学和人文学科，大大推动了宗教的科学研究和宗教学的发展。宗教学者普遍破除了宗教神启论，把宗教的发生和发展视为历史进化的过程。在进化论观念的启迪和影响之下，许多宗教学者提出了各式各样关于宗教的起源和发展的理论，出现了各种宗教学流派。在宗教学领域内确是百家争鸣，洋洋大观。人类学、民族学、考古学的建立和发展，对宗教学关于宗教起源和发展问题的研究提供了大量的实证材料。我们应该科学地分析和总结近代宗教学、人类学、考古学和民族学方面的一切有价值的成果，发展关于宗教起源的理论。

在宗教学中，关于宗教起源的理论，其最有影响者大致有如下几种：

一、自然神话论

自然神话论是近代宗教学关于宗教起源问题的第一种学说，发端于德国学者对于印度日耳曼系的语言学与民族学的比较研究。此派学说认为宗教的来源及其最早的形式为自然神话，尤其是星辰神话。在他们看来，神话和宗教中的神，都是自然物的人格化，尤其是较大的星辰的人格化；除此以外，有些神则是某些自然力和自然现象（如狂风暴雨、雷霆闪电）的人格化。此派学者的具体主张也不完全一致。麦克斯·缪勒（早期）与布雷尔认为一切神话都是太阳神话，其惟一的题材即是太阳的出没及其作用；普洛伊克斯认为神话的主要题材是天空的各种形式；阿达尔伯特·昆主张神话的主题是风雨雷电之类；雷格洛德和雷尼尔则主张印度日耳曼神话的主要题材是火等等。

这些主张在印度日耳曼语系诸民族的宗教神话中，确有自己的根据，但后来的研究证明印度日耳曼的宗教并不纯粹是一种把自然力人格化的神话宗教，而且印度—日耳曼人种共住未分之时，其社会与文化已有相当的发展（如已进入畜牧经济，并已有最初步的农业知识），因此不能把印欧语系的宗教神话视为人类最原始的宗教。

二、实物崇拜说

早在 18 世纪，法国的布罗斯已在《实物神崇拜》一书中把实物崇拜和自然崇拜作为一切民族宗教的原始状态（希伯来人除外）。孔德发展了这一理论，认为在整个人类历史的“神学时期”，实物崇拜是最早的阶段，以后发展为多神教和一神教。孔德把日月星辰也包括在广义的“实物”之中。他认为实物崇拜是崇拜一切自然物体的宗教（不管是否有神寓于这些物体之中）。直到多神教阶段，这些实物才被人格化或神灵化。由于欧洲殖民主义对非洲、大洋洲、美洲的征服和商业交往，欧洲人也接触到了当地人的宗教，发现了未开化民族对实物的崇拜。拉布克在此基础上发展了孔德关于宗教起源于实物崇拜的理论。

这种理论直到现在仍在一些宗教学者中颇有影响，他们把拜物教视为人类最早的宗教形式。

实物崇拜（fetish worship）一词原出于葡萄牙文 fetico 和拉丁文 factitius，意指邪法、妖术、符咒，有法术与护身符之意。葡萄牙人在西非洲的黑人中发现他们崇拜某些非生命的实物，如牙、爪、尾、角、羽毛、甲壳、铁片、衣物之类，黑人向这些东西祈祷、祭祀和敬礼，以期获得所需要的保护与帮助。但进一步的调查研究却证明黑人并不是崇拜这些物体本身，而是把它们视为祖先神或其他神灵的代表或象征。因此，如果要说明实物崇拜者何以把实物作为神灵的象征，就得进一步说明神灵观念的源泉。同时，在有这种宗教崇拜形式的民族（例如西非洲）中，实物崇拜并不是其主要部分，这些民族在人类学上也不是最原始的。

三、万物有灵论

1872 年，英国著名的人类学家和宗教学家泰勒在其《原始文化》一书中，创立了宗教起源于万物有灵论的学说。他认为在祖先崇拜、实物崇拜和自然崇拜之前，已有万物有灵的崇拜。因此，万物有灵崇拜乃是一切宗教的源泉。泰勒认为，原始人根据对睡眠、出神、疾病、死亡、梦幻等生理心理现象的观察，推论出与身体不同的灵魂观念，然后把灵魂观念应用于万物，产生了万物有灵论；应用于死去的祖先，产生了祖先崇拜与纯粹神灵观念；应用于非生命的自然物，产生了自然神和自然崇拜；以后发展为种类神崇拜和多神教，至上神崇拜和一神教。

泰勒的万物有灵论以丰富的民族学和宗教学的资料为基础，体系宏大而井然有序，说理深透而简明精确，立即在宗教学领域赢得巨大的声誉。尽管在进入 20 世纪之后，受到其他各种宗教起源论的挑战，泰勒理论仍继续保持其强大的影响。百余年宗教学、人类学、民族学的新发现，对万物有灵信仰是否先于图腾崇拜、祖先崇拜和自然崇拜，并进而确定其为人类宗教的最初形态，提出了值得注意的质疑，但却无可怀疑地证实了灵魂观念乃是人类最早的宗教观念，而这一观点正是泰勒万物有灵论的基石和出发点。

四、祖灵论或鬼魂论

1876 年，斯宾塞在其《社会学原理》第一卷中，提出了他自己的宗教起源论。他认为整个人类几乎都有一种关于人死后另一个“我”（鬼魂）的信仰。他在这方面的思路几乎与泰勒完全一致。在他的构想中，原始人类从人的影子、水中倒影、做梦、出神或中风之类现象中产生出了这样一种确信：他自己拥有一个可以随意离开并可返回身体的“幻影”或“灵魂”；同时，原始人又从噩梦、鬼魂的出现、人的死亡、梦见死去的祖先等现象中培植起一种关于死去祖先无所不在的感觉。原始人于是逐渐相信一个人自己的灵魂和死去的人(祖先)的灵魂具有自由活动的性质。由此又必然引发灵魂可以进入无生命的物体的信念,这就是"物神"信仰。围绕"物神"的活动及死去祖先和死去知名人物的活动,演化为各种故事,产生了初期社会的神话。一切宗教的神都是由此而产生的。这就是说,对于死去祖先的灵魂(祖灵、鬼魂)的崇拜,乃是一切宗教的出发点,祖先崇拜乃是一切宗教的基础。斯宾塞的"祖灵论"或"鬼魂论"基本上类似于古代希腊犹黑麦洛斯的"人死封神论"。这种观点作为宗教起源论在宗教学上有争议。反对者的主要论点是:祖先崇拜只是若干宗教元素中的一种,而不是宗教的全部,许多的自然神不能认为起源于祖先崇拜。这个批评针对斯宾塞学说本来的形式言之,是有道理的。但我们同时也应该透过形式分析其内核。我们认为,斯宾塞的鬼魂说大体上与泰勒的灵魂观念是人类最早的宗教观念说相当,只不过斯宾塞更强调死去祖先的灵魂在宗教起源上的意义。如果我们赞同宗教起源问题上的"图腾论"者的观点,把人类社会最早出现的制度性的宗教信仰活动确定为氏族社会的图腾崇拜,那么,斯宾塞的"祖灵论"就可以与"图腾论"协调起来。因为,从根本的崇拜形态来看,图腾崇拜本质上是源于祖先崇拜的某种形式,是原始人对人与自然混沌未分时的一种信仰。当然,这需要我们对斯宾塞的祖灵论做新的解释。

五、图 腾 论

1885年,罗伯特森·史密斯在其研究阿拉伯人和闪族人的宗教的著作中,主张图腾崇拜是一切宗教的起点。弗洛伊德在心理分析的基础上发展了图腾论,他不仅认为图腾崇拜是一切宗教的起源,而且认为是一切文化、道德和社会组织的起源。杜尔凯姆的名著《宗教生活的基本形式》进一步发展了图腾理论,但是他又把图腾崇拜与巫术结合起来,把此二者的混合物视为人类宗教的起源。

图腾论有广泛的民族学资料作为论证的基础,在宗教学中有重要的影响。有些持不同意见者并不反对图腾崇拜是一种古老的社会现象,但却否认它是一切宗教的来源,而只是把它视为一种社会制度。其实,宗教作为上层建筑的一个重要组成部分,既是社会意识形式,也构成社会制度的一部分。在人类社会的原始时代,宗教作为无所不包的上层建筑,也就是社会制度。图腾是不同婚姻集团和氏族的标志,图腾崇拜是与氏族制度一起形成的。民族学的大量资料有力地证明图腾崇拜是原始时代氏族社会的制度性的宗教崇拜活动。

六、前万物有灵论

泰勒以后有相当一批重要的宗教学者一方面承认原始人信仰万物有灵这一事实,但同时却认为万物有灵信仰并非人类最早的宗教形式。据他们说,在原始人信仰万物有灵之前有某种更原始的宗教形式,马雷特把它称之为“前万物有灵论”。所谓“前万物有灵论”有两种理论形式:一为金氏和弗雷泽的“巫术论”;一为马雷特的“巫力论”。

美国学者金氏是“巫术论”的先驱,他于 1892 年就提出巫术先于万物有灵论,主张把巫术作为宗教的起源。弗雷泽在 1900 年《金枝》的第二版中系统地论述人类理智的发展历程有三个阶段:巫术、宗教、科学。原始人在巫术阶段尚未有精灵或神明的观念,而相信可用巫术手段来控制超自然力,只是在理智进一步发展之后,认识到巫术无效,才转而向超自然力的神灵祈求,于是产生了宗教。当人类认识到宗教的虚假时,便产生了科学。

马雷特的“巫力论”略有不同。他认为在原始人产生灵魂观念和相信万物有灵之前就相信某种“神秘的”、“超自然的”力量,并因之而产生“惊奇”和“敬畏”的感情。这种力量的典型形式就是美拉尼西亚人的“玛纳”。马雷特认为,由于原始人震慑于这种神秘的玛纳,便随之而产生相应的禁忌规定(塔布)以及利用和解除这种力量的巫术活动,这就是人类最早的宗教活动和宗教形式。他把最原始的宗教规定为“玛纳—塔布”这两个观念的联合。

巫术论把巫术与宗教对立起来是难以自圆其说的。实质上,巫术本身就是一种宗教行为,有了巫术活动,就有了宗教,不能把巫术说成是宗教的前奏(其中道理,详见本书第一编第四章第一节)。

玛纳论把玛纳信仰视为灵魂观念产生之前的宗教形式也是难以令人信服的。玛纳论以相信神秘的超自然力为其前提。任何超自然的力量根本不存在于物质世界之中,它们本质上是非物理的“灵性”的力量。这种信仰如果与人对自身的、心理的、精神的或灵魂的错误观念没有任何关系,是很难产生的。在人类学和考古学上,我们并没有发现任何早于灵魂观念或灵魂崇拜的宗教遗迹。在尼安德特人的墓葬之前,没有任何巫力崇拜的影子。在民族学上,迄今为止已发现的最早进行“玛纳”崇拜活动的民族,都不是人类学上最原始的民族。在美拉尼西亚人那里发现玛纳崇拜时,他们的社会已进入氏族社会的晚期,灵魂观念已相当发达,已出现了精灵崇拜、祖先崇拜和首领崇拜,而且认为精灵、祖灵和首领都具有玛纳。我们有理由认为玛纳不过是灵魂观念的一种扩展形式。美国宗教学者摩尔就对玛纳的原始性表示怀疑。他着重指出:“凡是有玛纳的观念的民族,都绝不是还在最低级的文化里面,反之,他们之中已经通行灵魂论,而且他们的灵魂论已经很发达了”。[①]

七、原始启示说

上述几种宗教起源论,尽管具体的理论主张不尽相同,但都是把宗教的起源视为人类智力和文化发展过程中的产物。这些宗教起源论当时都在一定程度上发挥了反对传统宗教神学的作用,但也因此而受到来自教会势力方面的攻击。不过值得我们注意的是,这种攻击这时也采取了近代宗教学的理论形式,其典型就是奥地利天主教神父、著名宗教人类学者威廉·施米特的“原始一神论”或“原始启示说”。

所谓“原始一神论”的最早倡导者,本是泰勒的弟子安德烈·兰格,但他后来反对泰勒关于上帝观念是灵魂观念进化和发展的结果的万物有灵论。他利用了当时发现的澳大利亚未开化民族信仰“至上神”的材料,对整个宗教进化观念表示怀疑。但他对原始人的至上神观念的起源,并未做出明确的回答。兰格死于1912年,是年,威廉·施米特的《神观念的起源》第一版出版,系统地发挥了兰格的学说,创立了完备的“原始一神论”。施米特坚决反对宗教进化论,认为世界上文化层次最古老、最原始的种族都信仰至上神:“原始文化中的至上神,确是一神教的至上神,因此崇拜这至上神的宗教,才是真正一神教”。[②]他认为,一神观念和一夫一妻制、私有制一样是亘古以来就有的。对于最高存在的信仰,乃是远古时代人类文化的重要部分,它不以时间和空间为转移,其原因在于它起源于上帝对人类的原始启示。至于多神信仰和其他各种宗教崇拜则不过是原始一神信仰的退化,是后起的现象。施米特的原始一神论在宗教学领域中是一种典型的宗教退化论,具有鲜明而浓厚的护教主义色彩。它受到教会势力的推崇,也曾赢得一些宗教学者的支持。但宗教学、人类学和民族学的进一步发展所提供的大量资料证明,施米特用以证明其原始一神论的资料很多是不可靠的,甚至是有意歪曲的。[③]至于把所谓原始一神观念归原于上帝的原始启示,更是神秘主义的

① 摩尔:《宗教的出生与成长》,江绍原译,商务印书馆1926年版,第14～15页。

② 施米特:《比较宗教史》,肖师毅、陈祥春译,辅仁书局1948年版,第326页。

③ 托尼·斯韦因(T. Swsain)用民族学的资料对施米特的原始至上神提出了有力的怀疑。他指出:澳大利亚西南部土著人的至上神崇拜并非原始的,而是他们在与白人接触之后,并作为对入侵的西方信仰的反应而出现的。(载于《宗教史》上的他的论文《起源于一片被征服的土地上的一位新的天空英雄》)

妄说,与科学的探讨完全无关。

上述各种宗教起源论,大体上都是学者根据自己所了解和掌握的宗教学、人类学、民族学的那部分事实和资料总结出来的,一当有新的发现,就被一种新的宗教起源论所代替。所以,尽管各种宗教起源论日新月异,此起彼伏,但没有任何一种学说能得到学术界的公认。

上述种种宗教起源论虽然各有自己的缺陷,不是完全的真理,但它们都从不同的角度总结了有关的事实,推动了宗教学的发展。通过这些学说,我们对宗教起源问题的科学认识,不是越来越远,而是越来越近;不是越来越片面,而是越来越全面。即使施米特的具有护教主义精神的原始一神论,也有助于深化我们的认识,不可绝对否定。我们似乎不应该对上述种种宗教学说取盲目地否定一切的态度,而是应该批判地继承和吸收这些学说中一切有价值的成果,对宗教起源问题做出更科学的说明。

第二节　宗教产生的社会历史条件

一、研究宗教起源的方法论问题

人类最早的宗教观念和宗教崇拜活动,显然在非常古老的原始社会时代就已经产生了,这一事实已得到宗教学者一致的承认。但宗教如何产生?是人类与生俱来的天赋,还是原始社会发展到一定阶段的产物?这却是宗教学领域中聚讼纷纭的问题。由于原始社会早已成为逝去的历史,最早产生宗教观念,进行宗教崇拜活动的原始人类又没有留下文字记载,这就使我们今天很难对这些问题做出确证。在这种情况下,要从事此项研究,做出合理可信的判断,就必须有一套比较科学的原理和方法。我们认为有以下三种方法:

(一) 唯物论的观点和方法

宗教观念和人类精神世界的一切观念一样,是社会存在的反映,既不是先天而有,主观自生的,也不是神灵启示的。只有把原始人的宗教观念与其反映的对象——原始社会联系起来.才能发现它的本质及其产生的社会基础。

(二) 人类学和考古学的方法

探索宗教的产生,惟一的资料只有考古发现的原始人类的遗骸和原始人群生活的文化遗迹。宗教观念和宗教幻想虽然看不见,摸不着,但如其已产生于原始人类的思维之中,迟早总得表现为相应的语言和行为,而语言和行为则是可以感触的。当然,原始人类没有文字,他们的宗教观念、宗教幻想以及表现他们的物质外壳——语言和行为,随着原始人类的消失而一起消失了。但是,进行思维活动的物质器官——原始人类的遗骸却留存了下来。他们如果有过宗教崇拜活动,这些活动的后果也会以感性化、物态化的形式,作为宗教遗迹留存于世。人类学、考古学正是根据这些远古遗物,通过比较研究,分析原始人类智力(思维、语言)的发展,推知其遗存物的用途与性质,并进一步判断宗教观念和宗教活动的产生和发展。

(三)民族学的方法

地理大发现以来,世界各地各种民族的社会生活和习俗越来越多地被了解和认识。其中,许多民族尚处于原始社会的不同发展阶段。这些民族学的资料,为我们据此推断原始社会及其宗教信仰的情况提供了佐证。当然,当我们进行这种推论时,已包含了一种基本假定:一切人类(无论其生活于何时何地,属于何种民族)的思维和行为,都具有共同性的因素。只有我们假定了这个前提,才能从今天发现的原始民族的宗教信仰情况,推论到古代的原始民族的宗教信仰情况;从这个民族推论到社会发展程度与此相当的另一民族。但是,我们应该承认,这个基本假定本身并不是自明的真理。

以上三者,是我们研究宗教起源问题的基本观点和基本方法。由于人类学、考古学和民族学的资料很不充分,这些方法本身又只不过提供了某种进行类推的原理而不是逻辑的证明,所以,我们在这个领域中所得的一切结论,不可避免地会具有一定的或然性。我们相信,随着资料的日益丰富和完善,我们的研究结论必将具有越来越大的或然性,宗教学关于宗教起源问题的探讨,也将随之日益接近于真理的认识。

二、宗教是原始社会发展到一定阶段的产物

(一)宗教不是人类与生俱来、天赋而有的

虽然唯物史观、人类学和考古学的方法、民族学的方法,都不能为宗教的产生提供出一个绝对正确的肯定性的答案,但却可以提供一个绝对正确的否定性的答案:宗教不是与人类相伴而生的,在人类出现于世之后的漫长历史年代里,没有、也不可能有任何宗教观念和宗教信仰活动。

宗教本质上是把支配人们日常生活的异己力量,用幻想的方式予以超自然化、超人间化的结果。宗教观念是一种相当复杂和高级的思维活动,它不可能产生于刚刚从类人猿脱颖而出的早期人类。原始人必须经历长期的发展,才有可

能积淀出产生宗教观念所需的智力机能和相应的社会条件。

按照古人类学的研究，人类的进化大体经历了猿人（南猿）、直立人和智人三个阶段。[①]南猿生活在距今550万年到100万年前，直立人生活在距今300万年到30万年前，大约从30万年前开始，人类才进化到智人阶段。[②]前两个阶段相当于人类考古学上的旧石器时代早期，最后一个阶段相当于旧石器时代中期和晚期。

南猿是从腊玛古猿进化而来。据测算，南猿纤细种的脑量大约为480立方厘米，南猿粗壮种的脑量为500立方厘米。约在200万年以前已学会了制造工具，南猿开始了真正的生产活动。有人推测，南猿已有萌芽状态的语言。按照G. 利维斯的看法，萌芽阶段的语言经历过“号叫”、“呼唤”和“词”三个阶段，然后才向祈使语言过渡。[③] 南猿的语言能力大概已达到“词”的阶段，不过这时的词在功能上还没有分类，数量也非常少，大概只是些表示与狩猎和采集活动有关的声音。英国历史学家韦尔斯说：“最初的语言可能是少数惊叹词和名词的集合。可能用不同声调来说这些名词以表示不同的意思。”[④]这种情形大约相当于一周岁左右的幼儿语言，即“单个词的话语阶段”。[⑤] 显然，在单个词的语言阶段，还不可能出现语法关系。单个的词只是一个个非常具体的事物和活动的语言表现，这样的词所表现的思维活动只能是具体的感性表象，而不会是抽象性的。根据南猿阶段的语言发展水平可以推断，灵魂和神灵之类宗教基本观念，由于其高度的非具体性和联想性是不可能出现于南猿的思维之中的。我国人类学的考古发现也可证实这　结论。

从云南的元谋人（距今约100万年）、陕西的蓝田人（距今约60万年），到著名的北京人（距今约50万年），大致属于直立人阶思。蓝田人的脑量为778毫升，略超过现代猿类的最高脑量。北京人的平均脑量为1 059毫升，比现代猿类的平均脑量（415立方厘米）大一倍以上，但只有现代人平均脑量（1 400立方厘米）的2/3。从北京人的身体结构进行比较研究，可以得出结论，他们的语言能力很低。因为他们的牙齿粗壮，嘴巴前伸，没有下颏，这就决定他们不可能频繁地改变音节。低下的语言能力反映出他们的思维能力和智力水平也是很低下

① 人类学近年来倾向于采用这种三阶段划分法，参看周国兴：《人怎样认识自己的起源》下册，中国青年出版社1980年版，第296页。

② 林耀华主编：《原始社会史》，中华书局1984年版，第24～25页。

③ G. 利维斯：《语言的起源和史前史》，伦敦，1956年版，第224页。

④ 韦尔斯：《世界史纲》，吴文藻等译，人民出版社1982年版，第154页。

⑤ 克雷奇等：《心理学纲要》上册，周先庚等译，文化教育出版社1980年版，第173～174页。

的。他们不可能有抽象的思维,也不可能形成有稳定联系的幻想。在这一阶段的原始人类是不可能有宗教观念和宗教幻想的。北京人的遗物很多,石器工具数以万计,且知道用火和保留火种,但却没有任何与宗教观念有关的痕迹。

我国发现的马坝人和丁村人的身体已进化到比较接近现代人的程度,脑量大为增加,对石器已能进行有意识的加工制作,反映他们的思维水平超过北京人。但至今在处于旧石器时代早期原始直立人的遗址中未发现任何宗教性的遗迹。因此,尽管有些学者根据直立人的脑量和身体结构推测当时已有可能产生比较抽象的宗教观念,但这种推测至今尚没有任何事实根据,我们不能据此把产生宗教观念的时代推定在旧石器时期的直立人阶段。

(二)人类最早的宗教遗迹

大约在二三十万年前,直立人开始向智人过渡。智人的分布遍及亚、非、欧三大洲。智人的脑量已经达到了现代人脑量的变化范围。如西欧典型的早期智人圣沙贝尔人的脑量约为1 600立方厘米,已经超过现代人脑量的平均数(1 400立方厘米)。智人阶段属于旧石器时代的中期和晚期,这一时期的人类已能制造专门化的、定型的工具和武器,复合工具已经出现,晚期已发明了弓箭。从这些情况看,智人的智力水平已能进行抽象的思维,有稳定的想象和联想。在他们的幻想世界里,形成某种灵魂之类宗教观念已成为可能发生的事情。事实上,这已不是单纯的推测之词,而是有考古事实可证。

人类考古学以所谓"莫斯特文化"作为旧石器时代中期智人的典型文化,它的上限约为12万年前。[①]莫斯特文化是典型的早期智人——尼安德特人创造的文化。从宗教学角度看,莫斯特文化之最有意义的发现就是:在尼安德特人的遗址中发现了丧葬的遗迹,这是迄今为止考古学所发现的人类最早的葬礼。在法国南部圣沙拜尔附近山洞遗址中,发现一具完整的男性骨架,考古学家认之为尼人的典型代表。伴存的文化遗物有发达的莫斯特石器,尸骨旁堆放着经过加工的燧石、石英块,以及烧过的野牛骨和驯鹿的尸骨。学者认为这证明当时已有埋葬死者的习俗,他们还从兽骨的堆放处理进一步推论到尼人埋葬死者时可能有丧葬会餐的礼仪。圣沙拜尔遗址距今约有4万余年。在世界各地的尼安德特文化时代均有类似的发现。例如,在拉·费拉斯附近的一个墓地上也发现了葬礼的证据:因为在一个死去的儿童身边放有两块燧石,显然不是偶然的巧合,而是有意为之(距今6万年前?)。在伊拉克的沙尼达尔洞穴中发现的尸骨显然用花

① 关于莫斯特文化的上限,各家说法不一,本书暂取《插图考古学百科全书》(伦敦,1978)的说法。

装饰过(距今5万年前?),这说明埋葬死者的人用撒花来表达他们的悲哀和尊敬,并可能对死者的死后生活有一定的幻想。

在中国大地上生活的原始人也留下有此类宗教遗迹者,据现在的发现,最早的是山顶洞人。山顶洞人生活在距今约2.5万年前,在人类学上属于晚期智人或新人阶段。其脑量和身体结构已同现代人没有多大差别,嘴部后缩,下颏突出,这表明他们已具有相当水平的语言能力和思维能力,有形成宗教观念和宗教幻想的主观机能。在山顶洞人的上室文化层中发现了婴儿的头骨碎片、骨针、装饰品和少量石器,在下室发现有三具完整的头骨和一些躯干骨,尸骨周围撒有赤铁矿粉末,并有一些随葬的装饰品。这些发现说明山顶洞人已有埋葬死者的习俗,与欧洲的莫斯特文化相当。

人类学者和宗教学者一般认为,原始人的墓葬,一方面表现了他们对亲人眷恋之情或畏敬之心,说明人们之间已结成以血缘为纽带的社会关系;另一方面则表明了原始人这时已有了某种关于灵魂不死和死后生活的遐想。布兰顿说:"埋葬死人……含有特别关心死亡和死者的意思。如有随葬食物或其他器物的情况,我们就有理由设想其中必然含有一种死后继续存在的观念。"①当代著名的美籍罗马尼亚宗教学者伊利亚德则认为,灵魂观念在未有墓葬以前即已存在,墓葬的出现则进一步证实了死后存在的信仰。②埋葬死者应该是一种以灵魂观念为内在根据的宗教性的行为。

还有一些原始墓葬更能表明原始人的宗教信仰。在欧洲阿尔卑斯山区的佩特舍勒洞穴与德拉亨洛赫洞穴中发现大量洞熊遗骸,其中一些还按一定秩序叠放起来。在法国的列多尔都岩洞发现一具成人遗骸,安置在一张平放的石床上,用其他石料覆盖。石料上再盖以沙子和灰。同石料混合在一起的有许多石核、石片和刮削器,还有动物的骨头(主要是熊骨和鹿骨)。附近还有一具棕熊的尸骨,放置在人工掘成的墓穴中。这种埋葬动物尸骨和人兽相伴而葬的葬式,不能不反映出当时原始人的某种宗教观念。有些学者认为这是一种图腾崇拜,或者是一种狩猎法术。

考古学上能对原始时代宗教起源问题提供证据的重要发现,当推原始人的艺术作品——岩画和石雕像之类。据统计,自从1879年第一次发现旧石器时代绘画以来,已经证实的石器时代晚期的绘画在1万~1.5万件之间。其中相当部分被学者推断与宗教有联系,尽管其确切的关系仍难以确断。

---

① C. G. F. 布兰顿:《宗教的起源》,载《观念史辞典》,第4卷,纽约,1973年,第98页。

② M. 伊利亚德:《宗教观念史》,第1卷,芝加哥,1978年,第9页。

旧石器时代的绘画绝大多数是关于动物的。学者们认为,这种绘画与当时人类的狩猎活动有关,表现了狩猎经济中人与兽的关系。在法国和西班牙的洞穴画中所画的动物,有一些在其旁边画有表示飞箭和陷阱的线条。拉斯科洞穴中画有一头野牛,被矛刺穿,其内脏已有一半掉了出来。有些学者认为,这幅画所表示的是一种有助于猎获动物的交感法术。

特别需要强调指出的是,有些岩画的位置在幽深的洞穴之中,绘画人只有腹部紧贴地面才能爬进去,这显然有其特殊的目的——与具有神秘性和神圣性的活动(宗教)有关。约翰·普费弗尔特别重视在法国南部的图克多杜贝特(Tuc d'Audoubert)洞穴遗迹。在此洞穴的一个最幽深处的地面上,发现有50个带鞋后跟的脚印,从鞋印的大小推测他们大致是13~15岁的儿童。普费弗尔还注意到在西班牙北部的胡约(EI Juyo)洞发现的一具面呈半人半狮状的雕塑品(距今1.4万年),附近还有一层又一层的动物骨头。他据此推断,这些洞穴可能是举行成年礼的地方,雕塑品和动物骨则可能是仪式对象和祭品之类。还有些学者从一些洞穴经过装饰,雕塑品是从别处制作然后带到这里来,以及红赭石、黄赭石的普遍使用……等发现,推测这些洞穴是供原始人类集体性活动之用。既然是集体活动之地,我们似乎就可由此而做出进一步的推断:那很有可能是某些宗教性、巫术性的仪式,涉及当时人类与他们心中的超人间力量的关系。

在欧洲的一些洞穴中还发现有人像画,其中之最著名者是所谓"跳舞的巫师"(此画绘于法国南部三友洞中)。这是一个显然带有面具的半人半兽的男性人像,头戴多叉鹿角。学者们一般把画中人解释为正在举行狩猎仪式的巫师。当代最负盛名的宗教学家伊里亚德更进一步,把这类人像说成是"狩猎之主"、"猎物的守护神",甚至还说成是"神性的",是后来一切神灵的原型。[①]当然,尽管这种结论出自像伊里亚德这样的大学者之口,仍不过只是一种可能的假说。如果这个假说可以成立,那么,近年来在我国各地发现的大量的诸如此类岩画,也当有类似的宗教意义。

被学者称为"维纳斯"的石雕像是否具有宗教意义也引起了广泛的注意。第一,这种女性石雕有一致的风格:总是裸体,乳房高耸,肚子硕大,突出地表现了女性作为生育者的形象;第二,在旧石器晚期(距今2.5万~2.3万年)有广泛的地理分布。最集中的地点在法国地中海海滨地区(坎塔布连地区)、马耳他、奥地利、俄罗斯中部以至贝加尔湖地区。据此,学者们一般认为,此类"维纳斯"

---

① M. 伊里亚德:《宗教观念史》,伦敦,1979年,第1卷,第13页以下。

雕像可能表示原始女权制时代对母亲神的崇拜，或表现以女性作为生育者的丰产巫术和生殖崇拜。其广泛的地理分布和大体近似的艺术风格则说明，世界这些地区在制作“维纳斯”雕像过程中，可能有某种“共有的神话”作为其思想基础。特别需要指出者，近年来我国考古学者在辽宁喀左县东山咀亦出土了两件陶塑孕妇像，造型酷似欧洲、西亚等地发现之“维纳斯”石像。东山咀遗址已被学者确定为大型祭祀中心。其后不久，又在辽宁牛河梁发现了有中心、有配室的“女神”庙建筑和有中心、有层次的“女神”群像。这两处遗址的考古年代确定为公元前5000年，它们具有的宗教意义应是没有疑义的。考古学者孙守道、郭大顺做出了这样的推断：

> 在古代社会，女神象征生育，象征大地，象征收获，是一个民族生命力的体现，受到广泛的崇拜。女性雕塑形象从旧石器时代晚期到青铜时代早期，在欧亚大陆到中美洲遗址、古墓葬中较为多见。在我国，女性雕像的明确发现，首见于1979年发掘的喀左县东山咀红山文化遗址，曾引起学术界的普遍注意。但东山咀遗址发现的陶塑像，都属中小型，材料不够完整。今在距东山咀不远，同属红山文化的牛河梁发现了规模更大的祭祀遗址群，而且已出土的是一尊雕塑水平较高、造型准确、形象生动的大型女性头像。这就以准确的考古资料证实，对女神的崇拜，在我国原始宗教意识形态中同样占有主导地位……这尊头像所象征的女神不过是群神中的一个。目前在刚刚揭开的庙址表层，已出土了至少分属六个个体的人像残件，体量大小不一。这尊女神相当人体原大，在群像中尚属中小型，位置在边主室偏西一侧。而在主室中心部位，则出土了相当于真人器官三倍的大鼻、大耳。可见已出土的这尊女神像不是此座神庙的主神。在神殿主室的中心，很可能有一尊更大的女神塑像。围绕主神的多神崇拜，显然已不是祖先崇拜的最初阶段。①

上述这些在原始人的洞穴中发现的墓葬和岩画，是人类考古学迄今所发现的能够证明原始人已形成宗教观念的信物。根据这些宗教遗迹大体上可以推断，人类最早的宗教观念和宗教信仰产生于原始社会的旧石器时代中期和晚期，当时的原始人已形成某种与死后生活相联系的灵魂观念，并产生了氏族成员埋葬死者尸体的仪式活动。原始人已开始建构集体从事宗教仪式活动的中心场

---

① 吕大吉、何耀华总主编，于锦绣、杨淑荣分卷主编：《中国民族原始宗教资料集成·考古卷》，中国社会科学出版社1996年版，第156页。

所,为此而雕塑了“维纳斯”、“女神”之类崇拜对象的艺术作品。

三、氏族制是宗教产生的社会基础

如上所述,宗教是原始社会发展到一定阶段的产物。为什么这时期的原始人会产生宗教观念并进行宗教崇拜活动,人类学从原始人身体结构和大脑思维能力的进化说明了这种可能性。但是,这种说明是远远不够的。因为,宗教是一种社会意识,而不是个人意识;宗教崇拜活动是一种集体性的社会现象,而不是个人自发进行的。它的产生必有其社会基础。只有找到了人类最早的宗教观念和宗教崇拜活动赖以产生的社会基础,才能说明宗教之所以出现于世的客观根据,也才能进一步发现宗教的本质及其发展的动因。

综合各方面的资料,可以得出一个结论:宗教发端于原始时代的氏族制社会,是随着氏族制的形成而产生的;人类最早的宗教是原始氏族的伴生物,是作为氏族制的上层建筑而出现的。

(一) 宗教遗迹与氏族形成遗迹同期出现

迄今发现的人类最早的宗教遗迹是反映灵魂观念和亡灵崇拜活动的原始墓葬。墓葬开始于旧石器时代中期,普遍化于旧石器时代晚期和新石器时代。人类学和考古学同时也证明,这一时期也正是氏族和氏族制逐渐形成的时代。旧石器时代中期,人类开始定居。莫斯特文化遗址发现有平均面积达 80 平方米的多炉灶的住所,学者视此为氏族群居之地,认之为氏族制度的萌芽。到了旧石器时代晚期,氏族群居的遗址就普遍了。欧洲旧石器时代晚期原始人居住遗址中,大型房子的建筑面积可达 300 ~ 500 平方米,由若干小型房屋联合结构而成,可能是氏族公社的公共用房。捷克南部的多尔尼·维斯顿尼旧石器时代晚期遗址,住所用石头、支柱、兽皮建成。遗址内有住所、猎物宰割场、葬地、成套的石器、骨角器、装饰品、女雕像和动物烧像等,这应是一个母系氏族公社的住所,估计常住人数约为一百人左右。苏联沃龙涅什附近的迈科斯居住遗址,在长 35 米、宽 16 米的椭圆形场地上,顺长边排列 9 个炉灶坑,可能是一个氏族居地。奥瑞纳、梭鲁特文化已有土窑式的比较永久性的住所,个别遗址包括若干土窑,构成一个小村落。这些永久性的集体住所,反映当时人类已有稳定的社会组织,是氏族和氏族制形成的标志。

我国旧石器时代晚期的山顶洞人遗址,其住所分洞口、上室、下室、下窨四个部分。据学者分析,上室为住所,下室为葬地,下窨为仓库。这种有意识、有规范的布置,表明已是比较稳定的住所。这种相对稳定的定居生活,以及对妇女有较多装饰品的随葬，说明山顶洞人已处于由血缘关系维系着的早期母系氏族社会阶段了。[①]

这就说明，氏族和氏族制的遗迹与宗教的遗迹一样都是出现于旧石器时代的中期或晚期，而且宗教的遗迹往往也就是氏族的遗迹。二者在时间和空间上的叠合，看来决非偶然的现象，不能不认为它们之间有着内在的联系。

（二）氏族制社会是宗教产生的社会基础

宗教之所以与氏族和氏族制同步形成，正是宗教适应了氏族制社会的社会需要的结果。由于智人阶段生产力的发展，也由于人类在漫长的血缘群婚制时代中逐渐意识到近亲婚配的不良后果，血缘群体内部通婚的内婚制便逐渐为不同血缘群体之间通婚的外婚制所取代，其结果是引起了社会结构的改变，导致了氏族和氏族公社制度的产生。

共同的血缘关系，共同进行的生产劳动，共同的生活，以及与其他原始人集团之间剧烈而频繁的斗争，把氏族成员的命运紧紧地联系起来。氏族和氏族制度在客观上自然而然地决定其成员必须维护氏族公社内部的团结，保护其氏族的古老传统，因为这是氏族集团生存和发展的必要条件。在长期的历史发展中，逐渐形成了有利于维护氏族制度和氏族传统的社会性的活动和行为规范，以后又逐渐发展出把氏族制社会本身和行为规范神圣化的宗教观念和宗教崇拜活动。

泰勒的万物有灵论通过对原始人的心理分析，已经表明他们由于对睡眠、疾病、做梦等心理—生理现象的错误认识而有可能产生灵魂观念。可以设想，在原始人进行墓葬之前的漫长历史年代里，可能早已有了灵魂观念的萌芽了。但从个人的灵魂观念发展为对亡者尸体的墓葬，则只有在氏族社会中才有可能。因为对尸体进行墓葬者必然是死者的亲人，这种对死者的亲近感和眷恋之情显然是在氏族公社的共同生活中长期培养起来的，是氏族传统长期积淀的结果。伴随墓葬可能有氏族集体进行的仪式活动，其社会效果，当然会进一步加强氏族的团结，有利于氏族制的巩固。我们有理由断定，与灵魂观念和亡灵崇拜有关的墓葬，是一种全氏族集团进行的宗教崇拜活动，它是适应维护氏族制度的社会需要而产生的。正是由于这个缘故，宗教才能作为氏族和氏族制的伴生物与后者同步形成。

氏族形成过程中从内婚制到外婚制的演变，经历了漫长的发展过程，其间必有严厉强制禁止内婚的社会措施。在这个过程中，原始人逐渐把血缘关系神圣化，借以一方面内部认同，一方面与其他血缘集团严格区分。与这种社会需要相适应，不同的氏族集团自然而然会把氏族的不同归原于血缘上祖先的不同。为

① 宋兆麟等：《中国原始社会史》，文物出版社 1983 年版，第 123 ~ 124 页。

了强化这种差别,便把血统上的祖先说成是绝不相同的物种,并逐渐形成氏族发源历史的神话,把这种血缘上的差别神圣化。在原始人对人与自然的界限朦胧未分的时代,氏族的祖先往往被认为是其他种类的动物、植物或自然物。这就导致图腾崇拜。图腾乃是氏族的标志,婚姻集团的标志。图腾崇拜本质上是氏族制度在宗教上的表现,它既是宗教体制,又是社会制度。图腾崇拜可能是与氏族和氏族制同步形成的、人类早期出现的体制性的宗教形式。

第三节　各种宗教发展观的比较

人类的宗教在其产生和演进的过程中,经历了不同的阶段,而在不同的阶段上,宗教具有不同的形态。如何描述宗教现象在离开史前社会以后的发展,从千姿百态且数目繁多的研究对象梳理出比较清晰的线索,是宗教学的重要任务。

事实上,在宗教学创立至今的百多年中,进化和发展的观念已经对宗教学的研究产生了很大的影响。许多宗教学说都贯彻了进化的观念,把宗教看作一种从低级到高级的进化过程,只不过不同的学者描述的角度和依据不尽相同。这些理论都从一个侧面反映了宗教的特性,它们之间相互补充,是我们理解宗教发展的历史形态的学术参照系统。同时,我们也要注意到马克思主义的宗教发展理论。它不是从观念到观念的推演,而是从宗教得以产生的社会经济基础,从人类社会的基本生产关系的发展说明宗教的发展。

一、进化论的宗教发展观

18 世纪法国的思想家霍尔巴赫考察了宗教的观念和体制的历史发展,他将宗教的历史分为三个阶段:拜物教、多神教和一神教。英国哲学家休谟亦认为人类最初的宗教是多神教和偶像崇拜,后来演化为基督教之类的一神教。

德国哲学家黑格尔把自然、社会和思维的一切都视为绝对精神自我认识和辩证发展的历史过程。他认为宗教和哲学一样,乃是绝对精神辩证发展的不同阶段,是绝对精神在人的精神中对自己的自我意识。不同之处在于,宗教是以感性表象形式,而哲学则是以概念来认识和展现绝对精神。既然宗教是绝对精神辩证发展的一个阶段,它本身也是发展的。而且这种发展也和绝对精神的整个发展一样,遵循辩证法进展的三段式:从一种宗教形式(正题)过渡到作为其对立面的另一种宗教形式(反题),然后达到对立面的统一,进到更高级的宗教形式(合题)。这三个阶段分别是自然宗教、精神个别性的宗教或自由的主观的宗教、绝对宗教(基督教)。在黑格尔的宗教哲学中,人类历史上的各种宗教,乃是绝对精神在人的精神中以感性表象形式来展示自己、认识自己的不同阶梯。

孔德的实证主义哲学把人类的发展史分为三大阶段:第一是神学的或虚构的时期;第二是形而上的或抽象的时期;第三是实证的或科学的时期。他又把神学时期再分为实物崇拜、多神教与一神教三个阶段。同时,孔德提出,在人类历史发展的第三个阶段(实证的或科学的时期),宗教将演变为实证哲学基础上的"人道宗教"。J. 拉布克发展了孔德的宗教进化理论,他把宗教发展史上的各种宗教按历史顺序分为如下几类:无神时期或完全没有宗教的时期→实物崇拜→图腾崇拜或自然崇拜→萨满教→神人同形或偶像崇拜→以天主为造物主,并将宗教与伦理合而为一的宗教。这种宗教历史的分类是孔德学说的扩大和延伸。

英国宗教人类学家泰勒根据他的万物有灵论,系统地论述了宗教的起源和发展,形成了关于宗教在不同历史阶段的不同形态的进化发展理论:灵魂观念形成→祖先崇拜→自然崇拜或拜物教→种类神崇拜或多神教→一神教。泰勒的万物有灵论以及由此而形成的进化论分类,体系完整、内容丰富,在宗教学领域里产生了很大影响。

荷兰宗教学者蒂勒提出,宗教的进化基本上是从自然宗教发展为伦理宗教的过程。但自然宗教和伦理宗教按进化顺序又可再划分:自然宗教经历了崇拜多魔的(多灵的)巫术宗教,崇拜半人半兽的多神教和神人同形同性的多神教等三个阶段。伦理宗教则经历了民族性的律法宗教(局限于单一民族范围内的个别性宗教)和普世性宗教两个阶段。

总之,这种根据进化理论对宗教史进行的梳理,一般都具有比较严整的体系,它们把历史上各种形式的宗教纳入一个"发展"或"进化"的框架之中,使人们有可能比较方便地看到宗教形态在历史上的因果连锁和地位,有助于人们进一步探索宗教发展的规律。但进化的宗教发展观意味着把整个人类宗教看成是从低级宗教进化为高级宗教的历史过程,有意无意地赋予了高级宗教比所谓低级宗教更优越的地位。这种宗教观念不符合近代比较宗教学把一切宗教放在平等地位进行比较研究的基本要求,因而受到学界的批评。这种批评从其口头上表示的动机而论也许未可厚非,但否定宗教的进化,科学性则有所不足。人类各民族历史上的各种宗教和一切事物一样,显然也处在演变和发展之中。无论就其宗教观念、教义信条、戒律规范而言,还是就其象征体系和行为体系而言,都是越来越从粗疏走向精致。当然,在使用低级宗教或高级宗教之类术语的时候,要作科学的说明。一切宗教都是虚幻的反映和颠倒的世界观。所谓高级宗教,并不意味着它就具有更高的真、善、美价值,因而就具有比所谓低级宗教更优越的地位。科学的宗教进化观念不包含任何道德上的价值判断,不意味着对所谓高级宗教的肯定。

宗教进化论以及相应的宗教分类,其主要缺陷并不在于肯定宗教的进化,而是在于它不是从社会制度的演变来说明宗教进化的内在根据,从而不可能科学地确定宗教在不同进化过程中的不同形态。

二、恩格斯论宗教的发展

恩格斯以历史唯物主义为原理和方法,具体说明了宗教发展的历史进程和宗教在不同历史阶段所展现的历史形态,提出了宗教在历史上是从"部落宗教"发展为"民族宗教",再发展为"世界宗教"的主张,为我们提供了较为科学的宗教发展理论。

恩格斯在《布鲁诺·鲍威尔和早期基督教》中提到了从部落宗教到民族宗教的发展及民族宗教走向消亡的社会原因:"古代一切宗教都是自发的部落宗教和后来的民族宗教,他们从各民族的社会和政治条件中产生,并和它们一起生长。宗教的这些基础一旦遭到破坏,沿袭的社会形式,继承的政治结构和民族独立一旦遭到毁灭,那么与之相适应的宗教也就崩溃。本民族神可以容许异民族神和自己并立(这在古代是通常现象),但不能容许他们居于自己之上。东方的祭神仪式移植到罗马,只损害了罗马宗教,但不能阻止东方宗教的衰落。民族神一旦不能保卫本民族的独立和自主,就会自取灭亡"。[①]

恩格斯在《路德维希·费尔巴哈和德国古典哲学的终结》一书中,又继续说明了从"民族宗教"到"世界宗教"的历史进程:"这样在每一个民族中形成的神,都是民族的神,这些神的王国不越出它们所守护的民族领域,在这个界线以外,就由别的神无可争辩地统治了。只要这些民族存在,这些神也就继续活在人们的观念中;这些民族没落了,这些神也就随着消亡。罗马世界帝国使得旧有的民族没落了……旧有的民族的神就消亡了,……罗马曾企图除本地的神以外还承认和供奉一切多少受崇敬的异族的神,这种企图清楚地表现了拿一种世界宗教来充实世界帝国的需要。但是一种新的世界宗教是不能这样用皇帝的敕令创造出来的"。[②]后来,基督教终于适应了罗马世界帝国的需要成了世界宗教。恩格

① 恩格斯:《布鲁诺·鲍威尔和早期基督教》,《马克思恩格斯全集》,第19卷,第333页。

② 恩格斯:《路德维希·费尔巴哈和德国古典哲学的终结》,《马克思恩格斯全集》,第4卷,第250~251页。

斯这里没有具体分析佛教、伊斯兰教等世界宗教形成的过程，但他的原理和方法对它们是适用的。

恩格斯关于宗教从“部落宗教”→“民族宗教”→“世界宗教”的发展的论述，表现了他的唯物主义历史观。一切宗教都是从各种族集团的社会政治条件中产生，并随着这些条件的演变而演变。在以血缘关系为社会结构之纽带的古代社会里，最初的宗教观念是由每个有血缘关系的部落和氏族所共有，故原始部落社会的宗教表现为自发的氏族—部落宗教。民族集团（国家）的神都是民族（国家）的保护神，神的存废决定于民族（国家）的盛衰，这样的宗教是民族宗教（国家宗教）。随着世界性帝国的形成，为适应它的需要，便出现了取代民族宗教（国家宗教）的世界性宗教。从当代宗教学专业水平的眼光来看恩格斯的这些论述，它们无疑显得过于概略和简单，属于哲学性的概论而不是宗教史的实证。但是正因为恩格斯是位哲学家和思想家，才有可能省去历史的细节，从宏观上对宗教形态的历史演变做整体性的把握。这个图式体现了唯物史观的基本精神，内容上比较深刻，形式上比较严整，适用范围也比较广泛，大体上可以把历史上出现的各种形态的宗教体系涵盖进去。当然，我们也决不能说它是放之四海而皆准的宗教历史发展的规律。因为，事实上许多种族和民族的民族性宗教，至今并未发展为世界性宗教，其中许多早已在历史上消失，有些则至今仍存于世界上的民族之林。在可以预见的将来，在很长的历史时期之内，它们也不可能被世界性宗教所取代。也许有那么一天，有可能出现一个大同世界和世界大同的宗教，但那一天毕竟太遥远了，科学不能建立在“也许”之上。尽管如此，现代的三大世界宗教，确是随着跨民族大国或世界性帝国的发展而形成的。在这个范围之内，恩格斯提出的这个图式还是适用的。

我们已经了解了各种不同的宗教起源论和不同图式的宗教发展观，古往今来世界各民族的宗教表现形态各种各样，它们显然不可能从单一的源泉派生而来。萌生宗教的原始时代毕竟已成为遥远的过去，当代尚存的原始民族情况又非常复杂，任何学者都不可能穷尽所有民族原始宗教信仰的情况，了解和掌握全部有关资料。因此，当时的宗教学者们在建构其人类宗教的起源和发展理论体系时，难免就会以偏概全，用半哲学性的思辨去填补历史事实上的缺环。然而另一方面，各种宗教起源论和宗教发展观都有一定的事实根据，从不同方面加深了我们的认识。我们不是因此而离开真理，而是更接近真理。学术上的争论只是告诉我们，应当在更广大的范围内加强对世界各民族原始宗教的调查研究，收集更多、更全面的事实，以促进更深入的研究并进行新的理论综合。

第七章

原始社会的氏族—部落宗教

原始社会在形态上是氏族—部落社会，氏族制度构成一切原始社会的基本社会结构。氏族集团是氏族—部落社会的基本单位，也是宗教活动的基本单位，故原始时代氏族制社会的宗教可概称为氏族—部落宗教。氏族—部落宗教的宗教观念、崇拜对象、崇拜行为和仪式活动，无论在内容或形式上都是以社会关系和社会制度的性质为转移的。一旦原始的氏族—部落社会关系发生变化，氏族—部落宗教的内容和形式，也必将或迟或早反映这种变化并改变自己的形态。

任何宗教都是对支配人们日常生活的异己力量的幻想反映。人要生存，就要从事与自然打交道的生产活动，而要进行生产，又要与人打交道。这就产生了两种最基本的关系：人与自然的关系和人与人的关系。在人类的早期，人既受自然力量的支配，又受社会力量的支配。原始时代氏族—部落宗教从内容上看，主要是把支配人们生活的社会力量和自然力量超自然化而形成宗教崇拜对象，其他各种五花八门、稀奇古怪的宗教崇拜对象，实质上是这两种基本对象在不同历史时期的变形。这些基本的宗教观念和崇拜对象贯穿于原始时代氏族—部落宗教的始终。但是，随着原始社会从母权氏族制发展为父权氏族制，再发展为部落联盟制，宗教观念的内容、特性以及对之进行崇拜的仪规与体制都会发生变化。

第一节　氏族—部落宗教的基本信仰形态

一、灵魂观念与冥世崇拜体制

灵魂观念既是全部宗教观念的基础和出发点，也是人类最早的崇拜体制的前提。考古发现证明，宗教是随原始社会氏族制的形成而逐渐成型并体制化的。因此，灵魂观念的形成和演变，以及冥世崇拜体制构成了氏族—部落宗教的最初形态。尼安德特人对死者尸体进行有意识处理并随葬生活用品(墓葬)的文化创造,因为与灵魂观念和死后生活观念相联系而被确定为人类宗教的原始起点。这个考古学结论的依据在于,墓葬表明,人们当时所处理的是一个有“灵性”的尸体。人类学提供的资料表明,世界上各种种族和民族信仰或崇拜的对象尽管不同,但所有一切崇拜物的背后,都有一个“灵性力量”的观念,而这种所谓“灵性”实质上不过是人性的异化,即人自身的“灵魂”观念的异化。在各原始民族那里,不管他们心中的“灵性力量”或“灵魂”观念多么模糊,多么变化不定,如其没有这种灵性的东西,自然物就不可能成为宗教崇拜的“灵物”、“魔力”(玛纳之类)和“图腾”;死去的祖先也无非只是腐烂的尸体;日月星辰、风雨雷电之类强大的自然力也不能成为支配人类生存和命运的“天神”。所有这些对象在人类诞生之前和诞生之后就存在着,一直在那里支配着原始人类及其祖先的生活。但在人们没有某种灵魂观念之前,这些事物并不具有神秘和神圣的性质,因而不是任何宗教崇拜的对象。只是当原始人类的幻想世界里产生了灵魂观念之后,这些事物才逐渐“产生”了“灵性”,成为宗教崇拜的对象。

(一) 母系氏族制时代的灵魂观念和冥世崇拜的形成

原始人有了某种宗教性的灵魂观念,并不必然随之发生对灵魂的崇拜活动。但前者确是后者的思想前提,个人性的观念一旦为社会集体所认同,单个人的情绪变化和反应就会逐渐演变为社会集体的崇拜活动。原始时代从无灵魂观念到有灵魂观念,再到亡灵崇拜活动的发展,虽无文字记载,但从原始人的墓葬我们可以推断,旧石器时代晚期的原始人已有灵魂在人死后继续存在的观念,而且墓葬已伴有一定的仪式行为。而新石器时代宗教性的文化遗迹几乎都有墓葬,其规范化的葬法、葬式和墓地群,不仅说明了母系氏族社会时代的原始人已经发展出了丰富多彩的灵魂观念,以及在此基础上发展起来的关于冥世生活的遐想,亡灵予祸予福于现世生活的联想;而且这种观念已经外化为崇拜亡灵的丧葬行为,规范化为由全氏族集体举行的亡灵崇拜活动的丧葬体制。

我国史前的仰韶文化时期,已被考古学家公认为母系氏族社会。属于仰韶文化的墓葬至今已发掘出 2 000 余座。学者们研究认为它们有这样一些特点:(1) 氏族皆有公共墓地。氏族成员将同族死者埋葬在一起,让他们的鬼魂在冥世有一个共同栖息的场所,它们是地上氏族生活的投影。(2) 同一墓地的墓坑方向和尸骨头向大体一致。根据民族学的资料进行类比,大体上可以确定,墓向和头向可能与亡灵鬼魂的去向有关。(3) 儿童实行瓮棺葬。一般埋于住房周围,不进入氏族公共墓地(可能因其未成年,未行“成年礼”,尚未成为氏族正式成员),葬具上凿有小孔(可能便于其灵魂出入)。(4) 葬式多为单人仰身直肢葬，也有同性多人合葬，但没有男女配偶合葬。同性多人合葬是母系氏族血缘关系的表现。(5) 对女性和老人实行厚葬，反映母系氏族社会妇女和长者享有较高的社会地位。(6) 少数坟墓有实行屈肢葬、俯身葬、割肢葬和成人瓮棺葬者。考古学界多认其为处理凶死者的方式，反映当时人们的鬼魂观念里已经分化出正常鬼魂和凶邪鬼魂。对它们的处理方式意味着某种巫术性的控制，使其不能为害于生人。

母系氏族制社会时代的原始人类，确已发展出丰富多彩的灵魂观念；不仅如此，内在的观念又外在化为崇拜亡灵的丧葬行为和对凶死者之灵进行控制的巫术活动；再进一步，氏族集体又把此种分散性的宗教行为规范化（仪式化）为全氏族集体奉行的亡灵崇拜，制度化为丧葬体制。随着父权制之代替母权制，这种亡灵崇拜和丧葬体制出现了新的特性。

（二）父权氏族制时代亡灵崇拜的演变

社会发展进入父权氏族制时代，宗教信仰形式出现了新的特点。父权时期的社会特征是逐渐形成男子居于支配地位的一夫一妻制和按父系传承血统和财产。社会的这种转变反映在亡灵崇拜和丧葬体制方面有两个主要的变化：第一，父系氏族墓葬中的随葬物，无论在数量和质地上都明显超过母系时代，而且出现了食用动物等生活资料和大量的珍稀生产工具，说明当时的人们更重视亡灵的冥世生活，关于冥世生活的想象也更为丰富。第二，氏族公共墓地中出现了以男子为中心，女子居从属的夫妻合葬，男子墓坑一般较女性为大，随葬品较女性为多。男女合葬墓中的常见葬式是：男性居中，仰身直肢葬；女子在侧旁，葬式为侧身屈肢葬，面向男性（如皇娘娘台墓地有一些一男二女合葬墓，男性居中，二女分别位于左右侧身屈肢面向男性）。更为突出者是此时墓葬中还有杀奴殉妾的人殉现象。所有这些，不仅说明男权氏族制代替了女权制，而且男人把世俗权威扩大到亡灵的冥世生活之中。男人的亡灵不仅需要吃、喝，为此而需要从事和生前一样的生产劳动，而且还需要女人和奴隶。女子得牺牲自己的生命去到冥世追随男人的亡灵。男女之灵的地位在冥世生活中等级化了，女性的地位和生命都成了原始宗教灵魂观念的牺牲品。

（三）灵魂观念与原始人的宗教生活

原始时代围绕灵魂观念而形成的宗教崇拜活动，并不只限于冥世崇拜。正如我们在本书“灵魂观念”一节所分析的，灵魂观念从其诞生于原始人类的头脑之中时起，它就被理解为人的生命力，或能够赋予人以生命活力的某种东西，认为人的生命过程（生老病死）都是由于灵魂的某种活动。原始人的生存本能自发地促使他们总是追求更好的生，避免令人不快的病、老和死，这就进一步导致他们与想象中的"灵魂"打交道。所以,原始时代的灵魂崇拜活动基本上都是围绕以生老病死为内容的生命过程进行的。例如,婴儿之生被认为是灵魂附于胎儿的结果,婴儿降生之初必须进行"叫魂"仪式。有些原始民族则认为婴儿之魂为部族死去的某个成员或祖先之灵的回归和转生,至于此回归之灵究竟是何人,则根据其相貌的相似性,或者通过巫术仪式予以确定。疾病被许多原始民族广泛地认之为灵魂的"失去"或鬼魂的伤害,于是便出现了招魂巫术和赶鬼治病巫术以及对保佑子孙的祖灵或善良鬼魂的祈求巫术。人的死亡,在原始人的心中意味着灵魂虽离肉体,但却在冥世中继续生活,这就产生了原始人的墓葬,在此基础上形成了日益隆重盛大的丧葬礼仪和丧葬制度。总之,围绕生老病死而形成的灵魂崇拜活动构成原始社会人类宗教生活的重要内容。

二、图腾观念与图腾崇拜体制

图腾(Totem)一词源自美洲印第安人鄂吉布瓦氏族的方言,意为"他的亲族"。最早由一个商人予以报道。[①]后来大量的民族学资料证明,图腾观念以及由此而衍生的图腾崇拜活动,在世界各原始民族中是相当普遍的现象。图腾崇拜从观念到制度都表明,它是随氏族制的形成而产生的宗教形式,也是在氏族和氏族宗教逐渐形成和初步发展时的主要宗教形式。

(一) 图腾观念的主要内容

图腾观念的主要内容包括:(1) 奉某种动物、植物或自然物为族群(氏族、部落、宗族或个人)的"图腾"。这些图腾大多为动物,植物者少,无生物者更少。人们相信群体自身与所奉图腾之间存在着某种超自然的亲缘或血缘关系。每个族群成员都被认为是图腾物的亲属,甚至是图腾的后代,或图腾的活的化身。(2) 以图腾物作为族群的象征性标志,族群常常以所奉图腾作为族群的名称。如鸸鹋族、袋鼠族、狼犬族等。(3) 对所奉图腾表示尊敬,由此形成有关的禁戒规定(如不许打、骂、杀、食,甚至不许接触等)。(4) 有与图腾相关的神话。许多神话在于说明图腾祖先具有神幻形象,如何衍生某个氏族、化生为该民族所处生活环境中之某事某物。我国古代的感生神话常常属于这一类。(5) 一些氏族拥有被认为是人(氏族成员)和图腾祖先共同的物质灵体——图腾圣物。这种神秘的"灵体"自身具有转化的超自然力(魔力),自然界与人们社会的联系被描

① 参见斯韦茨编辑:《早期西方人的旅行,1748—1846》,第2卷(1904),第123页。

述为“图腾”不断转化的活动。澳大利亚阿兰达人的这种信仰最为典型，他们把这种圣物称为“丘林噶”。[①]（6）放置“图腾圣物”和举行图腾仪式的地方被当作圣地，对之有严厉的禁忌。

图腾观念的这些内容，在澳大利亚原始居民中表现得较为集中和明显，但在世界其他原始民族和已开化民族的古老传统中已出现了许多变化。学者一般认为，图腾观念出现于母系氏族制时代。澳大利亚孤悬大洋之中，与世界其他地区和民族文化几无联系，几乎未受其他宗教和文化的影响，社会进化极为缓慢，故能保持图腾崇拜这种原始的观念和信仰。尽管如此，那里的社会也在慢慢地演变，在不同地区、不同历史时期和氏族群体之中，图腾观念也有不同程度的差异和变化。图腾群体除早期氏族制的氏族外，陆续出现了部落图腾、胞族图腾、性别图腾和个人图腾（只有特殊人物，如巫师、巫医、首领才拥有个人图腾，他们均为男性）。这些图腾观念的出现，显然是随着早期氏族社会一方面演化为部落，另一方面父权氏族制代替母权氏族制、男性个人在氏族群体中地位加强的产物。

（二）图腾崇拜体制的形成

如果我们具体分析原始人关于图腾观念的性质和内容，就会发现它既具有社会意义，也具有宗教意义。这两方面的意义客观化为原始人的社会行为和宗教行为，规范化为相应的社会制度和宗教崇拜体制。

第一，原始人的图腾观念是选择某种图腾物作为氏族群体的亲属或祖先（个人图腾作为氏族图腾的发展和衍化，可以另作讨论），这是氏族群体共同拥有的集体性观念，而不是任何个人独自拥有的个人性观念。氏族作为群体是一个社会，一个社会之所以能保持这个图腾观念的氏族共同性，是因为它必然被社会化、制度化为每一个氏族成员必须遵守的社会制度。图腾观念体现为氏族群体的社会制度者集中在两点：一为氏族制本身的形成，二为氏族外婚制的形成。

图腾作为氏族群体的亲属和祖先，标志着氏族的最初起源，它逐渐成了这个氏族的名称、标志和象征。图腾族名制后来就演变为姓氏制。由于不同的氏族各自选定不同种类的图腾物，于是，不同的氏族群体在名称上似乎就标志着他们源起于不同的物种。这种情况有着强烈的社会意义：一方面加强了同一图腾氏

① “丘林噶”常为一种椭圆形的石头，或两端呈扁圆形的木条，上面绘有几何图形和象征图案，常被置于秘而不宣的隐蔽之处，未成年人不许近之。如果把丘林噶放在图腾圣地内，认为妇女经过便会怀孕，于是图腾祖先灵魂就投生（转化）为婴儿。婴儿生下后，“丘林噶”从圣地取回，作为婴儿和图腾祖先相联系的共同“灵体”而保存在氏族神圣的秘密贮藏所。人死后，通过这一共同灵体又转化为图腾祖先。参见（苏）托卡列夫等：《澳大利亚和大洋洲各族人民》，李毅夫等译，三联书店1960年版，第275~277页。

族的内部认同感,另一方面又把不同图腾氏族彼此严格分开。二者相辅相成,排异强化认同,认同又反过来强化排异。整个社会的氏族制度于是得以建构和巩固。因此,我们似乎有理由肯定:图腾制和氏族制是同一事物的两个方面,彼此是同步发展起来的。氏族制表现为图腾制,图腾制则强化和巩固了氏族制。

原始氏族制社会之所以能够形成,是与婚姻制度上从氏族内婚转变为氏族之间的外婚制紧密联系,不可分割的。外婚制之所以建立和巩固,则主要是由于图腾禁忌制度严禁同一图腾氏族内部发生性关系的结果。在图腾社会里,族内性关系是一桩严重的罪过。弗雷泽曾介绍过澳大利亚人的一些情况:在澳洲与族人通奸,其处罚通常是死亡。男人通常会被族人追杀,女人也可能被杀死。如系被迫,也要鞭打或矛刺,令其死去活来。图腾氏族内部性关系的严厉禁止,其结果就保证了外婚制的形成和整个氏族制度的巩固。

第二,原始人的图腾观念已经具有朦胧而又浓厚的神秘性和超自然成分。"亲属"、"祖先"、"父亲"等,本是纯社会性的世俗观念,但图腾物作为氏族的亲属、祖先和父亲,与其确有血缘统系关系的真正亲属、真正祖先、真正父亲之间,有着可以感知的明显差别,那是只能相信如此,而不能在经验上证明如此之事。在原始人类理智分析尚未发达的时代,一切超经验的事物和关系,不可避免在一定程度上就具有神秘的性质,成为一种超自然的关系。正是由于图腾观念被原始人赋予以超经验的神秘性和超自然性,图腾观念就不单纯是一个纯社会性的观念,而是具有宗教性的观念。氏族选择的图腾物也就因此而变成了宗教崇拜的对象。

氏族社会既然赋予其图腾物以某种神秘的和超自然的属性,势必对之产生某种尊敬和畏惧的感情,发之于外则形成相应的崇拜行为,并在氏族群体社会内整合,规范化为全体成员共同遵奉的崇拜体制和仪式行为。这种理论的分析和逻辑的推理可证之于大量的人类学、民族学的经验事实。综合许多原始民族的图腾崇拜体制,其主要内容有这样几项:(1) 图腾禁忌制度,包括了食物禁忌、性禁忌和不许杀害图腾物种等。(2) 图腾繁殖仪式,定期举行对图腾对象的崇拜仪式。(3) 图腾巫术仪式,依据交感原理举行仪式,企图通过作用于图腾物而影响奉此图腾的群体和个人。另据学者们研究,盛行于原始社会的生育仪式、成年礼和祭祀祖先的仪式大约也发端于图腾崇拜。

三、祖灵观念和祖先崇拜体制

在原始时代的宗教崇拜中,对氏族(部落、家族)祖先的崇拜是最为重要的内容和形式之一,普遍出现于各民族的原始信仰之中。祖先崇拜的基础是相信人死之后灵魂不灭,并相信死者的灵魂继续与活在世上的人有这样或那样的联系。人们既祈望祖先神灵能帮助活着的亲属,又害怕他们得不到抚慰而加害于后人,因此人们定期的或不定期的举行祭祀仪式。

"祖先"的本来意义当然是就血缘关系而言,但"祖先崇拜"作为原始宗教中的一种历史现象,事实上确已逐渐超出"血缘关系"的狭义范围,扩大为斯宾塞所谓的"最广大的意义"。中国史籍上所说的"祖有功,宗有德"就是明证。但是,这种"最广大意义"上的祖先崇拜绝不是从原始氏族制社会出现祖先崇拜之时起就一齐出现的,它应该有一个发展过程。随着母权制氏族社会发展为父权制氏族社会,对女性祖先的崇拜发展为对男性祖先的崇拜;随着氏族群体分化为家族,组合为部落和国家,宗教上对氏族血缘祖先的崇拜,一方面发展为家族近祖的崇拜,一方面则发展为对氏族部落和国家首领以及对"有功烈于世"的文化英雄的崇拜。

至于形成祖先崇拜的原因,斯宾塞的说法基本上是正确的:在氏族一部落社会中,氏族的血缘祖先,部落的头人或领袖,创造新器物和有功于民的文化英雄,一般也是社会共同生活的组织者和领袖人物,生前无疑享有极大的权威,被视为有别于凡人的"神圣",自然而然地成为社会成员服从、敬畏和仰慕的对象。在当时那种普遍相信人死之后灵魂继续存在的世界里,这些祖先和头人的亡灵便会得到更大的敬畏,发展为宗教崇拜(邀其恩宠,求其福佑,赦己之过)的对象,升华为氏族集团以至部落和国家的保护神。

(一) 女性祖先崇拜

在母权制氏族制社会中,由于妇女在社会生活中的中心地位,以及女人在生育子女、繁衍种族过程中可见的主要作用,女性首先被尊为氏族群体的祖先并成为崇拜的对象,应该说是顺理成章的事情。女性祖先崇拜有两种表现形式:一是女始祖崇拜,二是女性祖先崇拜。

女始祖观念主要见于世界上许多民族的氏族起源神话之中,这类神话与图腾神话既有区别,又有联系。图腾神话大体上是说明本氏族如何来源于神幻化了的图腾祖先,而女始祖神话则表现为某个女性与某种神物(动物、植物、或日月星辰之类自然物)相互感触,以至交合,从而孕育生殖了子孙后代,繁衍出整个人类。构成我国华夏民族的各分支部族以及许多兄弟民族差不多都有此类女始祖感生神话。女娲氏被华夏民族尊为人类的始祖,因为流传的神话说她在天地开辟、尚无人类之时,抟黄土以造人。这个神话把创造人类的始祖说成是一个女性,明显地说明它形成于母系氏族社会。

女始祖观念显然是原始图腾观念与女性祖先观念的混合物,它仍然承认某种非人类的动物或其他自然物为人类(或某一氏族)创生之祖,但却把女性的孕育放在更直接、更重要的地位。这是原始人对女性在生育和繁衍种族中重要作用的确认,也是女性在氏族社会中居于中心地位的反映。在母权制氏族社会中,妇女不仅是血缘关系的纽带,也是社会经济生活的主导和中心,更是氏族繁衍的决定性力量,因此,妇女普遍享有比男人更高的地位。特别是女氏族长和生育了众多子孙的女性祖先,生前受到爱戴和尊敬,死后的灵魂则成了整个氏族祈求福佑、禳祛灾祸的对象,逐渐被神化,取得了"氏族保护神"的意义,这就形成了"女性祖先崇拜"。

女性祖先崇拜最为确定的考古学证据是母系氏族制时代遗留下来的墓葬。在氏族公共墓地中对女性和年长者的厚葬,说明对女性氏族祖先及其亡灵的崇拜已经体制化了。而民族学在对仍然保留着氏族社会遗俗的民族的丧葬习俗的考察中,也发现其葬制表现了对氏族祖先的崇拜,而女性祖先被置于崇拜中心的地位。

(二) 男性祖先崇拜

氏族制社会从母权制到父权制时,对祖先的崇拜也从对以女性祖先为中心的崇拜发展为对以男性祖先为中心的崇拜。

男性祖先受到崇拜,看来最初时期与原始人对男性生殖器在生殖过程中的作用认识有密切关系。我国考古学者在新石器时代(仰韶文化晚期和龙山文化时期)父系氏族社会的考古遗址中陆续发现了陶祖或石祖。在甲骨文和金文中,祖字写作"且",是男性生殖器的象形字。我国现已发现陶祖和石祖的文化遗址已有多处,地区分布非常广泛,但都处于父系氏族社会时期。如此普遍出现,显非偶然,可以推断已形成为社会化的原始民俗。古之所谓"俗",实即积习相沿的体制,一般就是宗教崇拜行为的规范化。从"且"到"祖",说明"且"崇拜乃是男性祖先崇拜的并生物,是原始人对男性在种族、氏族和家族的生存繁衍中作为"父"和"祖"的确认。考古学关于父系氏族社会公共墓地葬俗的大量发现,为男性祖先崇拜的地位超越母性祖先崇拜之上提供了确凿的证据。①

祖先崇拜,特别是对男性祖先的崇拜,在我国华夏民族中得到最为典型、最为发达的发展。几千年来成为中国华夏民族一以贯之的正统宗教信仰就是宗法性的宗教,其核心内容就是"崇天敬祖"。而所谓"天"(上帝)本质上是"祖"的延伸。这个祖就是祖先,即氏族的宗祖、家族的近祖、种族的始祖。中国从有文字以来(甲骨文、金文以及经史典籍),对"崇天敬祖"的制度和仪规有详尽的记

---

① 参见吕大吉、何耀华总主编,于锦绣、杨淑荣分主编:《中国各民族原始宗教资料集成·考古卷》,第411页。

载。当然,这些记载的史实已是文明时代的情况,但它却无疑植根于原始氏族制社会的祖先崇拜。没有原始时代氏族制社会的祖先崇拜,就不可能有夏商周以来宗法时代的祖先崇拜体制。所以我们可以从古代宗法社会崇拜祖先的史实,推知原始氏族社会的大概情况。例如,从殷代甲骨文卜辞可以看到,殷人每有疑难,必求卜于祖先之灵,请求祖先给予启示和指示。而祖灵则"宾于帝",即生活于天帝的左右。如果说殷人尚且如此崇拜祖先,则可推知在此之前的氏族社会的原始人大概也是如此,甚至崇拜的程度更甚,是把祖先视为祈福求助的神灵。我国许多民族迟至现代仍把祖先当成家族和部落的保护神来进行崇拜。从根源上说,祖先崇拜乃是以血缘关系为纽带的社会体制在宗教上的表现。只要社会体制存在着血缘宗法关系,祖先崇拜就是必然出现和存在的宗教现象。

(三) 从祖先崇拜到英雄崇拜和首领崇拜

在以血缘关系为纽带而组成的氏族制社会里,氏族的祖先实际上是管理全民族生产生活的首领,他们的权威地位得到尊重,他们的事功受到称赞,这种情况反映在宗教上,就使得对血缘祖先的崇拜进一步演变为对氏族首领和英雄人物的崇拜。特别是在原始社会的晚期,社会出现早期的阶级分化,人的社会身份逐渐等级化,首领崇拜和英雄崇拜更是高度发展。祖先崇拜的这种发展在中国远古历史上表现得特别突出和明显。春秋名人展禽对虞夏商周的褅祖祭宗制度所作的系统叙述,提供了上述发展的历史证据:

> 夫圣王之制祀也,法制于民则祀之,以死勤事则祀之,以劳定国则祀之,能御大灾则祀之,非是族也,不在祀典。昔烈山氏之有天下也,其子曰柱,能植百谷百蔬;夏之兴也,周弃继之,故祀以为稷。共工氏之伯九有也,其子曰后土,能平九土,故祀以为社。黄帝能成命百物,以明民共财。颛顼能修之。帝喾能序三辰以固民,尧能单均刑法以仪民,舜勤民事而野死,鲧障洪水而殛死,禹能以德修鲧之功,契为司徒而民辑,冥勤其官而水死,汤以宽治民而除其邪,稷勤百谷而山死,文王以文昭,武王去民之秽。故有虞氏褅黄帝而祖颛顼,郊尧而宗舜。夏后氏褅黄帝而祖颛顼,郊鲧而宗禹。商人褅舜而祖契,郊冥而宗汤。周人褅喾而郊稷,祖文王而宗武王。幕,能帅颛顼者也,有虞氏报焉。杼,能帅禹者也,夏后氏报焉。上甲微,能帅契者也,商人报焉。高圉大王,能帅稷者也,周人报焉。凡褅、郊、祖、宗、报,此五者,国之典祀也(《国语·鲁语上》)。

这种从血缘祖先崇拜发展为"祖有功、崇有德"的情况,集中反映了原始社会的祖先崇拜与首领崇拜和英雄崇拜在历史发展中逐渐合流的真实情况。从血缘祖先崇拜到英雄崇拜、首领崇拜的发展,不独中国为然,而是一种世界性的宗教现象。太平洋的美拉尼西亚人和波利尼西亚人随着原始社会的等级分化,其首领则随之而明显地被神圣化,首领本人即成为宗教崇拜的对象,被社会奉为神明,并围绕首领制定出一系列的禁忌规定。美拉尼西亚人相信,社会中的某些特殊人物,如首领,等级高贵者,勇武善战者,精于技艺者,时来运转、吉祥如意者等,他们之所以如此特殊,皆因他们被认为拥有众多的“玛纳”。正是“玛纳”使他们居于特殊的地位,具有特殊的才能。按照罗·科德林顿的说法:“一个人如大有作为,则证明此人拥有‘玛纳’;其身价如何,视众人的观感而定,即是否相信此人拥有‘玛纳’;倚仗‘玛纳’,可一跃而为首领。由此可见,所谓人之权势——无论是属于政治范畴,抑或属社会范畴,无非是其‘玛纳’罢了”。[①]

随着社会的发展,血缘性的氏族部落社会发展为地缘性的国家,氏族部落的祖先和首领逐渐成为国家的君王。作为广泛意义上的祖先崇拜,其血缘意义越来越为政治意义所取代,他们的权势和权威日益膨胀,自封的或社会赋予的宗教化的“神性”也日趋高大,祖先之灵从个人、家族、氏族的保护神上升为地缘国家的保护神,走向更高的“天神崇拜”。

四、自然神观念和自然崇拜体制

把自然现象、自然力和自然物当成某种神秘力量和神圣事物,对之进行宗教性的崇拜和祭祀活动,早在人类社会的原始时代就始开其端了,而且普遍出现于世界各地区、各民族的原始宗教之中。

人为了生存,必须对生存所依的外物有所依赖,而在人的生存手段极为有限的原始社会,人的主要依赖对象必然是大自然。这种对自然的依赖导致了普遍的对自然的崇拜。但是不同地区、不同氏族、不同部落的人所选择的自然崇拜对象却常常是各有不同的,至少是各有侧重的;而且,在不同的历史阶段,同一地区和同一氏族部落又常常改变其过去的选择,由对这种自然物的崇拜改变为对另一种自然物的崇拜。渔猎经济时代、畜牧经济时代、农业经济时代,人们生存所依赖的自然条件和自然对象有所不同,其宗教崇拜的对象也有相当的差异。

(一)渔猎经济社会中的自然崇拜

原始人的谋生手段曾有一个主要以渔猎为生的时期,渔猎的成功与否是他

① 罗·科德林顿:《美拉尼西亚人》,牛津,1891 年,第 120 页。

们生存所依的大问题，必然成为一切活动的中心。在当时的社会生产条件下，渔猎的成功不仅没有必胜的把握，而且经常有面对猛兽凶禽侵袭的危险和奔走终日、空手而归的困境。他们的日常生活受着异己力量的支配，尚未成为渔猎活动的主人。在这种情况下，他们必然把与渔猎活动有关的自然势力和自然对象神圣化，对之崇拜，祈求它们的帮助。综合许多从事渔猎以谋生的民族的情况看，他们一般都把生养野兽和鱼的山林河湖视为主宰鱼兽的山神、河神；把各种威胁人的生命的凶禽猛兽视为神灵。如果要想取得渔猎的成功，便必须举行某种宗教—巫术仪式，祈求这些神灵的帮助与恩赐。这种崇拜及其仪式活动，在旧石器时代的考古遗迹中已可见其端倪。这一时代留下的大量岩画差不多都是动物形象，学者们一般都认为是表现人与兽之关系的狩猎巫术仪式活动。美国学者 G. 利希茨基认为，这是表现人在狩猎前向动物物种的精灵祈祷。[①]

以渔猎为生的赫哲族认为崇拜“天神”可保渔猎丰收，“卡日嘎玛”神（一男一女）专管打鱼、下钩。此外，与捕鱼活动有关的神还有水獭神、鳇鱼神、鲸鱼神、河神，等等。与狩猎活动有关的神有：虎神、豹神、鹿神、野猪神，以及专管围猎活动的“打围大神”、专管猎皮的“司皮神”……对此，我国的民族宗教学者蔡家麒的结论是：“在一些渔猎民族中，有多少种禽兽，就会出现多少种司理这种禽兽的神灵，它们分别主管捕鱼、打猎、养牲、生育、天气，特别是人畜患病等，人们遇到什么困难，就祈求什么动物的神灵，供上它们的神偶，献祭据说其爱吃的东西”。[②]

（二）畜牧经济和农业经济条件下的自然崇拜

按照研究原始社会史学者的意见，原始人的经济活动后来逐渐分化为畜牧经济和农业经济。这种分化过程，开始是同时进行的，但由于走了不同的发展道路，条件不同，从而使社会具有不同的特点，发展出各具特点的文明和宗教。

畜牧经济和农业经济的进行和发展，对于自然的性质及其规律的认识的要求，显然大大高于渔猎经济时代。捕鱼、狩猎的成功，一般说来是对现存于客观世界中的鱼或野兽的利用，而畜牧业则需要驯养马牛羊鸡犬豕，农业则要求驯化各种农作物。这就要求熟悉这些动物和农作物的生物特性和生长规律。放牧要逐水草而居，农耕种植要依季节而行。一旦违背自然的常轨，就会带来牲畜的疾病以至死亡，使农作物没有收成。就对自然的认识水平和利用自然的社会生产力水平而言，畜牧社会和农业社会的原始人比之于渔猎时代，无疑高明得多，文

---

① G. 利希茨基：《变成人的四种方式》，纽约，1956 年，第 260 页。

② 蔡家麒：《中国北方民族的萨满教》，载《中国少数民族宗教初编》，云南人民出版社 1985 年版，第 16 页。

明也发展到更高的水平。但是，无论如何，当时社会条件下的总的认识水平和社会生产力水平还是非常之低下的；对天时、地理、生物等方面的自然规律的认识和利用，都是极其有限的。而且，即使他们当时所获得的自然认识包含有许多科学性的内容（如日月星辰的运行规律及其与季节和草木荣枯、农作物生长发育的周期性变化的关系之类），原始人类也不会因此而认识到这就是自然而然的自然规律。在当时条件下，他们总是把这种规律性的现象认之为神灵的意志和活动，把这种规律性神圣化为神灵的神性。这样一来，他们心目中的神灵，其神性更高大、更神圣了。正是这个缘故，我们看到、畜牧经济时代，特别是农业经济时代，人们创造出了比过去（渔猎时代）更多样、更复杂、更有威力、地位更高、权力更大的神灵来。与此相应，他们还构建出了更为隆重、更为丰富多彩、也更为规范化的祭祀仪式体系。

畜牧民族一般是把其所驯养放牧的牲畜的生长繁殖，视为动物神灵主宰其间的过程，牲畜生存所依的山林水草的荣枯变化，也被认之为是山林之神、湖河之神、水草之神的活动，由此而产生了众多的自然神。畜牧民族，特别是在大草原放牧、逐水草而居的游牧民族，其自然崇拜的一个显著特点，就是逐渐发展出对高居天空之上的“天神”的崇拜。大草原一望无际，苍苍天穹覆盖天下，涵盖一切；早晨，阳光普照大地，无远弗届；黑夜，群星闪烁，月亮盈亏周旋；雨露使牧草生长，狂风暴雪给人畜带来灾害……这一切，自然会在牧民心中产生对上天、日月星辰、风雨雷电的神秘感、恐惧感和神圣感，逐渐人格化为天神、太阳神、月亮神、各种星神、风神、雨神、雷电之神……

农业经济条件下的原始社会也会产生相同的自然神灵，因为农业经济的运行也依赖于这些自然力和自然条件，而且依赖的程度更广大，他们也根据自己社会的经济条件和生活需要创造出各种自然神灵。当然，他们也赋予这些自然神灵以适应农业经济的神性。农业经济不同于畜牧经济的最大特点，就是必须定居于某个适于农耕种植之地，不能像游牧型畜牧经济那样逐水草而徙。定居者除农耕以外，还可畜养牲畜，故农业经济常包含畜牧经济。就农业方面来说，农耕者要选择适于种植的物种，对之进行驯化；要采集种子，进行播种、管理、收获、保管、制成食物。这一切生产过程，要求农耕者认识农作物的生物特性和生长规律，认识与农作物生长有关的气象条件和季节性的周期变化规律，认识日月星辰的运行与季节变化的关系。农耕者特别依赖于定居地周围的自然环境，所在地的山、水、树木、湖泊、河流对农作物的生长发育有着直接间接的影响。所以，我们看到，与农事活动有关的自然神灵特别众多，农业祭祀仪式举行特别频繁，不仅远远超出渔猎时代，也大大超出畜牧经济社会。农耕定居地不仅有更多更好的条件来认识自然界及其规律性,也有更大的可能性把这种认识神圣化为更丰富多彩的宗教生活。如果说,游牧民由于逐水草而居的流动性,决定他们更多地崇拜普照大地的天空神,而较少注意特殊地区的自然神的话,那么,农耕定居者除了天空神以外,更多地把定居地自然环境中的一切自然物人格化为各种自然神,特别是与土地有关的大地之神。

这个一般性的理论推理,可以在世界宗教史中找到相应的证据:雅利安语系各民族最初的最高神,都是发光亮的神和天空神;[①]闪米特语系各族的原始宗教都曾崇拜"埃尔"神,其意义是"强大的在天之神";[②]图兰语系诸民族则信奉和崇拜"天"或"天神",以"天"为其共同词根。著名的意大利宗教学家拉斐尔·毕达佐尼在他的研究中指出,在原始时代的畜牧经济和农业经济条件下都曾产生和形成高位神和至上神观念。在畜牧社会,天空以其无限性和发光体的神奇性形成了"天神"和"天父"之类至上神;在农业社会,大地作为万物之母则形成了"地母"之类至上神。[③] 拉斐尔·毕达佐尼所指出的"天父"观念与父权制、"地母"观念与母权制的关系,使我们有理由认为,这个阶段的宗教信仰已经有了超出单纯的血缘性崇拜和自然物崇拜水平的、自然崇拜与祖先崇拜结合的信仰形式,已经形成了更高大的至上神观念。

总之,渔猎经济时代、畜牧经济时代、农业经济时代的自然崇拜在崇拜对象和崇拜方式上的差异,深刻反映了自然崇拜的人性基础及其本质特性,反映了它与社会经济生活的密切关系,反映了它随着社会经济生活的变化而变化的规律性。

第二节 氏族—部落宗教的基本特征

根据考古发现和人类学的田野调查与研究,可以认定与氏族相伴而生的氏族—部落宗教,是宗教的原初形态。氏族—部落宗教是原始社会所产生的各种宗教形式的总称,各氏族、各部落所崇拜的对象不同,进行宗教仪式的目的和手段也因时因地而异,但作为社会存在的反映,无一不受氏族—部落社会的基本性质所制约。作为一个独特的宗教形态,氏族—部落宗教有其基本的特点,概括起

①② 麦克斯·缪勒:《宗教学导论》,陈观胜、李培茱译,上海人民出版社 1989 年版,第 74 ~ 75、75 ~ 85 页。

③ 拉斐尔·毕达佐尼:《至上神的现象结构和历史发展》,吕大吉译,载《世界宗教资料》,1980 年,第 3 期。

来,大致有如下几点:

一、自发性和朴素性

氏族—部落宗教是在氏族全体成员间自然形成的,并不是某个个人或某个集团为了某种目的而有计划地创造的。氏族公社是一个共同劳动集体生活平均分配的血缘集团,不存在剥削和压迫的社会关系,而是全体成员为了共同生存而向大自然和其他氏族集团作斗争的集体。在共同斗争中形成的宗教信仰是集体意识的产物,基本上没有个人编造、有意欺骗的成分。所以,氏族—部落宗教具有产生的自发性和信仰的朴素性。

二、整体性和排他性

氏族以血缘为纽带是一个整体,这种整体性表现在强调内部的认同和本氏族与其他氏族的区别,氏族的凝聚力和排他性是通过一系列的宗教象征来实现的。在氏族宗教中,氏族整体与神圣界打交道,神圣界亦作用于整个氏族。氏族—部落的宗教仪式也带有建立在血缘关系基础上的集体性,重大的宗教仪式都是为了共同利益并以氏族的名义由全氏族成员集体进行,这是由氏族生产生活的集体性所决定的。在氏族社会,个人的灾祸视作集体的不幸,个人受欺侮视为对集体的耻辱。血族复仇是每个氏族成员义不容辞的神圣义务,个人死亡造成集体力量的削弱,为个人进行巫术治病也是集体的任务。如西伯利亚埃文克人在为成员驱鬼治病时要求全氏族参加;我国彝族巫师在为个人驱鬼治病时,家族和友人多来参加,协助巫师摇旗呐喊,齐力追逐,集中体现了氏族—部落宗教的集体性。

三、制度化的约束性

氏族—部落宗教不仅是氏族社会最活跃的意识形态,宗教仪式、宗教禁忌等也构成了规范氏族生活的各种社会制度,具有神圣的强制性和约束力。氏族—部落宗教中的禁忌(图腾禁忌、内婚禁忌、神圣场所禁忌、首领或巫师禁忌等)、仪式(成年礼、年节仪式、禳灾仪式等)和神话(涉及宇宙起源、人的起源、猎物和农作物的起源)等,对氏族成员(无论是对个人还是对某一代人)也具有这样或那样的权威性。禁忌必须遵守,仪式必须按传统循规蹈矩地举行,某些神圣的

"秘密"必须保守。如果谁冒犯了这些神圣的秩序,氏族成员必将对冒犯者加以严惩。通过这些社会制度,将一代一代氏族成员社会化,并通过周期性的反复使外在的规范变成每个成员内在的自觉。

氏族—部落宗教既然制度化,也就不是可以随意选择的信仰,而是必须遵守的行为规范,因此具有极大的强制性。对于原始人来说,宗教是集体意识的产物,每个氏族成员自然是忠实的信徒,对每一仪式活动和禁忌不仅自己自觉遵行,也要求别人和自己一样,因而形成相互监视的巨大社会约束力。

四、鲜明的功利性

一般说来,氏族—部落宗教的根本目的是为了满足现实生活的需要,而不是像人为宗教那样为了死后灵魂升天堂,或成佛成仙,永享超人间的快乐,这是二者的重要区别之一。自然崇拜的主要目的是为了获得丰富的生活资料,祖先崇拜虽有怀念祖先的感情意义,但主要目的还是为了祈求祖灵为子孙带来人间幸福。总之,氏族—部落宗教的目的是为了人而非为了神,为现实而非为了彼世。

原始人对自然神鬼的信仰是无所谓非功利性或道德上的虔诚的。如可"力取",则决不献牲祈祷。"力取"就是控制手段,是巫术仪式的基本手段,而献牲祈祷则是祭祀仪式的基本手段。为了法事顺利,往往二者并用,软硬兼施。氏族—部落宗教的活动目的和行为方式具有鲜明的功利性。

第三节　部落联盟时期氏族宗教的演变

一、原始社会晚期的社会特点

人类社会的原始阶段,是一个漫长的历史时代。它的社会发展进程非常缓慢,历时数以百万年计,但社会状况和社会关系并不是一成不变。随着社会生产力的发展,原始社会的经济结构、人与人的社会关系,也在逐渐地发生某些演变。私有财产制度的出现,更加速了原始社会的演变过程,它促使社会结构朝着两个方向变化:

第一,财产的个人私有造成父系氏族公社的分裂,以父亲为家长的个体家庭逐渐成了氏族社会的基本单元。

第二,由于社会生活领域的扩大,特别是由于发展农牧经济的需要,那些生活在某个共同地域的不同氏族群体走向联合,结成部落以至部落间的联盟。部落和部落联盟,虽然仍以血缘性的氏族群体为基础,但血缘关系的纽带作用逐渐趋于淡化。同一部落或部落联盟之中可能有亲缘关系远近不等的其他氏族群体参加进来。地缘关系也逐渐成了部落联盟中的纽带之一。

一个氏族群体的各个不同的家庭,一个部落中的各个不同的氏族,一个部落联盟中的各个不同的部落,其经济发展水平、成员多寡、社会实力常常是不平衡的。有大有小,有强有弱。富有的家庭在氏族中,强大的氏族部落在部落联盟中,必然占据支配性的地位。原始时代成员之间的平等关系逐渐瓦解了,社会成员等级分化了。氏族的长老和部落的酋长逐渐不经社会推选而变成享有特权、世袭其职的氏族贵族,一般的氏族成员则变成平民,其中一部分甚至降为皂隶,与沦为战俘、丧失氏族保护权的奴隶为伍。部落联盟逐渐走向阶级社会。

人际社会关系的这种演变,反映到宗教观念和宗教崇拜体制之上,出现了一些新的情况。具体说来,原始社会晚期(部落联盟时期)氏族—部落宗教的演变表现在三个方面:神灵的等级化;地域保护神的出现;宗教专职者和特权等级的形成。

二、原始社会晚期宗教的演变

原始社会晚期,随着社会内部的等级分化,宗教崇拜对象(神灵),无论是祖先神还是自然神都相应地出现等级化的情况,一部分神灵的神性和权能日益高大,逐渐超出众多神灵之上而成为高位神和至上神。神与神的关系也和人与人的关系一样,出现了高低上下的差异。强大富有的家族和氏族的祖先神必然是更强大、更崇高,也更为神圣。氏族—部落共同崇奉的遥远过去的始祖神虽然仍然受到崇拜,但社会分化之际那些氏族贵族的近祖神便受到更多的礼赞和推崇,近祖崇拜较之昔日的始祖崇拜和远祖崇拜得到更大的发展。

(一) 神灵世界向金字塔结构发展

根据宗教人类学的广泛的比较研究,原始人关于死后生活的遐想,一般是泰勒所谓的“继续存在论”:生前如何生活,死后亦如何生活。这种“继续存在论”到社会出现等级分化之后,祖先的亡灵也相应地等级化了。生前的贵族和首领,死后仍为贵族和首领。平民和奴隶之亡灵仍得尊重他们的权威,服从他们的命令,伺候他们的生活。再进一步,氏族贵族和首领们的亡灵的死后住所,逐渐被安排在极乐之岛,洞天福地,以至被设想在天上的太阳月亮之上,或者认之为云天之上的天堂。美国密西西比河边的印第安纳切斯人和佛罗里达的阿帕拉奇人相信:他们的首领和英雄的亡灵将生活在太阳那个光明的所在。这些特殊的祖灵事实上成了祭祀和祈求的对象,神圣化为高高在上的神灵。他们与平民亡灵的等级差别比之生前拉得更大更为特殊了。我国的景颇族村社的家庭和家族除祭祀共同的氏族祖先和本家的亡灵以外,还要崇奉"山官"的祖灵,而此"山官"则是村社部落的世袭贵族和"头人"。山官的祖先神供奉在景颇族的原始庙堂"能庙"之中,与天、地、太阳、月亮、山、水等自然神灵一起成为全族的共同神灵,其地位远在各家族祖先神之上。南诏时期云南巍山彝族把贵族部落长细奴逻尊为最大之神,称为"土主",成为各部落共同崇拜的对象,形成所谓"土主崇拜",至今还留存隆重的祭祀仪式。

自然神灵的等级化也日趋明显。在尚未等级分化的原始人心中,自然力、自然物及神化后的自然神,本来是各自为政,不相统属的。但社会出现等级分化之后,情况逐渐发生变化。正如贵族、首领世袭化之后,决不愿回到不享受世袭特权的平民生活一样,他们崇奉的自然神在位高权重之后,也不会让其他下级神灵取而代之。古代印度《梨俱吠陀》时代已把极其众多的自然神灵分为"天界"、"空界"、"地界"三类,而最主要崇拜的神则是天神特尤斯、伐楼拉和雷神因陀罗。我国古代即已把众多的自然神灵区分为"上下神祇",即"天神地祇"。天神包括天和日月星辰、风雨雷电,地祇包括名山大川大湖之神以及所在之地的山川河流之神。这种分类自然而然地显示出了自然神灵世界的等级秩序,而崇拜者(人)则只能按自身所在的社会等级祭祀不同等级的自然神灵,此即《书·舜典》所谓的"肆类于上帝(天),禋于六宗(星、辰、风、雨、司命、司中),望于山川,遍于群神"。在这里,天帝六宗、山川、群神,已被等级化。20世纪50年代的景颇族尚处于原始农业公社阶段,他们把"鬼"(包括神灵和魔怪)分为三类:一类是天上的鬼,有风鬼、雷鬼、虹鬼、月亮鬼、太阳鬼等,其中以太阳鬼为最大。一类是地上的鬼,包括各种动物鬼、植物鬼和土地鬼等,其中以土地鬼为最大。第三类是家鬼,包括各家的祖先鬼,但以山官(村社头人)所专奉的"木代鬼"为最大。

(二) 地域保护神的出现

随着地缘村社和部落的建立,出现了村社和部落的地域保护神。在我国各民族中,这种地域保护神的常见形式就是所谓"社神",即土地神。这个"社"乃是社区之社。故作为土地神的社神,它所主管的土地,便不是与天对应的大地,而是村社或部落管辖之下的地域。西双版纳傣族供奉的村寨神"丢拉曼"和部落神"丢拉勐",就是地域保护神。傣语"曼"就是村寨,若干"曼"组成为"勐"(意为村社部落)。"丢拉曼"原为氏族祖先,一般是建寨过程中有功的特权家族。当氏族变为村社后,他就成为村寨保护神——村寨社神。"勐"原是该地区最早的村寨,后来成为勐的中心。"丢拉勒"一般是古老村社的祖先。这样,社神原先作为地域保护者的自然神如今由祖先担任,表现了自然崇拜与祖先崇拜的结合。

云南路南彝族的"密支"神也是社神祖先化的典型实例。据当地彝语,"密"意为土地,"支"意为祭祀。所谓密支即为社祭。然而在密支节祭祀仪式上,所请的主神,却是"普"、"楠"二神,即男祖先和女祖先,另外还有山神、土地神和天地诸神。可见,他们所崇奉的"密支神"实际上是祖先神和土地神相结合的村寨保护神——"社神"。云南哀牢山等地所崇拜的"土主"神,实际上也是部落贵族祖先(细奴逻及其后代)、本村寨氏族和家族祖先和土地神(山神)相结合而成的地域保护神——社神。

(三)产生世袭的"神圣"家族

原始时代人们对宗教的信仰和崇拜完全是自发性的,既没有创教的教主,更没有专事教义研究、进行布道传教的机构和僧侣之类神职人员。这些,是宗教国家化后的国家宗教和创建宗教产生后的新事物。但是,这并非无源之水,在原始宗教中也有它们的"根"。原始人既对图腾物,祖先之灵和自然神灵有所依赖,就会对之进行祈求和崇拜,从而产生各种巫术性的、祭祀性的、崇拜性的宗教仪式。在原始宗教的初期,此类宗教仪式是非常简单的,说几句祈求性的话,做几个敬拜式的动作,诸如此类。由于它们发之于人性之自然,故人皆可以为之。但随着社会和宗教观念的发展,此类崇拜活动和礼仪规范越来越复杂,所需要的知识与技巧也就更多。在氏族社会里,各种宗教活动几乎都是整个群体集体进行的,富有阅历的老人和氏族长老以及享有行政权威的首领自然而然成为宗教仪礼的主持人。这些人事实上就是原始时代的"祭司"。与此同时,由于原始人在生产过程和生命历程中都会经常遭遇各种危机(生老病死,饥馑灾祸),在当时如何度过这些危机常常更多的是求助于神灵的福佑。于是,自称与神有特殊关系、能够帮助别人沟通与神的联系的巫师、"萨满"、巫医、占卜者之类便应运而生。这些人物就是原始宗教中的宗教性人物。但在原始社会的漫长阶段上,他们之扮演宗教性角色常常是临时性的义务,既非专业,也无特权。在后来的发展中,他们逐渐把临时性的角色变成专业性的职业,把对社区成员的宗教义务变成高踞社区成员之上的宗教特权。甚至更进一步,这些宗教特权者更利用他们的特殊地位和原始先民对他们的特殊尊敬,经由控制宗教事务进而控制社会事务,成为部落社会的酋长、首领或早期国家的"国王"。

弗雷泽曾提出巫师巫医是从原始社会分化出来的一个"最古老的、人为的或专门职业的阶级",其中之"最强有力者赢得了首领地位并逐步发展为神圣之王”的重要结论,并列举了大量的民族学和宗教人类学上的事实。但世界各民族的古老的神圣王权是否均为巫师所建,则可能是一个有争议的论题。然而有两条看来是有很大的普遍性的:第一,巫师发展为宗教专职者和宗教特权阶级;第二,部落首领或早期国家的国王(不管是否是由巫师演变而来)常常兼任巫师和祭司之职,主持部落或国家的巫术性、祭祀性的仪典,甚至被赋予超自然权能,直接被奉为神明,形成“首领崇拜”。

我国古典文献《国语·楚语下》所记载的观射父与楚昭王关于“绝地天通”的问答,也记载了两个值得重视的事实:

第一,古代之巫觋为有特殊才智者,形成国家统治阶级的中坚和核心。按观射父的说法是:

> 古者民神不杂。民之精爽不携贰者,而又能齐肃衷正,其智能上下比义,其圣能光远宣朗,其明能光照之,其聪能听彻之,如是则明神降之,在男曰“觋”,在女曰“巫”。是使制神之处位次主,而为之牲器时服。而后使先圣之后有光烈,而能知山川之号,高祖之主,宗庙之事,昭穆之世,齐敬之勤,礼节之宜,威仪之则。容貌之崇,忠信之质,禋絜之服,而敬恭明神者,以为之“祝”。使名姓之后,能知四时之生,牺牲之物,玉帛之类,采服之仪,彝器之量,次主之度,屏摄之位,坛场之所,上下之神,氏姓之出,而心率旧典者,为之“宗”。于是乎有天地神民类物之官,是谓五官,各司其序,不相乱也。民是以能有忠信,神是以能有明德,民神异业。敬而不渎。故神降之嘉生,民以物享,灾祸不至,求用不匮。

可见,古代之巫觋确实是一批具有超乎常人的聪明才智的特殊人物,他们不仅能通神事鬼,而且实际上制定和掌握了早期国家的典章制度,主持各种神圣仪典,是为“宗”、“祝”(大祭司)。掌管天、地、神、民、类物之职的“五官”皆由宗祝而来。观射父这段话虽然没有直接说神圣的国王是由巫觋发展而出,但由巫觋而宗祝和五官,却可看出统治阶级与宗教特权集团的内在关系。

第二,部落首领和早期国家的国君使用行政手段把神权集中于自己手中,形成政权与神权的结合。按观射父的说法是:

> 及少皞之衰也,九黎乱德,民神杂糅,不可方物,夫人作享,家为巫史。民匮于祀,而不知其福,烝享无度,民神同位。民渎齐盟,无有威严,神狎民则,不蠲其为,嘉生不降,无物以享,祸灾存臻,莫尽其气。

颛顼受之，乃命南正重司天以属神，命火正黎司地以属民，使复旧常，无相侵渎，是谓绝地天通。

观射父所谓的少皞未衰、九黎乱德之前的那种"民神异业"时代是他(或"颛顼")虚构的"黄金时代"。颛顼实质上不过是我国原始时代晚期部落联盟的首领。在此之前的漫长原始社会只能是"夫人作享、家为巫史"、"民神杂糅"情况。那时，人人在其出现生命危机和生存危机时刻，皆可本于生存的需要和人性之自然，进行宗教—巫术仪式活动，与天神鬼怪直接打交道。即使早从母系—父系氏族制时代以来已出现了女巫和男觋，他们也仍是杂糅于民众之中，没有分化出来成为"宗教专业户"。如果观射父这段话包含有某些真实的历史回忆的话，那么，实际情况可能是：部落联盟时代，有一个颛顼其人或某个"颛顼式"的部落首领，他以所谓"九黎乱德"为借口，用行政手段结束了古已有之的那种以"家为巫史、民神杂糅"为特征的氏族宗教体系，把通天事神的宗教事务大权集中于自己手中，并任命"南正重"其人①主管宗教事务。果真如此，那么"颛顼"、"南正重"之类人物，便是改革此前宗教体制而后形成的专门主持通天事神仪式活动的宗教职业者，是享有特殊神权的宗教特权阶级，是神圣化了的部落首领和国王。

中国原始时代宗教演变的这种情况，广泛出现于世界上许多原始民族之中。据苏联学者的调查研究，广泛流行于东北亚诸民族中的以"萨满"(巫师)为中心的萨满教在原始时代大致经历了四个历史阶段。在处于不同历史发展阶段上的民族中，萨满教有大不相同的信仰和礼仪，萨满的地位、职能也因而有差异：

一是全民萨满术。这是最早期的萨满术形态，它可以18世纪时发现于堪察加地区的伊捷尔缅人(属古亚细亚语族)的情况为典型实例。其时，伊捷尔缅人仍处于母系氏族制社会形态，行萨满术者通常为妇女，而且多为已婚者。她们可为族人行萨满术，但并不以此为专门职业。楚奇克人的萨满情况与此类似。他们与常人没有什么不同，行术时既无特殊服饰，皮鼓亦非特制，一般人家皆有此种皮鼓。按楚奇克人习俗，他们在举行家庭仪式时，全家人依次击鼓参与到仪式活动之中。有些学者把这一历史时期的宗教形态称为"全民萨满术"。这大体上类似于观射父所谓"家为巫史"、"民神杂糅"的那种情况。

二是氏族萨满术。这一阶段上的萨满仍未分化出来成为专职，但已成为氏族崇拜的事奉者。每一氏族皆有本族的萨满，族人则奉萨满为保护者。此种情

① 《山海经·大荒西经》说，重与黎均是颛顼之孙："颛顼生老童，老童生重及黎，帝令重献上天，令黎邛下地"。

况,在东西伯利亚的尤卡吉尔人中可以见到(该族在17世纪时尚处于从母系氏族制向父系氏族制的过渡时期)。类似遗迹仍保留在布里亚特蒙古族和鄂温克族之中。

三是萨满祭司化。第三种形态萨满教的主要特点就是萨满职业的专职化,萨满已脱离社会生产而以行萨满术为生。学者称此为"专业萨满术"。此种形态广泛分布于西伯利亚和东北亚的大多数部落民之中。但在上述地区最为开化的民族中,萨满教的历史形态已有变化,趋于衰微。布里亚特蒙古族的萨满通常已不再行术作法,主要是从事祈祝和献祭,与氏族—部落宗教崇拜中的祭司无甚差异。我们可以把此种形态称之为"萨满祭司化"。

四是出现宗教特权阶层与首领崇拜。世界各地原始部落民中巫术宗教的演变情况,虽然不一定等同于北亚诸族,但大体上都经历了从"家为巫史"到"民神异业"的宗教专职化发展。太平洋岛屿的社会发展程度和文明发展程度由西向东越来越高,大体上是从氏族制逐渐向早期阶级社会和原始半国家发展。在社会呈现等级分化的地区,宗教职业者已经从一般社会成员中分化出来。

在太平洋东部的波利尼西亚人所在地区,上述演变更为明显。专事宗教仪礼的祭司不仅从社会分离而出,而且形成独立的社会集团。祭司有两类,一为正式祭司,他们是圣所的事神人员;一为自由行术者,如占卜者、预言者、巫师、萨满之类。更值得注意者,波利尼西亚人的首领已成为集神俗权于一身的宗教特权阶级。首领兼行祭司职务,主持圣典,职掌神圣事务,同时他们自身也被神圣化,被社会奉为神明。围绕他们有许多崇拜活动和禁忌规定("塔布化"),塔布化的部落首领成为社会成员至为畏怖的宗教崇拜对象。宗教学者称之为"首领崇拜"。它的特点是集神权与王权于部落首领之手,这是原始巫术性宗教(萨满教)发展的第四种形态。

综观各民族在原始时代晚期宗教的发展趋势,大体上,一方面继续强化宗教特权阶层,神化部落首领;但另一方面他们所"天赋的超自然能力"在巫术领域却逐渐被淡化,转移到主持公众祭祀仪式方面,更多地以"大祭司"身份来显示他的宗教职能。他们和宗教特权阶层仍为平民百姓的"福利"通天事神,但这些天、神逐渐变了味。图腾崇拜或氏族祖先崇拜时代,图腾和祖灵所具有的全氏族特性逐渐消退,越来越多地被涂抹上氏族贵族、部落首领和宗教特权阶层的阶级色彩,逐渐变质为服务于这些特权阶层之私利工具。随着原始社会的等级分化,昔日近在氏族成员身边的"神灵"越来越被推到高高的天上,距离下层民众越来越远。氏族—部落社会的人际平等关系让位于等级关系,阶级国家逐渐成型。原始时代的氏族—部落宗教演变为阶级国家的国家宗教已是不可避免的历史发展趋势。这不是历史的倒退,而是文明的发展。世界历史上的早期国家形成于古代埃及、古代两河流域、古代中国、古代印度、古代希腊等地。这些地区开创了人类文明的黎明时代。宗教的国家化也发轫于这些地区。宗教的这种演变既是这种文明发展的产物,也是它的产婆,更是各文明国家文明的标志。

第八章

世界史上文明古国的国家—民族宗教

在原始社会发展的末期，社会内部已出现阶级分化现象。氏族长老、专业祭司（或萨满、巫师）、部落首领逐渐成了享有诸多特权的贵族阶层，部落联盟实际上演变为由这类上层人物把持的、并主要为他们的利益服务的工具。这实际上是政治国家的原始形式。在此之前，原始宗教作为氏族—部落社会的上层建筑，它的基本社会功能是神化和维护氏族—部落社会的神圣传统，强化社会成员之间在血缘和地缘上的天然联系以至一体化的社会秩序。而当氏族—部落社会逐渐转变为阶级社会的时候，上层贵族就逐渐把他们控制的宗教转变为神化其特权的机制，变成了具有阶级色彩的国家宗教。在整个人类历史上，从制度上固定阶级分化关系的政治国家的产生，乃是社会形态的质变，是文化上从野蛮进到文明的标志。按照恩格斯的说法："国家是文明社会的概括"。[①]世界史上最早的文明古国出现在古代的埃及、巴比伦、中国、印度、波斯和以色列。随着这些文明古国的产生，原始时代的氏族—部落宗教演变而成了国家—民族宗教。文明古国的社会体制和国家—民族宗教的宗教体制有着骨肉相连似的密切关系。如果没有政治国家，固然谈不上原始宗教的国家化；但如果没有宗教的国家化以及由此而产生的对社会的影响和作用，人类历史上文明古国的产生也是难以想象的。因此，探索这些文明古国国家—民族宗教的形成和发展的历程及其一般特征，是我们全面把握和了解世界历史，特别是宗教史和文化史的重要步骤。

这里有必要强调一个世界宗教史上的重要事实：上述这几个文明古国的宗教不仅是世界宗教史上最早产生的国家—民族宗教，而且也正是它们最早创造

---

① 恩格斯：《家庭、私有制和国家的起源》，《马克思恩格斯选集》第 4 卷，人民出版社 1995 年版，第 176 页。

了神圣的宗教经典。为此，麦克斯·缪勒把它们称为“有圣典的宗教”。他指出，在世界宗教史的伟大戏剧中扮演两个主要角色的两大种族是雅利安人和闪米特人。两大种族中各有两个成员拥有“圣典”，雅利安人中是印度人和波斯人，闪米特人中是希伯来人和阿拉伯人。印度人产生了拥有《吠陀》经典的婆罗门教和拥有《三藏》经典的佛教；希伯来人产生了拥有《旧约圣经》的摩西教和拥有《新约圣经》的基督教。波斯的琐罗亚斯德教与吠陀宗教有共同的渊源。阿拉伯人的伊斯兰教则是从希伯来宗教的源泉中产生的。麦克斯·缪勒把上述这些世界宗教史上的事实总括地表现为以下两个相似的图式：

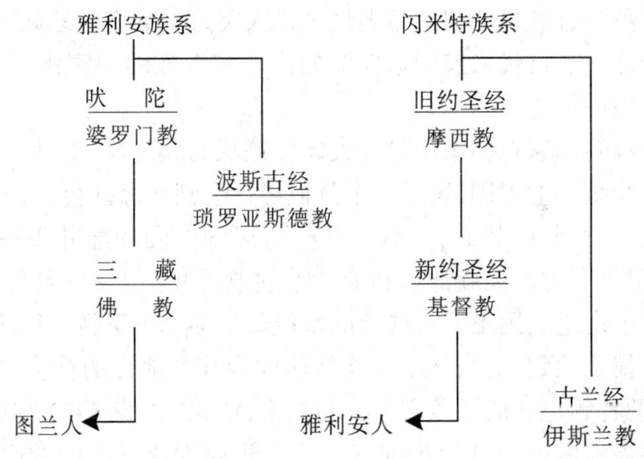

应该说，这是很有意义的发现，它简单明快地展示了人类历史上最有影响的几种伟大宗教的产生、相互关系及其演变的轨迹。

除此以外，麦克斯·缪勒认为中国也产生了两个“有圣典的宗教”，那就是拥有四书五经的“儒教”和拥有《道德经》的道教。古代埃及人的金字塔和神庙中则留下了经卷的断简残篇。①

很明显，麦克斯·缪勒所谓作为人类历史上几种伟大宗教之根源的、拥有最早的宗教圣典的宗教，实际上也就是人类历史上最早建立文明国家（古代

① 麦克斯·缪勒关于“有圣典的宗教”的论述，见于他的《宗教学导论》中译本，第53～56页。其中谈及中国“有圣典的宗教”值得商榷。孔孟儒家并非儒教，四书五经也非宗教经典。道教是宗教，并尊《道德经》为“圣典”，但《道德经》本身是哲学著作，而且早在道教产生之前几百年就问世了，与道教的产生并无直接关系。

埃及、美索不达米亚、中国、印度、伊朗、希伯来)的国家宗教。考虑到它们在世界宗教史上的重要地位以及它们在宗教国家化进程上的特殊性,以下将分别予以概述。

第一节 古代埃及宗教的国家化

一、国家保护神及其神性的演变是对王权政治的适应

埃及的尼罗河谷和尼罗河三角洲地区是人类最早的定居地和有数的几个古代文明发源地之一。古代埃及国家体制的产生和宗教的国家化,是人类文明发展到一个新阶段的标志。

古代埃及社会国家化的历史过程大体上是从氏族公社→农村公社→地区性的州→统一或半统一的王国,这是一个从血缘社会到地缘社会,从分散地区到统一国家的发展过程,其中势必充满以大吃小、以强并弱的兼并现象。在这过程中,一般总是强大有力的氏族部落和地区首领取得政治上、经济上的特权地位,发展为政治国家的世袭国王。古埃及的宗教信仰形态也不得不反映社会形态上的变化。基本情况大致是:当某个氏族部落成为某个地区的社会政治联合体的主体时,它们的首领也就成了该联合体的君主,他原来所崇奉的图腾神和祖先神一般也就成为该地区的地域保护神。当某个州成为统一王国的政治中心的时候,它的地域保护神也就相应地升格为全国的最高神。这可以说是贯穿于古代埃及宗教国家化历程中的一条中轴线,表现了从原始社会氏族—部落宗教发展为国家—民族宗教的基本进程。

在埃及统一王国建立之前,各州崇奉的地方保护神多为动物形象。牛、羊、狮、虎、鳄鱼、兔、蛇……曾分别被各地奉为神圣。据信这是图腾崇拜的表现。公元前四千纪中叶,北部尼罗河三角洲地区各州以布陀州为中心形成下埃及王国,国王奉蛇神为保护神,以蜜蜂为国徽。南部各州以尼赫布特为中心形成上埃及王国,国王奉鹰为保护神,以白色百合花为国徽。上下埃及统一后,由于不同历史时期有不同的政治中心,作为国家神圣象征的最高神也因之而有相应的变化。与此同时,仍容许各地区崇奉自己的地方神。但在全国范围内,作为生命之神的太阳神瑞(Re,希腊文为 Ra,读为拉)和作为死亡之神的冥王神奥西里斯(Osiris)大体上总是高踞于众神殿中的特殊地位,受到埃及人普遍的敬拜。瑞和奥西里斯常被国王认之为与自己有血缘关系的保护神。公元前 3000 年前后,上埃及王

美尼斯灭下埃及，埃及逐步统一。原为上埃及之保护神的鹰形苍天神霍鲁斯(Horus)升格为全国信奉的神，并逐渐与瑞神联系起来。在古埃及人的宗教观念中，鹰是太阳神的象征。太阳在天宇中的运行被象征性地说成是鹰在天空中的飞翔。在神话中，霍鲁斯被说成是奥西里斯的遗腹子，而奥西里斯又被认为是太阳神之子。在一些宗教画中，霍鲁斯被描画为一只头佩日轮的鹰，或一个戴有王冠的鹰头人。鹰(霍鲁斯)与日轮(太阳神)的结合，王冠(国王或法老)与鹰头人(霍鲁斯)的统一，显然是神权与君权合为一体的象征，是宗教国家化的具体体现。从旧王朝第四王朝(公元前2600年)起国王开始自称瑞(拉)神之子。在一幅现存于世的宗教画中，瑞神将全埃及的地照赐给国王，象征国王统治全埃及之权来自太阳神。为了进一步抬高和强化国王的神性，国王不仅自称为"瑞之子"，还自称为"伟大的神"，并把古埃及人崇信的五个大神同时作为国王的头衔：即霍鲁斯、希布提(Hebty)、金霍鲁斯(Golden Horus)、尼苏-巴特(Nesu-bati)和瑞之子。借以表明国王是太阳神之子，霍鲁斯的化身，被两位女神希布提和尼苏-巴特所保护，是神性更大的金霍鲁斯，因此而是上下埃及之王。由于王朝的兴替，政治中心的变化，主神的地位、名称和神性，以及天国的秩序也随之而发生变化。

第三王朝时(约公元前2700—前2650年)，王都迁至孟斐斯。该地区原来所奉的地方神普塔(ptah)于是逐渐被推尊为全埃及的主神。在孟斐斯的祭司神话中把普塔说成是最高的创造主，是从原始混沌中涌现出来的埃及本身，而把太阳神霍鲁斯、阿图姆(Atum，日城伊乌努，即赫列欧城的地方神)、透特(Thoth，古埃及的智慧和文艺之神，鹮头人身)等大神降格为普塔神的表现形式。普塔神的形象原为牡牛形，后表现为人形。他手中持有象征权力的节杖，反映了他对全埃及的神权统治。

在第四(公元前2600—前2500年)、第五(公元前2500—前2350年)王朝，日城成为统一王国的政治中心时，原为地方神的阿图姆神地位上升而与瑞(拉)神统一为阿图姆—瑞神，成为全国崇拜的最高神，金字塔文说他是自存自在的创世主，创造了诸神和宇宙。他的形象是狮子形，后常作人形。国王开始自称为瑞神之子。

中王国时期，底比斯的地方贵族从分裂中统一全埃及(约公元前21世纪)。该城的地方神阿慕恩(Amun，或称阿蒙，Amon)的地位相应上升而与太阳神瑞合为一体，称为阿慕恩—瑞神(或阿蒙—拉神)。在宗教画中，它被画成有公羊般的头，或戴有三重王冠的公羊。国王(法老)往往自称为阿蒙神之子。阿蒙霍特普三世幼年即位后，哈特舍普苏特以王太后和异母身份摄政。她第二年便篡取王位。为了巩固自己的地位，她虚构说她是其母亲与阿蒙神同房所生的女儿。在她的葬祭庙的廊柱及后墙浮雕上，有阿蒙神和其母同床，以及她诞生的画面，还有这样一段铭文："我（阿蒙）将她和两地统一在和平中……我将把所有大地，所有国家授予她"。阿蒙普特普三世在卢克索阿蒙神庙中的墙面上，也刻画上他神奇的诞生和阿蒙神为他加冕的铭文。埃及国王不断玩弄与此类似的宗教把戏。国王齐夫林的巨大塑像的头部后面，踞坐着鹰神霍鲁斯。二十三王朝的拉美西斯三世石棺上的浮雕（现存剑桥）刻有埃及三位大神的象征性徽志，他手执奥西里斯的双笏，头上是母牛女神哈梭的角和阿蒙—拉神的日轮和羽毛。棺盖上的铭文写道："奥西里斯，上下埃及的王，这两个国家的主……太阳的儿子，诸神所喜爱的，王冕的主……你是在神位上。……你所向无敌，我使你在他们之中得到胜利……"。宗教的神被说成是王权的授予者和保护者。

古埃及的祭司神学逐渐把杂乱的神灵世界统一起来，建立起与国家社会相适应的天国秩序。瑞神不仅被说成是世界的创造主，而且按照他的旨意建立起世界的秩序。祭司们还把这种世界秩序人格化为一个神——麦特（Maat）。麦特是瑞神之女，她的神性代表真理、正义和秩序。众神与人皆必须遵守麦特的秩序，国王（法老）的任务就是在世界上实现麦特的秩序。在公元前1300年阿比多斯（Abydos）的法老塞提一世的庙宇浮雕上，刻着塞提一世向奥西里斯、伊西斯（Isis，奥西里斯之妻，霍鲁斯之母，最受古埃及人爱戴的女神）和霍鲁斯三位大神奉献麦特的塑像，其象征意义是表明国王（法老）是世界秩序的实现者。

不仅国王（法老）的王权来自于神，而且他们本人生前就被认之为神。神庙一般都设有敬拜法老的圣所，还规定了敬拜法老的宗教仪式。

二、神庙经济、祭司贵族的形成及其在国家中的地位和作用

尽管古埃及的宗教诸神是统治阶级的象征，但他们与民众也有密切关系。按当时的宗教观念，神与人是互相依赖、互有需要的。神需要人为他修建庙宇，安顿住所，穿戴服饰，供献食物；人则需要神赏恩赐福，无灾无难，生活快乐，寿命长久。

由于建了神庙，塑了神像，神就生活于其中，就得有一批专门侍候神灵、进行宗教仪式活动的神职人员，于是便出现了一批专职祭司，其基本职务是主持宗教仪式，开放圣殿，为神像洗澡、穿衣、装饰、奉献与帝王饮食一样的食物和饮料。大的神庙有几个主祭司，还有一批次级祭司以及歌唱者、音乐师、文士和奴仆，他们之间有严格的等级划分。

神庙作为神灵的寓所，成了给信仰者以启示和训诫的中心。祭司们因此而

享有信众的尊敬,成了社会的特权阶级。信众为求神恩,经常向神献祭,向神庙奉献财物。国王和贵族赐给神庙以土地、财物和各种特权。神庙因此而拥有庞大的经济,祭司贵族和世俗贵族一起构成埃及统治阶级的最上层。国王(法老)既是一国之君,又是祭司之长,是神权与君权的统一,其权力超越于二者之上。

祭司权力和神庙经济的膨胀,必然在统治集团内部酿成与世俗贵族的矛盾。新王国阿蒙霍特普四世时期(约公元前1491—前1465年),国王与祭司贵族的矛盾趋于激化,发展为公开的冲突。当时,底比斯的阿蒙神庙拥有巨大的财富,左右全国政局。阿蒙霍特普为打击底比斯以阿蒙神庙为代表的祭司贵族势力,便大力推行宗教改革。他在赫列欧城和孟斐斯城地方祭司的支持下,决定恢复对传统太阳神的崇拜,宣布全国崇拜一个宇宙中惟一的神——阿顿(Atem)。这是以日盘为象征的太阳神。国王把自己原名中的"阿蒙"去掉,改名为阿肯纳顿(Akhenatem),意为"阿顿所喜爱的"。他还于底比斯北部三百里处另建新都阿赫塔顿(Akhetaten),在新都和全国兴建阿顿神庙。他通过否定阿蒙神和一切诸神,另立宇宙惟一神阿顿的一神教宗教改革,来取消阿蒙神庙祭司集团在国家的特权地位。

阿肯纳顿的宗教改革,在世界宗教史上是用行政手段把传统的多神教改造为一神教的一次努力,但很快就失败了。他死后,继任法老吐坦阿顿与阿蒙祭司集团妥协,改名为吐坦阿蒙,恢复对阿蒙神的崇拜。这次宗教改革之所以失败,主要原因在于它是统治集团内部的权力之争,人民不但未得其利,反而身受其害。阿肯纳顿建新庙,筑新都,大赏新祭司和新贵族,耗费了巨量的财物。这项沉重负担势必转嫁到普通百姓身上,老百姓当然不会支持这样一个不能给他们带来任何实惠的新神。这个历史事件充分说明宗教传统信仰的坚固和祭司集团的强大。

第二节　古代巴比伦宗教的国家化

一、概说王国的兴替与宗教的国家化

西亚两河流域(幼发拉底河和底格里斯河)与埃及尼罗河流域一样,是世界古代文明的摇篮。约在公元前5000年,苏美尔人就在这里建造了世界上最早的神庙,以此为中心发展出世界上最早的城市。约在公元前3000年代出现了一批早期城市国家,如埃里都(Elidu)、乌尔(Ur)、乌鲁克(Uruk)、拉尔萨(Larsh)、乌玛(Vmma)、尼普尔(Nippur)等。这些早期城市大都是以神庙为中心建设起来

的,神庙的祭司实际上是城市国家的建立者。第一个已知的国家是信奉苏美尔伊勒克城保护神的大祭司建立的。

两河流域的政治史是一连串定居农业民为周围游牧民所征服,而征服者在变为定居民之后,又被另一个游牧民所征服的故事。一连串的征服与被征服,使两河文明的创造者苏美尔人、阿卡德人(征服苏美尔,建立苏美尔—阿卡德王国)、阿摩利人(名王汉谟拉比统一两河流域,建立巴比伦王朝)、赫梯人、伊新人(征服巴比伦,建立巴比伦第二王朝)、加喜特人(建立第三王朝)、亚述人(征服巴比伦后,建都尼尼微)、闪米特的迦勒底人(征服亚述王国,建立新巴比伦王国),一个接一个征服者和被征服者沉积在历史的底层,他们原来的语言因种族的混合趋于消失。但苏美尔—阿卡德、巴比伦的文化和宗教并未灭绝,其重要因素在不断变化的历史中适应新的社会政治需要而得到新的发展。苏美尔宗教祭司已经建立了以神庙和祭司为中心的城市国家,把自己变为统治者。这是历史的进步,再也不会倒退到原始的氏族制社会去了。新来的征服者也在成了社会的统治者之后,看到了已逐渐国家化的国家宗教维护统治权的好处,更羡慕祭司贵族高踞于民众之上的特权和得到民众精神拥戴的地位,因此,他们乐于强化传统的宗教,培植为自己服务的祭司阶层,或者把宗教祭司大权直接控制在自己手中。随着征服与被征服的历史进程,王朝可以不断变换族姓,但宗教作为巩固国王统治权的上层建筑不但没有消失,反而日益国家化。宗教作为国家宗教的特点和功能,日益强化。

同时,国家的体制、社会的秩序、统治阶级内部关系的变化也会或早或迟反映到宗教幻想的神灵世界中来,引起宗教观念和天国秩序的变化。宗教历史学家比较研究了古代巴比伦宗教在不同历史阶段的不同特点,把它分为三个阶段:

第一阶段:公元前4000年代及其以前,两河流域宗教崇拜的对象主要是那些与农牧经济直接有关的自然力量,它们人格化为各种神灵,但经常被象征性地表现为非人类的形象。崇拜它们的主要目的在于祈求丰收。由于居民已开始有行业分工,人们赋予丰产神的神性也因而有所不同。在沼泽地居民、种果树人、放牧人、农民等的心目中,丰产神的神性和职能是各不相同的,而且互不隶属。这一阶段的宗教大体上属于原始社会末期的部落宗教范畴。

第二阶段:大致是在公元前4000年代—前2000年代。宗教神灵的形象有了明显的变化,诸神被信为具有人的形象。更为重要的变化是,在苏美尔—巴比伦的神话中,诸神组成的神灵世界开始组织起来,形成一个类似长老议事会(早期国家形态的最高统治机构)的天国结构,每一位神都在这个天国政府中取得了一定的官职。

第三阶段：公元前2000年代后，由于巴比伦、亚述的军事征服和政治版图的膨胀，大帝国的建立，他们原来信奉的民族性、地方性的神也相应扩大了自己的神圣地位和神圣权力。在此以前实行的长老会式民主制的天国政府逐渐演变为主神控制的君主专制机构。神灵对世界和社会人事的干预大大加强了。宗教要求人类虔信神的权能，放弃人的主动性，绝对地依赖神的安排。与此同时，强调人的罪恶感，求神赦罪、向神赎罪的个人性宗教信仰活动因此而得到更多的强调。

古代巴比伦宗教的演变历程，生动体现了从原始社会的氏族—部落宗教演变为国家—民族宗教的过程。

二、自然神演变为城市国家的保护神

苏美尔—阿卡德时代，人们崇奉的主要神灵，几乎都是从自然神演变而成为城市国家的保护神。安神（An，阿卡德人称为安努 Anu）是乌鲁克城的地方保护神，原为天气神，其职能是通过安排天体众星的位置来显示一年的年历和季节的变化。英特尔神（Intil）是尼普尔的地方保护神，原是暴风雨和主管农业的神，在神话中是锄头的始创者。伊阿神（Ea）是埃里都的地方保护神，原是水神，他的神庙在两河入海的河口。欣神（Sin）是乌尔的地方保护神，原是游牧民崇拜的月亮神。由于草原放牧极需通过月亮的盈亏确定时间季节，通过月亮的位置确定星辰的方位，以便占卜吉凶祸福，因此发展出对月亮神的崇拜。沙马什神（Schamasch）是西巴尔的地方保护神，原是太阳神。马尔都克神（Marduk）是巴比伦的地方保护神，原是表示生命与丰产的太阳神和农业神。奈普神（Nabu）是帕息巴城（Borsippa）的地方保护神，原是保护植物生长繁荣的神。纳格尔神（Nergal）是库德（Kutha）的地方保护神，原是狩猎与战争之神和管理作物的丰收之神。努斯库（Nusku）是尼普尔的地方保护神，在神话中是月神欣的儿子，是光明之神……

三、神和神灵世界的等级化

由于有些实力强大的城邦在两河流域的军事争战和政治角逐中上升到强力中心地位，他们的保护神在神灵世界中也逐渐扩大了自己的权力，发展为各城邦普遍崇拜的对象。早在苏美尔—阿卡德时代，安努、英特尔、伊阿就被合称为天、地、水三位大神，天神安努成为三大神中的主位神，被认为是万神之父和诸神之王,是负责处理宇宙事务的众神大会的主持者。太阳神沙马什、月神欣也因所在城市西巴尔和乌尔的重要性而成为各城市崇拜的对象。在巴比伦城征服其他城市、统一两河流域、成为统一王国的首都时,该城保护神马尔都克就取代了昔日诸神的权势而独占至高无上的尊荣地位。这位农业之神变成了战无不胜的战争神,被认为是"伟大的统治者","天与地的君主"。亚述人刚勇尚武,其主神为战神亚述尔(Ashur)。当亚述人成为两河流域的征服者和主人之后,他们也仿效巴比伦的榜样,把亚述尔奉为众神之首,取代了马尔都克作为至上神的崇高地位。在古代巴比伦尼亚人的宗教观念中,神在神灵世界中的权位是随着其信奉者在人间社会中的权位同步消长的。

苏美尔—阿卡德—巴比伦国家是一个阶级社会,宗教诸神的神性不过是国家统治者在天国的投影,本质上是拥有土地的贵族。每一位神都有自己的神庙,神就生活在庙宇之中。庙宇周围的土地和城镇在观念上属于神灵所有,并由神经营管理。在"恩凯(Enki)和世界秩序"这则神话中,恩凯神代表英特尔神来组织世界秩序。他好像一位管理大庄园的大管家一样,在庄园里安排了各种各样的社会工作和经济工作(放牧业、农业、建筑业等),并指派不同的神分别进行监督。从其他神话可以看到,诸神是按照贵族民主制的方式组成宇宙国家一级的诸神大会的,这是处理宇宙事务的最高权力机构。在诸神大会上,诸神对全局性的事务(如选举或废黜国王)进行投票表决,天神安努则是会议的"主席",各项宇宙事务则分别指派年长的神担任,各司其职。

在两河流域地区,由于各城市的兼并,巴比伦尼亚的统一,贵族长老议事会制度的破坏,君主专制制度的加强,使神灵世界的组织形式和宇宙秩序(如众神大会这种神灵世界民主制)也相应发生变化。"鲁戈尔-埃"(Lugal-e)神话对世界秩序的形成有了新的说法,它把世界的有序化说成是征服者的安排。据说地神英特尔的儿子、年轻的国王尼努尔塔(Ninurta)在征服各地之后,便对世界秩序进行重组。这则神话反映了人间统治者按照自己的权力和意志重新安排统治秩序的愿望和事实。

公元前2000年代,巴比伦强大起来,建立起君主专制制度下的统一大帝国的时候,祭司们便编造了相应的创世神话,极力抬高原地方保护神马尔都克在神灵世界中的地位,把他说成是创世之主,而众神则被置于马尔都克的支配之下。这时的马尔都克显然是在兼并战争中获胜的巴比伦帝王的象征,有关的神话不过是国家宗教适应君主专制的政治需要的产物。

四、国家宗教直接神化人间统治者及其统治秩序

古代巴比伦宗教常常直接神化人间统治者，贵族们一般都认为他们的祖先是神或拥有神性。按照吉尔迦美什(Gilgamish)史诗的说法，乌鲁克的国王吉尔迦美什是女神宁桑(Ninun)所生。

国家统治者常常直接把他们的意志和政治需要假托为神的命令和安排。汉谟拉比把他制定的法典说成是法律之神沙马什亲自制定和颁布的。现在尚存于世的汉谟拉比法典石碑的碑头部分刻着汉谟拉比从沙马什神那里接受这部法典的浮雕像。亚述国王总说他们的一切行动都是由亚述尔神所决定，他们不过是神意的执行者。赫梯人的国王甚至直接就是神。在一幅浮雕中，赫梯人的主神(手持双面斧的暴风雨之神)拥抱着国王，生动象征神权与王权的紧密结合。

在巴比伦和亚述帝国的历史上，每一个国王几乎都要和主神“贝尔”握手，即被贝尔的祭司收养为神的儿子和代表，否则，其王位就不牢靠。

五、祭司贵族与祭司政体的形成与发展

古代巴比伦人对于神人关系的基本观念是：人必须依赖神，敬畏神；但神也依赖于人。神创造人是为了得到人的侍奉，而人之所以侍奉神则是为了讨得神的恩宠与奖赏。人的本分是进行劳作，向诸神提供食物、衣服、住房和服务，神则由于人的侍奉而过着不劳而获的贵族生活。事实上，神就是通过神庙占有土地的土地贵族。神需要居留的场所，于是人便为神修建庙宇，神则存在于庙宇中用珍贵木材做成的雕像之中(但并不局限于此)。神要吃喝、穿衣服，还要洗澡。于是，人便为神(神庙)留出大片土地从事农牧业生产，从而发展为大规模的寺院经济；同时又出现了一大批专门侍奉神的生活起居的神职人员。其中有专门传达神启、解释经文、主持仪式的高级祭司，有为歌颂神而诵唱赞美诗和哀歌的音乐师，还有为神制作食物的厨师，为神像洗澡、照顾起居的侍者，……在神庙中有女祭司，甚至还有献身于神而卖淫的神娼。

正如神庙在一个城邦中居于中心地位一样，祭司也是城邦统治者的核心。他们被称为“恩希”(Ensi)。在古代两河流域(甚至更广大的区域)，最早的政体一般都是祭司政体，祭司控制着政权以及人们生活的方方面面。在古代世界频繁发生的种族斗争中，祭司政权暴露了其固有的弱点。第一，各地方的保护神不统一，各自效忠于地方神的祭司们必然互相排斥，不能有效联合；第二，祭司的经

历和训练不适于进行军事领导。因此,王权势力得以兴起。在种族征战中的胜利者成了国王,在他周围形成一个由军事首领和行政官僚组成的统治集团。但世俗国王为维护其统治,总是与祭司集团结合起来,甚至把自己变成为全国最高的祭司。公元前2000年代的第一巴比伦帝国到公元前1000年代的亚述帝国,历代王朝的国王都力图把政权与宗教、君主的行政权威和祭司的宗教权威融为一体。他们主持全国性的礼拜,监督着全国所有神庙的行政管理。

国王与祭司贵族也常有冲突。巴比伦和亚述历史上出现过许多重大政治事件(如阴谋篡位、朝代更替、私通外敌等等),多半是二者之间勾心斗角的结果。亚述国王森纳切里布曾与巴比伦祭司发生过激烈的争吵和冲突。他于公元前691年彻底摧毁巴比伦城的神庙,把贝尔-马尔都克的神像迁至亚述,以此打击巴比伦祭司贵族的权力和权威。他后来被他的一个儿子所杀。他的另一个儿子继位以后,可能震慑于马尔都克神的愤怒和巴比伦城的报复,终于决定把马尔都克神像送还巴比伦,并重建神庙。国王与神和祭司们于是重修旧好。迦勒底人统治巴比伦帝国时,国王那波尼德曾发动过一次企图统一全国宗教信仰的宗教革新运动,把各地信奉的地方神神像集中到巴比伦的贝尔-马尔都克神庙。结果不仅激起其他地方祭司们的反对,也引起了巴比伦祭司集团的猜疑。他们便与虎视眈眈的波斯人勾结起来,引来了居鲁士的军队。那波尼德成了阶下囚。居鲁士按照祭司们的意愿,把各地方神的神像送回原来的神庙。他自己则因此而得到贝尔-马尔都克的“保佑”和巴比伦各地祭司的支持,在巴比伦的土地上建立起波斯人的统治。这些历史的插曲,生动地说明祭司集团在古代国家的政治生活中居于举足轻重的地位。

第三节　中国三代(夏商周)以来的国家宗教
——宗法性传统宗教

一、宗法性传统宗教的性质、内容和源流

中国史家大体上一致认为夏代和商代是中国阶级国家的形成时期,周代则是国家体制的发展和完善时期。古代中国和世界几大文明古国一样,其国家体制都是从氏族部落社会演变而来,但却有中国自己的独特性,这主要表现在它的基本社会结构不仅没有打破原始氏族制社会的血缘关系,而且把新的阶级关系建立于其上,形成宗法性的阶级结构和国家体制(宗法奴隶制和宗法封建制)。

从传说中的尧、舜、禹到史有所据的夏、商、周的世袭君主,虽然本是出自不同的血缘祖先,但他们都自称炎黄后代。所属“百姓”本是数以百计的氏族或部落,但也自认为是炎黄子孙。整个国家结成为血缘相连的宗法性社会,并按宗法等级制组织起来。这种社会结构在西周充分发展。周王自称天之长子,天授予他一国之土地与居民;他则分封其土地居民与诸侯与卿大夫。天子为“大宗”,同姓诸侯尊天子为大宗子。诸侯相对于天子为“小宗”,但又为本国的宗子,并分封采邑与卿大夫。采邑中同姓庶民又尊采邑主为宗子。一国之内和诸侯国之间同姓为兄弟叔伯,异姓为甥舅。周天子称同姓诸侯为伯父叔父,称异姓诸侯为伯舅叔舅叔。诸侯国内亦如此。这样一来,整个国家与社会便结成为一个大宗小宗等级相属、同姓异姓血缘相连的宗法性伦理社会。

周代以后,王朝姓氏和社会制度虽迭有变化,但宗法血缘关系的基本内容在宗族和家族范围之内却基本保存下来。中国社会历史的这种情况,决定了中国传统宗教的性质与内容。宗法性伦理社会的传统产生了宗法性的传统宗教,并在夏商周三代,随着国家的形成而发展为国家—民族宗教。“宗法性传统宗教”这个概念是牟钟鉴教授提出来的,并对其性质、内容和源流作了系统的说明。他指出,我国宗法性宗教是以天神崇拜、祖先崇拜和社稷崇拜为主体,以日月山川等百神崇拜为翼羽,以其他多种鬼神崇拜为补充,形成相对稳固的郊社制度、宗庙制度,以及其他祭祀制度。它的基本信仰是“敬天法祖”。它没有独立的教团,其宗教组织即是国家政权系统和宗族组织系统,天子主祭天,族长家长主祭祖,祭政合一,祭族合一,既具有国家宗教性质,又带有全民性,故也可以称为传统的国家民族宗教。它的崇拜对象大致有天神、地神、人鬼、物灵四大类。它的经常性宗教活动是郊祭天地、宗庙祭祖、坛祭社稷、日月星辰,连带祭祀各种神灵。这个国家民族宗教起源于原始宗教,形成于夏商周三代,完善于汉至隋唐,一直延续到清朝末年帝制垮台为止,其间从未中断。历代礼典中的祭典与丧典,就是这种宗教的祭祖仪礼,历史典籍中的吉礼与丧礼,就是这种宗教的史实记载。[①]

二、天帝崇拜和祭天之仪

作为中国三代以来国家宗教的宗法性宗教最基本的观念是“敬天法祖”,即天帝崇拜和祖宗崇拜。殷商甲骨文中,上帝是掌管自然天象的主宰,有一个以日

① 参见牟钟鉴:《关于中国宗教史的若干思考》,载于《中国宗教与文化》,台湾唐山出版社,1996 年版,第 139 ~ 140 页。

月风雨诸神为其臣工使者的帝廷。殷王祖先死后上宾于天帝。殷王通过宾于帝侧的先王或其他诸神向上帝祈福免祸，求雨祈年，祷告战争胜利……殷人的上帝及其"帝廷"无疑是殷王及其朝廷的投影，上帝是殷王室的国家保护神。他的命令为殷王统治权提供了神圣的保证。但是，殷王的祖宗先王只是"宾于帝"，与上帝并无血缘关系。上帝可能不会像保护自己的血缘子孙那样对"宾客"的后代提供可靠的福佑。国家宗教中的上帝神性必须补上这个缺欠。周人代殷之后，称至上神为"天"（有时也称上帝），其神性有两大发展：第一，周王是天之子，故称"天子"，天是周天子的父祖。上天与人王发生了宗法血缘关系，祖先崇拜与天帝崇拜合二为一，王权的神圣性进一步加强。第二，王权为天命所定，这与殷人一样。但周人相信天命可以变化，故王权因此而有更替。至于天命如何变化，则视人君之行为是否合于"德"为转移。可见，周人的天和天命已经有了确定的道德内涵，其主要内容是"敬德"与"保民"。天子从天帝那里取得王权之后，必须承担社会责任（保民），实践伦理规范（敬德），才能得到天的持久信任，否则，天将发布新的天命，让别的有德者受命为王。周人对天帝之神性在上述两个方面的改变与发展，使天帝作为国家至上神的性质和形象更为全面，更为完善，能为王权的巩固提供更有力的庇护。自周以后，中国历代王朝几乎全盘承袭下来，对天帝的信仰与崇拜，历两千余年而不变。

天帝崇拜作为国家宗教的中心有一套越来越体制化的祭祀仪式。祭天的主要目的是因为君王自认为受天之命，祭天所以报天之恩。《汉书·郊祀志》说："帝王之事莫大于承天之序，承天之序莫重于郊祀，故圣王尽心尽虑以建其制。"天、上帝作为国家宗教的至上神，万民百姓皆须敬拜，但祭祀天帝的圣事，则是君王垄断的特权，只有天子才有祭天之权。不仅一般百姓，就是贵族诸侯亦不得行祭天之仪，否则就是僭越。

祭天之仪主要有三种形式：

一是郊祭。天地合祭、配祭祖先。皇帝亲自主持，于京城南郊积柴于坛，放置玉帛牺牲，燃之使烟气上达于天。

二是封禅。这是盛大隆重的祭祀天地仪式，只在改朝换代或国运鼎盛这两种情况行之。封禅大典是在泰山上筑土为坛以祭天，报天之功，是为封；在山下小山除地，报地之功，是为禅。

三是告祭。在新朝初建，新君建立，或建都迁都以及重大国事进行之际，要举行告天之祭，求得上天的认可，用以安定民心、稳定政局。

这些祭仪的基本目的是显示国君的统治权是天命所归，君权神授，祭天是报答天之恩德，借以神化自己的权力和权威。

三、祖先崇拜和宗庙制度

随着宗法血缘关系在夏商周三代社会中的保存和进一步完善，原始氏族部落宗教中的祖先崇拜也更趋发达和体制化。国有太庙，宗有宗祠，家有祖龛，供立祖宗牌位，岁时祭祀。祭祖宗之灵有两方面的意义：从社会来讲，是培养人与人之间的血缘亲情，维持社会的和谐与稳定；从王朝统治者来讲，是抬高自己的祖先与血统的神圣地位。

三代以来，列为国之祀典者有五种仪式，即禘、郊、祖、宗、报。禘祭者，禘其祖之所自出(始祖)，而以其祖配之；郊者，祀天之祭，以祖配享；祖者，祖有功；宗者，宗有德；报者，报祖之德。这几种祭祖祀典，只有帝王才能举行。对于诸侯、卿大夫以至庶民则另规定有适合其阶级身份的祖宗之祭。西周时，根据宗法等级制度，建立了宗庙制度。规定天子设七庙(太祖与三昭三穆[①])；诸侯设五庙(太祖与二昭二穆)；大夫设三庙(太祖与一昭一穆)；士设一庙；庶人则无庙而祭于寝。随着社会历史的变迁，这种宗庙体制的具体内容和形式也随之变迁，但祭祖敬宗的宗教传统却历久不衰。它维持着整个宗法社会的人伦关系，是中华民族凝聚力的重要保障。

四、社稷崇拜

中国国家宗教的核心内容是敬天法祖，除此之外，最为重视的就是社稷崇拜了。它是从原始农业时代的土地崇拜和谷物崇拜发展而来。所谓“社神”，就是封土为社的地域保护神；所谓“稷神”，就是谷物丰收之神。社稷神的神性功能与国运民生直接有关，对于王朝君主而言实为维持国运的国家保护神，故国家与社稷意义相同；对于民众而言，社稷神保佑本地区农作物丰收是衣食吉庆之神。社稷神本来是自然神，但由于它具有浓厚而直接的社会政治含义，部落首领和国之君王便常把自己的祖先或文化英雄转奉为社稷之神。这样一来，社稷崇拜便与祖先崇拜逐渐融为一体。

我国自古以来以农立国，故宗法性的国家宗教还对一切与农事有关的自然神灵(如日月星辰风雨雷电山川河流等神)举行国家级的祀典，其基本目的仍不

① 所谓“昭穆”，就是将先祖隔代分为左昭右穆两个序列，以确定其灵位与太祖灵位的远近位置。

过是祈神保佑,使国泰民安,帝运隆昌。

五、特点和作用

中国宗法性传统宗教作为国家宗教与其他文明古国国家宗教比较,既有不同的特点,也有相同的社会功能。其突出的特点是:

第一,源远流长,连续不断。中国原始氏族部落宗教国家化的情况和过程,在其他文明古国(埃及、巴比伦、波斯、希腊等)也发生过。所不同者,是在进入一定历史阶段之后,其他古代宗教信仰都发生较大的转向,改信其他宗教,传统中断,源远而流不长。惟我国宗法性宗教不同,不仅信仰传统未曾中断,而且在进入封建社会之后更加完善发达。不论王朝如何兴替,都不曾影响其正宗信仰地位。道教的兴起,佛教和其他外来宗教的传入,都未能动摇其作为国家民族宗教的正宗地位。

第二,国家宗教作为社会上层建筑的基本作用在于维护阶级国家的统治秩序和经济基础,这对于世界诸文明古国都是一样的。中国国家宗教的特点在于它的宗法性。它的敬天法祖观念和宗庙制度、郊社制度、祖有功、宗有德的祖先崇拜体制,其社会功能主要是为了强化和神化宗法等级社会的皇权、族权和父权。一国之君、一族之尊、一家之长在相应的宗教祭仪中是当然的主祭者,宗教赋予他们以神圣的权威,转化为社会生活和政治生活中的权力和地位。王朝君主更被国家宗教尊为“奉天承运”的“天子”,甚至具有神性。中国的君主专制制度之所以历数千年而不变,宗法性传统宗教这一套观念和崇拜体制起了重要的作用。

第三,在中国历史上,祭司阶级没有得到充分的发展而形成独立的权力集团,他们从来都是皇权的附属品。皇帝直接主持国家祭祀大典,是最高的“祭司长”,而巫、祝、卜、史之类宗教性人物不过是皇帝属下的官吏。国家宗教和祭司阶级只能为皇权服务,不可能对皇权构成威胁。在有些国家宗教和中世纪的基督教、伊斯兰教那里,教权直接掌握或控制皇权的情况,在中国历史上从来没有出现过。

第四,宗法性宗教与孔孟儒学既有区别,又有密切关系。儒学不是宗教,但孔子和儒学关于天命鬼神的思想以及对表现宗法等级制度的仪礼(礼学)的大力提倡,无疑来源于三代以来的宗法性传统宗教;同时,孔子又有“敬鬼神而远之”的非宗教性一面。儒学的基本内容是一种人文性的学术理论,是宗法性传统宗教的人文化。儒家与宗法性宗教既有联系,又有区别。二者都是宗法等级社会的上层建筑，但传统宗教是以宗教观念和宗教崇拜体制使宗法伦理关系神圣化，而儒学则是以社会伦理学说使之理性化、合理化。宗教推行"敬天法祖"之仪，儒学则教之以"忠君孝亲"之义。二者的区别与联系集中而明白地体现于此。

儒学在西汉之后被历代王朝奉为独尊至上的"国家哲学"，这对国家宗教也产生了重要的影响。一方面，儒学主张"神道设教"，支持传统宗教对社会伦常的教化之功；另一方面，它的重人伦人道的人文倾向，又限制了传统宗教的发展和影响。前一方面使宗法性传统宗教作为"国家宗教"而与作为"国家哲学"的儒学共生共存；后一方面又使传统宗教始终处在儒学的独尊地位之下，不可能超越儒学而得到独立的发展。因此，中国历史就出现了这样一种情况：中国的宗法性传统宗教曾孕育和神化了皇权，但它自身却始终臣服于皇权之下；它曾孕育了儒家学派，但它自身却在儒学成为国家哲学之后，降格为从属于儒学的"次尊"地位。中国宗法性传统宗教的性质、内容、作用和历史命运，就是在它与皇权和儒学的这种复杂交错的关系中决定的。

第四节 古代印度的国家—民族宗教

——婆罗门教的形成和发展

一、早期吠陀时代的印度社会和婆罗门教

创造古代印度文明和宗教的民族是征服了土著人达罗毗荼族的雅利安人。宗教学的奠基人麦克斯·缪勒把雅利安人种说成是世界宗教史的主角，因为他们创造了世界上最早的"有圣典的宗教"——吠陀经典和婆罗门教，再进一步发展出拥有三藏经典的第一个世界性大宗教——佛教。古代印度的婆罗门教是其社会和宗教国家化的产物。

雅利安人属印欧语系，原居中亚细亚，约在公元前三四千年南下征服印度土著人达罗毗荼族，建立了分为四个社会等级（瓦尔那）的国家。四个等级是：婆罗门（祭司贵族）；刹帝利（军事贵族和世俗统治阶级）；吠舍（村社成员、自由民、劳动者）；首陀罗（被征服的达罗毗荼人，失去土地和氏族部落关系的人，这是社会地位最低的贱民和奴隶）。

为了巩固瓦尔那制度，雅利安征服者一方面制定许多"法"（"达摩"），对各瓦尔那的社会地位、权利义务、生活方式和宗教地位作出了严格的规定；另一方面则通过宗教神话和宗教体制把这些"达磨"神圣化，利用早期吠陀经典的宗教

神话和宗教观念,形成了作为国家宗教的婆罗门教。从吠陀时代以至近现代,瓦尔那制度一直是印度社会和国家体制的基本结构,国家的主要职能实际是用政权来维护这种社会结构,其中最有力的工具之一就是古典时代的婆罗门教及其后来的变态——印度教。

古代印度文明最重要的标志,就是他们约在公元前2000年代中叶就逐渐形成“有圣典的宗教”,这个“圣典”就是《梨俱吠陀》,它是雅利安人定居印度河上游五河地区时期的作品,内容是宗教祭司在宗教祭仪上对诸神唱颂的赞歌和祭祀祈祷文。《梨俱吠陀》的宗教观念,是一种以自然力为崇拜对象、以神话为表现形式的宗教。

吠陀诸神数量众多,难以数计,大体上可分为天空地三界。天界为日月星辰之神,空界为风雨雷电之神,地界为山川草木之神。此外还有众多的动物神、植物神、魔神以及与人事生产有关的巧匠神等。三界神灵中,原来最有权势的是天界伐楼拉(Varuna)、空界因陀罗(Indra,雷霆之神)、地界阿耆尼(Agni,火之神格化,地界主神)和苏摩(Soma,酒神)。由于雅利安人进入印度之后常与土著居民发生征战,代表道德和秩序的文绉绉的司法神伐楼拉不能适应征服战争的需要,其天国地位逐渐下降,在后出的《阿达婆吠陀》中竟降格为不重要的水神。雷霆之神因陀罗则因雷霆威力巨大而成为摧敌降魔的战神,发展为最受崇拜的国民保护神,火神阿耆尼和酒神苏摩则成了因陀罗的得力助手。神话中说,因陀罗打仗时常豪饮苏摩酒,因此而增长大力,战胜群敌。因陀罗成了独霸三界的诸神之王。《梨俱吠陀》有1/4的赞歌是歌颂他的战绩的。吠陀神话世界群神无首的状况发展为因陀罗特享尊荣的局面,是原始氏族制逐渐解体、部落联盟逐步转化为国家体制的宗教反映。

在早期吠陀经文中,古雅利安人把神称为我等之父,对神的祭拜多在家中各自举行。这表明那时的神人关系是亲族关系,家族与神直接建立联系。这是氏族制社会的人际关系。但是随着印度社会的阶级分化和瓦尔那等级制度和城邦国家的确立,逐渐出现了统一万有的高位神观念。《梨俱吠陀》中的《原人歌》把“原人”作为宇宙的本体,说什么天、空、地三界中的一切(包括祭神的赞歌、咒语和祭词)都是由于诸神把原人作为牺牲举行祭祀时而产生的。更重要的是说印度社会的四个社会等级皆产生于原人的不同部分:“他的口是婆罗门,他的两臂作成刹帝利,他的腿变成吠舍,从他的脚生出首陀罗来”。《原人歌》把宇宙万有和人事社会的创生归结为祭典献祭的结果,在神学思想上,表现了多神崇拜向至上神崇拜和泛神论宗教的演变。研究印度宗教的学者认为,《原人歌》最高神一元思想的确立,开梵书、奥义书的新时代,并形成祭祀万能、吠陀天启、婆罗门至上这三大婆罗门教纲领，反映原始性的吠陀宗教逐渐演变而形成婆罗门教。

印度历史上产生了众多的宗教，但婆罗门教是长期居于支配地位的国家民族宗教。不过它也有一个适应社会演进的需要而不断发展的过程，可划分为三个阶段：

第一阶段为后期吠陀和梵书时代（约自公元前1000年—前700年间）；

第二阶段为奥义书时代（约公元前700—前500年间）；

第三阶段为经书时代（约公元前600—前200年间）。

二、后期吠陀和梵书时代的婆罗门教

公元前1000年代后，婆罗门祭司贵族取得最高瓦尔那的统治地位，他们便把早期吠陀时代的神话宗教和自然宗教改造为作为国家宗教的婆罗门教。一方面把婆罗门、刹帝利的宗教控制和政治统治神圣化，另一方面又规定种种极其烦琐的祭仪，把各社会阶级的精神生活和世俗行为置于宗教规范的严格控制之下。婆罗门祭司在《梨俱吠陀》之外，又编了三种典籍：(1)《沙摩吠陀》(Samaveda)，歌咏明论，祭仪中歌咏者所用；(2)《夜柔吠陀》(Yajurveda)，祭祀明论，祭仪中祭司所用；(3)《阿闼婆吠陀》(Atharvaveda)，攘灾明论，其内容多为消灾、降福、除垢等巫术和咒文。婆罗门祭司又在编成的四部吠陀之后，对有关祭典祭仪的事项详加论述——附以因缘、故事、来历，并以散文作出解释。这些附入本典的部分称为《梵书》(Brahmana)。四吠陀和梵书构成古典婆罗门教教义和信仰的基本内容，即婆罗门教的三大纲领：

第一为吠陀天启。专擅祭祀仪典的祭司家族鼓吹吠陀经典是神圣的天启，一颂一词都是神的旨意，是神灵通过祭司之口而宣示于众的。

第二是祭祀万能。婆罗门祭司特别强调献祭和祭仪的作用。他们说，人活着是靠天，神活着是靠人献祭。神原来也有死，但因为人给神献祭，神才得以长生。婆罗门祭司不仅因为由其主持祭仪而得到神的福佑，而且具有控制神的力量。祭祀时，他们可用咒语捉住神，强使他留在祭坛之上受祭。

第三是婆罗门至上。婆罗门祭司宣传祭祀万能，实际上也就是宣传专擅祭仪之权的祭司万能，祭司的作用因此而被神化。

三、奥义书的宗教思想

古奥义书产生于公元前700—前500年之间，它在一定程度上是反对婆罗门教三大纲领的。由于时代的进展,祭祀至上已不能满足智者的要求;婆罗门祭司借主持祭仪以图利,更引起社会的反感。于是,一部分智者便在梵书的最后部分发挥他们关于吠陀经典的终极意义的见解。这一部分称为“吠檀多”(Vedanta,词由 Veda+anta 构成,意为吠陀之终末部分,终解为吠陀的究竟的、本质的意义)。吠檀多实际上是一种哲理性的思考,它取代了梵书时代单纯重视宗教仪式的祭祀万能主义。这部分文书又称“优婆尼沙昙”(Vpanisad)。此词为 Vpa +ni+sad 的合成词,意思是子弟侍坐于父师之侧,父师教授人所不知的秘密教义,故意译为“奥义书”。

奥义书是一种宗教哲学,其根本思想是“我是梵”,中国学者常称为“梵我一如”。它把梵称为宇宙的本体,宇宙间的一切现象,上自梵天(自在天)的宇宙支配神,下至各种有情之物(胎生、卵生、湿生、芽生)以及天空地三界诸神诸物,皆为本体之梵的显现。故我们个人的自我与梵在本质上实为同一。因此,我即是梵,推而言之,梵也是“大我”。

既然自我即是彼梵,故自我是真实的。它是生命的根源,个人内在的统御者,而且是永恒不灭的。人可以通过精神上认识自我而体认梵,达到梵我同一,实现精神上的解脱。

可是人要生活,总要作“业”。业的意义为“动作”(包括一切思想言行)。业是一种力量,它们蓄积起来会在未来产生相应的结果,致使我们人在死后,自我(灵魂)不能回归于梵,与梵同一,而必须接受轮回的果报。既然人的业行导致轮回,所以印度人认为人生是痛苦的,只有免除轮回之苦才是解脱。传统的宗教祭祀和世俗的德行只是相对的善行,并非解脱的正道,只能作为促成解脱的辅助性步骤,根本途径在于静修和苦行。其主要修行方法就是禅定和瑜伽。由于奥义书这种宗教思想的影响,当时印度人发明了多种多样的静修和苦行的修行法门,远离人间,遁迹山林,离动住静而作内观,端坐调息,将心集于一境,力求达到出神境界。这也就是古印度人所追求的梵我同一境界。

奥义书否定了婆罗门教注重外在的宗教祭仪的三大纲领,开始了宗教哲学的沉思,从而出现了婆罗门教的许多派别,同时也推动了各种非婆罗门思潮和教派(如耆那教、佛教、顺世外道等)的兴起。

四、经书时代的婆罗门教

“经书时代”大约在公元前 600—前 200 年间。经书的梵语是“修多罗”(Sutra,意为“线织”),意思是说用提纲挈领的语句总括教义的大纲,好像用线把散落的珍珠编连成串一样。如果说,奥义书的基本精神是吠陀经典在哲理上的发展,那么,经书的主要内容则是把吠陀经典和梵书所规定的制度和仪式经典化、仪典化。它固定了婆罗门教的实际宗教生活。

经书属于吠陀经者,又称为"劫波经"(Kalpa Sutra),由下列三类组成:

一是法经(Dharma Sutra),搜集四大社会等级的权力、义务、生活行为规范以及社会法规而成;

二是天启经(Sranta Sutra),说明婆罗门祭司所主持的大祭;

三是家庭经(Grhya),说明家庭中由家长所司祭的仪式。

上述三种经书完成了婆罗门教实际宗教生活的规定和说明,主要内容实质上是用宗教的语言和方式把社会阶级关系和一个人从生到死的生活行为固定下来,成为神圣的法则和规范。按照经书的规定,人一生中的重要关节和各种重要行为活动,都要举行相应的祭仪。这样一来,就把人的思想言行严格地束缚在作为国家宗教的教义规定和行为规范之内,国家体制和社会秩序当然也就因此而得到巩固。

在公元前6世纪左右,印度出现了许多非婆罗门的思潮和教派,它们提出了各种各样的解脱之道。传统婆罗门教受到挑战。佛教在孔雀王朝时代,曾一度被尊为国教。笈多王朝时代,婆罗门教为应对这些挑战,便吸收佛教、耆那教和民间的多神信仰,逐渐演化为一种变态的婆罗门教——印度教。在印度的社会和历史上,宗教品种繁杂,斑斓多彩,但婆罗门教—印度教系统几乎始终占据国家民族宗教的地位。在婆罗门教—印度教系统内部又有众多的分派和令人眼花缭乱的教义和仪式;同时,随着社会的变迁,各派宗教都在不断发生变化,难以尽说。

第五节　古代伊朗宗教的国家化和琐罗亚斯德教

一、古代伊朗国家和国家宗教的形成

伊朗高原最早的居民是伊兰人,早在公元前4000年代已有了自己的语言和文字,公元前3000年代已进入阶级社会,并于公元前2000年代发展为相当强大的国家。就在这1000年代,原来居住于中亚地区属于印欧语族的雅利安人的一支进入伊朗,定居于此,创立了自己的文化与宗教。公元前6世纪,居鲁士统一伊朗,征服西亚大部分地区,建立了雄踞中西亚、强盛一时的波斯帝国。但它于

公元前3世纪为马其顿王亚历山大所灭。波斯人于公元3世纪重新统一伊朗，建立起萨珊王朝统治的新波斯帝国。642年,萨珊王朝又为阿拉伯人所征服,伊斯兰教随之传入,成为历代王朝的国家宗教。这个情况一直延续至今。

要了解古代伊朗人的宗教信仰,主要依靠波斯古经《阿维斯陀》(Avesta)。而这部古经在历史的变乱过程中大部分被毁灭,限制了我们的了解。只是由于早期伊朗人和印度人同属雅利安民族,一度有共同的宗教信仰,因此,宗教文化学者一般通过对古代印度的早期吠陀经典和波斯古经《阿维斯陀》的比较研究,寻找两者的共同因素,据此再现伊朗人的宗教信仰。这两部古经确有许多共同之点。如表现出性质相同的多神信仰,崇拜不少共同的神灵,都崇拜火,用圣酒献祭等等。随着伊朗的统一,波斯帝国的建立和君主专制制度的发展,古代伊朗人的多神信仰逐步走向统一。如果说古代印度是用泛神论的形式来统一宇宙万有和多神世界,那么,古代伊朗宗教发展的特点则是从多神崇拜走向二元神教。在印度—伊朗的早期神话(吠陀)中已有天神提婆(deva 或 deiva)和恶魔阿修罗(Asura)的二元区分,伊朗人则进一步把这种区分扩大化、绝对化,用来对一切神灵进行分类,把他们分为善恶对立的两大类。他们尊奉阿胡拉(Ahura,意为主神)为善神之主,尊称为阿胡拉·马兹达(Ahura Mazda,马兹达为贤明、智慧之意),而把与印度天神提婆(daiva)相当的"daeva"(台瓦)降为恶魔。从各方面推断,阿胡拉原来可能是波斯人中一个强大氏族的祖先神或部落保护神,他被奉为最高的主神是帝国统一和君主集权的反映,是波斯皇帝用来统一帝国的信仰,以加强君主统治的宗教表现。大流士皇帝及其继承者独尊阿胡拉·马兹达,对其他的神则禁止崇拜,或者贬为台瓦(daeva,恶魔)。大流士把自己的行为和政治决策都说成是秉承阿胡拉的旨意。他在其铭文中列举他新统治的各省名称之后宣称:这些省归属于我,按阿胡拉·马兹达的旨意,在我的统治之下,向我交纳贡税。被贬为恶魔的"台瓦",看来多是被征服者原来信奉的神。塞尔西斯一世(公元前485—前465年在位)在波里的铭文中写道:"朕遵照阿胡拉·马兹达的意旨,战胜此族(指被征服的部落)……在上述国家中原先有信奉台瓦者,朕遵照阿胡拉·马兹达的意旨,拆毁台瓦庙,下令今后不得祭祀台瓦……其他谬风陋俗,朕皆一一纠正"。阿黑门尼德王朝历代帝王皆自称阿胡拉·马兹达的使者,神的意旨通过帝王宣示并执行。古代伊朗的二元神宗教观念就是在这种历史条件下发展起来的,它是适应伊朗各民族走向统一和波斯大帝国的政治需要的产物。二元神教的典型表现形态便是琐罗亚斯德教。

二、琐罗亚斯德的宗教改革

琐罗亚斯德(公元前628—前551年)是一位宗教改革者,他对古代伊朗人的宗教信仰进行了改革,并创建了一种新的宗教,史称琐罗亚斯德教。据传说,他是由一个15岁的童贞女所生,这当然是宗教神话。这则神话实为基督教关于耶稣为童贞女所生的先例。他原是某一个拥有"马兹达"称号的"阿胡拉"(主神)的祭司。据说,这位祭司在20岁时弃家隐修,30岁时得到"神的启示",因此便对传统的多神信仰进行改革,创立一种把群神分为善恶两大阵营的二元神教。他自称是阿胡拉·马兹达派来的使者,向世人传道。他劝人行善事,勿饮酒,勿邪行,勿欺诳,而以他所传的新宗教的真理为信仰。他流浪于伊朗各地宣传他的教义。坚持传统宗教信仰的祭司当然极力反对他,并对他进行迫害。他传道十年,只得了一个信徒。以后他着力向国王和贵族进行传道活动,得到了成效。公元前588年,他的新宗教受到了伊朗东南部的大夏(Chorasma)国王维斯塔巴(Vcshtaspa,大流士的父亲)和贵族们的信仰。在国王支持下,很多王公大臣都皈信了这个新宗教,从而推动了它的传播。大流士一世时(公元前521—前485年在位),琐罗亚斯德教已成为波斯的国教。

二、琐罗亚斯德教的经典和教义

该书的圣典是《阿维斯陀》,是伊朗最古老的文献,用古波斯文写成,故又称《波斯古经》。该书大部在战乱中散失,几经收集整理,至今只剩下八万余字,主要内容是对神的赞歌以及驱魔之术。

琐罗亚斯德教的教义是一种独具特色的善恶二元论。它认为宇宙中存在着善良与邪恶两种绝对对立的力量,并把二者神格化为善神与恶魔两大阵营。善神一方的最高神是阿胡拉·马兹达(希腊文是ormazd,奥尔马兹达),其神性是光明、洁净、生命、善行、道德、秩序、真理……恶魔一方的首领是安格拉·曼纽(Angra Mainyu),又称阿里曼(希腊文Ahrimam),他的性格意味着黑暗、不洁、污浊、破坏、死亡、谎言、虚伪、恶行……善神阿胡拉·马兹达与恶魔安格拉·曼纽各自拥有一群僚属,彼此的性能一一对立,相互对抗。

善神阿胡拉·马兹达是创世之神,先造各种天体,又造世上万物之"灵",由灵而演生万物。世界万物整然有序,体现了善神的造化之功及其善的本性。恶魔安格拉·曼纽嫉恨善神的一切善功,对之一一对抗,以黑暗对抗光明,以不洁对抗洁净,以破坏对抗创造,以死亡对抗生命……善恶两军对战,壁垒分明,把世界变成战场,把历史变成不断争战的过程。斗争时起时伏,时胜时败。但最后胜利是属于阿胡拉·马兹达。琐罗亚斯德教把整个世界的历史定为1.2万年,划分为四个时期,每期三千年。第一个三千年,善神阿胡拉·马兹达创造精神世界,第二个三千年创造物质世界。首先创造光明,从光产生火,从火产生其他一切事物。这时恶魔安格拉·曼纽开始其罪恶的破坏活动,创造了一一相应的恶魔,与善神战斗,但为善神所败。第三个三千年是善恶两界神灵决战的时期,到这一时期的末叶,琐罗亚斯德奉善神阿胡拉·马兹达之命降临此世,创立琐罗亚斯德教。善恶双方进行最后决战。直到本时期结束,善界众神将分别打败并杀死各自的对手,最终战胜恶神阵营。于是,创世之初的和平状态得以恢复,全人类都将享受幸福。这就进入第四个三千年的太平盛世,这个太平盛世也就是琐罗亚斯德教支配全世界的时代。

琐罗亚斯德教认为,在善恶两界的斗争中,人有选择善恶的自由意志,参加这场决定人类命运的斗争,各人将根据自己的业行而得到报应。

琐罗亚斯德教并不像后来的诺斯替教、基督教和摩尼教那样,把善恶对立归结为精神与物质的对立。人类并不是以精神反对物质的形式,而是以他的灵魂和肉体一起参加善与恶的斗争。因此,该教并不主张斋戒和禁欲(除非作为洁净仪式的一部分)。但人类必须保持纯洁和善,避免受到邪恶的污染。人必须接受琐罗亚斯德教的教诲,敬拜阿胡拉·马兹达,作到善思、善言、善行,避免恶思、恶言、恶行。死后的灵魂将通过一座“审判之桥”,接受“末日审判”,根据其生前行为的善恶而得到相应的报偿。善人可升天堂,恶人坠入地狱。

四、琐罗亚斯德教的兴衰

琐罗亚斯德适应阿黑门尼德王朝的政治统一的需要,独尊阿胡拉·马兹达,使统治者可以把一切被征服者和不适应政治需要的神灵打入安格拉·曼纽属下的恶魔阵营。所以,他所创建的宗教一度得到统治阶级的赏识和支持。但自公元前3世纪,马其顿王亚历山大大帝征服西亚和伊朗,琐罗亚斯德教和其他古代伊朗传统宗教几乎为希腊的宗教崇拜所淹没。3世纪萨珊王朝建立后,琐罗亚斯德教得到复兴,并取得国教地位。642年,阿拉伯的伊斯兰大军征服伊朗。在武力胁迫下,琐罗亚斯德教信徒被迫改宗,该教从此在伊朗本土趋于消失。一部分不愿改宗者逃亡印度,集中居住于孟买,被称为帕西人(Pasis),至今仍保留他们的信仰。

琐罗亚斯德教传入中国后，被称为祆教、拜火教。9 世纪唐武宗灭佛时，祆教和景教、摩尼教等外来宗教也在排斥之列，渐趋消失。

琐罗亚斯德教作为伊朗一些王朝的国家宗教，其历史命运是与它所维护的国家的命运紧密相连的。当奉它为国教的君主政权兴盛强大时，它也臻于鼎盛；而当前者走向衰败，甚至被人征服时，它也难逃被征服的命运而走向衰亡。

第六节 从古代希伯来宗教到犹太教

闪米特以色列人是麦克斯·缪勒所肯定的世界宗教史上的主要角色。这不仅因为他们在人类文明的黎明时期创建了一个“有圣典的宗教”（《旧约圣经》和犹太教），而且这个宗教还直接导致了两个世界性大宗教——基督教和伊斯兰教。犹太教是与希伯来—犹太人命运相连的民族宗教，至今仍是以色列国的国家宗教和散居世界各地的犹太人的民族宗教。许多宗教著作把犹太教称作为有史以来就信仰一个上帝的一神教。其实这不符合历史事实。犹太人把耶和华确定为惟一的神或上帝并不是他们自古以来就有的信仰，而是经历了一个长期、曲折、反复多变的历史过程。作为一神宗教的犹太教是在传说中的摩西时代开其端，而在“巴比伦之囚”之后定型的。在此之前以信仰氏族部落神为主体的多神信仰就不能叫犹太教。犹太人古称希伯来人，我们可以把古代希伯来人所信的宗教叫做“希伯来宗教”。古代希伯来社会也经历了从原始的民族部落社会发展为民族和国家的过程，反映在宗教形态上，则表现为耶和华从氏族部落神发展为创世主和宇宙神，从氏族部落宗教发展为民族—国家宗教的过程。对于罗马帝国征服犹太人之前的古代希伯来宗教和犹太教的整个进程，大体上可以分为三个阶段：

（1）亚伯拉罕时代：古代希伯来氏族—部落宗教。

（2）摩西时代：犹太教的创建。

（3）定居迦南以后：犹太教的发展与完成。

一、亚伯拉罕时代：古代希伯来氏族—部落宗教

犹太人的祖先原是闪米特人的一个分支，古称希伯来人，曾一度游牧于两河流域。据《旧约圣经》，犹太人的祖先亚伯拉罕即出生于巴比伦尼亚，他生活的年代大概是在公元前 20 世纪到前 18 世纪。他当时是希伯来人某个部落的酋长，曾因饥荒带领其部落逃荒到埃及。他在那里发达致富后，返回迦南。他养了

大批奴隶,圣经说他家里生养了壮丁318人。亚氏部落显然是个阶级社会,他本人是富有的奴隶主和部落的统治者。在宗教信仰上,闪族各分支都崇奉本氏族的保护神,亚氏部落则选择了耶和华(雅赫威)作为本族的保护神和上帝。在《旧约圣经》中,总是说耶和华是亚伯拉罕及其直系子孙的上帝,亚氏的仆人和旁系亲属并不直接把耶和华认作自己的上帝,而只是说"耶和华我主人亚伯拉罕的上帝"(《创世纪》24:27—28)。亚氏的近亲拉班也认为耶和华只是亚氏家族而不是他那家族的上帝,他则另供奉自己的神的偶像。亚伯拉罕定居迦南后还接受并敬拜当地的神——"埃尔"(El)和"巴力"(Baal)。亚氏之子雅各既信耶和华,也信外邦神。耶和华作为亚伯拉罕氏族部落的上帝是与他们所称的"外邦神"相对而言的,实质上只是本氏族部落的保护神。对于"外邦"而言,耶和华也是他们的"外邦神"。

亚伯拉罕时代已经形成了对后来犹太教的形成产生重要影响的二个观念:第一,亚氏氏族虽不排斥"外邦神"的存在和信仰,但越来越强调对耶和华的信仰。耶和华说:"亚伯兰信耶和华,耶和华就以此为他的义"(《旧约圣经·创世纪》15:6)。正是这种以信耶和华为义的信念,发展为信其他神为不义,进而否认其他神的存在的犹太教一神观念;第二,耶和华与亚伯拉罕立约,耶和华承担义务,立亚伯拉罕为多国的父,子孙繁多,国度由他而立,君王由他而出,将迦南全地赐给亚伯拉罕及其子孙永远为业;亚伯拉罕及其子孙后代的男人,生下后的第八天都要接受割礼,从肉体上作永远的约,以表示专注对耶和华的信仰。不受割礼者,即为背约,必从民中剪除。这种从宗教仪礼上加强对耶和华的信仰,在摩西时代得到了更充分的发展,有了一系列更详细、更具体、更严格的规定。如果说,犹太教的礼仪和律法成型于摩西时代及其以后,那么,这些仪礼规定则植根于亚伯拉罕时代。

二、摩西时代:犹太教的创立

《旧约圣经》中的摩西如果实有其人,应该算是犹太教的创建人。围绕他有大量的神话传说。《旧约圣约·创世纪》叙述了亚伯拉罕的孙子雅各及其12个儿子在大饥荒岁月举家逃荒埃及的故事;《出埃及记》则讲述了摩西在上帝的帮助下使用了许多神幻莫测的法术战胜了埃及法老和许多的艰难险阻,带领以色列人12支族走出埃及的神迹传奇。圣经说,摩西打死了一个欺侮以色列人的埃及人,被迫逃亡。上帝在烈火中向他显现,要他承当以色列人的救世主,带领他们逃离埃及,到那"美好宽阔流奶与蜜之地"——迦南。并赐给他一根会现神迹的神杖，用灾祸的恐吓迫使埃及法老同意他们出走的请求。摩西用这根神杖，使尼罗河水变成血，腥臭不能饮用；使青蛙遍于大地、苍蝇虱子遍于国中，瘟疫流行，人畜皆病；尘土遮天蔽日，冰雹袭击庄稼。最后，以色列人的上帝亲自出马击杀所有埃及人的长子和头生的牲畜。于是，法老只好哀求摩西把他的民族带走。摩西率领以色列 12 支族走到红海，用神杖把海水分成甬道，顺利登上彼岸。埃及追军追到海底甬道时，上帝使海水合拢，埃及全军葬身海底。摩西出埃及胜利实现。

摩西出了埃及，不仅没有结束以色列人的苦难，反而迎来了更难解决的问题。大队以色列人在沙漠中行军，吃喝问题很难解决，势必遭致埋怨。12 支系以色列人在宗教信仰上对于耶和华的忠诚也不可能完全一样，又没有律法和制度来保证各支系在信仰和行动上的统一。这群乌合之众到了玛拉，找不到水喝；到了旷野，没有粮食可吃。以色列人向摩西发出怨言说："巴不得我们早死在埃及地耶和华的手下，那时我们坐在肉锅旁边，吃得饱足。你们将我们领出来，到这旷野，是要叫这全会众都饿死啊"（《旧约圣经·出埃及记》16:3）。摩西很是紧张，时刻担心以色列人会用石头打死他。总算以色列人命不该绝，他们发现了一种叫吗哪的菌类，找到了一处泉水。摩西利用这个机会，把偶然的机遇神化为上帝的恩赐，稳住了群众，把他们带到西奈山。在这紧急关头，摩西进一步认识到用强化信仰上帝的办法统一以色列 12 支系信仰的必要性。恰好在这时，摩西的埃及岳父跑来送行，给他出了两条主意：第一，奏告上帝，用上帝的律法治理群众；第二，建立各级官吏，对百姓严加管束。这实质上是建议摩西在乌合之众的难民中，建立国家政权的组织形式；同时把希伯来人的传统信仰强化和改造为国家民族宗教，摩西则以耶和华的名义实行神权统治。摩西完全接受了岳父的建议。他召集长老会议，声称上帝召他上西奈山为以色列人立法，要求全民斋戒三天，在他上山期间，任何人皆不得靠近山界，否则将被上帝击杀。摩西安排妥当后，上到西奈山顶，一住就是 40 天。下山后自称曾面见上帝，上帝约法十章，并用手指头写在两块石板上，带回来作为以色列人永远遵守的律法和戒条。可是，在这期间，其兄亚伦在以色列人的要求下铸造了金牛犊作为崇拜的偶像，这与摩西带回的十诫完全对立。摩西勃然大怒，摔破石板，捣毁金牛犊，他把崇拜金牛犊的同胞打成背叛上帝的大恶。他发动忠于自己的利未家族对那些不同信仰者大开杀戒，一次就杀死 3000 人之多。如此残酷，史所罕见，但效果是立竿见影的。持不同信仰的以色列人，震慑于耶和华上帝的神威和摩西的屠刀之下，创建独尊耶和华、尊奉上帝约法的犹太教的政治条件成熟了。于是，摩西再度上西奈山，重新制作了两块刻有上帝约法的石板，据此作为上帝赐给以色列人必须恪遵的诫约。同时,摩西又用上帝之名,颁布了一系列律法。在此基础上,摩西时代形成了一套内容广泛的体制:既规定了宗教的信条,又规定了行为的准则;既建立了宗教的体制,又建立了社会的结构和国家的律法;既设立了专门的祭司家族,又规范了宗教的礼仪。犹太教作为以色列人的国家民族宗教的雏形于是形成。按照圣经的说法,这一系列戒条、律法和礼仪规定都是上帝通过摩西颁布的。实际情况则显然是摩西之类人物为统一以色列人的思想、信仰和行为,为应对危险的困难而假借上帝之名规定的。卓越的犹太哲学家斯宾诺莎深刻地指出:"当犹太人初离埃及的时候……他们没有文化,陷于悲惨的奴隶状态。因此之故,统治权不得不操于一人之手,这个人统治约束其余的人,制定法律,说明法律。……摩西制定法律,也是因为战争迫在眉睫。因为激发士卒急于获得荣耀,总胜于威胁恐吓。这样每人才会竭力奋勇争先,不仅是为了避免惩罚。所以,摩西借他的美德与神名,开创了一个宗教,这样则众人各尽其职是出于虔诚之心,不是出于畏惧"。[①]由于摩西开创了犹太宗教,制定了诫命和律法,以色列 12 分支被组织为一个严密的政治实体,希伯来人的传统宗教发展为有统一的信条和教仪的犹太教。神权与政权融为一体,宗教与国家高度结合。正是有了这样一个条件,以色列人才有可能走向迦南,与原来定居当地的其他民族展开了争夺迦南的长期征战。

三、犹太教的发展与完成

摩西时代的犹太教虽然已独尊耶和华,不许信仰别神,但并不否定别神的存在,所以还不能算作严格意义的一神教。作为一神教的犹太教是其后经过若干世纪的发展才完成和定型的。

摩西死后,约书亚继位。他率领以色列人入侵迦南,战胜当地民族,终于在迦南夺取了一块立足安身之地。但其后却遭受一连串失败,在一次与腓利斯人的大战中,以色列死了三万人,连上帝的约柜也被掠去。以色列人悲观失望,竟然抛弃对耶和华的信仰,改而崇拜当地人信奉的巴力神和以斯他录神。约在公元前 993 年,大卫王终于战胜腓利斯人和叙利亚、约旦等地区各族,建立了一个统一的以色列王国。大卫王本人对耶和华的信仰似乎并不虔诚。他娶了众多外邦人为妻,并允许外邦妃嫔在宫中建造祭祀其本族神灵的小庙。这就大大违背

① 斯宾诺莎:《神学政治论》,温锡增译,商务印书馆 1982 年版,第 83 页。

了摩西对上帝的誓约了。所罗门死后，以色列分裂为南部犹太、北部以色列两国（公元前922—前733年），南北两国互相争战，实力大为削弱。公元前722年，北部以色列为亚述帝国所灭，十万余众的以色列人被放逐外国，在历史上不知所终。南部犹太国的命运也好不了多少。先是臣服于亚述，得以苟延残喘。公元前586年，巴比伦王尼布甲尼撒攻陷耶路撒冷，焚圣殿，把犹太人掳囚巴比伦。犹太国家从此不复存在。不过，巴比伦统治者对他们还算宽厚，允许他们保持自己的血统和宗教。公元前538年，波斯帝国居鲁士大帝征服巴比伦后，对犹太人更宽大，很快把他们送回故乡，并帮助他们重建耶路撒冷城和圣殿。

以色列—犹太人这一段惨痛艰辛的历史加强了他们的民族意识。他们认识到，要想在巴勒斯坦这块强邻四逼的土地上保持自己民族的存在和民族的特性，只有加强共同的宗教信仰。他们在这几百年亡国毁家的历史时期，形成了几条作为犹太教基本信条的宗教观念：

第一，上帝耶和华是宇宙的独一真神。

当犹太人沦为巴比伦之囚以后，他们更寄希望于上帝的拯救，更加卖力地抬高耶和华的权能，把他说成是宇宙间独一无二的真神。《旧约圣经·以赛亚书》中，耶和华一再发表自己是惟一真神的申明："我是首先的，我是末后的，除我以外再没有真神"（44:6），耶和华不断声称：只有信仰他，以色列人才能称义得救。信奉巴比伦的神，只能成为无益的重负。

第二，以色列—犹太人的灾难，是上帝对他们所犯的罪的惩罚。

这本是以色列人的传统宗教观念，以色列—犹太亡国之后，先知们更大肆宣传这个观念。他们相信，亡国毁家之祸，圣殿被焚之灾，流放为奴之辱，都是祖先和自己未遵守与上帝立约时所应承担的义务（特别是信奉别神和崇拜偶像），从而惹得上帝的愤怒，于是上帝便抛弃以色列人，并假这些人和迦勒底人之手对他们进行惩罚。一切灾难都是咎由自取，只有反省己过，虔信耶和华，才能重新得到上帝的拯救。由于有此信念，在流放巴比伦之后，以色列人竟成为更虔诚、更狂热的耶和华崇拜者。

第三，救世主观念。

以色列人坚信上帝虽在惩罚自己，但仍视以色列为他特选的子孙，是不会置斯民于水火而不顾的。先知们把实现新生活的时刻推向未来，寄希望于上帝和他派来的"弥赛亚"（救世主）。先知们甚至具体预言，这位救世主将出生为大卫王的后裔。他将作为万民的救星，灭绝上帝的敌人，拯救上帝的忠仆，在耶路撒冷建立公义之国。这些先知的预言，不仅坚定了以色列人对上帝的信仰及获救的希望，成为犹太教的基本信念；后来也为基督教所继承，成为"耶稣是基督"这一基督教信条的宗教根据。

在巴比伦流放的70年间形成和发展起来的这些宗教观念,对以色列犹太民族的影响是非常之大的。当他们被波斯人放回耶路撒冷的时候,已不再是既崇拜巴力神、伊斯他录神,也崇拜耶和华的那种以色列—犹太人了。此前他们是一群在政治上分裂、在宗教信仰上仍有混乱的人,而返回耶路撒冷时则已统一在耶和华的旗帜之下从而具有强烈排外的民族意识。他们去时尚没有一部普遍熟悉的文献,是没有文化的野蛮人。而70年来巴比伦文明对他们的熏陶,他们已学会应用文字,并带回了《旧约圣经》的大部分材料,为编写圣经、制定一个完善教义系统和崇拜礼仪体制奠定了基础。

犹太人返回耶路撒冷之后,在波斯帝国控制之下建立了一个以祭司贵族为主体的神权政体,也建成了一个崇奉耶和华为独一真神、排斥其他宗教信仰的犹太教。这个宗教是犹太人民族意识的象征,曾给予他们以建立公义之国的遐想,但这实质上是神权政体的上层建筑和国家宗教。

第七节 几点认识

在对世界上几个主要的文明古国的国家—民族宗教进行了一番比较研究之后,我们对宗教史上的国家—民族宗教形态可以概括出几点一般性的认识:

第一,从世界上几大文明古国形成的国家—民族宗教的源渊来看,它们都是从原始社会末期的氏族—部落宗教演变而来,国家民族宗教所崇奉的各种神灵都植根于原始时代的祖先崇拜、图腾崇拜、自然崇拜和天神崇拜。只不过在文明古国的等级制社会或阶级社会里,国家赋予这些神灵以新的神性,使之更适合国家社会的特点和需要而已。

第二,国家—民族宗教本质上是国家社会的上层建筑,它随着政治国家和阶级社会的形成而形成,随着它的演变而演变。社会的秩序和结构决定神灵世界的秩序和结构,它的演变也必然伴随着神灵世界秩序和结构的演变。在君权至上的国家社会里,原来不相统属的众神世界就会出现超越众神的至上神。国家崇奉的主要神灵和至上神与一国君主常被国家宗教肯定有着极为亲密的关系,或者认为王权为天神所授,或者认为天帝与君王之间有着血缘亲属关系。国家的神往往就是祖先神,或由祖先神发展而来,国家君王常常自称"天子"或神的"后代"。

第三,在国家宗教体系中逐渐形成了一个专门侍奉神灵(实际上是在神庙中侍奉神的象征物、主持祭仪、觇知天命和神意)的祭司集团和巫祝阶层,他们是享有特权的宗教贵族，常常高踞于等级社会金字塔的上层或顶端，并有强大的寺院经济作为其政治权势的经济基础。正像原始氏族部落社会中氏族长老和部落首领往往直接就是宗教长老和祭仪主祭一样，早期国家的君主一般也是全国最高的宗教首领和国家祭祀大典的主祭人。这就是说，不仅在宗教神话和天启神谕中，君权来自神权，而且在现实的宗教生活和社会政治生活中，君权与神权常常也是直接统一的。当然，有些文明古国在后来的发展中，祭司贵族也有与世俗贵族分化的情况（如古印度婆罗门与刹帝利。古代埃及和巴比伦也有类似情况）。这时，世俗贵族与宗教贵族常有矛盾和斗争，有时甚至很激烈。但世俗贵族从未否定宗教和神权，而是寻找或培植一种更直接地为其君主服务的新的宗教形式和祭司阶级。这种情况更清楚而明确地证明神权与君权的内在联系和宗教的国家化。

第四，国家—民族宗教虽然具有明显的阶级实质，其主要功能是为了维持统治阶级的利益和现存的社会秩序，但是，作为国家的重要组成部分，它把对国家神灵的信仰和崇拜确定为全体民众的强制性义务。全国民众，无论宗族家族，不分男女老少，都将按国家的法典和民族的惯例和习俗，崇奉官定的和传统的神灵，没有任何个人选择的余地。因此国家宗教具有全民信仰的种族宗教或民族宗教的特征。正因为国家宗教的全民族性，它自身就无需建立独立于国家社会结构形态的宗教教会组织，正像氏族制社会和氏族结构就是氏族宗教的宗教组织一样。在国家—民族宗教体系中，国家的社会组织结构也就是宗教的组织结构，二者是互相重合的。

第九章

世界宗教

第一节 世界宗教的特点

佛教、基督教、伊斯兰教三大世界性宗教出现在世界宗教史舞台上,展现出它们是一种新的宗教形态,具有不同于传统的氏族—部落宗教形态和国家—民族宗教形态的一些特点。概括言之,主要有三点:神性和信众的普世性;产生的创建性;组织的独立性。

一、神性和信众的普世性

在世界宗教出现于世之前的传统宗教,无论是原始时代的氏族—部落宗教,还是阶级社会的国家—民族宗教,其信仰者都具有地域的局限性和种族的狭隘性。氏族—部落宗教信奉者只限于以血缘关系为纽带而结成的氏族公社和部落社会;国家—民族宗教的信奉者则是各个国家管辖疆域内的民众。不同氏族部落和不同国家崇奉的神圣对象主要是本氏族、本部落和本国家的图腾、祖先神和地域或国家保护神,自然神亦主要是与本地域民众生产生活密切相关的自然物和自然力的人格化。这些崇拜对象的神性、功用和权能,彼此不仅常不相同,而且往往互相排斥。图腾是氏族的标志,不同氏族、不同部族所奉图腾只在本氏族、本部落之内才有意义;祖先神只在血缘所系的本家族、本宗族的后代子孙范围之内才是祭祀崇拜的对象;国家保护神则只对特定国家的君主赐予权威,对其臣民给以福佑,与敌对国家的国家保护神必然在神性上互相对立。因此,氏族—部落宗教和国家—民族宗教及其所奉神灵的权威在一般情况下不可能超出本族和本国的疆界之外。正如我国古籍所说:“神不歆(受祭)非类,民不祀非族”,“鬼神非其族类,不歆祭祀”。神人关系在古代的氏族—部落宗教和国家—民族宗教之中，是血缘上的同族同类关系；扩大到国家范围之内，则是同一国家民众与本国保护神的同类关系。神非同族同类同国，不受其祭；民也不祀异族异国之神。这是氏族—部落宗教和国家—民族宗教的一般特点。佛教、基督教和伊斯兰教的情况则大不相同。它们越过了血缘的谱系和国家的关卡，在不同种族、不同肤色、不同语言和不同国度里找到了自己的信众。佛教的佛和释迦牟尼、基督教的上帝和耶稣基督、伊斯兰教的真主和穆罕默德，都不再是原初创教者所属的特定种族和国家所专有的神圣崇拜对象，他们的神性、功用和权能都具有超种族、超国家的普世性。

二、产生的创建性

原始时代的氏族—部落宗教和阶级社会的国家—民族宗教都是古已有之、世代传承的传统信仰，它们没有特殊的个人作为宗教的创建人。氏族宗教的诞生完全是自发的。虽然它必然发自于人，但这个“人”，绝不是某个有名有姓的个人，而是整个氏族成员全体。推而广之，是整个原始人类。因此，它的“开端”不可能有确定的年代，而是原始社会漫长的历史发展的产物。一个简单的“图腾”观念，也是经历了若干万年历史沉积的结果。国家宗教虽然在其开始阶段即已带上为祭司贵族、政权首领操纵以为己用的“人为性”的特点，但它本质上是传统氏族部落宗教的国家化，是传统信仰的历史延续。这种自发信仰的“人为”化、氏族—部落宗教的国家化、民族化的过程，是伴随部落联盟国家化的进程同步发生的，往往也有一个漫长的历史过程，其间并没有什么开天辟地、非此即彼的界限。在某个氏族部落和民族国家中，任何人从其出生之日起，即面对祖先传承下来的传统信仰和既有的宗教体制。他们接受这种宗教信仰，不是发自个人的信念和独立的选择，而是既有的传统以及传统本身的强制力。任何人都得接受这种传统信仰，没有任何例外。佛教、基督教和伊斯兰教在这方面则大不相同。它们的产生不是传统宗教的复制，而是对它的改革，在基本教义和宗教仪式上具有反对传统信仰及其礼仪的特征。它们是某个（或某些）特殊的个人按照自己的宗教信念和宗教体验创建的新型宗教。这种新宗教在其开始阶段，都是通过创建人的传教活动来争取人们的信仰和皈依。最初的信徒当时之所以接受这种宗教，基本上出于个人的选择。就此而论，我们可以把氏族—部落宗教和国家—民族宗教叫做“祖传宗教”或“原生宗教”，而把佛教、基督教、伊斯兰教叫做“创建宗教”或“创生宗教”。前者基于集体和国家坚守的传统，后者则出自个人在传统信仰之外另作的选择。

三、组织的独立性

氏族—部落宗教和国家—民族宗教的信仰者是氏族部落的全体成员和国家管辖下的全体民众,在氏族部落和国家的范围之内,没有任何一个成员可以在信仰上作别的选择。因此,社会的体制直接就是宗教的体制,社会的组织直接就是宗教的组织,氏族的长老、部落的酋长和国家的君王往往就是主持宗教仪式活动的祭司长。在社会政治组织结构之外没有、也不需要有独立的教会组织(神庙中的僧侣或祭司集团除外)。三大世界性宗教则不然。这是因为它们最初都是教主个人创建的宗教,其信奉者是一个一个地分别皈信入教的。他们在开始阶段必然是社会的少数,而且又独立于传统的信仰体制之外。为了在面对传统宗教信仰的敌视和反对时维持自己的生存,新宗教的信仰者有必要在共同信仰的基础上建立起自己的教会组织,以便共同表达自己的信仰,举行自己的宗教仪式,同时结成一种社会力量。释迦牟尼的皈依者建立了"僧伽"组织,早期的基督教徒建立了教会,穆罕默德的信徒则组织为严密的具有军事、政治性质的穆斯林公社。教会组织的出现使宗教有了固定的集团结构,促进了信徒之间在信念和行为上的一体化,加强了宗教首领对全体信仰者的控制力,大大加强了宗教的社会作用。在有各种不同的宗教共同存在、互相竞争的社会里,宗教组织成了对内控制、对外竞争的工具。在现阶段,三大世界性宗教都有自己国际性的宗教组织。

与此同时,我们也要注意到,世界性宗教区别于传统宗教的三大特点只有相对的意义,而且具有历史的阶段性,主要存在于它们创建的初期。随着它们在国家和社会中的地位和作用的变化,这些特性也在发生变化,甚至趋于消失,或者转化到原来的反面。佛教、基督教、伊斯兰教在其创建之初都不是特定国家的国家宗教,但当各个国家的君主和统治阶级皈信它们之后,往往用行政权威和军事手段抬高它的地位,尊为至高无上的国教。在这种情况下,它们不仅只是某一特定国家的国家宗教,而且同时是许多国家的国家宗教,成了超国家的国家宗教。在这些国家中,宗教的教义和教会的信条同时就是政治信条,宗教经典的词句具有法律的效力,教会组织高踞于社会之上。民众信奉这种宗教,已不完全是由于个人出自信念的选择,而是出于传统的强制。古代世界各国之国家宗教在信仰和体制上的专断性,现在也成了世界性宗教的品性。

第二节　宗教世界化的原因

佛教、基督教和伊斯兰教之所以能超出产生它们的特定的民族和固有的国界,有其多方面的原因,概括起来有两个方面,一是宗教方面,二是社会方面。

一、宗教世界化的宗教原因

三大世界性宗教在宗教观念上与氏族—部落宗教、国家—民族宗教的最大区别,就在于佛教的佛(特别是大乘佛教之佛的佛性)、基督教的上帝、伊斯兰教的真主都摆脱了种族和地域的狭隘性,具有超世界的神性和形象。如果说,氏族—部落宗教和国家—民族宗教所奉神灵的神性本质上是本氏族、本国家的人性的异化,那么,世界宗教的神的神性则是抽象的人性和人的"类的本质"的异化。正如恩格斯所说:"在[宗教]更进一步的发展阶段上,许多神的全部自然属性和社会属性都转移到一个万能的神的身上,而这个神本身又只是抽象的人的反映。这样就产生了一神教……"①"随着宗教的向前发展,这些神愈来愈具有了超世界的形象。直到最后,由于智力发展中自然发生的抽象化过程——几乎可以说是蒸馏过程,在人们的头脑中,从或多或少有限的和互相限制的许多神中产生了一神教的惟一的神的观念"。② 万能的惟一神观念,是对一切神灵(包括氏族保护神、国家保护神)的否定。它的"惟一性",取消了各国信众对其他神灵的自由选择;它的"万能性",又为各国信众提供了可能的福佑,为他们对于幸福的追求准备了幻想的满足。在宗教观念上,基督教的上帝已不再是犹太人的"父"和"主",而被认为是一切人的"父"和"主";伊斯兰教的真主安拉也不单是古莱氏部族和阿拉伯人的"主",按照《古兰经》第一章"法谛海"的说法,他是"全世界的主"。上帝和真主的全知全善和全能,可以满足全世界各族皈信者的要求。基督教和伊斯兰教的神学则宣称,他们的上帝和真主无形像、无方所。这就是说,上帝并不是白种人,真主也不只是阿拉伯人,这种神学观念也为世界其他种族人民接受上帝或真主,免除了民族感情上的障碍。早期佛教主要讲个人觉悟成佛,佛的神格化不太明显。但当时的佛教所谓成佛后的"终极涅槃",则已为一切"觉悟者"敞开了大门,为佛教的普世化作了观念上的准备。在佛教的

① 《马克思恩格斯选集》,第 3 卷,人民出版社 1995 年版,第 667 页。

② 《马克思恩格斯选集》,第 4 卷,人民出版社 1995 年版,第 224 页。

后来发展中,佛神格化了,“佛性”泛存于世界上一切人和一切物之中,神格化的佛又被认为是志在“普渡众生”,而不仅止于古代印度人或某个特定的种族。这种“佛性”观念,使佛教超出了种族和地域的狭隘性。

二、宗教世界化的社会原因

基督教、伊斯兰教神性观念的抽象化和人类化,佛教佛性观念的泛在化和普世化,并不完全是宗教创建人灵机一动的发明,更不是上帝的天启或佛的真传秘授,而是有其更深刻的社会原因。基督教和伊斯兰教产生的西亚地区,曾是各种种族激烈竞争的地方。不同种族和不同国家之间的斗争,决定了各种民族宗教和国家宗教之间的竞争。在众多的神灵和宗教的角逐中,他们都要抬高自己所奉神灵和宗教的权能,压倒以至否定其他的神灵和宗教。一批一批的种族和国家在斗争中的失败和灭亡,最终促使他们的神灵和宗教的灭亡。作为胜利者的民族和国家,其所奉之神灵和宗教自然会从局部地区的神坛跃升到高高的天堂。跨国度的和世界性的帝国是在民族国家的废墟上建立起来的,主宰宇宙的神和世界性的宗教也是在民族宗教或国家宗教走向崩溃的基础上发展起来的。恩格斯是这样来论述这一历史发展进程的:

> 这样在每一个民族中形成的神,都是民族的神,这些神的王国不越出它们所守护的民族领域,在这个界线以外,就由别的神无可争辩地统治了。只要这些民族存在,这些神也就继续活在人们的观念中;这些民族没落了,这些神也就随着灭亡。罗马世界帝国使得旧有的民族没落了……旧有的民族的神就灭亡了,甚至罗马的那些仅仅适合于罗马城的狭小圈子的神也灭亡了;罗马曾企图除本地的神以外还承认和供奉一切多少受崇敬的异族的神,这种企图清楚地表现了拿一种世界宗教来充实世界帝国的需要。但是一种新的世界宗教是不能这样用皇帝的敕令创造出来的。①

基督教不是靠罗马皇帝的敕令创建出来的,但基督教的一神观念的形成和发展却完全有赖于罗马世界帝国对其他民族国家的征服和各民族宗教观念在帝国范围内的竞争和融合。

---

① 《马克思恩格斯选集》,第4卷,第255页。

同时,我们还要看到,世界帝国虽不能创造世界性宗教,但一种宗教之所以能走向世界,却总是借助于世界帝国政治上和军事上的权威。如果罗马皇帝君士坦丁大帝不宣布基督教为国教,如果罗马帝国本身不是一个雄跨欧亚非的大帝国,基督教在欧洲和地中海沿岸各国的胜利是不可想像的;如果不是欧洲列强对世界各地的殖民扩张和帝国主义侵略,基督教走向全世界也是不可想像的。同样,如果没有穆罕默德对于信奉多神教的麦加古莱氏贵族在军事上的胜利,麦加克尔白神庙的多神殿是不会改而崇奉真主安拉的;伊斯兰教真主的权威也是随着哈里发帝国的军事扩张而走向世界的。释迦牟尼用个人悟道成佛的解脱之道来否定吠陀诸神和婆罗门教的权威,打破了传统的部落宗教和国家宗教的狭隘性。他在世的时候,佛教的传播虽已在恒河流域的若干部落小国中取得了一些胜利,但把佛教推广到印度全境,却有赖于阿育王的孔雀王朝在印度全境的统治。而贵霜王朝则把佛教从印度带到中亚细亚,进而影响中国。正是由于汉唐王朝的隆盛和强大,以及历代中国皇帝对佛教的宽容与支持,才使佛教不仅在中国大地上扎下自己的根,而且通过中华大帝国在东方世界的强大影响,又使佛教传播到朝鲜、日本、越南,成为名副其实的世界性宗教。在探讨世界性宗教形成和发展问题时,如果仅仅着眼于宗教本身的神圣权威,忽略社会的、政治的、军事的原因,那也不符合于历史的真实。

上面对世界宗教的特点及其世界化之原因的分析是极其简略的,为了对此问题有一些比较具体的认识,以下将对三大世界性宗教的形成和走向世界化的历史进程作一非常概括的说明。主要是用最基本的历史事实揭示三大世界性宗教的创建者如何发展出自己的特殊的宗教观念和宗教体验,社会化为广大信众的信仰对象和崇拜行为,最后规范化体制化为教会组织的信仰体制和礼仪制度。这里的说明主要是理论上的。对于那些意在具体详尽地了解三大世界性宗教的历史的读者来说,他们可以直接阅读现今大量流行于世的宗教史读物。

第三节　佛教的形成和世界化

一、佛教兴起的社会历史条件

在世界宗教史上,佛教是最早兴起的世界性宗教。佛教的兴起和发展有其历史的背景和社会的条件。

古代印度是一个实行等级森严的瓦尔那制度的阶级国家,统治阶级利用传统的婆罗门教来神化这种社会秩序，把四大瓦尔那的阶级划分神化为不可变更的宇宙秩序，要求各瓦尔那严守自己的社会身份，尽其应尽的社会职责。这意味着，祭司贵族（婆罗门）永远是祭司贵族，世俗贵族（刹帝利）永远是世俗贵族，劳动者（吠舍）永远劳动，奴隶（首陀罗）永远当牛做马。婆罗门教宣传吠陀天启、祭祀万能、婆罗门至上三大主义，借以维持婆罗门祭祀贵族在印度社会结构中的特权地位。按照婆罗门教的教义，一个人的灵魂（我）只有断绝生死轮回，与“梵”融为一体，才能得到最后的解脱；其基本途径则是向神供献祭品，遵守宗教禁忌，举行宗教仪式，实行宗教修行。但是，它却说，只有婆罗门祭司才能完成复杂的祭仪而得到解脱。刹帝利和吠舍则需要在婆罗门祭司的指导下，进行艰苦的修行，甚至还要经历长期的轮回，才有可能在最后达到我与梵的合一。至于首陀罗，虽然可以多做善事以期来世得到较好的报应，但其灵魂是永远不能获得解脱的，注定要在生死流转的苦海中不绝地轮回下去。婆罗门教的这种教义不仅关死了首陀罗进入梵天的一切门径，使他们对未来绝望，而且也表现了他们对刹帝利和吠舍的贬低，只能激起他们的不满。一当社会历史条件发生变化，他们就要寻找某种更适合于自己利益的新宗教。在公元前6世纪时，这种条件出现了。这时，雅利安侵入者已在印度河流域完成了对土著居民达罗毗荼人的军事征服，进一步扩张到恒河流域。其结果是，大量的达罗毗荼人被征服沦为奴隶（首陀罗）。同时，雅利安人的军事胜利使专门从事征战的武士贵族（刹帝利）的权威大为增强，他们在新占领的土地上割据称雄，建立起一批城镇国家。他们作为国家的统治者除了要求与祭司贵族享有社会的、宗教的平等权利以外，也必须防止数量大增的首陀罗因对宗教解脱的绝望而去寻找社会解放的实际道路。他们为此而要求改革传统的婆罗门教，致力于寻求和创建某种更有效地维护社会秩序的新宗教。恒河流域显然是一块产生非婆罗门教思潮的最合适的地区，因为这一地区的阶级力量对比有利于刹帝利。与印度河流域比起来，婆罗门教的精神控制相对薄弱，新的宗教观念和社会思潮比较容易生长。于是，恒河流域一带这时兴起了各种各样的具有非婆罗门教色彩的沙门思潮。按耆那教的经典说，当时有“三百六十三见”，佛教则说有“九十六外道”。如果不是社会各阶层对婆罗门的不满和传统婆罗门教社会控制力的削弱，这种情况是难以出现的。许多沙门思潮大体上属于社会学说和哲学理论，一般地说，对广大下层群众不可能有太大的影响。在古代印度社会，由于传统的宗教始终居于意识形态万流归宗的地位，一种思想要想拨动社会大众的心弦，只有依靠宗教家的弹奏。所以，当时对社会最有影响的是佛教和耆那教，而获得最大成功的是佛教。

佛教继承了婆罗门教关于因果报应、业报轮回、追求超越生死的最终解脱等传统宗教思想,但却表达了刹帝利和其他社会等级反婆罗门的情绪和要求,认为获得最终解脱的正途不是婆罗门教的三大主义,而是道德的生活和宗教的修持。针对婆罗门教按种姓等级制发放个人解脱证的偏狭教条,佛教提出了宗教解脱上的抽象平等观念,宣称世人不分种姓和等级,只要皈信佛教的正道都可获得解脱。正是这种众生平等、皆可解脱的宗教平等观念受到了婆罗门以外各色人等的欢迎,保证了新宗教的成功。当然,这种宗教解脱上的平等不等于现实生活上的平等,它只会使被压迫的苦难大众在追求摆脱生死轮回的超自然解脱时,忘记了争取现实幸福的斗争。从本质上看,佛教是适应恒河流域刹帝利世俗贵族的根本利益而产生的一种新的宗教。

二、佛陀的创教活动

“佛陀”,是对佛教创建人乔答摩·悉达多的尊称,我国佛教学者一般都肯定他是一个真实的历史人物。他的生卒年仍未取得一致意见,但大致认定在公元前6世纪至前5世纪,与我国的孔子(公元前551—前479年)相当。他出身刹帝利贵族,其父是一个名叫迦比罗卫(KaPila—Vastu,在今尼泊尔境内比拍罗波[Piprava]地方)的小城邦的城主。佛陀又被称为释迦牟尼,意为释迦族的贤者。他幼年按照传统接受婆罗门教的教育,但成年以后逐渐表现出非婆罗门的思想倾向。据信他于29岁时出家修行,寻求解脱之道。当时的印度宗教界,风行禅定和苦行的修持方法,意在获得神秘的宗教经验,达到所谓“非想非非想”的定境,并认为这就是解脱境界。释迦牟尼先从数论派修习禅定,据说已达定境,但仍不以为已得解脱。改从苦行外道禁欲苦修6年,更觉无益。这些说法也许有故意贬低婆罗门教和外道之意,但在当时印度那种宗教环境下,释迦牟尼尝试过这一类宗教修持方法是完全有可能的。他在35岁时,有一次单身端坐在菩提树下,苦思解脱之道。经过七天七夜,自觉大彻大悟,成就“无上正觉”。这就是说,他发现了宇宙和人生的奥秘,找到了解救众生苦难的途径。此后四十余年,他把悟到的道理在恒河流域一带到处宣传,争取信众,形成教义,组成僧伽教团,建成了佛教。释迦牟尼的创教传道活动进行得相当成功,生前就有大量的信徒,其中有一些国君、刹帝利贵族和富商大贾,也有奴隶、乞丐和妓女之类下层群众。他于80岁时逝世。他要求弟子把他所传示的“法”视为指路的灯光,向世人进行教化,弘扬他所开创的宗教。

三、佛教的基本教义

释迦牟尼所传“佛法”或基本教义,主要就是“四圣谛”、“八正道”、“十二因缘”这几条。

“四圣谛”是佛陀所创教理的集中体现,也是他最早证悟向信众宣讲的道理。谛(Satya)是“实在”和“真理”的意思。“四圣谛”即是佛陀发现的四条根本道理,佛教徒把它美称为“四谛法轮”。轮是一种兵器,喻四谛为转法轮,象征佛法可以摧破一切邪知邪见。

“苦谛”之义,在于说明世界一切皆苦,人生无事不苦。广义言之,佛教认为三界五趣之属,有情无情之类,无一物不是五蕴诸法因缘会合而成,也必将随此种因缘关系的分解而消灭。因此之故,宇宙万物皆不能免于生灭变化的流转过程。一切有生灭,故一切皆苦。人生从始到终充满了苦。人的一生当然也有欲求实现而享受到快乐,但诸行无常,好景不长,一时之乐无非过眼云烟,到头来终成空幻,依然是苦。

苦的原因,佛教名之为“集”。所谓“集谛”即是对苦因的推究。佛陀认为苦之原因有两种,业是致苦的正因,烦恼是至苦的助因。人的一思、一言、一行,皆是作业。内在的思想谓之“意业”,表之为语言谓之“语业”,发之为行动谓之“身业”。作业好比播种,必将生根开花结果。现世所受生死诸苦,乃由前世所集业因而致;现世之因所集,则必致未来之苦。

但众生之所以作业亦有其缘起,这种助缘,佛教称为“烦恼”。主要是说人由于认识上愚痴无知,从而产生贪欲,贪欲而致行动就是作业。作业有善恶,果报随之不同:或为天、或为人、或为阿修罗、或为地狱、或为饿鬼、或为牲畜,是为六道轮回。无论果报如何,皆必须重新进入新的生命过程以便领受果报。所谓新的生命过程,也就是再度经历生老病死,这实质仍是苦。这就是说,任何一种“业”和“烦恼”,必然带来苦果,故此二者乃是致苦之根本原因。

所谓“灭谛”,就是在明白集谛道理的基础上,灭绝苦的根源——业和烦恼。若断苦因,即绝苦果;既不作业,即不受报。众生于是就可从生死流转中解脱出来,不再进入六道轮回,从而进入解脱的境界,达到永恒的寂灭。此种境界,即为“涅槃”。

所谓“道谛”,就是灭苦的道路和达到涅槃境界的方法。释迦牟尼把这些方法归结为八种,是为“八正道”。所谓“八正道”,就是正见、正思维、正语、正业、正命、正精进、正念、正定等八种正确的修行法门。据他说,如果按此八种修行之法行事，就可进入涅槃之境。

业报轮回是古代印度各种宗教和教派的共同信仰，释迦牟尼的特点是为这种传统信仰提供一套哲理性的说明，这就是十二因缘说。此说的内容也就是四圣谛中的苦谛与集谛的发展，目的在于说明众生之所以为众生，是由十二种因缘会合而成。由此十二种因缘决定众生必然处于三世流转、业报轮回的过程之中。它把三世流转的过程归结为因果相生、次第相接的十二种因缘（即：无明→行→识→名色→六处→触→受→爱→取→有→生→老死）。据十二因缘说，把众生的三世流转说成是因果相生的必然性，颇具哲理性的外观，但实质上却是神学的呓语。过去世—现在世、现在世—未来世的贯串，始终不过是幻想的产物。无明与行，为什么一定会投胎托生为生命主体呢？爱、取和有为什么又会产生来世的五蕴之身呢？这只能是一种神学的假定。释迦牟尼把社会的苦难归结为生死流转之苦，又把苦因归结为众生盲目求生意志所造成的业力，这实质上是让苦难人民自己去承担自身受苦的责任，掩盖苦难社会的社会根源。既然一切苦难的最后根源是自己的无知以及由此而生的实践，那么，要消除苦难，也就只有按照佛教的教义进行自我净化，消除无明，放弃改造社会的斗争。这种理论显然有利于维护既存的统治秩序。

四、佛教教团——僧伽的形成

佛陀的传道活动，进行得相当顺利，陆续有人接受他的教义成为他的信徒。信徒日增，自然形成教徒组成的会社，称为“僧伽”（Samgha）。初期的佛陀弟子泛指来听声闻或教法的人们，后来则专指精进勤修“八正道”的出家僧众。弟子有出家的，男的称比丘，女的称比丘尼。有在家的，男的称优婆塞，女的称优婆夷。出家者专门修行悟道，于是便有了僧院生活。出家者经过一定时期的宗教教育，接受戒律训练后宣誓为僧。僧院体制是逐渐发展成型的。佛陀创教传道初期，皈信修行的弟子并无固定住所。他们有时栖于山谷之间的洞穴，有时则寝于墓地或丛林。特别是在每年夏天雨季来临时，因为不便外出游化，便安居于一处（即所谓雨安居处），集体修行，互励于冥想修定的宗教生活。但随着皈信弟子日益增多，小小洞穴无处存身，于是便有了设置永久性住所的必要。据记载，有一些刹帝利贵族和富商大贾曾捐资修建僧院。

精舍中的修道生活比之于最初的森林洞穴中的情况要优裕得多，但性质也因之而发生变化。为管理生活于僧院中的出家僧众，不可避免地要有一套规章制度，他们必须遵守的戒律规定也日益烦琐。出家僧众在僧院中修行的目标，当然是为了达到最后的解脱——涅槃境界。僧院长老们自然要为这种解脱境界提供一些说法,作一番具体描写。在这种情况下,受到强调的当然只能是涅槃境界的神秘性方面,并为达到这种超自然的神秘境界规定出精神灵修的层次和阶梯,要求修行者一级一级地向上攀登。同时,僧院的管理也必然产生对修行的僧众进行等级划分的要求。特别是当僧院有了财产和寺院经济之后,这种等级划分逐渐具有了阶级划分的意义。原始佛教是倡导种姓平等的,一切接受佛教的弟子不分种姓是一律平等的。《长阿含·小缘经》说:“汝今当知,今我弟子,种姓不同,所出各异,于我法中出身修道。若有人问,姓谁种姓,当答彼言,我是沙门释种耶”。这虽只是宗教生活中的平等而不是社会生活中的平等,不过比之于婆罗门教神化的种姓制度总还是有一定进步意义的。但随着僧院制度和僧伽组织的等级化,它原来那一点有限的积极意义便逐渐淡化而被抵消了。

五、释迦牟尼的神格化

释迦牟尼本人虽自称觉悟成佛,但他所谓成佛,也就是觉悟了的意思,并不自认为是传统宗教所崇奉的神灵。他死时,也只是要求信徒们要遵奉和弘扬他所传的“佛法”。最初的信徒大体上也是把他敬奉为宗教真理的发现者和伟大的导师。但随着时间的流逝,信众的佛陀观念越来越神格化了。佛陀所谓的涅槃境界本来就是一种超自然的神秘境界,在僧院的修行生活中,这种神秘性日益受到强调和夸张的描写。佛陀作为第一个达到涅槃境界的佛,当然也就逐渐成了超自然的神圣存在。佛陀的神格化也是佛教传教活动的需要。由于对“佛法”的尊奉,虔诚的信徒们逐渐认为发现“法”或佛教真理的佛陀,乃是佛法显现为人的形貌,以便对世人进行教化。于是,释迦牟尼被称为“婆伽梵”(Bhagavat)、“世尊”,即“主”、“法王”之意。他不再是佛法的发现者,而是佛法的显现者。“佛陀就是法”。既然佛法常存,那么,佛陀的入灭便不是一般的死去,而是进入摩诃般涅槃,即进入涅槃的状态。这样一来,他变成了不死不灭的存在。为了传教,需要向声闻听众夸大佛陀的功德和品格,于是便编造出了大量的关于佛陀本生本行之类神话故事。这些本生故事基本上都是按照佛教的业报轮回、因果报应教义,用“前世积修善行,今生得为佛陀”的概念和方法编写出来的。历史上的乔答摩·悉达多就这样变成了一个神话人物,最后又变成了真正的神。

早在吠陀时代,印度人就有关于作为救世主的转轮圣王的信仰。人们虽不知这位转轮圣王何时才能降临于世,但却相信他一定会出世,而且出世时将伴随有白象、白马等七种神迹作为象征。随着佛陀的超人化、神格化,在社会大众的心目中,他就是传统信仰的转轮圣王,而且作为转轮圣王之象征的异象,也被用到佛陀身上。佛陀被描写成“三十二相”、“八十种好”。传说中的转轮圣王在登基之际,帝释天授以“轮宝”(即法的象征),圣王轮转“轮宝”,打破四界恶魔,建立理想国家。这个神话也移花接木转移到佛陀身上。他证悟的佛法被说成“法轮”,他则转动法轮与苦恶斗争,破除一切邪知邪见。看来,正是有了佛陀的神格化,演化成了群众心中向往的救世主,佛教才顺利地赢得人们的信仰,发展为世界性的宗教。

六、佛教的发展

统治阶级对佛教是很支持的。当时印度的摩揭陀国国王瓶沙王、阿阇世王都成了佛教的信徒。佛教的顺利发展把印度社会中的各色人等大批地卷进佛教教团的队伍。

古代印度本来是一个政治不统一、阶级关系很复杂的社会,各种宗教思想互较短长。这种情况不能不反映到佛教教团中来,逐渐造成佛教的分化。佛陀死后不久就开始了分化的过程。

古代印度没有纸,佛陀传教不立文字,搞的是口头宣传。徒众来源不同,成分复杂,佛陀说法,因人而异。声闻各有不同,意会更有差别。佛陀死后不久,大弟子大迦叶为防止分歧的发展,曾在摩揭陀国的王舍城召集了有500名佛徒参加的会议,各自回忆自己所听的佛陀说教,定为“佛说”,形成了最早的佛教经典和戒律,企图以此来维护佛教的统一。佛教史把此次集会称为“第一次结集”。相传就在此次会议期间,以富娄那为首的另一批佛徒也召集了500名佛徒的集会,亦把自己所闻定为“佛说”。两大集会各集“佛说”,反映了佛教的早期分化。

佛陀死后一百余年,教团内部分歧更趋明朗化,主要分歧集中在戒律问题上。以东方跋耆族为代表的比丘对十种戒律(十事)的态度较自由,西方的比丘则视十事为非法。两派僧众在毗舍离城开会,就所争执的问题展开辩论,这是佛教史上的“第二次结集”。辩论结果,两派正式分裂为上座部和大众部。这次有关戒律宽严的争论有现实的社会意义。原始佛教所定戒律实在过多偏严,不利于吸引更多的信徒。从要求扩大佛教的影响出发,就有必要改革旧章,放宽戒律。特别是这时已有一大批上层人物入教,这些人当然反对早期佛教关于“沙门释子不应蓄金银”之类戒律。大众部的主张适应了这一批人的要求,因而也得到了社会上层人物和统治阶级的支持。

佛教的分裂,除了戒律宽严之争以外,还有关于理解教义教理的分歧。由于对于一经一偈有不同的理解，大众和上座两部又各自分裂为许多教派，据载有18部或20部之多。

公元前3世纪，也就是佛陀死后二百余年间，摩揭陀国孔雀王朝强大起来，征服各地，建立了统一的国家。为了统治新征服地区的人民，阿育王（公元前274—前232年）认识到武力镇压有局限，宗教教化更有用，于是皈信佛教，大兴佛法。他亲自巡行印度各地，瞻仰佛教圣迹，到处修佛寺，建佛塔，树立石柱，颁刻诏令，宣称征服不应假手于战争，而应依靠佛法。于是他派遣佛教传教师到邻近各国，甚至远及亚洲、北非和东欧的希腊系统诸王国。由于阿育王的努力和孔雀王朝的国威，佛教不仅成了印度的国教，而且越出了印度的国界，第一次走向世界。

据巴利文"三藏"所记，阿育王为结束部派佛教的纷争，曾在华氏城召集了有1000名佛徒参加的大会，编辑三藏经典，史称"第三次结集"。

佛教在阿育王支持下的大发展还带来了其他方面的新问题。由于佛教僧众享受到王室的优待和供养，其他宗教的信徒便纷纷改宗佛教。其中当然不乏真心改宗者，但很大一部分人主要是为生活所迫而不得不改宗者。他们必然会把本非佛教的外道思想带进佛教之中。不管阿育王本人如何热心于统一佛教信仰，但客观的趋势总是使之分裂更深。各派佛教围绕一系列重要的教义问题（如宇宙是实有，还是假有？有我，还是无我？有神，还是无神？……等等）展开了激烈的论争。

公元1世纪，大月氏人侵入印度，在北部印度和中亚一带建立贵霜王朝，与南印度的安达罗王朝对立，是为印度史上的"南北朝时代"。贵霜王国的统治疆域，西至咸海，东至葱岭，南达印度河和恒河流域，是一个庞大的帝国。它地处东西南北的交通孔道，商业繁荣，各民族交往频繁。帝国统治地区内包括了不同的社会结构和宗教文化。贵霜王朝的统治者为了维护帝国的统治，对各种不同的宗教和文化采取了兼容并包的政策。印度的佛教和婆罗门教、波斯的祆教、希腊的宗教都有发展的余地。各种宗教一方面互相排斥，一方面也互相吸收。迦腻色迦在位时（约129—152年），像阿育王一样，特别提倡佛教。在他的护持下，佛教举行了"第四次结集"，编集和注释了三藏经典。在次大陆南北朝分立时代，社会人际关系和民族关系复杂，信仰上多种多样，各种宗教思潮互相影响。在这种历史条件下，大众部佛教与上座部佛教更趋分化，遂形成大乘佛教和小乘佛教。大乘佛教是大乘派的自称，"小乘"，则是大乘派对部派佛教的贬称，意在说部派佛教只讲个人解脱，属于小道小业，是佛陀为小根器人所说的教法，大乘佛教才是佛陀的真传和佛教的正统。这是佛教内部派性的表现。客观的研究者只能承认大乘与小乘分派的事实,但不能在褒此贬彼的意义上使用这两个名称。我们注意到,两派佛教在教义、教理和宗教修行方法上确实有一些不同之点:

第一,在宗教世界观上,小乘佛教一般主张"我空法有",认为众生和事物均是各种元素(法)的因缘结合,故无独立自存的本体("我"),但作为客观世界的法却是存在的。大乘佛教则主张"法我皆空"。此派经典《般若经》说:"色即是空,空即是色,色不异空,空不异色"。

第二,在佛陀观上,小乘有些派仍保持原始佛教的特点,视佛陀为历史人物。大乘佛教则接受了婆罗门教—印度教的影响,把佛、菩萨神格化,提出了佛有法身、应身和化身的说法,进一步宣扬神异,崇拜偶像,以此来加强信众的宗教感情;循此以进,后来甚至有一派逐渐发展为玩弄巫术、崇拜性力肉欲的大乘密教。

第三,在修行的目标上,小乘一般主张个人解脱,修得阿罗汉果。大乘则主张普渡众生,目标是菩萨行。大乘认为菩萨高于阿罗汉。阿罗汉虽已破我执,但还未破法执;虽已证我空,但还未证法空;虽已断烦恼障,但还未断所知障。菩萨则已证法空,已断所知障,故已解脱生死成佛,只是为了解脱众生之苦,才自由往返于生死之中。

在修行方法上,小乘一般主张修戒定慧三学,八正道。大乘菩萨行则兼修六度四摄。所谓六度是:布施、持戒、忍辱、精进、禅定、智慧。所谓四摄是菩萨摄受众生皈依佛道而应做的四件大事,即"布施摄"(若众生乐财则施财,爱乐佛法则施佛法)、"爱话摄"(随众生的根性善言慰喻)、"利行摄"(做利益众生的种种事)、"同事摄"(与众生同处,随机教化)。

小乘佛教无疑比较接近于早期佛教。大乘佛教的一切发展,其中心是适应新形势的需要,从各方面加强佛教的作用,扩大佛教的影响。大体上可以这样说,在孔雀王朝阿育王时代,佛教在统治阶级上层得到支持和发展。在贵霜王朝迦腻色迦王时代,则由于大乘佛教的出现和形成,佛教从上层阶级更多地向庶民阶级渗透。这时候,舍利崇拜、佛像崇拜趋于普遍化,各地建造了不少埋葬圣者遗物的墓冢,雕凿了许多著名的石窟佛像。佛教的教育系统也大为发展。这一切说明佛教日益向世俗化和群众化方向发展,在刺激和调动宗教感情方面加强了对普通信众的影响。

贵霜王朝时代及其以后,佛教的发展和传播出现了一个有趣的现象,一方面,佛教再一次从印度走向世界。小乘系统向南传到印度南方邻国锡兰、泰国、缅甸、爪哇、柬埔寨、老挝等地,大乘系统佛教则从中亚越过葱岭进入中国内地,并传入朝鲜、日本和越南等国,使佛教成为名副其实的世界性宗教。另一方面,在印度本土,佛教则面临新婆罗门教——印度教的激烈竞争。公元10世纪后,印度教在印度全国取得优势。同时,中亚伊斯兰教势力的入侵又对佛教进行了无情的镇压。至13世纪初,佛教在印度全面溃灭了。在这方面,佛教的命运和基督教颇相类似。二者都走向世界,但在其出生地却失去了群众的信仰,成了历史的遗迹。

七、佛教走向世界的原因

佛教作为产生于印度的宗教之所以能广布亚洲大陆和亚洲之外,成为一种世界性的宗教,有着多方面的原因:

第一,从宗教本身的性质看,佛教具有完全不同于原始时代氏族宗教和古代国家宗教的特殊性。它不强调崇奉氏族和国家的保护神。在教义信仰上,佛教并不直接把维护种族和国家的繁荣昌盛作为宗教的最高任务,也不把某一特殊的种族作为选民予以特殊的恩宠,而是宣称,佛教的宗旨在于普渡众生,使一切众生从生死流转的苦海中解脱出来得到永恒的寂静。这种宗教观念当然不是神圣的真理("圣谛"),但却非常新颖,具有适用于全人类的普遍性。它抓住了一切人类都不能逃避因而都非常关心的生老病死问题,这就能拨动不同种族、不同阶级的人的宗教心弦。佛教一方面说世界诸行无常,人生一切皆苦,把举世各色人等、社会各大阶级都抛入生死流转的苦海之中;另一方面又宣称普天之下一切众生只要皈信佛教的正道皆可永超苦海,解脱尘缘,获得永恒的寂静。这种教义使佛教摆脱了传统的种族宗教的狭隘性。大乘佛教的佛和菩萨神格化以后,更是以渡尽天下有情作为自己的任务,从而进一步加强了佛教的普世性风格。

第二,佛教的基本教义适合于各种既得利益者的利益,因而得到不同国家的历代统治者的支持。佛教关于无明作业、业报轮回的教义,对于历史上一切统治阶级都是有利的。因为它把现实世界统治阶级的特权归因于前世善行的福报,而把苦难人民的苦难说成是前生作恶的苦果。这就使佛教有可能成为维护一切等级社会的上层建筑。佛教的传教史证明,佛教是在各国最高统治者的支持下成为世界性的宗教的。没有政治的强制,佛教是不可能自发地普及到各国普通民众之中去的。各国统治者之所以接纳佛教信仰,显然是因为佛教教义适合于他们的阶级利益和政治需要。

第三,佛教不仅没有民族宗教和国家宗教的狭隘性,而且与基督教和伊斯兰教比起来,也具有排他性较少、宽容性较多的特性。当佛教传布到其他民族和国家时,它一般总是把当地文化和传统宗教纳入佛教体系之中,以武力为后盾对异端迫害的情况比较少见。东南亚诸国的文化发展程度较印度为晚,本来就处于印度文化的影响之下。佛教进入这些地区后又与当地古老的万物有灵信仰、祖灵崇拜和巫术仪礼结合起来,顺利地赢得了群众的信仰。

在中国,佛教极力使自己与中国传统宗教和强大的儒家文化相协调。我国西藏地区的喇嘛教则是印度大乘佛教的密宗与西藏传统和苯教相结合的产物。在日本则与富于巫术性的民间信仰巧妙地融合起来,使日本神道结合于佛教体系之中。佛教思想相对宽容的特性减少了它在各国传播过程中的阻力,使它在走向亚洲和世界的进程中,有可能不必依靠军事征服的威力。

第四节　基督教的形成与世界化

一、基督教产生的社会历史条件

基督教在公元1世纪时产生于罗马帝国统治下的犹太民族所居住的巴勒斯坦地区。犹太民族的传统信仰——犹太教的宗教背景,以及罗马帝国的社会历史条件,必然在基督教身上打上自己的印记。

犹太民族自称"上帝的选民",但它的遭遇却多灾多难。如果说上帝对它有什么特殊恩宠的话,似乎就是使这个民族不断遭受亡国毁家之祸,流放为奴之难。"巴比伦之囚"结束返国之后,却于公元前3世纪时为马其顿希腊所征服。公元前1世纪,又成了罗马帝国的一部分。按照以色列先知的说法,这一切灾难都是上帝假异族征服者之手对自己不遵守上帝之约所犯之罪的惩罚。不过犹太人似乎并不心甘情愿地接受上帝的惩罚,曾不止一次地举行过反抗罗马征服者的斗争和武装起义。但是终因实力悬殊,这些斗争和起义都以失败而告终,把犹太人抛入绝望的深渊。留给他们的,只有对传统宗教和上帝的虔诚。犹太先知曾一再预言说,上帝将派"弥赛亚"来拯救他们:"日子将到,我要给大卫兴起一个公义的苗裔,他必掌王权,行事有智慧,在地上施行公平和公义。在他的日子,犹太必得救,以色列也安然居住,他的名必称为耶和华我们的义"(《旧约圣经·耶利米书》23:5—6)。正是这种对"弥赛亚"、救世主(基督)的传统信仰,使犹太人把民族复兴的希望寄托于"基督救世"的宗教信仰之上。

由于对耶路撒冷犹太教正统("撒都该派"和"法利赛派")的失望,出现了与之抗衡的艾赛尼派(the Essenes)。他们认为自己是以色列的真正教会,一方面宣称他们尊重律法,但又宣称他们得到特别的"启示",可以对律法作出自己的解释,以体现律法的真义;定期举行净祓仪式,重申圣约,举行饼与酒的圣餐礼。他们强烈盼望“弥赛亚”以新先知、新教师、大祭司、国王等四个形象出现于世,将流亡各地的犹太人聚集在一起,打败以色列的敌人,开创以色列的新纪元。研究基督教史的学者普遍认为,艾赛尼派对基督教有直接的影响。施洗约翰和耶稣的早期门徒中有些曾属于这一教派。

巴勒斯坦是犹太人的故乡,又是基督教的发源地。在研究基督教的源起时,我们当然会首先想到此地的犹太教各教派与基督教的关系。但是,我们同时还应注意到,由于历史的原因,犹太人早已流散希腊—罗马世界各地。史家估计公元1世纪时,流散于巴勒斯坦境外的犹太人比境内高出四五倍之多(基督教正是在这些境外犹太人中得到更大的发展)。他们虽然散居各地,但普遍坚守犹太教传统信仰。同时,由于他们生活在外邦,又不能不受流行于罗马世界的希腊文化和各种异教的影响。基督教所接受的西方影响主要是希腊化时期的庸俗哲学,其东方影响则主要是神秘宗教。

按照布鲁诺、鲍威尔的研究,公元1世纪时亚历山大里亚的犹太哲学家斐洛(Philo,公元前30—公元45年)乃是“基督教的父亲”。斐洛在宗教上是犹太教的正统教派,但他在哲学上却是个柏拉图主义者。同时,他还受到斯多葛派和新柏拉图派的影响,力图把犹太教宗教观念和他所接受的希腊哲学融为一体。斐洛留给基督教的影响主要集中在三点:第一,论犹太教宗教精神与希腊哲学的和谐一致。他认为犹太人的圣经《旧约》是真正的神的启示,与柏拉图哲学和斯多葛哲学是一致的。这对基督教神学的发展有着深远的影响。第二,论上帝。他认为上帝至善,是绝对权能,绝对完美,绝对幸福;是纯粹精神、智慧和理性;上帝创世是万物的基础和源泉,世界是上帝的善的体现。第三,论逻各斯。他认为上帝从自身存在中流溢出最高的理性和神圣的智慧——“逻各斯”。上帝不仅以“逻各斯”为代理人创造世界,而且其他一切能力也从它流溢而出。逻各斯是一切权能的权能,最高的天使,上帝的初生子,上帝的影像,上帝第二,神人,神圣的亚当。通过斐洛的影响,逻各斯构成第四福音书《约翰福音》的基本观念之一,成了基督教“三位一体”的上帝的一个位格。

东方的神秘宗教也对基督教的构成产生了重要的影响。罗马帝国对于东方(西亚和埃及)的征服,把东方的各种神秘宗教及其崇拜仪式带进帝国的广大疆域之中,后来成了基督教圣礼和某些教义的参照之源。威·沃尔克在《基督教会史》中对此有深刻的论述。他指出,对基督教最有影响的东方宗教,有源于小亚细亚的大母神和阿提斯崇拜;源于埃及的伊西斯和萨拉匹斯崇拜以及源于波斯的密特拉崇拜等。“所有这些宗教都讲一位救世的神,而且都来源于自然崇拜。各种不同的神话,都讲一位死而复生的神。在它们的影响下,生与死的自然交替要举行宗教仪式加以赞美，并应用到灵魂的重生，以此来克服死亡。所有这些宗教都认为新入教者以一种象征（圣礼）的方式分享所信的神的经验，与他同死，又与他一同复活；通常通过象征性地与他一同进步而分享神性并得到他的不朽的生命。这些宗教都有秘密的入教仪式，都有神秘的（象征性的）涤罪礼。在伊希斯和萨拉匹斯崇拜中，涤罪是用圣水沐浴；在大母教和密特拉教中，则用公牛的血，称为牛祭。据记载，新入教者经过这种涤罪礼仪式，即得到‘永久的重生’。这些宗教都应许信徒以来世的幸福生活。它们对这个世界的态度或多或少是禁欲主义的。有些宗教，如密特拉教，主张人皆为兄弟，信徒在根本上是平等的”。[①]在追溯了这些东方宗教的信念和仪式之后，沃尔克作出了自己的结论：

> 毫无疑问，早期基督教关于圣礼的教义的发展，如果不是直接受这些宗教的影响，至少也是受它们帮助创造并与之适应的宗教气氛的影响。[②]

如果说，斐洛赋予基督教以基本性的宗教观念或内在的灵魂，那么，东方神秘宗教则提供基督教以外在的崇拜礼仪。东西方宗教—哲学的这种结合，为基督教的诞生准备了内在和外在的条件。

二、耶稣其人其事

按照《新约福音》的说法，基督教的创建者“拿撒勒人耶稣”本是上帝之子，上帝为拯救人类，派遣他借童贞女玛利亚之腹感圣灵而怀孕，希律王在位时（公元前37—前4年）诞生。玛利亚之夫约瑟是大卫王的后代。耶稣出生时伴有各种异象，幼年时即聪颖过人。其时，有一位名叫“施洗约翰”的先知在约旦河一带传道，大受犹太人欢迎。耶稣大约在30岁时也为之吸引，从加利利来到约旦河接受约翰的洗礼。受洗之后，圣灵如鸽降临其身，天上传来声音，说耶稣是上帝的爱子。耶稣深信自己负有上帝授予的救世使命，开始了自己的传道活动，传扬上帝要在世上建立天国的福音。他教导世人承认自己有罪，悔改方能得救。他对一切被传统律法和被祭司、法利赛人认为有罪的人、贫困下贱的人说，只要他们信从他的教训表示悔罪，都将得到上帝的救赎，进入天国。他甚至公开以上

---

① 威利斯顿·沃尔克：《基督教会史》，孙善玲、段琦、朱代强译，中国社会科学出版社1991年版，第11～12页。

② 威利斯顿·沃尔克：《基督教会史》，孙善玲、段琦、朱代强译，第12页。

帝和基督的名义赦免他们的罪,而对祭司贵族、法利赛人则进行公开的谴责和诅咒。耶稣在传播这些"天国近了"的福音时,还施行各种超自然奇迹,为人解急救难,赶鬼治病,使瞎者复明,聋者复聪,跛者复健,死者复活,从而赢得大批信众和一批忠实追随他的门徒(使徒),相信他就是上帝之子,是救世的基督。当然,这也是耶稣在传道过程中对其听众及其门徒不断暗示,甚至公开声言的结果。四部福音书都有这方面的记载。旧约先知曾预言,上帝将派其子为大卫王的后裔作为救世的"弥赛亚"(基督)。但这位上帝之子将被处死,三天后将复活。耶稣认为自己就是这预言的基督。为此,他不顾危险,到耶路撒冷圣殿公开传道,以为上述预言作见证。他与大祭司、法利赛人公开论辩,使成千上万的人追随于他。祭司贵族和法利赛人感到恐慌,以耶稣聚众滋事、危害社会治安、僭称为"犹太人之王"等罪名,强迫罗马总督彼拉多判他死罪,钉死在十字架上。但三天后,耶稣果如其所预言那样,复活升天,并向其门徒现身说法。从此,他的门徒深信耶稣就是犹太人世代期待的救世主、弥赛亚,即基督。他们继续在各地宣扬他的教诲和上帝的福音,并应用耶稣赋予他们的超自然异能,施行奇迹,赶鬼治病,接纳新的信仰者,形成了初期的基督教和基督教会。

福音书上的这些记载,后来不断受到历史学家的质疑和启蒙思想家的批判。启蒙思想家从科学和理性哲学立场出发,从根本上否定耶稣所行的那些超自然神迹的任何可能性,由此进一步否定耶稣其人其事和新约圣经记载的真实性。历史学家通过对新约圣经的历史考证发现它的记载有许多可疑之处和不少自相矛盾的说法。各福音书对耶稣身世的叙述互不一致。《马太福音》开列了从大卫王到约瑟的家谱世系为 26 代,而《路迦福音》却列出了 41 代。两个家谱列出的名字绝大多数均不同名。关于耶稣的生年各福音书所记亦不相同。如按《路迦福音》所记,耶稣应生于公元 6—7 年;而按《马太福音》所记推算,则应生于公元前 4 年。《马可福音》、《约翰福音》未提耶稣的诞生,而《马太福音》和《约翰福音》则未讲他的升天。历史学家还指出,耶稣的事迹在福音书中虽然被写得天花乱坠,引人入胜,可同时代和稍晚时的历史不知为什么却似乎闻所未闻,鲜有记叙者。塞涅卡、普罗塔克、斐洛、老普林尼的著作中均未提到基督教和耶稣之名。小普林尼、塔西陀等人的著作中记有"基督教"、"基督徒",并说到其祖师基督,但并未提及耶稣其人。根据上述这些历史的考证与分析,不少学者对历史上是否真有耶稣其人持怀疑以至否定的态度。

这些置疑当然是有道理的,但也不是最后的结论。福音书上描述的那个到处施行超自然奇迹的耶稣无疑是不可能有的。但是,像早期基督教那样一种轰轰烈烈的社会运动却是无可怀疑的历史事实。要掀起这样一场运动,没有一个或一些像马克斯·韦伯所说的具有克里斯玛(亦称“超凡魅力”)气质的宗教领袖,也是不可能的。这个宗教运动的领袖可能不一定就是耶稣,但他却是“耶稣式”的人物。尽管福音书对他作了过度夸张的描写和神奇的附会,但那个“耶稣式”的人物所具有的克里斯玛魅力以及他所宣扬的社会理想和宗教观念却留在他的信仰者之中。我们可以否认佛陀本生本行经所神化的那个佛陀的历史真实性,但却不能因此而否认释迦牟尼和他所领导的佛教运动;同样道理,我们可以否认福音书中描写的那个到处施行神迹的上帝之子耶稣的历史真实性,但却不能否认基督教运动和“耶稣式”宗教先知的存在。

就福音书描述的耶稣故事本身看,这个耶稣并没有说他要创立一种不同于传统犹太教的新宗教,但是,他确实曾反复谴责撒都该派和法利赛派,宣传了某些不同于传统律法主义的新的宗教观念。他发挥了反映下层民众要求的艾赛尼派的宗教思想,由此发展而形成为基督教。

三、基督教的形成和发展

构成基督教得以产生的本质因素,当然是福音书中那个耶稣在传道过程中宣讲的宗教教诲和渗透于其中的宗教观念。但这些教诲和观念并没有多少高深的神学理论,内容很是简单。他仍然信仰作为犹太人传统信仰对象的那个上帝,但他对这个上帝的神性赋予了自己的理解;他也仍然遵奉犹太律法,但却对法利赛律法师把遵从律法变为形式主义、教条主义采取了严厉批判的态度。耶稣宗教思想的最大特点,是他认为上帝是父亲而邻人是兄弟。在此思想基础上,他更加强调上帝对人类的爱和人对上帝的爱,以及人与人之间的兄弟之爱,因此,他把“爱上帝”和“爱人如己”说成是律法的总纲:

> 你要尽心、尽性、尽意,爱主你的上帝,这是诫命中的第一,且是最大的。其次也相仿,就是要爱人如己。这两条诫命是律法和先知一切道理的总纲。(《马太福音》22:37—40)

为了爱上帝,财产可以抛弃;为了爱人,财产可以共享。只要是爱上帝和爱人如己,人的行为即使形式上有违于律法的规定,那也符合于律法的总纲或实质。反过来说,如果人的行为不是出于爱上帝和爱邻人,即使形式上符合于律法的规定,那也违背了律法的本质。福音书里记载了一则非常典型的实例:传统的律法主义把摩西诫命中关于“当守安息日为圣日”的规定当成僵死的教条,要求犹太人严守安息日,连治病救人之类善事当天也不许做,否则就是有罪。耶稣对此进行了公开的批判。"耶稣说,你们当中谁有一只羊当安息日掉在坑里不把它抓上来呢?人比羊何等贵重呢!所以在安息日作善事是可以的"(《马太福音》12:11)。他还说:"我喜爱怜恤,不喜爱祭祀。你们若明白这句话的意思就不将无罪的当作有罪的了"(同上,第7节)。在耶稣心中,怜恤重于祭祀,爱人胜于律法。他是想把对传统律法的形式上的遵从放在基于仁爱之心的道德原则之上,把对传统律法的被动性遵从变为一种主动承担的道德义务和道德责任。对于法利赛律法师所坚持的只强调外在形式的津法主义,这显然是一种具有反传统的新宗教思想。缺乏爱心的传统律法主义并未给苦难的犹太人带来拯救,只会引起人们的反感。在这种情况下,耶稣关于"爱上帝,爱人如己"的呼吁对人们无疑具有很大的吸引力。福音书中的耶稣还以自己的一系列治病救人、救苦救难的实际行动树立了一个"爱人如己"的典型形象,从而增强了耶稣宗教教诲的吸引力。即使我们否认耶稣其人和所行奇迹的历史真实性,但流传于当时社会中的诸如此类神话传说,仍然具有上述所说的宗教观念。神迹传说只会增加而不会削弱信众对它的兴趣。

耶稣关于"天国近了"、悔罪得救的宣传也迎合了犹太人久已盼望的在上帝派来的救世主的帮助下摆脱苦难、建立千年王国的希望。他的门徒和信众相信他就是基督、弥赛亚,即使在他遇难后,也相信他三天后复活升天,不久之后将面临此世,建立千年王国。这些观念和信仰,与释迦牟尼的佛教思想比起来,显得非常简单,几乎说不上是什么神学理论,但它对当时切盼上帝派来救世主的犹太人来说,却富有吸引力,拨动了他们的宗教心弦,燃起了新的宗教热情,为基督教的诞生提供了最基本的观念和思想,形成了此后基督教的基本教义和系统的神学理论(如上帝观、基督观、天国思想等)。当然,后来发展而出的上述神学理论又都接受了希腊哲学的包装。

耶稣生前即已有一批忠实追随他的门徒(十二使徒)和信仰者,耶稣死后,他们建立起了基督教社团组织,而且采用了"教会"这个名称,以此把那些承认耶稣为弥赛亚的会众与那些不承认这一点的犹太人区别开来。耶路撒冷的基督教会组织发展很快,以使徒彼得为首,约翰次之,整个使徒与会众结为一体。

既有教会组织,就会出现一套宗教生活制度和仪式规范。初期的基督教会仍未完全摆脱犹太教的传统。他们仍遵守犹太教的传统教规,到犹太教的圣殿和会堂参加仪式活动,但同时他们在这些仪式活动中引进了新的宗教内容。他们在宗教观念上深信耶稣是弥赛亚,他很快就要回来拯救他们;但要得救必须悔罪,不仅悔改自己的罪,而且要悔改犹太人不承认耶稣是弥赛亚这一全民族的罪。因此之故，基督教产生了自己的特殊仪式，即皈信者为表示效忠基督和悔改自己的罪，要接受“洗礼”，即奉基督教之名受洗，作为悔去罪恶、开始新关系的象征，然后就会得到圣灵，作为上帝认可的印记。早期基督教会还形成了一种最具特色的“擘饼”或“圣餐”仪式，入教者要将自己的财产交给教会充作公用，大家过一种财产共济、互通有无的生活。教徒定期举行联欢会，自带食品共同会餐，称为“爱筵”，后来由此发展为每周一次的重要仪式——“圣餐”，掰开分吃象征耶稣之身的饼，喝一点象征耶稣之血的酒。这种财产共享的宗教生活，以及洗礼、圣餐之类宗教仪式加强了基督徒的认同感和凝聚力，使早期基督教具有鲜明区别于犹太教的特色，但与此同时，这些特色也遭致并强化了后者对基督教的反对。法利赛犹太人反对基督教会宣传耶稣就是弥赛亚，认为基督教的这种宗教观念和宗教仪式导致了对犹太教传统观念和仪式的不尊重。矛盾的激化引起暴力，法利赛犹太人用乱石打死了基督徒司提反（他成了基督教的第一位殉道者）。暴力压制基督教会的直接后果就是迫使耶路撒冷教会向其他地区分散。所有使徒都四出传教，将基督教种子撒播到犹太全境和外邦犹太人之中（如撒玛利亚、该撒利亚、大马士革、安提阿、塞浦路斯岛等地）。非犹太人（希腊人、罗马人）也逐渐接受基督教信仰。

外邦人皈信基督教之后必然出现皈依者和犹太律法的关系问题。犹太基督徒一般认为应接受古代以色列律法，但外邦人自然而然地倾向于不同意接受这种束缚。这种争论关系到基督教能否超出犹太教传统成为世界性宗教的大问题。如果教会将犹太传统律法强加给外邦信徒，则基督教只不过是犹太教内部的一个新宗派；如果外邦信徒可以不接受犹太律法，则基督教就有可能为更多的非犹太人所接受，发展为超出犹太人局限性的世界性宗教。使徒保罗的活动使基督教的后一种发展趋向成为现实。保罗虽生长在一个严格的犹太人家庭，但却接受许多希腊化思想的影响。他由于某种灵感确信耶稣是弥赛亚而且死后复活之后皈信了基督教。在他心中，既然耶稣是弥赛亚，又因是为反对法利赛人对律法的解释而受死，那么，律法将因上帝的干预而废除。后来，保罗历经危难在外邦各地传道。当时，外邦基督教会中在是否遵守传统律法问题（如是否接受割礼？守律法的犹太人与不守律法的外邦人是否可同席同餐？等等）上有激烈的争论。保罗支持外邦人在律法上的自由解释。他写下了著名的保罗书信，阐述了他一系列宗教观念，也说明基督徒不应再受犹太律法的束缚。保罗书信事实上成了使基督教走向普世化的宣言，得到外邦基督徒的普遍欢迎。甚至使徒彼得、雅各和约翰等也承认保罗在外邦人中所传的道符合基督教精神。保罗书信中的不少神学思想与福音书所记载的耶稣并不完全一致，但他对基督的热诚而深厚的宗教感情却使他比其他门徒能更深刻地理解基督的思想。如果没有保罗的宗教活动以及他那具有普世性的基督教观念,基督教就很难摆脱犹太教传统的束缚,在当时的世界性帝国罗马全境各地得到发展。保罗书信后来成了《新约圣经》的一部分。

基督教不仅在耶路撒冷受到犹太教传统的敌视,而且在进入罗马世界之后(公元1—4世纪)也不断受到官方进行的大规模迫害。但基督教由于适应了社会的需要,得到了越来越大的发展。甚至一大批有权有势者和富人也参加到基督徒的行列,并且逐步控制了教会的领导权。他们重新解释了原始基督教中那些敌视当权者和有钱人的早期观念,以适应罗马统治者的利益。帝国统治者也认识到,对于基督教这样一支巨大的社会力量,与其采用不可能实现的暴力消灭政策,不如转而操纵以为己用。313年,罗马东部皇帝君士坦丁和西部皇帝李锡尼在米兰联合发表"宽容敕令"(史称"米兰敕令"),宣布所有宗教同享自由,不受歧视。从此基督教成为官方认可的合法宗教。君士坦丁战胜李锡尼后,更进一步扶植利用基督教,并于325年召集基督教"普世主教大会",确定了基督教的正统教义。392年,狄奥多西一世以罗马帝国名义正式宣布基督教为国教。从此,基督教成了与统治阶级结为一体的统治性宗教。从东西罗马帝国到中世纪欧洲各国以至资本主义时代的西方世界,基督教始终占据万流归宗的统治地位,一方面是超国家的普世性宗教,另一方面又是基督教世界各国的国家宗教。直到近代,在一些资产阶级民主革命进行得比较彻底的国家里,宗教与政治才逐渐分离,不再是国教。但即使在那些国家里,基督教的意识形态仍处于崇高的地位。

四、基督教的世界化进程

基督教的世界化有一个长期发展过程,整个历程可以分为三个阶段:

第一阶段是从作为犹太教内部一个具有某些反传统律法主义的小宗派逐渐打破民族藩篱而走向罗马帝国。罗马帝国在当时是一个统治地中海沿岸许多民族国家的世界性大帝国,一当这个帝国为了维护帝国统一的需要而在宗教信仰上定于一尊,奉基督教为国教的时候,基督教也就逐渐成了帝国之内许多民族共同信仰的宗教,成了超民族、超国家的世界性宗教。

第二阶段是从地中海沿岸的古代文明世界走向整个欧洲,成为中世纪欧洲各民族和国家共同信仰的世界性宗教。公元5世纪,日耳曼贵族入侵罗马帝国,在罗马帝国废墟上建立起封建化的国家。贵族统治者及其部落(法兰克人,西哥特人,东哥特人,汪达尔人,勃艮第人,伦巴第人等)先后皈信了罗马公教会的基督教。由于皈依基督教，贵族统治者不仅赢得了罗马帝国民众的好感，而且得到罗马教会主教们的支持。基督教会与日耳曼君主互相利用。君主们利用基督教来维持君权统治，教会则利用君权来加强宗教神权的权威。

第三阶段是从欧洲和地中海沿岸地区（包括西亚、北非的部分地区）走向全世界各大洲。这个进程是与近代西欧资本主义向全世界扩张的过程相一致的。西欧资本主义是从14、15世纪发展起来的，随着所谓的“地理大发现”，西方资产阶级随即向他们新发现的地区进行殖民扩张。在这个过程中，他们利用了基督教，把基督教说成全人类的共同精神，把世界其他民族的传统信仰视为“异教”。他们力图用“基督教文明”去取代“异教文明”。基督教会的传教士跟随着资本主义殖民者和侵略大军的脚步，在坚船利炮轰开了其他国家的大门之后，踏进了其他“异教”民族的国土，把基督教传布到世界各地。

第五节　伊斯兰教的形成与世界化

一、伊斯兰教产生的社会历史条件

伊斯兰教在7世纪时产生于阿拉伯半岛，迄今已有1300余年的历史。

伊斯兰教的创教者穆罕默德从其创教时就以信仰惟一真神——安拉作为新宗教的核心内容，与当时阿拉伯民族传统的多神信仰形成鲜明的对立。这种反传统的新宗教能出现于当时的阿拉伯世界，并在很短的时间内壮大与发展，取传统宗教信仰而代之，成为统一阿拉伯部落民惟一的、至高无上的宗教，实在是世界宗教史和世界政治史上的一大奇迹。伊斯兰教的兴起不仅是一场波澜壮阔的宗教运动，而且是一场具有深刻社会意义的政治运动，是当时阿拉伯半岛社会经济、政治和宗教发展的历史产物。

阿拉伯人的祖先是古代闪米特人，阿拉伯半岛各地区都有闪族部落民的足迹。他们中的一部分逐渐定居于绿洲地区从事务农或经商，大部分部落民则逐水草而居，游牧于荒漠草原之上，过着游牧经济的生活。游牧经济的特点决定了游牧民的社会组织的形式和性质。由于食物匮乏，居无定所，游牧民群体的规模不可能很大。一般情况是有着共同血缘关系的十余个以帐篷为家的家庭组成一个氏族群体，同一地区的若干氏族游牧群又结成为一个部落。这种小规模的游牧群因此而被称为“贝都因人”（Bedouins，意为“荒原上的游牧民”），他们的社会形态尚处于原始的氏族阶段。在氏族部落社会中，社会集体是个人生存的条件。这就养成了贝都因人的氏族感情,把维护氏族部落的利益视为个人无上的荣誉,对传统规范(逊奈)的忠诚遵守成了个人的道德义务。不同部落的贝都因人常常为争夺水草和牲畜而互相劫掠,劫掠的结果必然导致对方的集体报复。由于血亲复仇原则乃是贝都因社会的神圣义务,于是便酿成部落之间的世代仇杀。

6世纪末至7世纪,阿拉伯半岛社会已进入原始氏族部落解体、阶级社会形成的变革时期。引起这种社会变化的原因是多方面的,主要有两个方面。一是长期的部落仇杀和掠夺争战,不仅削弱了彼此的力量,而且使各部落民没有安全感。它们只能想方设法投靠实力强大的部落的势力范围求取庇护。这种情况推动血缘性氏族部落向地缘性部落联盟发展。部落联盟的形成与扩大,必然造成社会成员地位的变化,氏族制社会的平等关系逐渐瓦解,部落联盟首领随着权力的扩大而成为享有社会特权的贵族。社会走向阶级分化。还有一个重要的社会原因是商业经济的发展造成了食利者阶级和商业贵族阶级。而广大城镇定居民则相对贫困甚至破产,成为负债人。经济地位的不同造成了阶级分化,引起阶级间的矛盾和冲突。6世纪末,波斯帝国侵占了阿拉伯半岛南部之后,为垄断东西方贸易,便断绝了原来通过红海两岸经麦加而到达叙利亚和欧洲的商路。这样一来,麦加、麦地那一带的商业贸易经济必然衰败,这就加剧了本已存在的社会冲突和社会危机。富人会加强对贫者的压榨,部落之间会更加频繁地进行争夺土地和牲畜的掠劫与仇杀。这就是在穆罕默德创建伊斯兰教之前几十年间,出现于阿拉伯半岛(特别是红海沿岸麦加、麦地那一带)的基本社会情况。惟一可行的解决途径就是想办法实行阿拉伯贝都因部落之间的联合,结束彼此间的长期劫掠,用统一的力量驱逐外族的统治,恢复昔日的繁荣。穆罕默德发动的伊斯兰教运动实际上就是这种社会要求的反映。它先用一神信仰的宗教形式去结束彼此排斥的氏族—部落的原始多神教,统一阿拉伯民族的宗教信仰,逐渐培育起统一的民族感情和民族意识,同时在伊斯兰教的宗教信仰中灌注新的社会、政治、经济和伦理的内容,把宗教运动变成为一场统一阿拉伯社会的社会政治运动。

阿拉伯宗教信仰的发展也为以一神信仰为核心内容的伊斯兰教的产生准备了可能的条件。在氏族部落社会,各氏族部落都有自己崇奉的神灵和相应的禁忌规定和献祭仪式。神灵通常以某种有形的自然物为其象征,如一块石头、一棵树或某处岩洞和井泉。部落民通常通过献祭仪式和分享牺牲的"圣餐"仪式,象征性地建立并保持部落与所奉神灵的关系。随着氏族部落之间的联系和联合,不同的部落也出现共同崇拜的神灵和共同朝拜的宗教活动中心(圣地)。到6世纪时,出现了超越氏族部落局限的地区神灵,其中最受崇拜的有被称为"安拉女儿"的三女神"拉特、欧萨和默那"。这些神灵受到众多部落民的崇奉和朝拜，说明血缘性氏族部落宗教正在向地缘性民族宗教演变。

有了共同的神灵，神灵的象征物所在地自然就会发展为信奉者共同朝拜和献祭的"圣地"，麦加的克尔白庙是阿拉伯部落民心中最为重要和神圣的崇拜中心。克尔白神殿本是一座简单的立方体建筑，在那里供奉着360多尊各氏族部落的神灵偶像和被作为祭坛的神圣物，贝都因人在集市交易之后和特定节日之际都要前往克尔白庙向其献祭和祈祷。克尔白庙墙上嵌着一块黑色的陨石，阿拉伯各部落民都视之为神物。各部落民来此朝拜者都要争相接近它，用手抚摩它或亲吻它。正因为如此，这块神圣的黑石头成了寄托整个阿拉伯部落民民族宗教感情的共同象征物。这是阿拉伯人从民族部落宗教逐步走向统一的民族宗教的初步表现。犹太教和基督教的教义和神话在阿拉伯一些地区的流传也起到了催生阿拉伯一神观念的催化作用。在伊斯兰教产生之前，半岛上已经出现了一种由"哈尼夫"教派发动的宗教活动。哈尼夫(Hanif，真诚者)声称追随"易卜拉欣的宗教"，主张抛弃传统的偶像崇拜，承认和信仰惟一的神，相信天命、复活、惩罚和报应等基督教式的观念和教义。在宗教行为方面，他们提倡苦行和隐修，过着禁欲的生活。哈尼夫的宗教观念和修道行为明显接受了犹太教和基督教的一神观念和宗教教义的影响，企图按此模式来改革阿拉伯的传统宗教。哈尼夫教派不是伊斯兰教(其中一些人在伊斯兰教创教时期甚至还曾激烈反对过)，但他们的宗教思想反映了阿拉伯人从传统部落社会多神教走向某种一神教的趋势。如果离开阿拉伯宗教上述这一系列的演变和发展，如果没有哈尼夫教派的影响，穆罕默德开创一神信仰的伊斯兰教是不可能的。

二、穆罕默德和伊斯兰教的形成

伊斯兰教的创建者穆罕默德是一个真实的历史人物。他的祖先本是麦加古莱什部落的哈希姆贵族，但因早年父母双亡，家道衰落，无力就学而沦落到为人放牧。12岁后，随人外出经商，因此而广泛接触社会，不仅积累了经商经验，而且也学得了丰富的社会知识和人生经验。特别是在此过程中结识到基督教教士和犹太教徒，从他们那里受到基督教和犹太教教义的启发，使他有可能摆脱传统宗教观念的束缚，进行新的宗教探索。25岁时，他与富孀赫蒂彻结婚，生活条件大为改善，可以不再为衣食奔走，有闲暇时间进行社会问题和宗教问题的思考。伊斯兰教研究者推测，他这段时间可能结识了一些麦加的哈尼夫，使他逐渐形成一神教观念。他经常到麦加山的希拉山洞中静坐隐修，沉思冥想，夜以继日。在这种精神状态下，当然容易产生某种宗教体验。据说在610年的一天夜晚，他在希拉山洞静修中已达精神恍惚之际，突然体验到天使吉哲布勒伊来向他传达真主给他的“启示”，要他蒙召受命成为传达真主启示的先知。据说以后他又不断遭遇这种体验，接到圣灵降示的启示。穆罕默德确信他的主观体验的真实性，开始了此后历时23年的传道创教活动。最初是在麦加进行秘密传教，有一些亲友成了他最早的信徒，612年转为公开传道。早期传道的主要内容当然要宣称安拉是惟一真神，是万物的创造者和主宰者，人们应抛弃多神信仰和偶像崇拜，信仰独一无二的真主安拉。但他对此似乎并无过多的强调，更多的是宣传死者复活和末日审判的教义，宣称真主将在末日审判时对个人生前的道德行为进行清算。信道而又行善者将受到奖赏进入天国，而不信道的罪人则将受到惩罚，打入火狱。在这种奖善罚恶的教义宣传中贯穿了穆罕默德对社会问题和道德问题的思考。他宣示的早期经文谴责那些不顾氏族义务，排斥亲邻贫人，欺凌孤儿弱者，侵吞别人财产，高利盘剥，唯利是图等社会罪恶，认为对财富的追逐是造成社会罪恶和道德沦丧的原因，教诲人们从信赖财富转为信赖造物主，从追求今生的荣华转向追求来世的永福。在斥责这些社会罪恶的同时，他提出凡穆斯林不分氏族部落，皆为兄弟，应消除过去的血亲仇杀；他还主张禁止高利贷，行善施舍，赈孤救贫，释放奴隶。穆罕默德的这些教义宣传和社会主张在许多人，特别是社会下层群众的心里引起强烈的共鸣，许多人皈信伊斯兰教。但是，这样一来，穆罕默德也因此而树立了自己的敌人。这是因为他宣传的这一套教义直接反对了氏族部落传统的多神信仰，动摇了它们的传统地位。同时，如果穆罕默德的伊斯兰一神教在麦加得势，那么各地贝都因部落就将不会定期到麦加来朝拜克尔白神殿部落神灵的圣物和偶像，进行集市贸易。这明显地触犯了麦加古莱什贵族和商人的经济利益及他们控制克尔白神殿的宗教特权。于是，他们对穆罕默德的创教活动表示日益强烈的反对，对穆罕默德及其追随者的迫害日甚一日，迫使他们无法在麦加继续活动和生存下去。一些皈信者开始逃走他乡。穆罕默德只得在622年带领他的穆斯林信徒分批逃离麦加，迁居麦地那。他在麦地那的传教活动大获成功，大批信众纷纷皈信了伊斯兰教。穆氏还在他的伊斯兰教队伍内进行了一系列政治、经济和宗教方面的建设，在统一的伊斯兰教信仰的基础上建立了一个完全打破旧有的氏族界限的新颖的“社团”（乌玛），其中，包括麦地那的犹太人和异教徒。所以，乌玛实际上是一个由不同血缘和信仰的全体居民组成的地域性组织，其目的在于实现麦地那地区各不同氏族、不同信仰的人们之间和平共处，实现麦地那的统一。麦地那地区统一之后，乌玛成了超越部落关系之上的公共组织，伊斯兰的共同信仰取代了部落血缘关系，乌玛成了事实上的政教合一的政权。名义上,安拉是宗教首领,其至高无上的权威则通过穆罕默德发布的"启示"体现出来,由他来决定社会决策,仲裁社会争端。穆罕默德成了麦地那宗教、政治、司法以至军事上的真正领袖。在此期间,穆罕默德以真主安拉"启示"的名义为麦地那乌玛社团制定了民事、刑事、商事、司法等方面的教法制度,而且完成了伊斯兰教教义体系和礼仪制度的建设。他确定了以信奉独一安拉为核心的五大信仰纲领;规定了穆斯林必须遵守奉行的五大功课,把崇拜真主安拉的行为规范化为伊斯兰的宗教礼仪制度,确立了以惩恶扬善为目标的社会道德准则和行为规范;特别是他还在共同信仰基础上组织起了一支颇具战斗力的穆斯林军队。在初步实现了这一系列社会改革和宗教建设的基础上,穆罕默德率领他的伊斯兰武装与麦加贵族展开了争夺麦加的战争。经过几次战役之后,穆罕默德的伊斯兰军队终于取得了军事上的决定性胜利。630 年,麦加贵族在伊斯兰军队威逼之下,与穆罕默德签订城下之盟,投降穆罕默德,承认穆罕默德的先知地位,麦加全城居民宣告皈信伊斯兰教。穆氏则下令捣毁克尔白神殿内的所有多神偶像(黑石作为圣物得到保留),克尔白庙改为清真寺。631 年末,阿拉伯半岛各部落继麦加之后,先后皈信伊斯兰教,不仅初步实现了阿拉伯社会的宗教统一,也基本实现了政治上的统一。632 年 3 月,穆罕默德率 10 万穆斯林到麦加朝觐,在仪典上发表著名的"辞朝演说",以安拉启示的名义说:"我已选择伊斯兰作你们的宗教"。伊斯兰教称这是安拉通过穆罕默德所发的最后一道"启示",它宣布了伊斯兰教的胜利。是年 6 月 8 日,穆罕默德在麦地那病逝。如果我们把 610 年穆氏自称第一次接受安拉"启示"作为伊斯兰教创教之始,到 632 年他发布最后一道"启示"作为创教成功之日,其间不过 23 年时光,这在历史上不过只是短暂的瞬间。而穆罕默德却在如此短暂的时间取得了如此非凡的成功,不仅为阿拉伯半岛建立了一个新的统一的宗教,而且把半岛从部落社会发展为一个统一的政教合一的国家。参诸世界各民族的政治史和宗教史,很难找出这样的先例。我们不能不承认,创造这个历史奇迹的人是一位伟大的人物。

伊斯兰教在阿拉伯半岛的胜利发展并未随着穆氏的逝去而终结,反而更迅速地向世界其他地区挺进。

三、伊斯兰教的教义和礼仪制度

伊斯兰教和其他各种宗教一样,有一套由基本宗教观念发展而出的教义体系,以及由此出发,外在化为相应的崇拜行为,规范化为伊斯兰教的礼仪和制度。

伊斯兰教的基本观念和教义集中体现在《古兰经》和记录穆罕默德言行的

《圣训》之中。《古兰经》是伊斯兰教最神圣的经典。穆斯林认为，它是真主安拉在穆罕默德23年创教过程中陆续降示的启示。对于穆斯林来说，《古兰经》作为安拉的神圣启示是教义的基础，信仰的源泉，道德行为的准绳，伊斯兰教法的立法原则。

伊斯兰教的基本教义是"五信"：

(1) 信安拉。这是伊斯兰教最基本的宗教观念和宗教信条。认为安拉是宇宙独一的真主："万物非主，惟有真主"。按《古兰经》112章的说法，"他是真主，是独一的主。真主是万物所仰赖的，他没有生产，也没有被生产，没有任何可以做他的匹敌"。

(2) 信使者。相信穆罕默德是安拉的使者和先知。安拉曾在不同时期派遣不同的使者和先知向人间传道，最重要的有亚当、挪亚、亚伯拉罕、摩西和耶稣。穆罕默德则是安拉所派的最后一个("封印")使者和先知。

(3) 信经典。相信安拉曾给不同民族降示过104部经典。《古兰经》是安拉最后的启示，它证实以前的经典，并澄清了过去经典在流传中的讹误和篡改。因此，《古兰经》是最完整、最可靠也是最神圣的经典，是"原本天经"的复制品。

(4) 信天使。天使是安拉以"光"制造的精灵和妙体，其职司是充当安拉的仆役，传达和执行他的旨意和命令。

(5) 信后世。今世是暂时的，后世才是人的归宿。世界终有一天毁灭，那就是世界末日。那时，每个死去的人都要复活，他一生的信仰和行为，善行和恶行都将受到最后的审判。安拉将对之进行裁判以行赏罚，善者进入天国，恶者罚入火狱。至于在圣战中的殉教者则可不必等待审判日而立即升入福乐的天国。

除上述"五信"之外，中世纪的伊斯兰教义学家还将"信前定"列为第六条信仰。他们根据安拉全能的信仰进而推定世间万事万物的生灭变化，人生吉凶祸福，生死寿夭，皆为安拉的先天安排，是任何人都无法改变的。当然，安拉完全可以根据其绝对意志改变原来的命定，或者给以帮助，或者使之遭遇新的厄运。

伊斯兰教的这五种(或六种)基本观念和基本信仰必然加强穆斯林对伊斯兰教和安拉的敬畏感和服从心，由此而外在化为各种崇拜的行为与活动。伊斯兰教逐渐把这些行为与活动规范化、制度化，最后确定为五项宗教义务和修行功课，此即伊斯兰教所说的"五功"(念、礼、斋、课、朝)。

(1) 表白信仰(念)。证言的内容是："我作证：除安拉外，再没有神；穆罕默德是安拉的使者"。伊斯兰教规定：穆斯林在成年或智力健全后，至少要当众念诵上述证言一次。在每日五次的礼拜中，还要念诵多次。当众念诵这个证言，实质上就是对信仰伊斯兰教的表白或誓言。任何人只要当众承认和念诵这一证言,就表明并被承认他皈信了伊斯兰教。

(2) 遵行礼拜(礼)。礼拜是他们向安拉表示归顺、皈信、感恩、赞颂、祈求、忏悔的一种规范化的宗教仪式。按伊斯兰教的礼仪制度规定,穆斯林必须每天朝麦加克尔白方向作五次礼拜;每星期五举行一次"聚礼"(即主麻礼);每年到清真寺举行两次集体"会礼"。一次为斋月后第一天举行"开斋节",一次为朝觐时在米那宰牲那一天举行的"宰牲节"。

(3) 坚持斋戒(斋)。按教规,每年伊斯兰教历 9 月(莱麦丹月)为全月斋戒。在此期间,穆斯林必须从黎明到日落时,禁吃一切食物,禁止房事,但对弱、病、残、孕以及旅行者有可以例外和补斋的规定。

(4) 完纳天课(课)。穆罕默德创教时即强调用自愿施舍财物来周济贫穷者,把这作为一种善行,后来逐渐发展为一种按财产不同种类以一定比例征收的法定课税制度。

(5) 朝觐圣地(朝)。伊斯兰教规定,每一个穆斯林,在身体和经济条件允许的情况下,均应在其一生中去麦加朝觐一次,凡朝觐的穆斯林就获得了一个特殊的荣誉称呼:"哈吉"。

四、伊斯兰教的世界化进程

伊斯兰教走向世界化的整个过程分为四个阶段:

第一阶段:632 年,穆罕默德逝世后,伊斯兰教进入"四大哈里发时期"。随着统一的阿拉伯国家的对外征服,伊斯兰教向半岛以外地区广泛传播,史称"伊斯兰教的开拓时期"。继首任哈里发艾布·伯克尔征服变节者,重新统一阿拉伯之后,第二任哈里发欧麦尔趁波斯、拜占庭因连年战争而实力大衰之机,先后征服了叙利亚、巴勒斯坦、伊拉克、波斯、埃及。第三任哈里发奥斯曼西征北非,攻克伯尔克、的黎波里、迦太基;在东部则征服亚美尼亚,远征军则达到中亚的巴尔赫、喀布尔和伽色尼。伊斯兰大军所达之处,这些地区的众多居民亦随之改信伊斯兰教。

第二阶段:661 年起,伊斯兰教进入阿拉伯帝国时期,历经伍麦叶王朝和阿拔斯王朝,成了地跨亚、非、欧三大洲的大帝国,伊斯兰教成为帝国占统治地位的宗教,史称"发展的鼎盛时期"。伍麦叶王朝(661—750)东征占领阿富汗、印度西北部和外高加索,直抵帕米尔高原。在西部,继占领迦太基之后,征服了马格里布,然后,渡过直布罗陀海峡,占领比利牛斯半岛的大部分地区(今西班牙),将伊斯兰教传入西南欧。

第三阶段:由于帝国分裂,外族入侵,帝国于1258年为蒙古西征大军所灭。中世纪晚期,伊斯兰世界并立着奥斯曼、萨法维、莫卧儿三大帝国,其中奥斯曼帝国最为强大,史称"伊斯兰教第三次大传播时期"。

奥斯曼帝国(1299—1922)于1453年攻占君士坦丁堡,灭拜占庭帝国。15世纪末,占领整个小亚细亚及巴尔干半岛,将伊斯兰教传入西南欧地区。16世纪时帝国臻于鼎盛,所辖疆域包括以前之拜占庭帝国和阿拉伯帝国的大部分领土。奥斯曼帝国奉逊尼派教义为国教。

萨法维帝国(1502—1722)兴起于16世纪的伊朗,以什叶派教义为国教。其版图东至阿富汗,西达幼发拉底河,北抵阿姆河,南临波斯湾。

莫卧儿帝国为蒙古人帖木儿六世孙巴布尔于16世纪在印度建立起来,其领土达于南亚次大陆的整个北半部,该本地区居民的伊斯兰化也在这一时期初步完成。

第四阶段:18—19世纪以来的近现代伊斯兰教。在此期间西方殖民主义者相继侵入伊斯兰教地区,许多国家相继沦为殖民地和半殖民地。伊斯兰世界各国人民在"圣战"和教派运动的旗帜下,多次掀起反抗殖民压迫的民族斗争。一些伊斯兰国家内部也逐渐出现了伊斯兰教现代主义的改良运动。在土耳其奥斯曼帝国,1924年就爆发了凯末尔领导的资产阶级民族革命,废除哈里发制度,实行政教分离,走上了世俗化道路。其他一些伊斯兰国家也逐渐出现了以赛义德·阿赫默德汗、哲马鲁丁·阿富汗尼、穆罕默德·阿卜杜、伊克巴尔等人为代表的各种形式的现代主义思潮,以及各种名义上打着现代主义旗号,实质上却改革传统神学以适应新的社会需要的教派运动。同时也出现了原教旨主义运动。20世纪中叶以来,在范围广大的伊斯兰世界都出现了伊斯兰教复兴运动。1979年,伊斯兰什叶派领袖霍梅尼领导的"伊斯兰革命",具体体现了伊斯兰教复兴运动的世界性影响。由于伊斯兰世界的宗教传统和社会需要,伊斯兰教的复兴运动在可见的将来仍将继续发展。这个发展趋势不仅在其国内、而且在国际政治生活中都是一个不可忽视的因素。

第3编

宗教的社会文化功能

第十章

概说宗教的社会文化功能

宗教作为一种对超自然神圣力量表示信仰和崇拜的社会文化形式,其基本职能就是满足信仰者的生存需求和信仰群体的社会需要。人类的生存需求和社会生活需要的满足和实现就是文化创造。人类社会生活的需要多种多样,作为它们的实现的文化也必然有多种多样的形式,如经济、政治、伦理、艺术、科学、宗教、哲学等等。在人类历史上,宗教常常是社会的至高无上的上层建筑和意识形态,是统治性的文化形式,对其他各种社会文化发挥支配性的影响。正是在各种文化与宗教的关系中,集中表现了宗教的社会功能和文化功能。

第一节　宗教是一种社会文化形式

本书把宗教规定为由宗教观念、宗教体验、宗教行为和宗教体制四要素有机构成的"社会文化体系",这就提出了宗教与文化的一般关系问题。回答这个问题,必须先回答一个先导性的问题,即什么是"文化"以及宗教为什么是一种社会文化形式。

一、文化即人性化的自然

"文化"的涵义是一个聚讼纷纭的问题。现今关于文化的定义为数众多,难以数计。各派学者所下的文化定义,不管其内容和文字有多大差异,大都承认两点共同的事实:第一,文化是专属于人类所有的事物,只有人类才有文化。第二,文化是人类的一种创造性活动的产物,而不是与生俱来,自然而有的东西。所谓创造性活动的产物,意思是:这种产物应是处在自然状态的人类和自然界本来没有的东西。人之所以和动物不同,恰恰就在于人类的活动不是单纯地顺应自然,而是在于他能"创造性"地改变自然,按照人性的需要而创造"新的自然"。在这个意义上,我们可以说,文化的创造是人之所以为人的标志,是人区别于动物的本质特征。

"文化"与"自然"是两个相对的概念。单纯的自然不是文化,文化的本义就是并非自然。从中西语言中关于"文化"一词的辞源意义的比较看,我们的祖先在创造"文化"这个词时,就是这样在与"自然"相对待的意义上来理解它的。《论语·雍也》记有孔子说的一句话:"质胜文则野,文胜质则史,文质彬彬,然后君子。"可见孔子早已把"文化"视为与质野之自然(包括自然无文化状态的质野之人)相对待的东西。西方语言中"文化"一词的意义也是把"文化"理解为人类对自然的再创造,而非自然原有的质野状态。

人类之所以进行文化创造活动,其根本目的是满足自身的需要。而人类的需要有不同的内容,而且在自身的发展中,其所需内容越来越复杂;人性本身也日益自觉,日益升华。因此,人类的文化创造活动,既有对外在自然进行改变使之具有新的功用,满足生存需要的方面;也包括了对人的内在自然有了新的觉知,使人的动物本能具有人的特性,使人的生物之性进化(升华)为"人性"的方面。

人作为生命之物,其自然本能和基本人性,就是维持人的生存。但是,这种维持人的生存的过程仅是一个自然过程,一旦人超越生物性的本能,对其有新的自觉或意识,并作用于自然,从而改变自然的原有特性而使之具有新的功用,以适应提高或升华了的人的人性需要,这个人与自然互相作用的过程便不同于过去的那种"自然过程",而是一种因人性的需要而改变自然的创造性的过程,其创造性的产物便是"文化"。

文化和文化创造过程的这种理解,最典型的体现就是人类的"劳动"。劳动是人类把自身的人性需要加于自然之上使之适用于人类生存所需的过程,在此过程中,劳动所改变和创造的结果,已不是本来的自然,而是一个"人化了的自然"。劳动的产物就是文化。在劳动过程中人提高了技能,获得了对自然物性能的认识和对自身之自然本性(内在之自然)的觉知,此内在自然也就因此成为"人性化了的自然"或"人化的自然",使自身进化为具有自觉人性的人类。人在劳动过程创造了劳动产品,其本质内容就是使自然物或按人性需要发生变化,或被赋予人的人性,具有了人的价值性功用。自然界中的山水木石,本来是不具有任何文化意义的,但当它们被人类有意识地制作成劳动工具、有意识地加以利用以满足生活之需时,它们就被人类赋予了人性,具有了满足人性需要的新的价值功能,成了人类文化创造的标志。黄山之奇,峨眉之秀,青城之幽,三峡之雄,成了中国人以至整个人类的"文化遗产"。但它们之所以具有文化意蕴的"奇"、"秀"、"幽"、"雄"……乃是人类通过人性的审美要求和审美判断而赋予或添加于这些自然山水之上的。没有这些人性的附加,它们就不具有任何审美的价值和意义。至于弯木以为弓,削竹以为矢,构木以为巢,缫丝以为衣,尝百草以为药,育五谷以为食……更是人性变化自然而后"开物成务"的文化创造。

人类作为群居动物,不仅生活在自然之中,而且也生活在群体之中;不仅与自然界发生关系,而且也与群体内各个个体发生关系。人与人在群体内的关系也有"自然状态"与"文化状态"之别。当群体关系完全循着生物本性的途径发生和运行时,那不过是一种与动物没有差别的自然状态。如果人类超越其自然本性,或者按特定的生存需要或一定的价值取向而改变、抑制或升华其本有的自然本性,从而构成某种新的群体结构,个体与个体结成一种新的关系时,它就超出本来的"自然状态"而演变成"社会状态",产生出相应的行为准则和行为规范;个体与个体的关系就成了人类才有的社会结构或社会体制。这种社会关系、社会结构、社会体制、社会规范乃是改变或抑制人的自然本能而使人性升华之后的社会体现,是人性的文化创造。比如,性交是人作为动物所有的自然本性,性本能驱使之下的性关系只是一种自然关系。但人类进化到一定阶段之后,便会采取社会性的强制措施,限制血缘内的性行为,实行不同血缘之间的族外性关系。如此,就在人类社会中出现了以族外婚为构架而形成的"氏族制度"以及与此相适应的一系列行为规范和社会准则(道德、民俗、法、宗教)。这一切便是人类抑制和升华原有的自然本性而创造的社会文化。正是这种社会性的文化创造活动,一方面创造了社会性的文化,另一方面也使人类从"自然状态"下的高级动物进化为"社会状态"下的人类。

人类创造了文化,而文化又进一步改造了人本身并促进了人的发展。随着人类的进化和发展,文化也就随着这个进化过程而发展。人类的整个历史就是文化的全部历史。

因此,所谓文化,实质上就是自然的人性化。人类的文化创造过程,实质上是人类通过创造性活动把自身的人性加于自然之上使自然人性化的过程;而文化作为人类创造性活动的产物,则实质上不过是被"人性化了的自然"。简言之,如果文化的创造过程是"自然的人化",那么,"文化"作为创造的产物则是"人化的自然"。

二、宗教是一种社会文化形式

宗教是人类社会发展到一定历史阶段的产物。宗教的四要素及其综合构成的宗教整体都是人类的创造,是人性的升华和放射,并客观化、对象化而形成的社会文化体系。

宗教的本质要素是对于超自然、超人间力量的神灵(或神圣物)的信仰和崇拜。自然科学不承认任何超自然力量的存在,科学的宗教学则通过理智性的宗教研究,证明一切宗教的神(或神圣物)都不过是人性的一种异化。神的一切神性(如一神教上帝所具有的超人间、超自然的全能、全知、全善)实际上只是人的人性(人的智慧、能力、德性)被无限制地放大以后,通过异化加之于神圣对象之上,因此而为自己造就了一个高于人类,并反过来支配人类生活、主宰人类命运的神圣对象。如果说,人类创造物质财富的劳动过程是一种物质文化创造活动的话,那么,人类创造神和神圣物的宗教异化过程,无疑是一种更高级、更复杂的精神文化的创造活动。随着人性的升华和发展,它异化而出的神的神性也将随之升华和发展,神性观念伴生的宗教感情将会日益强化。宗教信仰越是虔诚,对神和神圣物的崇拜之心,敬仰、畏怖、震慑之情也将日益强烈,而且会日益神圣化。这种神圣化的宗教感情、神秘化的宗教感受是人类内在的自然本性本来没有的。这种人性的宗教化和神圣化的发展,构成了宗教信仰者各种宗教行为的内在驱动力量。没有信仰者对神灵及其神性的感情和感受,就没有相应的宗教崇拜行为,也就不会有宗教性文化的创造。至于宗教的各种制度,本质上无非是宗教诸要素的规范化、体制化的结果。无论是宗教观念的教义化和信条化,宗教感情、宗教体验的目的化,宗教行为的规范化,宗教信徒的组织化,宗教生活的戒律化和制度化等等,所有这一切,都是人性异化的产物,是人类的一种文化创造。

既然一切文化创造活动都意味着人性在自然中的对象化,那人性的对象化便包含有“异化”的可能性。如果人性化于自然之后所创的文化产物(如物质器物、社会规范)能重新回到文化的创造者手中,为人所利用和控制,这就意味着人性的复归。如果这种文化创造物从此不复归于文化创造者之手,甚至反过来成为控制自己的异己力量,这就是所谓“异化”现象。在不合理的社会制度中,这种异化现象是大量存在的。但是,一般说来,一切非宗教的文化,都会被人们认为是人自己的创造物,在一定条件下,有可能重新回复到创造它们的人的自身,并不必然异化为异己力量。人劳动创造的产品,既可以成为自己的生活所需,也可以异化为资本家的资本,成为劳动者的异己力量。人创造出了管理社会的政府和规范社会行为的社会规章,既有可能成为服务于社会的力量,也可以成为与人民和社会作对的异化之物。但是,它们毕竟是人造之物,人们既可创造它们,也可改造它们,把异己力量改造成为我所用的东西。宗教则不然。宗教崇拜的神圣对象以及为规范崇拜行为而形成的宗教制度,固然也是人性对象化而成的文化创造，但当他们出现在人们的头脑之中和人类社会之上时，却总是被抬高成为自然和社会的创造之主，创造神的人反倒成了神创之物，人异化为神的身上的人性则被认为是支配人和自然的神性，再也不能复归于人的自身。因此，宗教与人性的异化有着必然的联系。没有人性的异化，就不可能有神和神圣物，从而就不可能有宗教的产生；取消了异化，也就取消了宗教。一旦人们把异化于神的人性夺回来，使之复归于人的自身，人就会成为自身命运的主人，宗教与神便不复存在了。正是在这里，我们看到了宗教文化和非宗教文化的区别和联系。

第二节　宗教如何发挥其社会文化作用

一、三种不同的宗教文化作用观

对于宗教在社会文化体系中的地位和作用，以及宗教如何发挥其社会文化作用，历来有不同的观点，彼此差异很大，甚至严重对立。其中影响最大的有三种不同的观点。

（一）宗教神学家的观点

正如各种宗教崇奉的神灵被宗教家、神学家们视为君临世界、职掌万事万物的主宰一样，它们也被后者视之为人类社会各种文化形式的神圣源泉。一切文化形式几乎都被他们说成是上帝或者诸神的创造，人类物质生活、精神生活的各个领域也被他们说成是各司其职的神灵主宰其间。

我国夏、商、周三代的天命神学认为一切典章制度、礼乐文化皆为天命所规定，此即《尚书》所谓的“天惟与我民彝”、“天叙有典”、“天秩有礼”、“天命有德”。古代希腊罗马宗教中的职能神基本上就是开创文化、职掌文化生活之神。奥林匹斯诸神中，雅典娜是战神，阿波罗是诗歌音乐之神、预言之神，赫尔墨斯是牧羊神、商人、演说家及市场的保护神，阿芙洛蒂特是爱情和美之女神，德米特尔是农业之神……此种宗教文化观念广泛存在于世界各民族的传统宗教之中。

（二）中外思想史上的启蒙思潮

他们在不同的历史时期用各种不同的理论形式否定超自然神灵及其对人事生活的无所不在的干预，把人异化为神性的人性从神灵那里回归于人的自身，使人逐渐成为人类和人类文化的创造者和主宰者。他们一般都谴责和批判传统宗教对社会文化的消极影响，甚至进一步把传统宗教与文化对立起来，全面否定传统宗教在文化生活中的作用与影响。在这方面，以 19 世纪德国的唯物主义哲学家费尔巴哈的人本主义宗教观最为典型。

费尔巴哈心目中的"文化",几乎就等于"科学"。在此观念基础上,他把宗教完全放在文化的对立面。在他看来,人的生存要依赖自然,但人的生活目标却是为了使人最终摆脱这种依赖性。要达到此目的可以有两种途径:一是经由理性观点和文化与科学途径来制服自然界,达到一种不受自然界粗暴制约的幸福生活;二是经由无文化的途径来达到此目的,这就是宗教。宗教或者用礼品、牺牲、献祭之类办法去讨好主宰自然之神,或用巫术之类去制服它们以为己用。可是宗教这一套手段是无法达到制服自然的目的的。当然,文化也不像宗教信仰那样万能,但文化并不施行超自然奇迹,而只依靠自然的手段去制服自然界。

费尔巴哈把宗教比喻为"无知的小孩"。小孩不能依靠自己的力量和活动来实现自己的愿望,只好向他们所依赖的父母祈求。所以宗教发端于人类的幼年时代,而幼年时代也就是无知、无经验和无文化的时代。那时,幻想支配一切,人生活在荒唐的观念和热烈的感情之中。但是,费尔巴哈同时也承认,宗教也是因人对文化的需要而产生出来的,因此,也可以说,宗教是人类生活中最初的,然而却也是粗鄙和庸俗的文化形式。所以,人类文化史上每个时代、每个重要阶段,都是伴同宗教而开始的。后来成为人类自我活动的对象,即成为文化之事的一切对象,当初都是宗教的对象。一切艺术、一切科学萌芽,当初都是宗教及其代表人物(教士)的职司。如哲学、诗、天文学、政治法律(神判法)、医学,那时都是宗教上的事务。

在肯定了宗教在文化发育上的作用和意义之后,费尔巴哈进一步考察了宗教与文化相互关系的历史发展。他明确指出,在人类文化的发展中,宗教成为文化的敌人和进步的障碍。因为,正是由于最初文化萌芽被置于宗教之中,最初的文化手段便被视为神圣事物。古代埃及人的医术除了使用念咒、魔法、祈祷之类超自然方法之外,也还使用自然医疗方法。但在文化黎明时期,这些医学科学的萌芽便具有宗教的意义,记载医疗方法和药品的书便被埃及人视为"圣书"。从此之后,一切与"圣书"不同的改进与革新,便像宗教信仰上的"异端"一样被严厉禁止了。这种反对文化发展的情况在其他文化技艺领域同样存在。一切有用于人、增加人生优美和高尚的东西,都被古代宗教尊为宗教中的神圣物,不可侵犯、不能更改。于是,在人类文化的发展进程中,宗教便总是成为真正文化的敌人和社会进步的障碍。宗教总是与那些迷信和非人道的观念联系在一起的,本质上包藏有反文化的因素在内。它将人类幼年时代所造成的观念、习惯和发明仍然当作神圣法则以供成年时代的人类之用。宗教观念阻止人把文化的萌芽发展为真正的文化,妨碍人类从野蛮走向文明。既然宗教是人类发展的障碍,那么，现今时代的使命自然便是用文化和科学去代替宗教，把文化科学普及于社会各个阶层。他说：

> 惟有当人的行为是从那含在人性内的原因发生出来时，原则和推论、原因和效果中间才有一种和谐，才是圆满无缺的。文化便是这样做，或向这个方向努力去做。宗教据说是要代替文化的，但代替不了；文化则确实代替了宗教，使得宗教成为无用之物。歌德已经说过："凡是有了科学的人，便无须宗教"。我要用"文化"来替换这句话中的"科学"，因为"文化"包括整个的人。……不要把人做成宗教信徒，而要教育人，要使文化普及于一切社会阶层，——这便是现今时代的使命。①

费尔巴哈虽然把宗教放在人类"幼年时期"文化的位置上，肯定它在那个时期包含有各种文化的因素和萌芽，但从整体上和本质上是否定宗教的文化作用的。今天看来，他这种把宗教与文化对立起来的观点虽然有其历史的根据，但确也具有一定的片面性。文化与宗教的关系并不完全等同于自然与超自然、理性与反理性的对立，不同时代的宗教都曾与世俗性文化与自然科学发生过冲突，但它也常常接纳世俗性文化与科学的某些东西来改变过时的宗教信条，以适应新的文化与科学发现。因此，在历史的不同阶段上，既存在宗教与文化的冲突，也要注意到二者之间相互渗透的情况。

（三）近现代比较宗教学的观点

以泰勒、弗雷泽等人为代表的宗教人类学研究一开始就把宗教作为人类文化的重要部分。泰勒的代表作《原始文化》有一个说明其主题内容的副题：《关于神话、哲学、宗教、艺术和风俗的发展的研究》，他心目中的"原始文化"，其基本内容就是当时的宗教。宗教学中的社会功能学派（宗教社会学）更特别着重于研究宗教的社会文化功能问题。学者们普遍认为：宗教是一种维护社会的统一、协调、系统化、整体化的文化工具。杜尔凯姆认为，宗教的信仰和仪式活动的基本目的就在于加强信徒与神的关系，而宗教的神圣不过是社会本身的象征表现，因此，宗教通过加强人对神的从属感而强化个人对社会共同体的服从。马林诺夫斯基强调巫术与宗教在人类社会生活中起着重要的文化作用：它铸型和调整人的个性与人格；规范人的道德行为；它把社会生活引入规律和秩序；规定和

① 《费尔巴哈哲学著作选集》下卷，荣震华、王太庆、刘磊译，三联书店 1962 年版，第 716 ~ 717 页。

发展社会的风俗和习尚;巩固社会和文化的组织,保持社会和文化传统的延续;宗教使人类的生活和行为神圣化,于是变成了最强有力的一种社会控制机器。马克斯·韦伯更深刻地指出,宗教的理念决定着人类行为的轨道与方向;决定人们生活态度的方向的终极价值,实际上乃是宗教制约下的产物。这就是说,在近现代宗教学者看来,社会文化生活的各个方面和各个领域,政治、法律、伦理、风俗习惯、人性、人格、人的生活态度以及决定它的终极价值观念……都与宗教密切相关;甚至可以说宗教是它们的一种决定性因素。对于宗教在人类社会生活和文化体系中的这种决定性的地位和作用,许多宗教学者都作了肯定性的评价。他们的理论与方法都是理智性的研究与分析,并非信仰主义的宗教神学,我们应该认真吸取其一切有价值的成果。但我们同时也注意到,他们在作这种高度肯定性评价的时候,其着眼点往往集中在原始时代宗教与文化的关系之上(马克斯·韦伯有所不同)。如果仅仅从原始社会的情况看,当时的原始性宗教确曾对社会生活和文化生活起着重要的、而且常常是决定性的作用。在这一点上,甚至费尔巴哈与他们也是一致的。但是,原始社会及其文化并不是一种永远静态的存在,它也在发展、进化与演变之中。在社会与文化的进一步发展中,宗教的作用就不那么永远积极了。原始宗教把一切神圣化、标准化、一体化,确曾铸型了个人的人格,整合了人的行为,赋予社会以安定与秩序,创造并维持文化传统。惟其如此,原始宗教也成了社会的制动器,思想的窒息剂,阻碍了文化的进一步发展和社会的进步。事实上,在原始社会向文明社会发展的关头上,以及在历史上的各个社会变革时期,传统宗教几乎总是成了反对新文化和社会进步的保守因素。社会不是静态的,而是动态的。对于宗教与文化之关系的静态分析,既不适合于动态的社会,也不适合于动态的宗教。

同时,我们还应注意到,当我们肯定宗教具有使社会一体化的文化功能时,乃是指一种单一的宗教在一个单一的群体社会的作用而言。在一个单一的群体社会中,一种惟一无二的宗教信仰无疑可以起到整合社会的作用。但是,随着社会的发展,多种族、跨地区、跨文化的复杂社会体形成了。这时,多种宗教和多种仪式规范同时并存,它们之间往往互相排斥,各自以神圣的名义去压制以至消灭对方。在这种情况下,宗教在整个社会中所起的文化功能,往往不是在单一社会群体中的"一体化"作用,而是由宗教排他性而引起的分裂作用了。

二、从"四要素"说看宗教的社会文化作用

上述几种宗教文化作用观关于传统宗教对社会文化生活的作用与功能的评

价各有不同,有全面肯定者,有批判其消极作用者,也有更多肯定其积极作用者。观点和结论尽管各有不同,但对于传统宗教在社会文化各方面有着深刻而巨大的影响都是承认的。这是历史事实,应该成为我们科学分析这个问题的出发点。在漫长的历史中,宗教几乎一直高踞于社会上层建筑的顶端,支配着广大人类的精神世界,对人类社会各种文化形式的影响也是具有支配性的。早在原始时代,各种文化的幼芽几乎无不包含在原始人的宗教观念和宗教活动之中。从那时起,宗教及其神灵的权威就渗入于社会文化生活的各个领域,成了人们包罗万象的纲领,思想的原理,行为的原则,激情的源泉,道德的效准,人际关系的纽带,社会秩序的保证。人际社会关系和各种文化形式几乎无不打上宗教的印记,从宗教观念吸取自己成长所需的营养,通过宗教活动来展现自己的存在,并由之而获得自己的表现形式。文化与宗教的这种历史性的结合,并不是上帝的启示,也不完全是统治阶级的阶级意志,其中也有自然而然的成分,表现出某些历史的必然性。

至于宗教作用于文化的性质,我们也应有全面性的评价。宗教既有阻碍各种世俗文化自然发展的消极作用方面,也有在一定条件下促进文化发展的积极性一面。本书研究宗教的基本理论和基本方法是宗教四要素说,我们力图根据这个学说对宗教的文化作用问题作出全面而且具体的分析。宗教四要素作为宗教文化体系的组成要素,它们本身都具有文化的意义,发生文化的功能。问题在于,宗教四要素为什么能够、又如何发挥其社会功能?这是本书必须具体解决的重要理论问题。

宗教的观念主要是灵魂观念、神灵观念、神性观念之类,其最初的萌芽发端于原始时代野蛮人的头脑之中。可以想见,这些神圣观念的原初形式本来是粗俗简陋的,但在那些使用石器的原始人的头脑中,诸如此类的观念却是他们当时所想像得出来的最伟大、最崇高的一种存在。它是原始人人性的最高升华,集中了原始人的最高智慧,寄托着他们对美好生活的期待以及对人类自身命运的关注。我们时代的文明人类不妨设身处境地想一想,石器时代这些凭借自然本能、终日以生存为目的的原始人群,竟能构想出某种脱离肉体的"灵魂"观念;再进一步,竟至构想出灵魂的永存和不死;构想出飘忽不定的"精灵";构想出超越自然律的限制,创造人类不能创造的"神迹"的"神灵",我们有理由这样说,这样的想像是首奇妙的诗,是一部原始时代的"科幻小说",比之于现代科学家设计脱离地球引力场的宇宙飞船是毫不逊色的。这种宗教文化观念是划破原始时代黑暗世界的一道曙光。神灵观念给原始人的想像添上了超自然的羽翼,使之解脱了人类生理本能的自然束缚,翱翔于超自然的无垠空间;也使原始人超出动物式的感性直观。正是这种具有超人性、超自然性的宗教灵魂观念、宗教神灵观念、宗教神性观念孕育了人类关于超人与人、超自然与自然的思想,成了文明时代各种神学思辨、哲学思考和科学探索的起点。

宗教感情是随着神灵观念的产生而自然地伴生出来的。随着神灵观念的演进,神的神性愈益崇高,神的权能日益巨大,神的形象日益完美,信仰者对神的依赖之感和敬畏之情也就相应膨胀。对神的信仰愈是虔诚,人的宗教感情便越发强烈。内在情感必然外在化为相应的言词和身体动作,以之来表现他心中的神灵和自己内心对神灵的体验。由于神灵和神性只是想像中的存在,任何人都不可能对神有实实在在的感触,所以,一切表现神灵及其神性的言词和身体动作便不能不是拟人化的、象征性的。或者用某种感性的形象、物质性的实物和偶像来象征那本属虚无缥缈的神灵;或者用比喻性的言词来表象神灵的性状;或者用模拟化的身体动作来表现神灵的行为、事功以及自己对神灵的感受和体验……一切“象征性”、“符号化”的表现,都是超越自然本能的人性升华或人性的创造性活动,具体化为形象性的艺术。语言的象征性描述,发展为讴歌神灵之事功、感谢神灵之恩德的宗教文学和宗教艺术;身体动作的象征性模拟,发展为再现神灵行为和神话故事的“手之舞之,足之蹈之”的舞蹈艺术和宗教戏剧;神灵偶像和礼器、法器的制作发展为雕塑绘画之类造型艺术,明堂、礼拜堂的建筑和装饰发展为建筑艺术……当然,人类的艺术活动和艺术创作冲动之最深刻的源泉,无疑是他们的社会实践。但同样无疑的事实是,在人类社会的早期及以后很长的历史时期内,各种艺术在社会中的存在和发育,不可能脱离宗教观念、宗教的神圣感情以及宗教崇拜活动的刺激和哺育。文化人类学告诉我们,世界各民族的早期以及宗教兴隆时期的文化艺术,从内容到形式几乎都具有宗教的色彩。

道德、法律和社会习尚的形成与发展,也与人类的宗教生活和宗教行为有着密切关系。人们对超人间、超自然神灵的依赖总是表现为向神祈求、对神献祭之类的崇拜行为;对神灵的敬畏,又总是体现为对自身行为的克己限制和禁戒规定。不管是在原始社会的氏族宗教中,还是民族国家的国家宗教中和个人选择其信仰而结成的教派组织中,全氏族、全民族以及全教派的成员由于有着共同的信念,信奉共同的神灵,进行共同参加的宗教活动,从而产生把他们联结在一起的道德力量,形成共同遵从的规范化的宗教礼仪,它把整个宗教共同体的全体成员纳入于一个有共同信仰、普遍化的行为模式和统一性的宗教体制之中。共同的教义和信念、规范化的宗教礼仪、神圣的宗教体制具有超个人的权威,对共同信仰体制中的每一个人的思想、信仰、行为与活动具有神圣性的社会强制力,迫使共同体制下的各个成员逐渐强化对教义规定、社会规范的服从和对个人行为的限制。这些神圣的信念、禁忌规定和行为规范，逐渐构成人们在生活中必须遵守奉行的"无上命令"，使人所潜在天赋的动物性本能受到抑制，由此而受到自制的教诲。年深日久，这些神圣的信念、禁忌规定和行为规范演变而成为社会共同体的价值取向，形成社会的风俗习尚。外在的强制内化为内在的责任，行为上的"必须"积淀为良心上的"应该"，这就强化了源于人际关系的行为准则和伦理意识。在人类社会的很长历史时期，特别是早期原始社会，如果社会上没有与宗教信仰、宗教崇拜相联系的信仰体制、礼仪制度和与宗教禁忌相联系的禁戒规定，以及随之而来的对犯禁违礼者的严酷可怕的神圣制裁，人类社会的道德规范、伦理准则和"法纪性"规约是难以建立和维系的，社会的文明和进步就难以想像。

在原始时代的氏族制社会和早期民族国家中，宗教的体制与社会的体制基本上是浑然一体的，或者常常是重叠交叉的。社会体制宗教化，宗教崇拜活动的规范制度也构成了社会的制度。例如，在氏族制社会中，由图腾崇拜而固定了同一图腾氏族男女不婚的外婚制；由祖先崇拜而巩固了以血缘关系为基础的氏族制，它所规定的相应的丧葬制度和礼仪规范，发展为宗法性社会制度和宗庙制度；与生产活动相联系的自然崇拜和丰产巫术发展为各种郊社祭祀制度……这一切都充分说明，宗教的各个要素作为社会文化的组成部分，深深地渗透到社会生活的各个方面，规范人们的社会行为，固定乃至构成社会生活的各种重要制度。许多社会规范和社会制度在人类早期和古代社会，往往是作为宗教的一个组成部分而表现出来的。尽管随着社会的演进，许多上层建筑、社会文化形式和社会制度或先或后脱去了宗教的因素而世俗化为人文性的社会文化，但如追根溯源，我们几乎总是可以在其中发现宗教因素的作用与影响，而在原始时代和人类早期的宗教中则可以找到它们诞生之初的原初表现形态。

根据以上的分析，宗教的四大要素在社会文化诸形式中的作用和功能是非常明显而深刻的。宗教四要素说应该有可能为我们研究宗教的文化功能问题提供一种有效的方法。

第十一章

宗教与社会经济生活

宗教与社会经济生活这两个领域,并不像人们一般想象的那样一个在天上,一个在人间,互不相关,而是有着内在的关联。一方面,社会的经济生活构成宗教的基础;另一方面,宗教对社会的经济生活也产生着广泛而深远的影响。宗教与经济之间在历史上存在着一种互动关系。

第一节　社会经济生活是宗教的基础

一、人类物质需要的满足是宗教产生的前提

宗教作为人类创造的社会文化形式之一,与世俗性文化相比较,其最明显的特点表现为宗教鄙弃尘世生活,忽视现实物质利益,把信仰者追求的理想境界虚悬在高高的天上和幽微的来世,但这不过只是宗教的外在表现。人类宗教史的事实证明,正是人类的社会生活及其物质生产过程构成宗教的深层基础,并制约着它的存在和发展。

物质生产活动是人类得以生存和发展的基础。人们要从事政治、科学、艺术和宗教活动,首先要能够生存。为了生存,就需要有食物、衣服、住房、燃料等生活资料的满足。为了获得这些生活资料,就必须进行生产。人类只要停止生产,停止经济活动,就无法生存。所以,物质资料生产的经济活动是人类的第一个历史活动。这种历史活动一方面表现为人与自然界的关系,另一方面也表现为人与人之间的关系。人类对这两种关系的认识则逐步形成了精神文化。可见,人类社会的物质生活过程,即经济的发展是各种精神文化产生的前提,自然也是宗教这一社会文化现象产生的前提。

当我们深入考察原始时代宗教的产生、崇拜对象的性质、崇拜的行为活动和

礼仪形式的时候，我们就会发现，它们与原始人类的物质生活需要以及当时的生产方式有着直接的关联。原始人之所以发生宗教崇拜，其直接目的说到底是为了满足自身生存的需要。随着社会物质生产方式的改变，宗教崇拜的内容和形式也发生相应的演变。

宗教人类学的事实告诉我们，世界各地原始民族宗教崇拜的对象毫无例外地都是氏族的祖先（氏族神）和与原始人生存攸关的自然力和自然物（自然神）。其所以如此，根本原因在于原始人认为，为了进行保证生存所需的生产活动，必须依赖组织社会生产、主宰社会生活的"祖先神"（祖灵的神格化）和操纵自然力的"自然神"（自然的神格化）的保护和帮助。如果不对祖先神和自然神进行崇拜和祈求，生产就没有收获，生存就失去保证。人类最早的宗教观念和宗教崇拜活动事实上完全是为了解救原始人的生活和生产的困境，保证他们的生存需要而产生的。

原始人社会经济生活和物质生产的方式制约并决定着宗教观念的内容和宗教崇拜对象的性质（神性）。因此前者的变化也必将导致后者的变化。在女权氏族制时代，由于女性祖先乃是社会生活和物质生产的主导者，女始祖崇拜和女性祖先崇拜便成为原始宗教中的主要的崇拜对象；而当原始社会发展为以男性主导社会生产的父权制时，"且"崇拜和男性祖先崇拜便代替了女性祖先在宗教崇拜中的中心位置。这种情况在原始社会从渔猎经济演变为畜牧经济和农业经济的发展中表现得最为突出和明显。当不同时期的原始人用不同物质生产方式（渔猎、畜牧、农耕）来解决生存需要的时候，他们便赋予宗教观念以不同的内容，选择不同神性的神灵，构建不同的宗教礼仪形式。

以渔猎经济为生的民族所崇拜的宗教神灵主要是与渔猎生产有关者。爱斯基摩人分布于东北亚和北美广大地区，但他们几乎都相信最高的精灵为海洋的主宰。一切海生动物均来自海神，渔猎所获则为海神所赐。如触怒海神，渔猎则一无所获。故渔猎前，必由巫师举行仪式，祈请海神赐以猎物。我国以渔猎为主要生活来源的鄂伦春族、鄂温克族则认为山神"白那查"主管山中一切动物，人们必须在狩猎时向山神礼拜献祭，才会在狩猎中有所收获。他们也崇拜太阳和月亮，但其崇拜的理由是因为太阳和月亮可以在茫茫林海中为打猎人照亮路径。打猎人赋予太阳月亮的"神性"是与农业民族大不相同的。

以畜牧经济为生的民族一般是把其所驯养放牧的牲畜的生长繁殖，视为神灵主宰其间的过程。牲畜生存所依的山林水草的荣枯变化，也被认之为山林之神、水草之神的活动，由此而产生了自然神。在大草原放牧、逐水草而居的游牧民，放眼草原一望无际，极目苍穹覆盖天下。白天，阳光普照；黑夜，群星闪耀。

雨露使牧草生长,狂风暴雪给人畜带来危害。这种种自然变化自然会在牧民心中产生对上天、日月星辰、风雨雷电的神秘感、恐惧感和神圣感,逐渐神格化为天神、太阳神、月亮神、各种星神、风雨雷电之神……它们实质上都是牧民心目中主宰牧畜经济的方方面面之神。

农业经济社会也根据社会的经济条件和生活需要创造各种自然神灵,并赋予他们以与农业经济相适应的神性。农作物的生长依赖于气象情况的季节性周期变化,依赖于农民定居地周围的自然环境,所在地的山林树木、河流湖泊对农作物的生长发育有直接和间接的影响,这些自然物往往都被赋予农业经济需要的神性,所以,与农事活动有关的自然神灵特别众多,举行农业祭祀仪式也特别频繁。农业经济活动的特点,决定着那个社会宗教信仰的内容和形式。

这种情况不独原始宗教为然,在发展程度更高的文明社会,以至现当代经济高度发展的社会里,它的基本性质仍然得到保持。当然,现当代宗教中的神不再像原始宗教那样,神就生活在氏族—部落的人群之中,直接操纵着人们的经济生活和物质生产过程。上帝及其神性越来越抽象化了,宗教与经济之间的关系通过许多中间环节而被冲淡、间接化了。正像马克斯·韦伯所分析的那样,基督新教的上帝虽不直接干预新教徒的经济活动,但人的职业活动及其后果都是上帝意志的预先安排,上帝要求基督教徒通过职业劳动的成功来增添上帝的荣耀,邀取上帝的恩宠。基督新教通过其特有的宗教伦理观念为资本家追求利润提供了神圣的理由,促进了近代资本主义经济的发展。在马克斯·韦伯笔下,基督新教的上帝及其神性,实质上是资本主义经济和资本主义精神的神格化。

二、宗教实体的形成与发展必须有经济的保障

宗教并不是纯思想的东西,它还有其物态化的部分。这主要是指专门从事宗教职业的教职人员和广大的教徒,作为宗教活动场所的寺观教堂,用于宗教活动的各种礼器以及宗教的各种组织机构。教职人员衣、食、住的供养,寺观教堂的建造,各种法器的购置,宗教组织的活动,都必须有足够的经济条件。

原始社会末期,社会开始出现等级分化,在宗教领域,也逐渐出现了“民神异业”现象。社会经济的发展,不仅使宗教活动逐步成为一种独特的社会活动,而且成为一种类似社会分工那样的职业,产生了一大批脱离物质生产,专门从事宗教职业的人员,即专门侍奉神灵、主持祭礼的祭司和巫祝阶层。这种情况的出现,是由于经济有了进一步的发展,社会的物质生产部门能够提供足够的剩余产品来养活这些人的结果。在以后的社会历史发展中,经济发展的状况,一般来说

都决定和制约着宗教专职人员的数量和状况，决定着宗教发展的规模。无论古今中外，脱离生产的教职人员的存在都离不开雄厚的物质基础。没有这样的基础，这支庞大的队伍根本无法维持。历史上也有这样的事例，由于宗教教职人员数量的膨胀导致的宗教势力的增强，除了在政治、宗教方面产生影响外，也影响了国家的经济收入，因此，世俗统治者同宗教组织的矛盾尖锐化，在这种情况下，统治者甚至采取了强制关闭寺庙、强迫教职人员还俗的措施。中国历史上著名的“三武一宗”[①]灭佛事件，就是这方面的典型事例。

宗教活动需要在教堂寺庙中进行，随着宗教的发展，寺庙教堂愈建愈多，规模越来越大，建筑装饰越来越豪华。世界各大宗教均保存下了许多巍峨壮丽的教堂、寺庙，堪称世界建筑的精品。除伊斯兰教和基督新教以外，绝大多数的宗教都特别注重神像塑造和各种各样法器的配备，特别是佛教尤甚。只要我们步入佛教的寺院、殿堂，形形色色塑造精美的佛、菩萨、罗汉、金刚的偶像便会出现在我们面前，它们或则泥塑、或则木雕、或则铜铸，并大多涂以金粉，甚至敷以金箔。这些辉煌的殿堂，精美的塑像，耗资惊人。

各种宗教还要持续不断地举行祭祀仪式和庆典，印制经书，培养教职人员，改进讲经布道手段(许多发达国家现已充分利用广播电视)，开展救助贫困、卫生、教育等项慈善事业，所需经费都是十分巨大的。所有这些，都决定了宗教对经济的依赖。

历史上的各种宗教的经济来源，大致有以下几种方式：

第一是国家的支持。在阶级社会，古今中外任何一个国家的统治者都懂得利用宗教作为维护自己统治的精神工具，而不惜在人力、物力、财力上支持自己推崇的宗教，而宗教为了换取统治者的物质支持也积极适应统治者的宗教需要。在我国历史上，南朝梁武帝(502—549 年在位)是崇佛皇帝的典型。他采取各种形式提倡佛教，抬高佛教的地位，并在财力上大力支持佛教。他亲自敕建大爱敬、智度、同泰等十余所寺院，宏伟壮丽，分别供养数以千计的和尚和尼姑。他还赠送大量土地给各寺院。他下令为同泰寺铸造的十方金铜像、十方银像，为光宅寺铸造丈八弥陀铜像。他经常做斋做法会，往往动员数万人参加。他甚至一生四次舍身同泰寺为“奴”，自愿入寺为僧众执役，每次都通过群臣用数亿钱来赎他这个“皇帝菩萨”回宫，这些崇佛举措极大地充实了寺院经济。隋文帝在位 20 余年，由他倡导和由官府资助的佛寺就有 3 792 所，新造佛像 16 580 尊，佛塔113

① 在中国佛教史上，北魏太武帝、北周武帝、唐武宗和后周世宗，先后四次进行“灭佛”。

座,度僧50余万人。隋炀帝也笃好佛教,传说他在位期间共度僧尼16 200人,铸刻新佛像3 850座。藏传佛教在西藏从1265年萨迦政权以后,就开始实行政教合一。上层僧侣掌握国家政权,更使寺庙经济实力膨胀。寺庙占有庄园、土地、牲畜,还有农奴和奴隶,大的寺庙甚至占有农奴和奴隶上万人。15世纪帕竹政权时期为支持黄教(格鲁派),邀请宗喀巴到拉萨大昭寺主持全藏的祈祷大法会,又为他出资修建了黄教最大的拉萨三大寺,并安置僧众达5 000人,使黄教声威大震。黄教发展到五世达赖期间,物质上更得到清朝统治者的支持。清朝政府经常赠送大量金、银等物品,还规定每年拨给达赖喇嘛白银5 000两作为赡养。在欧洲的中世纪,历代封建国王、贵族为了拉拢教会都要拨赠大量土地。7世纪时,西欧教会约拥有8 000多处庄园。10世纪以后,国王、贵族、主教大批兴建修道院,不仅出钱、捐赠土地,还动员大批农奴劳动力为其服役,致使修道院修建成风。仅法兰西一国,到12世纪时,修道院就多达500多所。现代各宗教也是如此。英国的国教会在财政上仰赖国家,从国家获得大量资助,并受政府的监督。英国国教会有权要求国家减免一半土地税和其他税种。教会办的学校一切支出均由国家支付。在军队、监狱、医院供职的牧师,由国家支付工资。美国、德国等国的天主教和新教教会均从政府获得大量补助金,作为神职人员的薪金和教会学校的补贴,同时宗教教师、随军牧师和边疆警察局的牧师的薪金也一律由国家或地方政府支付。在伊斯兰教的经济来源中,国家的拨款同样是重要的一部分。众所周知,麦加是天房克尔白(即麦加“圣寺”内一方型石殿)的所在地,成为世界各地的穆斯林的圣地。千百年来,各伊斯兰王朝都对克尔白天房的修缮、维护、扩建非常重视,不惜投以重资。此外,历代伊斯兰王朝都要从国家财政支出大量款项大修清真寺。近代以来,各伊斯兰国家依然按历史传统资助伊斯兰教。

第二是宗教课税以及教徒的捐赠和社会各界的资助。这两项是以神的名义考验信徒是否虔诚信教从而为教会获取收入的典型方式,也是历代各种宗教组织的重要经济来源之一。教徒的捐赠、布施和奉献大体分为普通教徒的奉献和特殊教徒的捐赠。前者一般经济状况较差,数量不会太大。至于富人或达官贵人的捐施却往往很大。

对教徒课税,在许多国家都存在。例如,在中世纪的欧洲,什一税(即教徒每年收入的10%上交教会)曾是基督教最主要的经济来源。这种宗教税,后来在法国大革命的冲击下曾在一些国家被取消,但也有些国家还继续保存了多年。英国的什一税一直延续到1935年。在德国,教会也以新的形式向教徒课税。教会作为法人有权通过国家财政机构向教徒征收宗教税(约占信徒工资的10%)。

在伊斯兰教中,“天课”是法定的施舍,是伊斯兰教以真主名义向穆斯林征收的一种宗教课税。《古兰经》中提到“天课”的地方有 80 多处。按伊斯兰教规定,穆斯林每年将资财作一清算,除去正常开支所需外,其盈余资财,包括动产和不动产,按商品和现金的 1/40,农产品的 1/20 到 1/10 交纳课税。“天课”被规定为每一个穆斯林表明信仰的五功之一。

第三,教会组织亲自从事经济活动。中国自南北朝以来就逐步形成了佛教道教的寺院经济,成为中国传统社会经济的一部分。寺院经济的内容包括大量土地、山林、谷仓、庄园、磨坊、店铺和奴婢等。僧尼道士中多数要从事不同程度的劳动,也收养一批农民为寺观耕作。一般地说,寺观自立谋生有余。农民租种寺观的土地,主要以地租的方式向寺观提供劳动产品,由此形成了封建主义的剥削关系。欧洲中世纪基督教会的寺产规模也十分巨大,许多大的教堂和修道院往往有数千公顷土地,有上千的农奴为其耕种。近代以来,宗教从事的经营活动,由地产扩展及现代经济的许多重要领域,它们开办工厂、建立银行、经营商业、证券、进行各种投资,还举办旅游服务业,等等,几乎变成了一个经营现代多种产业的经济实体。当代日本佛寺的经济活动呈多种形式。一些名山古寺积极开展旅游观光业,有的利用寺前开阔地带开设停车场;有的在辖境内建造营利的公寓、宾馆、快餐馆、咖啡馆;有的则向企业入股投资,搞合作经营;许多寺院还利用结婚、寿辰、企业开张等良辰吉日,制作发行纪念品;还有不少出租寺内土地的,等等。美国基督新教也经营商业、公寓和办公楼、停车场、工厂、商业公司、股票与债券。个别教会甚至还开设赌场,投资于同军火工业有关的企业。由天主教罗马教皇利奥十三世所创立的天主教会的银行“罗马银行”,是意大利现代的最大银行之一。伊斯兰教的宗教寺院通常从事土地经营、房产租赁经营、手工业作坊或现代工业经营、第三产业(商贸、饮食、服务、金融)经营等。

第四,宗教服务。佛教、道教经常以举办各种法事活动,如超度亡灵的仪式等收取报酬。伊斯兰教穆斯林的教长或阿訇为婚丧礼仪念经也收取酬劳。

第二节　宗教对社会经济生活的影响

一、宗教徒对发展社会经济的作用

在世界范围内,广大信教群众总的来说始终占据着人口的大多数。他们一方面具有自己的宗教信仰,进行着各种宗教活动;另一方面他们又确确实实地在人世间直接进行生产劳动,创造人类赖以生存的物质财富。他们中大多数是农民、牧民、渔民、工人,还有一部分知识分子,其中不乏文化素质很高的科学家和教授,均是社会生产力中最活跃的因素。宗教教职人员虽然一般来说要靠社会的供养,但是中下层人员往往必须参加生产劳动。如中世纪基督教的修道院的中下层修士修女们,就要求在其修道院进行种植、畜养及手工业劳动。佛教一些派别讲农禅并重,也适当参加种植、造林、修桥、补路等劳动,在一定程度上利用自己的劳动解决部分衣食之源。

二、宗教观念影响信徒的经济行为

佛教不杀生的戒律,长期以来束缚着一些农、牧民不敢同危害农牧业的病虫害作斗争,不敢对牛、羊合理屠宰,进行良种选育,影响了农业和牧业的发展。一些高山、湖泊、河流被加以神化,一定程度上影响到对自然界的合理开发和利用。受虔诚敬神以求来世上天堂、求永福思想的影响,许多教徒甘心情愿地将自己劳动所得来的财物大量地献给寺庙和僧侣,而自己不惜忍饥受寒。基督教历史上曾强调劳动是上帝对人类的惩罚的思想,提倡禁欲主义的苦行,在社会上形成鄙视劳动的风气,不仅影响到人们在经济上的进取精神,也影响到社会物质消费水平的提高。佛教和天主教要求出家的僧尼和神父以上的教职人员不能结婚,必然影响到劳动生产力的再生产。特别是解放前的西藏佛教,到建国前夕,僧尼人数 12 余万,约占当时西藏人口的 1/10。这些人不仅受家庭和社会的供养,又不能结婚,在一定程度上影响了藏族人口的增加和经济的发展。

三、宗教的祭仪活动消耗大量社会财富

在生产力十分低下的古代社会,频繁的宗教活动给生产带来很大的消极影响和破坏作用。如在宗教祭仪上,不惜屠杀大量牲畜,甚至用人祭神,严重影响人们的生产生活。寺庙教堂无修止地修建,再加上精雕细刻的百般装饰,所消耗的人力、物力、财力更是惊人。

四、宗教组织直接影响社会经济的发展

中世纪欧洲的城市一般都以教堂为中心而发展起来的。当时的教堂四周不仅是社会的宗教中心和政治中心,也是主要的贸易场所,发挥着经济流通、商品

交换的枢纽作用。寺院的经济来源于社会,但当寺院财富雄厚时,在宗教信仰的支配下,有时也会回报社会,如作赈灾济贫的慈善事业,施饭施衣,治病救孤,对人民生活有救补作用。历来寺观周围多种果树、茶林、花木,既有经济价值,又可观赏,美化环境,对于维持和改善生态环境起了很好的作用。在中国封建社会,寺院经济是封建经济的组成部分。寺院除了采取土地剥削作为主要剥削方式以外,也还经营高利贷、招纳佃客,与世俗地主所采取的剥削方式完全相同。寺院还享有免役免税的特权。民主改革前的西藏地区的寺院经济则在相当大程度上控制了西藏的地方经济。这些寺院经济虽然采取了封建的剥削方式不同程度地加重了农民的负担,但也要看到,寺院经济由于宗教上的需要,也在一定程度上起到了积蓄社会财富的作用。

第十二章

宗教与政治

宗教与政治都是人类创造的文化现象,二者的关系十分密切。历史证明,政治作为社会上层建筑的主导部分,一贯要求作为思想上层建筑一部分的宗教适应政治的需要,服务于政治,最终为经济基础服务。而宗教只有得到政治上的支持,才能在社会中获得一定的地位,得到充分的发展。

第一节　原始时代的宗教与政治的源起

一、政治和宗教都是人类创造的文化现象

对于政治的源起,历史上各民族的宗教差不多都把它说成是神的决定和天命的安排。我国最古老的典籍《尚书》就把国家的政治法律制度和社会的人伦秩序一概归因于天之所命,这种思想一直支配着中国封建社会的政治观念。古代印度宗教也认为一切社会人伦秩序、政治、法律等都源于神圣的“达摩”(法)。至于犹太教、基督教和伊斯兰教这些同出一源的所谓“启示宗教”,更是把社会政治生活中的一切都说成是神的耳提面命,或通过先知或天使发布的“启示”。类似说法不仅在古代社会中占据统治地位,而且在直至近代的政治学说史上,不少人仍在用各种方式重复这种具有宗教神学色彩的政治天命论。

与宗教神学的观点相反,历史上一些理性主义的启蒙思想家,则对神创政治论或政治天命论持否定态度,他们以人性或社会的需要为出发点来构建自己的政治起源论。这种思想发展到近代资产阶级民主革命时期,就形成了著名的“社会契约论”。马克思主义的唯物史观则提出了经济基础与上层建筑关系的理论,坚持以人类社会的经济生活过程来说明政治现象,这就从根本上否定了任

何形式的政治源于神启和宗教的观点。

政治不仅是建立于经济基础之上的上层建筑之一,它也是满足人类一定层次需要的一种文化形式。人类的经济活动,即物质生产活动,也是人类的一种文化创造,它的产品构成直接满足人类生存需要的物质文化。人类的物质生产活动总是社会的。人与人在生产中结成各种各样的人际关系,构成社会网络,它自然要求网络中每一个体必须调节和规范自己的行为以维护人际关系的运转,这就构成社会的秩序和制度。社会对个人行为的规范可以有不同的方式:或者通过社会舆论和民间习俗、风尚使个人自觉其应该遵守;或者通过强制性手段迫使个人必须遵守。前一种方式构成社会的伦理规范;后一种方式则形成政治制度、律法规定以及相应的政权机构。因此,道德和政治本质上都不过是社会为维系社会秩序而创造出来的一种规范人类行为的文化。

宗教本质上也是规范人类行为的一种文化。从原始时代起,宗教就渗透到人们的一切行为之中,认为与人生存攸关的一切对象以及与对象打交道、使之能为己所用的一切活动,均有超人间、超自然的神灵操纵其间,人必须敬而畏之,崇而拜之。对于政治和道德,宗教则说它是秉承神意而被赋予神秘的色彩和神圣的意义,把被动性的外在服从内在化为精神上的信仰。没有宗教的神化,人类的社会秩序、政治制度、律法体系和道德行为是难以维持和巩固下来的。在这个意义上,尽管宗教并非政治的来源,但确是它产生和发展的"助缘"。这在原始文化中表现得最为明显。

二、原始社会中的政治与宗教

原始社会作为一个群体性的社会,也就有把群体结合在一起的社会结构和社会体制,因而原始社会也就是一个政治性的社会。原始社会的社会体制的巩固和发展,除了经济基础的要求与发展起了根本性的作用以外,与原始时代的宗教文化的形成与发展也有着密切的关系。宗教诸要素都对原始社会的政治生活发生过重要的影响。

第一,各种宗教观念在原始人的社会生活中发挥着重要的规范调节作用。原始社会的祖先崇拜、英雄崇拜以及对地域保护神的信仰,都大大强化了个人对群体的认同感和社会凝聚力。第二,在共同信念基础上产生的宗教感情、宗教行为以及它们被制度化后而形成的崇拜体制,更使氏族—部落社会共同体从内在的感情到外在的行为有了一致的规范。被赋予神圣意义的宗教礼仪制度和宗教禁忌规定则具有超个人的社会强制力。它们事实上构成了维系社会秩序和人际关系的政治法律体系(民俗、习惯法、神判)。第三,在部落联盟时期,随着私有制和等级分化的出现,宗教也逐渐具有了阶级性的色彩。除了仍发挥维系群体共同生活的非阶级性作用外,更越来越突出地成为部落首领、氏族贵族和祭司贵族保持其特权利益的工具。许多民族的历史证明,早期阶级国家大体上是以巫师和宗教祭司为核心建立起来的,这些人在当时的社会中一直发挥着重要的协调和组织作用。在这方面,弗雷泽进行过广泛而深入的宗教人类学研究,在他的《金枝》一书中列举了大量的民族学上的事实。他据此提出了神圣君权起源于巫师阶层的理论,认为在原始社会中巫师由于职责的需要迫使他们从艰苦的体力劳动中解脱出来,去探索气象的变化、季节的转移、日月星辰的运行、疾病的医治、生死的秘密,因而成为当时最有知识和权威的特殊人物,并被社会看作具有神秘魔力能与精灵鬼神打交道,这就使他们在社会上居于举足轻重的地位,受到社会的敬重和畏惧,也使巫师们得以有可能攫取社会的最高权力,成为部落的酋长和一国的君主。应该说,这一理论是有一定说服力的。当然,弗雷泽所谓的“神圣君权起源于巫师”一语中的“源于”,从起源的根本意义上说应作“缘于”,因为原始宗教作为神圣君权之“源”是在一定“经济基础”之上发生的次级原因。没有原始社会晚期萌芽而生的私有财产制度和社会的等级分化,就不可能有巫师和祭司之类宗教职业者作为特权阶层的出现。

这种情况在我国的古代文献中也有类似的记载,其中最有史料意义的当推《国语·楚语下》所载观射父答楚昭王关于“绝地天通”之问。它直接记叙了“古代”(原始时代)宗教与政治的因缘关系。据观射父说,巫师们在古代社会是具有超乎常人之上的聪明才智的特殊人物,惟其如此,神灵才降附其身,使其成为通神事鬼的巫师。正是他们掌握并规定了神灵世界的秩序和崇拜神灵的礼仪制度,不仅主持社会群体(早期国家)的公共礼仪,而且熟悉规范上下人伦关系的典章制度。他们也由此而成为掌管政事的各种官吏(职掌天、地、神、民、类物之职的“五官”)。事实上,我国从原始时代的氏族长老、部落首领到夏商周三代以来的历代君王,都不仅是社会和国家的行政首脑,而且也是全社会、全国公共宗教祭祀大典的主祭人,是最高的祭祀长,后来更直接自称为上天(上帝)的“嫡长子”,奉天承运、天命所归的“天子”。可见,君权与神权、政治与宗教,在中国历史上从来都是合流的。如果说,还有什么“中国民族特色”的话,那就是中国的宗教历来附属于中国的政治,神权历来服从与君权而已。

第二节　阶级社会中的宗教与政治

一、宗教与阶级关系

原始社会晚期，由于社会生产力的发展，出现了剩余物质产品，一些担任社会公职的人，如酋长、军事首领、祭司等则利用职权把一部分剩余公共财产据为己有，由此形成不同的利益集团，出现了社会等级分化现象。人类进入阶级社会以后，不同利益的阶级和集团，他们在各自利益的驱动下，不可避免地要为捍卫自身利益而斗争，这就是阶级斗争。在阶级社会中，阶级矛盾和阶级斗争成为政治生活的主要内容。各个利益不同乃至对立的阶级、社会集团一般都利用传统的宗教作为维护自身利益的工具和手段。统治阶级会利用宗教，被统治阶级也会利用宗教。这种情况，在世界各国的历史上很普遍，已成为古今中外概莫能外的传统。

这里就提出了一个值得研究的问题：既然社会各阶级都可以利用宗教为自己所用，那么这是否像有的人所认为的那样，宗教本身没有阶级性，它只是一种纯工具性的东西呢？不能这样说。宗教是社会意识和上层建筑中最重要的组成部分之一，在阶级社会中，宗教是有其一定的阶级特性的。表面上看，似乎各种社会力量都曾利用宗教作为为己所用的工具，但因为宗教是一种重要的思想工具，不同的思想原则，常常是由不同利益集团的利益所决定。有些思想原则表面上不同利益集团都在使用，但他们在各自利用它时，却总是在其抽象的一般形式中装进不同的阶级内容。不同的阶级往往信仰同一种宗教，礼拜同一个神灵和上帝，但这个神、这个上帝，却总是被信仰他们的人涂上了自己利益的色彩，按照自己的需要加以改装或重新塑造。欧洲中世纪末期，在罗马教廷与世俗君王争夺权力的斗争中，尽管双方都主张君权神授的说教，但却各有不同的理解。罗马教廷所谓的君权神授，是强调上帝通过其在世上的代表——罗马教皇授予世俗君主以君权，因此，各国的世俗君权应听命于教廷的神权；世俗君主的君权神授说则反其道而行之，认为皇权直接由神确立，教皇应服从君主的统治。教廷和君主本来不过是同一个统治阶级中的不同集团，但因其有各自不同的利益，这就使本来具有同一阶级属性的君权神授说涂染上了不同的色调。因此，宗教和其他社会意识形态一样，一旦成了阶级斗争的工具，就被打上了阶级的烙印。

二、宗教与群体性政治生活

在承认宗教在阶级社会常常成为阶级斗争的工具这一历史事实的同时，还要看到阶级关系和阶级社会既不是人类社会关系和人类社会的原始形态，更不是惟一和不变的形态。即使在阶级社会中，阶级关系也不是社会关系的全部内容，除此以外，还有非阶级性的社会关系。例如，人作为人类的一分子与人类其他成员结成的普遍的人类关系、种族性关系、血缘关系、社区中的人际关系、行业性集体关系、不同宗教信徒之间的关系等等。这些社会关系同样具有政治的、律法的、伦理的性质，但并不具有为特殊阶级服务的阶级性色彩。传统宗教在历史上对这一部分不具阶级色彩的伦理规范、律法规定和政治制度，也不断发挥巨大而深刻的影响和作用。

宗教以神圣的名义，用"神意"、"天命"、"上帝的启示"、"神律"之类把这些社会关系以及相应的伦理规范、律法规定和政治体制神圣化，赋予这一切以不可改变、不容侵犯的神圣性，这就强化了社会成员对这些社会关系的认同和对相应的伦理规范、律法规定和政治制度的服从。宗教的这些作用，是维系社会群体共同生活的需要，并不具有阶级性。各大宗教规定的各种戒律，对于信仰这种宗教的社会群体而言，不仅是他们自觉遵守的伦理规定，而且构成社会群体强制其一切成员必须服从遵行的律法规定和政治准则。这些规定和原则，虽然不是产生于神的天命和宗教的创造，但它们之所以能得到社会的承认和实行，却有赖于宗教对它们的神圣化。

宗教在政治方面的普遍作用并不仅限于戒律上的规定。国家—民族宗教赋予整个国家和全民族以共同的信仰对象和共同的教义信条，这就能加强一个国家和民族的认同感和一体化，有助于它在种族冲突和国际斗争中维系自己的独立存在。如果没有犹太教，犹太民族早就消失在历史的海洋中了；如果没有伊斯兰教的共同信仰，阿拉伯国家恐怕也很难在殖民主义、帝国主义和霸权主义的压迫下维持民族的特性和国家的独立。

当然，也要看到另一方面的情况，即共同的宗教信仰同时也强化了对持不同宗教信仰的国家、民族和群体的排斥力。它使人将宗教信仰相同的人视为"兄弟"，但同时又使人把不同宗教信仰者看作敌人和"异端"，由此而在历史上引发了讨伐异教、消灭异类的宗教战争。这种宗教所特有的排他性深化和神化了社会矛盾，使之具有了神圣的性质，难以调和。

就是共同的宗教信仰对于社会群体的认同作用和凝聚作用也并不是在任何

情况下都没有任何缺陷的东西。宗教将共同的宗教信仰绝对化、神圣化,不许人对之持任何怀疑的态度,更不许对持不同信仰的异教文明表示赞许,这固然可以维持稳定的社会秩序和政治结构,但它同时也把这种秩序和结构凝固起来,把人们的思想和观念凝固起来,从而使社会难以很快地向前发展。

总之,宗教在政治领域所起的作用,无论是在阶级斗争领域,还是在非阶级性的群体生活领域,都具有二重性。既有积极性的方面,也有消极性的方面。在一定历史条件下起积极作用的东西,在事过境迁的另一种历史条件下,可能转化为消极的东西。

第三节　宗教为统治秩序服务的几种形式

任何一个社会的统治阶级,在其掌握政权的时候,都要千方百计地维护自己的统治秩序。维护统治秩序首先依靠国家机器。国家是一种政治组织,它拥有政治权力(公共权力)以及行使这种权力的武装力量、立法、政府等强制机关。宗教为统治阶级服务,实质上就是为国家服务。而国家与宗教的关系主要表现在国家政权与宗教组织结合的程度。在历史的发展中,这种结合程度一般反映出国家政权与宗教组织之间,由于力量的对比而表现出的政府对宗教组织控制能力的强弱,以及宗教势力对国家行政干预程度的大小。从历史及现实的情况看,大致有以下几种情况:

一、宗教国家化为国教

国教是国家的执政当局定为国家的全民信仰的宗教,它是这些国家中占统治地位的官方意识形态,是维护统治秩序的最重要的精神支柱。宗教国家化为国家规定的全民性信仰曾是古代文明国家形成后宗教发展的必然趋势。在原始社会,氏族部落宗教曾经是氏族部落的全民性信仰。统一国家出现以后,统治阶级往往以自己部落的神作为全国共同信奉的神,或者以征服者的宗教取代被征服者原来所信奉的宗教,或者创立或接受某种新宗教,将其定为全民必须信奉的国家宗教或国教。古代埃及从原始社会的氏族公社发展到统一的政治性国家的过程中,一般总是强大的氏族或地区首领取得政治、经济上的特权地位,成为政治国家的世袭国王,他们原来所崇奉的图腾神和祖先神一般也就成为该地区的地方保护神。当某个地方成为统一王国的政治中心(首都)时,它的地方保护神也就相应地升格为全国的最高神。古代埃及宗教的神不过是国家和王权的象征，神的神性实际上是维护法老政权统治的神圣不可侵犯性。我国古代夏、商、周三代以来的以“敬天法祖”、社稷崇拜为核心内容的传统宗教，事实上就是制度化了的国家宗教，它的社会政治任务就是调动一切宗教形式来维护宗法社会的社会秩序，用神权的力量来强化宗法社会的君权、族权、父权和夫权。

三大世界性宗教形成以后先后都曾被不同国家封为“国教”。如佛教之于阿育王的孔雀王朝，基督教之于罗马帝国和中世纪的欧洲各国，伊斯兰教之于阿拉伯帝国和近现代许多伊斯兰国家。一种宗教能否成为国教，主要取决于统治者是否认为它有利于自己的统治。世界上几乎所有重要的宗教都曾登上过国教的宝座，这些事实可以证明，宗教确实是有利于统治秩序的。

一般说来，实行国教制的国家，国家政权处于最高的地位，同时又需要继续依靠宗教来确立自己的统治权威的合法性。从宗教方面来说，它并不能凌驾于国家政权之上来控制政权，而是通过积极满足国家政权的需要来求得国家政权的支持，维护自身的生存和发展。在国教体制中，国教的僧侣往往享有特权地位，对国家的社会政治生活发挥举足轻重的影响，并排斥其他宗教信仰，造成国教信仰在意识形态中的单极化状况，以宗教信仰上的一致来维护统治秩序的稳定。

二、政教合一

政教合一制度是政治和宗教结合最密切的形式。其基本特点是：君权与神权、政权与教权合二而一。国家元首和宗教领袖同为一人，政权和教权由一人执掌；国家法律以宗教教义为依据，宗教教义是处理一切国家事务的准则。

政教合一制度在中世纪欧洲的基督教国家、亚洲的一些伊斯兰教国家都实行过。近现代在极少数国家也存在。

在欧洲历史上，基督教国家政教合一的极盛时代是中世纪，教皇国则是典型的政教合一的国家。教皇国是从756年一直持续到1870年的由罗马教皇在意大利中部拥有领土主权的国家。756年，法兰克国王丕平为报答教皇支持他篡位，迫使伦巴德人放弃意大利中部大片占领地赠给教皇，此为教皇国的开始。11—13世纪为教皇国的鼎盛期，教权控制了政权。1075年，教皇格里高利七世发布教皇敕令，其中不仅宣称“惟有教皇一人具有任免主教的权力”；“惟有教皇一人有权制定新法律，决定教区划分、设立新教区的权力”，从而把国王控制教会的传统权力收归教皇，而且宣称“一切君王应亲吻教皇的脚”，“教皇有权废黜皇帝”，甚至宣布“罗马教会从未犯过错误，也永远不会犯错误”，“教皇可以命令臣民控告他们的统治者”,“教皇永不受审判”等,由此完全以神权控制了教皇国。不仅如此,罗马教皇还在西欧各国建立了一套与各国行政体系并行的教阶体制。以罗马教皇为中心,形成了一个中央集权的教会统治体制。教会享有独立的行政、司法、财政等权力,并设有专门的法庭——宗教裁判所,其地位凌驾于世俗法庭之上。以后,教皇国的疆界进一步扩大。1527 年,奥地利占领罗马,教皇国被承认为独立国家。随着新兴资产阶级的发展强大,教皇国势力逐渐衰弱。1870 年,普法战争爆发,法军撤出罗马,意大利王国得到统一。罗马被定为意大利首都后,教皇国事实上已不存在。1929 年以后,教皇国的名称不再沿用,改为梵蒂冈城国。

伊斯兰教在其占统治地位的地方,政教合一的倾向特别显著。作为宗教、世俗最高首领的哈里发,名分仅在安拉和穆罕默德之下。一些伊斯兰国家的元首至今仍保存“苏丹”或“埃米尔”这样的政教合一的称号。政教合一的各种表现,在伊斯兰国家都以不同的形式存在,至今犹存。极端者以沙特阿拉伯和伊朗最为典型。沙特阿拉伯是一个封建王国,国王同时又是教长,王室控制着一切权力,伊斯兰教的《古兰经》是法律的依据。大穆夫提是国王宗教方面的副手,掌握着国内最高宗教和司法权力。庞大的穆斯林神职人员往往兼任政府官员,享有神权和世俗方面的很大权力,有丰厚的收入。各级法院均按各自的法律权限,依据伊斯兰教法执行审判。霍梅尼“伊斯兰革命”之后的伊朗宗教领袖享有国家的最高权力。伊斯兰教对伊斯兰国家的政治有强大影响,教法往往被作为国家的民法和刑法以至宗教性的立法准则。

我国历史上西藏地方政府也曾实行政教合一制度。从 1265 年萨迦政权以后,西藏佛教就一直是在“政教合一”的制度下发展的。在以后的 700 多年间,西藏的宗教和政权密切结合。达赖喇嘛既是宗教最高领袖也是政权的最高领袖,上层僧侣担任各级政府的官员。寺庙占有大量土地、农奴、牲畜,还拥有司法自主权。寺庙普遍设立法庭、监狱,备制各种刑具,对农奴和奴隶掌有生杀予夺的大权。西藏地方政府政教合一的制度一直延续到 1959 年。

三、非国教形式的宗教与统治阶级

在历史上,并不是所有的国家都一直把某种宗教宣布为国教,或实行政教合一的政治体制。在一定历史阶段上,有些国家出现了多种宗教互相竞存的局面。对于它们,统治阶级或者选择其中之最有利于自身权益者作为定于一尊的国家宗教;或者兼容并蓄,让各种各样的神(上帝、真主、佛、玉皇大帝、各路神仙)都成为自己江山社稷的保护神。

但是,各种宗教(甚至同一宗教中的不同教派)毕竟各有自己的社会基础,它们的宗教思想、宗教仪规,特别是社会政治主张,常由于其所根基的民族、阶级、阶层的不同而有差异。在面临宗教竞争和宗教斗争的复杂情况下,统治者则总是根据自身的利益分别对待,或者拉拢利用,或者分化打击,甚至视为异己力量。这种情况在中国的历史上表现得特别明显。如佛教传入中国后,历代君主差不多都持大力支持、尽量利用的态度。但同时也有"三武一宗"主张消灭佛教,有些朝代的君主在尊奉佛教、道教的同时,一时抬高道教的地位以压低佛教,一时也抬高佛教的地位以压低道教。但无论何种宗教,它之所以或受推崇,或受贬抑,都是由统治阶级自身的利益所决定的。世界历史上也是类似情况。16世纪西欧宗教改革的过程中,各国君主或者扶持天主教,排挤迫害新教徒,或者反其道而行之。伊斯兰教中的各派更是直接成为各派政治力量的武器,统治者总是根据自己的利益,支持一派,打击一派。

第四节 被统治阶级利用宗教的几种形式

在古今中外的阶级社会,宗教与政治的关系不仅表现为宗教为统治阶级的政治需要服务,而且社会的被统治阶级也常常利用宗教来为自己的利益服务,甚至发动反对统治秩序的武装起义。另一方面,在统治阶级内部,一些受排挤的阶层和集团,也往往会对某种有利于自己的宗教加以利用。在这方面,有三种情况:

一、打着宗教旗帜的人民起义

在封建社会,人民起义之所以打着宗教的旗帜,主要是因为宗教在意识形态领域占有主导的地位。特别是在中世纪的欧洲,甚至占据着绝对统治的地位,人们深受宗教的影响。在这种情况下,要冲击封建专制的政治制度,首先要冲破占统治地位的宗教的精神束缚。

我国秦末陈胜吴广领导的农民起义是第一次大规模的农民起义。他们在大泽乡发动起义时在鱼腹中装进了"陈胜王"这一宗教谶语,天下苦于秦之暴政的人民立即追随"上符天命"的陈胜"揭竿而起"。东汉末年张角领导的黄巾起义,其最初发动群众的工作就是以"太平道"的教派活动为手段,以"苍天已死,黄天当立"的宗教预言来表达,并以传道行医为掩护的。北宋方腊的起义利用了"明教",元朝末年刘福通起义利用了"白莲教",中国历史上最大的一次农民革命运动——太平天国，开始的时候，则打着基督教的中国变种——拜上帝会的旗号。

在欧洲历史上，农民起义对宗教的利用最突出的代表就是16世纪托玛斯·闵采尔领导的德国农民战争。他在发动组织农民之初，采取的却是领导平民进行宗教改革的运动。他不仅攻击作为封建制度的天主教，甚至攻击基督教的基本教义，认为天堂不是在彼岸，而在此世，信徒的使命就是要把天堂在现世中建立起来。

从这些农民起义的历史可以看出，宗教作为一种手段，一面旗帜，一种口号，一件外衣，在农民起义的组织、发动过程中确实起了积极的作用。但是，农民起义的主要原因并不是由于宗教，而是由于阶级矛盾的激化。起义的目的归根结底是为了自己现实的经济政治利益。当然，由于农民阶级不是当时先进生产力的代表，农民起义最后都遭到了失败。另外，也要看到，农民起义利用的宗教，在起义中也起到了消极的作用。例如，中国太平天国农民运动在政治军事形势出现危机的时候，洪秀全不但不认真总结教训，反而日益沉溺于宗教迷信之中，自认自己奉上帝之命，不怕江山不牢，最终导致军事失败。德国农民战争过程也是如此。当时，曾对托玛斯·闵采尔有过一定影响的马丁·路德，在农民起义达到高潮时表现恐惧，完全倒入了统治者的怀抱，出卖了革命。1522年，他写了《劝基督徒勿从事叛乱书》，说上帝禁戒叛乱，起义是由于魔鬼的挑动。这对起义的破坏是很大的。正如马克思指出的："当时，农民战争，这个德国历史上最彻底的事实，因碰到神学而失败了。"①

二、宗教改革与教会改革

宗教改革和教会改革是社会关系的变化在宗教上的反映，是上层建筑对经济基础的适应。不少宗教在其历史发展中都曾为了适应社会的变化而发生过各种改革，其中既有神学信条的改变，也有教会组织结构的革新。这种改革的性质和作用，决定于它们所适应的社会变迁的性质和阶级关系的内容。一般说来，在阶级社会，占统治地位的宗教总是统治阶级的宗教，而教会组织的中上层往往就是统治阶级的一部分。但是，由于历史的原因，信奉同一宗教的人并不限制在统治阶级的范围之内，有些宗教具有相当广泛的群众性和民族性，故人民群众对于变革苦难现实的愿望，就常常通过对现存宗教和教会组织的改革要求而曲折地

① 《马克思恩格斯选集》第1卷，人民出版社1995年版，第10页。

反映出来。宗教改革既可能具有积极意义,也可能是消极保守的,要具体情况具体分析。

西藏佛教在15世纪时由宗喀巴发动了一次宗教改革运动,创立了黄教(格鲁派),并在西藏佛教中取得了统治地位。改革的主要内容是严格僧侣的戒律生活,禁止僧侣娶妻生子和参加生产劳动,反对追求尘世的功名利禄。为了把僧侣吸引和控制在寺院之内,它为黄教寺院规定了一整套管理制度。宗喀巴的宗教改革实质上是适应西藏的封建领主阶级对加强宗教以维护农奴制度的需要而发生的。改革的结果,黄教得到封建领主阶级的支持,大为兴盛,并因此而使已经日益尖锐的阶级矛盾得到暂时的缓和,巩固了封建领主对人民的统治。

西方的基督教在其发展过程中也曾经经历了多种形式和各种性质的改革,它不断改革自己的教义信条、神学理论和组织形式,使之适应于奴隶制、封建制和资本主义制度的需要。特别是欧洲新兴资产阶级反封建的斗争由于最初力量的弱小也披上了宗教的外衣,采取了宗教改革的形式,宗教改革运动使西欧和北欧各国的世俗君主摆脱了罗马天主教的控制,把教会置于本国统治者的控制之下,并产生了脱离天主教的基督教新教各宗派。

对于欧洲各国宗教改革的性质和原因,恩格斯有独到深刻的分析。他指出,由于罗马教会是整个西欧封建社会的政治中心和最大的封建领主,由于基督教给封建制度罩上一圈神圣的灵光,所以,要在每个国家内从各个方面成功地进攻世俗的封建制度,就必须先摧毁它的这个神圣的中心组织。在反对罗马教会权利的斗争中,最有直接利害关系的阶级就是资产阶级。而当时反对封建制度的每一种斗争,都必然要披上宗教的外衣,必然首先把斗争的矛头指向教会。欧洲各国的宗教改革运动,都是直接起因于市民和资产阶级的反封建的政治经济要求。所谓"宗教改革"的主要内容无非这样几条:政治上反对罗马天主教会关于神权高于世俗君权的主张,要求各国的教会直接服从于本国君权的统治;教义上,强调圣经至上和"因信得救",主张信徒可以直接通过对上帝和圣经的信仰而使灵魂得救,不必经过天主教会各级神职人员的中介,这就削弱了教会的权威;教仪上,简化豪华浪费的宗教仪式,取消偶像崇拜;教会组织上,加尔文派采取由市民教徒民主推选长老和牧师,共同管理教会组织。这些主张,适应了新兴的资产阶级为发展资本主义而加强世俗国家政权的要求,表达了各国人民当时要求民族独立,摆脱罗马教廷控制的愿望,贬低了适合封建制度需要的教会的权威,强调了适合资本主义需要的个人自由,有利于农民阶级摆脱封建压迫,符合历史发展的趋势。正因为如此,运动得到了各个国家广大群众的支持。加尔文派的宗教改革终于在日内瓦取得了胜利,创建了具有资产阶级性质的共和国。

在英国,继亨利八世的宗教改革后,又出现了信奉加尔文教的清教运动,并发展为克伦威尔领导的英国资产阶级革命。这场革命,首次在欧洲把一个封建君主——查理一世送上了断头台,推翻了君主专制制度。

三、异端神学和异教运动

许多宗教在其发展的各个阶段先后曾分裂为众多的教派,各教派都自称得自上帝或神灵的真传,以“真正的宗教”和“真正的教会”自居,互相把对方打成异端。它们之间的斗争有时非常残酷,甚至不惜以兵戎相见,酿成旷日持久的宗教战争。有些异教和异端神学确实具有反对旧的传统宗教神学的内容,常常得到下层群众的支持和信奉,比较容易被人们赋予进步的意义,甚至被视为人民自己的宗教。异端神学和宗教改革一样,不可一概而论。在正统宗教和异端神学的争论和斗争中,有些是纯属信仰主义范围之内的繁琐神学之争,并无多大的社会意义;有些则是社会矛盾在宗教教义上的折光。在后一种情况下,异端神学的性质取决于它所反映的社会政治内容。

在宗教史上,社会阶级冲突表现为异端和正教的斗争,常常是发生在那些正统宗教在意识形态上居于绝对垄断和统治地位的国家。如果各种宗教可以同时并存,不同教派的斗争尽管也很激烈,一般多属于宗教内部的问题。如佛教史上先后分化出的不同教派,大体上是由于对教义、戒律、修行方式的解释不同而造成的,基本上是属于对神学的不同理解。

中世纪以来的欧洲和哈里发时代以后的伊斯兰世界的情况则大不相同。基督教和伊斯兰教分别成为这些地区各个国家的国教,宗教经典的条文和信条具有法律的意义,意识形态的其他形式都被合并到宗教体系中成为神学的分支。人民群众自降生之后,他们的信念和感情就深受宗教的熏染和控制。在这种情况下,与传统社会不同的社会政治要求不可能公开表达,便只能体现为对传统宗教的信条作出某种新的解释,或者利用传统资料构造某种新的宗教学说。这就是异端和异教神学产生的社会根源。

在中世纪,基督教和伊斯兰教内都出现过不少神秘主义异端。如伊斯兰教的苏非神秘主义和13—14世纪德国的基督教神秘主义思潮。理论上,神秘主义比正统神学更为荒唐,但神秘主义的外衣下却包含着世俗的内容。这些神秘主义大都宣传通过对神的虔诚信仰和热爱的激情就可以直接与神灵相通,而不必通过教会和神职人员以及繁琐的宗教仪式作为中介。这些神秘主义实际上表达了对现存的传统宗教和教会组织的反叛,适应了政治反对派的需要。

中世纪的异教运动更是遍及欧洲各国。7—9 世纪拜占庭帝国发生的保罗派农民运动;10 世纪,保加利亚、塞尔维亚等地发生的波高美尔派运动;12—13 世纪发生的法国南部的里昂穷人派和卡塔尔派运动等。这些运动实质上是打着宗教禁欲主义的旗号以反对天主教会的腐化堕落;主张教会内的平等以反对封建教阶制;其财产公有的主张更是破产农民关于未来社会的理想。正因为这些思想具有反封建的政治内容,因而这些异教运动遭到封建统治阶级和罗马教会的迫害和镇压。

需要指出,就异端神学的纯宗教方面来说,不过是更为荒诞无稽的蒙昧主义,与被压迫者的根本利益毫不相干。具有积极意义的部分主要是隐藏在其中的社会政治观念,这些才是吸引群众感情的磁石和引导群众斗争的动因。异端神学或异教作为反映社会政治内容的一种宗教形式,容易调动被压迫人民的革命精神,这种积极意义应该给予历史的肯定。

第五节　宗教与政治关系的其他表现形式

宗教与政治的关系,除了上述各种社会力量对宗教的种种利用以外,还有其他的内容和表现形式。其中之重要者,大致有以下几个方面:

一、国家对宗教事务的管理

历史上各国政府在利用宗教的同时,也都极力加强对宗教的管理。这是执政者政治管理的组成部分。

以中国封建社会为例。历代统治者对宗教的管理基本上都是以儒家思想为指导的。儒家文化作为中国文化多元一体结构的反映,提倡一种"和而不同","殊途同归"的精神。因此,对各种宗教,包括外来的宗教都能宽容相待,形成我国多种宗教并存的局面。

但是对外来的宗教,统治者则要求它们的思想信仰、教义要适应儒家的伦理道德上的要求(如对佛教)。对于一些断然拒绝进行适应性改造的宗教观念,政府一般都会采取严厉查禁的立场。例如,宋代对汉地佛教密宗的查禁,清代康熙年间与来华的天主教发生的"中国礼仪之争"导致基督教在中国被禁 100 多年。

历代统治者基于宗教有利于政治统治的考虑,对宗教组织和活动一般均持扶持提倡立场。这是政府对宗教管理的主要方面。如修造宗教建筑,建立译经场,赐予田产钱财,免赋免役,君王甚至亲自入教等,由此促成中国各种宗教的发展繁荣。另一方面,政府也极力控制宗教的负面作用,时刻注意加强对宗教组织活动的管理,防止宗教组织对自己的统治造成威胁。自魏晋南北朝佛教势力逐渐扩大后,政府开始设立僧官制度,强化对僧尼队伍的管理。元清两代,比较注重边疆的开拓。为了达到和平同化的目的,政府十分重视对边疆少数民族宗教领袖的团结和利用,专门设立了管理少数民族宗教事务的机构,有效管理了民族地区的宗教事务。对宗教组织发展的规模,对宗教活动的进行,凡是有利于政府行政的就支持,否则,就坚决制止。历史上,民间宗教、道教、佛教、基督教都曾受到过政府的限制。在一定历史条件下,尤其是宗教的发展使统治者感到对其不利的时候,甚至会对宗教采取强硬、粗暴的行政干预甚至武力镇压的措施。中国汉地佛教史上"三武一宗"四次灭佛、藏传佛教史上的朗达玛灭佛,明清年间对民间宗教和回民教派斗争的武力镇压,就是这方面的典型事例。

总之,在君主专制体制中,对宗教事务的政治管理过程常与统治者的个人意志结合在一起。以粗暴的行政手段和武力干预的方式解决宗教问题,在专制体制下虽然难以避免,但毕竟是不正常的,无助于解决好宗教问题。

二、政 教 分 离

政教分离的思想产生于近代西方资产阶级反封建的民主革命时代,是资产阶级对于民主、自由、平等的要求在宗教方面的反映。后来,在西方国家中大多都实行了政教分离制度。现在,政教分离差不多已成了世界上大多数现代国家采取的处理国家政教相互关系的基本原则和制度。

政教分离是针对政教合一制度的落后性和专制性而提出的,其基本涵义是国家政权与宗教组织所主管的事务分属不同性质的领域。宗教组织的任务只在于引导信徒的内在精神信仰或"灵魂拯救",而不参与和干预政府所管辖的一切世俗事务。政府方面则应把宗教信仰、宗教活动视为每个公民的私事、属于个人应享的权利和自由,而不对之进行干预,并合法地保障一切宗教团体的正当宗教活动。这一原则和形成的制度,有助于现代文明社会的发展,具有进步意义。

但是,政教分离原则在实施过程中,情况是很复杂的。真正彻底实现政教分离的国家并不多。实际上,即使在实行政教分离的国家,不仅有国家政权干预宗教事务的情况,也有宗教组织干预国家行政的情况。

就以所谓最自由民主的美国来说,尽管它在1871年就在法律上宣布了政教分离,但直到现在,国家事务仍然受到宗教的影响。美国国会两院的会议,常常以祷告开始,宗教宣誓盛行。国会有牧师,陆海军也有传教士。总统就职时,要手抚《圣经》宣誓。美国有42个州的宪法序言包含有祈祷上帝的内容。美元硬币上则铸有"我们信仰上帝"的箴言。一些州的现行法律不承认非教徒证人的证词,拒绝做宗教宣誓的人同样也不得在法庭作证,甚至不能在国家机关任职,公民必须参加宗教仪式。有16个州的法律规定,反宗教的人视情况要处以罚款,或者受到监禁处分直至3年之久。在历次总统的竞选中,教会更是积极干预,竞选人也积极谋求教会的支持。

三、宗教与政党

自近代意义的政党出现以后,宗教与它们的关系就非常密切。在许多国家,政党的政治活动总是寻求宗教的支持和帮助。特别是在宗教势力很强,信教群众很多的国家,政党如果得到了宗教的支持,实际上就是争取到庞大的教职人员和信教群众的支持。在欧洲,许多政党就直接以基督教命名。在伊斯兰教和佛教影响很大的一些国家,政党与宗教的关系也十分密切,将政治宗教化的意图十分明显。在现代社会条件下,一些宗教也积极参与社会政治生活,力图使宗教政治化,争取政治势力的支持。宗教的归属同样也会影响到人们的党派归属和政治行为的方向。实际上,任何宗教都带有政治倾向,信仰不同宗教的人,必然要从自己的宗教信仰去选择自己的党派归属。如美国天主教徒一般倾向于支持民主党,而新教徒则更多地支持共和党。

宗教与政党密切结合的最高形式是宗教政党的出现。宗教政党既是一个政治组织,又是一个特殊的宗教实体,它既追求宗教目的,也追求政治目标。宗教政党在当今世界的出现主要还是在第二次世界大战以后。一些资产阶级和小资产阶级的政治家利用宗教的影响并和宗教团体联合起来组成了宗教政党。另一方面,有些宗教领袖在宗教组织的基础上组织起自己的宗教政党,或者由政治活动家同宗教领袖联合起来共同组织宗教政党。在西欧政治舞台上,基督教政党(包括基督教民主党、基督教社会党、基督教人民党、天主教人民党、天主教民主党)已成为同社会党相抗衡的一支重要政治力量。它自称要在集体主义与自由主义之间、资本主义和社会主义之间寻找一条中间道路。这种政治主张不仅在信教的选民中有深厚的社会基础,而且对一些不信教的中产阶级和部分企业工人具有相当广泛的吸引力。在意大利、荷兰、比利时、瑞士、卢森堡、爱尔兰和挪威等国,基督教民主党先后都曾通过议会选举成为执政党。当然,各宗教政党的政治目标与社会主张并不完全相同,有的在政治上竭力维护现代资本主义制度,有的还代表着大企业主和大农场主的利益,有的主张社会公正、社会改革和反殖民主义与政治独裁，有的则既反对资本主义，又反对社会主义，走所谓中间道路。

第三世界的宗教政党以流行于亚非的伊斯兰教政党较突出。这类政党一般都遵循伊斯兰教教义的基本原则，极端者政治上最为保守，并具有强烈的宗教狂热，要求实行伊斯兰教的神权政治，既反对共产主义又反对西方文明。如伊朗的伊斯兰共和党、真主党，埃及、叙利亚的穆斯林兄弟会等等。埃及的穆斯林兄弟会最具有代表性。该组织由哈桑·巴纳创建于1928年。一开始就强调宗教虔诚，号召回到《古兰经》去。第二次世界大战以后，穆斯林兄弟会成为埃及最强大的一股政治力量，鼓吹建立伊斯兰国家，在公共生活中全面实行伊斯兰教法。现在，穆斯林兄弟会已发展成为一个庞大的国际性组织，不仅在埃及，而且在叙利亚、约旦、苏丹等国的势力很大。另外，伊拉克的召唤党、土耳其的救国党、黎巴嫩的阿迈勒运动和真主党、阿拉伯半岛的伊斯兰革命阵线，都是影响较大的伊斯兰教政治组织。在印度，印度教政党印度人民党1998年上台执政后，坚持以印度教的原旨教义治国，反对社会世俗化，加剧了和伊斯兰教等宗教的冲突。

在东欧剧变苏联解体以后，在今日的俄罗斯也出现了苏联条件下没有出现过的宗教政党现象。苏联在戈尔巴乔夫执政时期，在推行公开性民主化的改革过程中，各种政治势力兴起，宗教界势力也乘机发展。他们不仅在宗教方面要求更充分的自由（如要求公开传教，要求在中小学内开宗教课，军队设随军神职人员等），而且组成各种组织直至公开打出宗教政党的旗号。如俄罗斯东正教君主立宪党、基督教民主党、基督教爱国会、俄罗斯基督教民主联盟、伊斯兰复兴党等。从它们的政治纲领和宣言中可以看出，这些组织都是持反共反社会主义的立场的。有的政党，如俄罗斯东正教君主立宪党甚至公开提出要复辟沙皇俄国的君主立宪体制和恢复东正教在国家的特权。伊斯兰复兴党进一步同民族分离势力结合在一起，在促使苏联解体中起到了一定作用。当前，中亚一些国家的伊斯兰复兴党进一步鼓动极端伊斯兰的原教旨主义，扬言要用伊斯兰教改造国家。

目前，全世界约有50多个宗教政党分布在欧洲和第三世界的40多个国家。

四、宗教与国际争端

历史上，国际地区冲突往往伴随着宗教纷争。宗教纷争虽然也涉及宗教自身的利益，但实质上是现实经济、政治这一根本利益纷争的一种特殊表现形式。其特殊之处就在于它涉及宗教信仰这一十分敏感的问题。特别是对宗教具有很高社会政治地位的民族来说，宗教往往被视为神圣不可侵犯，具有强烈的排他性。对来自外界的对自己宗教的不尊重、歧视和迫害通常是不能容忍的。为了捍卫自己的宗教,甚至不惜煽起宗教狂热,采取极端手段。宗教的这些特点,常常为统治阶级所利用。对内,往往通过挑拨宗教矛盾来掩盖阶级矛盾和民族矛盾;对外,往往利用宗教问题转移视线,为其对外扩张侵略的政策服务。同时,宗教在一定条件下也要借助于国际争端来扩张自己。

这种情况,在历史上是经常发生的。11—13 世纪欧洲发生的十字军东征就是典型的例子。十字军东征的根本原因是西欧基督教国家的地主阶级为夺取东方的土地和财富,借助宗教力量发动的一系列军事远征扩张活动,但是其名义却是所谓收复被伊斯兰教控制的圣地耶路撒冷。历史上同一宗教内不同教派之间的斗争同样如此。如基督教系统的天主教和基督新教之间,伊斯兰教系统的什叶派和逊尼派之间的冲突与当时的政治斗争紧密结合,往往采取火与剑的形式,斗争十分激烈残酷。

当今世界,不同宗教和教派矛盾同样与国际地区冲突、局部战争交织在一起。主要有这样几种情况:

第一,不同国家之间的冲突具有较深的宗教背景。典型的事例就是阿以冲突。阿以冲突迟迟得不到解决,宗教因素也起了一定作用。对犹太人来说,犹太教的信仰是巨大的精神动力。19 世纪末,犹太复国主义运动兴起,其宗教根据就是《旧约》圣经记载的犹太人是上帝选定的特殊民族,先知以赛亚在犹太人离散世界各地后曾预言"锡安必蒙救赎",锡安即指耶路撒冷的锡安山,为犹太国被外族灭亡后仅存的一个地方。犹太复国主义者认为对《圣经》记载的祖先居住的土地巴勒斯坦拥有权利,应聚居在此建立一个纯粹的犹太人的国家。但是由于历史的原因,两千多年来巴勒斯坦的居民 90% 已是阿拉伯人。因此,阿拉伯人一开始就反对以色列强占自己的领土,不惜以武力抗争。阿拉伯国家普遍支持巴勒斯坦解放运动。历史上,在巴勒斯坦,犹太教和伊斯兰教矛盾很深,在今日的阿以冲突中,阿拉伯人的强烈的宗教感情也支撑着阿拉伯人收复失地的斗争。

1980 年爆发的伊拉克和伊朗两国的战争差不多打了 8 年。两伊战争宗教上的原因,就是伊斯兰教中的逊尼派和什叶派的冲突。以波斯民族为主体的伊朗的穆斯林大多数属于什叶派,什叶派被奉为国教。而伊拉克作为阿拉伯民族的伊斯兰国家,什叶派人口占 60%,但不掌握国家权力。逊尼派人数虽少,但多居于城市,掌管着政府军队的大权。伊拉克的什叶派受波斯文化影响很深,与伊朗的什叶派有宗教上的认同感。而逊尼派则受阿拉伯文化影响较深。1978 年伊拉克政府应伊朗国王巴列维的要求,驱逐了流亡伊拉克达 14 年之久的伊朗什叶派领袖霍梅尼。同年底,霍梅尼发动的伊斯兰革命又推翻了巴列维国王,建立了极端的伊斯兰教的国家。为输出伊斯兰革命,伊朗支持伊拉克的什叶派夺权。而伊拉克也担心什叶派在本国发动伊斯兰革命。宗教因素再加上更深刻的领土争端和民族矛盾,终于使两伊战争爆发。战争中,双方都利用宗教服务于战争目的。伊朗因仓促应战,战场上一度处于劣势。为扭转战局,霍梅尼等人号召穆斯林对伊拉克进行“圣战”。在“为真主而战”的口号的激励下,虔诚的伊朗穆斯林青年组成敢死队,排着长队向敌人阵地连续发起自杀式冲锋,用血肉之躯滚过布雷区,为后续部队开道。萨达姆也深知伊斯兰教在人民中的影响,并充分加以利用。他曾多次发表声明,明确表示永远站在宗教一边。宗教狂热使人丧失理智,两伊战争导致两败俱伤。

第二,不同国家围绕着宗教圣地之争,集中表现为耶路撒冷之争。耶路撒冷为犹太教、基督教和伊斯兰教的共同圣地。犹太教的古迹有圣殿遗址和哭墙等。圣殿当年为古犹太人宗教活动的中心,哭墙为外族入侵焚毁圣殿后剩下的一堵残壁。每逢节日,犹太人常聚集在城下哭诉哀悼,以表达怀念故国之情,故名哭墙,被视为犹太人信仰和团结的象征。基督教则以耶路撒冷为耶稣基督受难升天的地方。335 年,罗马皇帝君士坦丁一世的母亲海伦娜太后巡游耶路撒冷时,在耶稣墓地又建造了圣墓教堂,从而成为基督教的圣地。耶路撒冷成为伊斯兰教的圣地,源于穆罕默德夜行登霄的传说。今城内萨赫来清真寺有一巨大岩石,传为穆罕默德登霄所踩之石,被穆斯林称为圣石。由于上述原因,耶路撒冷形成了东部的穆斯林聚居区,西北部的基督教区和南部的犹太教区。1948 年以色列建国,随即宣布耶路撒冷为其首都,犹太教区不断扩张。半个世纪来,围绕这个问题以色列和阿拉伯国家冲突不断,发生多次惨案。1988 年,由巴勒斯坦解放运动组织领导的巴勒斯坦国成立,也宣布首都是耶路撒冷,并强调是“阿拉伯耶路撒冷”。围绕耶路撒冷之争至今仍是巴以冲突的症结之一。

第三,同一国家不同宗教、教派冲突引发的事端。典型例子是当代印度教派的冲突。其历史原因在于 1947 年英帝国主义操纵的印巴分治,其主要原则就是以宗教作为分野。分治后,巴基斯坦成为伊斯兰教国家。印度主要是印度教,但仍有大量的穆斯林,印度教徒和穆斯林之争仍然存在。印巴分治期间,加尔各答等地发生了大规模的教派的流血冲突。两教冲突造成死亡达 50 余万人,其激烈程度举世罕见。尼赫鲁当政时期,政局较为稳定。1964 年尼赫鲁去世后,印度缺乏强有力的统治,印度教徒和穆斯林的冲突开始呈上升趋势。1965 年的印巴战争更对印度教徒和穆斯林的矛盾火上浇油。至 20 世纪末大小冲突上千次。印度教和锡克教的矛盾也很尖锐,不断激化,多次发生流血事件。类似情况也存在于其他国家,如英国的北爱尔兰问题伴随着天主教和基督新教之争;波黑冲突交织着天主教、东正教、伊斯兰教之争；科索沃冲突也隐含着伊斯兰教和东正教的矛盾；等等。

一般来说，宗教纷争由于触动了各自视为神圣的宗教信仰，往往难于解决，而宗教纷争的国际化则会使地区冲突更为复杂化，容易被霸权主义大国利用。因此，对宗教纷争的危害性要高度警觉，要警惕外部势力插手，处理宗教纷争要真正实行各种宗教平等对话的原则。从长远考虑，只有社会的现代化和民主化才是缓和宗教纷争的真正基础。当然，这是一个十分艰难和漫长的历史过程。

第十三章

宗教与道德

在宗教与其他社会文化形式的关系中,宗教与道德的关系被社会普遍认为是最密切的。宗教常被认为是道德的源泉和保证,一个没有宗教的社会,似乎就必将成为一个人欲横流、道德沦丧的世界。为了正确地认识这个问题,我们只有证诸于真实的历史(宗教史和思想史、文化史)和批判的理性。这是作为人文学科的宗教学必须深入研究的课题。

第一节 宗教与道德的起源

一、道德神启说和道德天赋论剖析

道德规范如何产生,宗教究竟是不是道德的源泉,这是宗教学和伦理学都非常关心的基本理论问题,历史上的宗教神学和启蒙思想、唯心主义哲学和唯物主义哲学之间曾经为此进行激烈的论争。

宗教神学以及与之有关的先验唯心主义伦理学一贯主张"道德神启说"或道德天赋论,认为人间的道德规范、伦理观念或者直接导源于神的启示,或者来自于人类天赋的本性。具体说法不尽相同,形式多样,值得注意的大致有三种形式:

第一,神直接颁布或启示道德诫命。

持此说者,在各种宗教中相当普遍,而以犹太教和基督教最为典型。《圣经》(旧约)把所谓"摩西十诫"说成是永恒的道德规范和社会的基本准则,还说十诫是上帝耶和华在西奈山上从烈火中现身说法,亲自向摩西颁布,与犹太人约法的。基督教继承了这一教义。还说,耶稣基督是上帝之子,与上帝三位一体。他道成肉身,以人的形式出现于世,传福音,行善事,教化世人,他以其尽善尽美的道德行为树立了为人的伦理标准。伊斯兰教大体上也是如此主张,真主安拉是绝对的善,他派遣使者穆罕默德在世上教化人类,抑制人的恶性,弘扬人的善性。《古兰经》中所教导的一切伦理准则和道德规范都是真主通过穆罕默德启示于人的。

我国古代宗教也讲社会伦理秩序和道德规范由天帝所定。不过,我国古代宗教所理解的天或上帝,其人格性不像犹太教和基督教那么具体,因此,天帝不是直接颁布道德诫命,而是以天人感应的原则来安排社会人伦秩序。现存最古老的历史典籍《尚书·康诰》说:“天惟与我民彝”,就把古代宗法社会中的一切社会伦理关系,以及维护和调节这种关系的道德规范说成是天命所定。

孔孟以后的儒家天命神学基本继承了这种道德天定的说教。但对天如何制定道德伦理规范,又如何启示,这些神秘主义问题,孔孟都略而不详。孔子只说“天生德于予”,如何生则未讲明。西汉董仲舒则用天人感应的神秘主义来具体说明这个问题。他把封建宗法社会的基本人伦关系和道德规范(“三纲五常”)说成是天帝的安排和阴阳五行相生相克关系的体现。

“道德神启说”在近代西方宗教学者中也有其信奉者。宗教人类学者、天主教神父施米特力图用人类学资料来证明神是“道德的根源、道德的创造者”。他指出,原始民族就认为神创立道德律导人为善,以其全知来维护道德和监督人的道德行为;他还说,原始人的这种观念乃是神的“原始启示”的结果。①

第二,人的一切善德均起源于对上帝的爱或追求。

中世纪基督教神学家、经院哲学家托马斯·阿奎那说,上帝是善,并且本身就是善,是万善之善、最高的善,他创造了这个尽善尽美的世界,并通过这种创造体现上帝自身是全善。人的理性和意志所追求的最后目的就是那普遍的、最高的善。正是这种欲望和追求,产生了人的道德活动和道德行为。他为道德下过一个定义:道德是理性创造物向着上帝的运动,起源于对上帝的爱和追求。

第三,道德源出于人的天赋的本性。

在我国,孟子是这种观点的典型代表。他主张人性本善,仁义礼智,生而有之。道德规范既源于性,也本于天。

托马斯·阿奎那也有类似主张。他认为,人的道德行为乃是人性的自然倾向,是上帝刻印在人心之上的自然命令或自然律的体现。现代西方天主教神学则继承了老托马斯的上述理论。

---

① 关于威廉·施米特的“原始启示说”,请参见吕大吉:《西方宗教学说史》,中国社会科学出版社1994年版,第711~720页。

道德神启说在中外历史上有持久而强烈的影响。一方面它把传统的道德规范抬高为神圣的诫命,另一方面则借此说明天、帝对人事的控制,以加强宗教的权威,维系传统的道德准则和现存的社会秩序。当传统社会制度成为社会进一步发展的障碍时,道德神启说就会阻碍以至反对社会的变革和道德的进步。先验唯心主义伦理学的"道德天赋论"虽然其本身是一种哲学形式,但那个"天赋"善性的"天",很容易与宗教的天神或上帝挂钩以至混同,从而导致使自己变成"道德神启说"的另一种理论形式。

二、启蒙思想家对道德源泉问题的探索

道德是调整人们的行为以适应一定社会体系中的人际关系的规范。它的源泉,不能在超自然、超人间的天上,而只能在人们结成的社会体系中去寻找。中外历史上反对道德神启和道德天赋的启蒙思想家一般都把探索的目光从神转向人、从神的启示转向由于人性而结成的人伦关系。荀子认为,礼义之类道德规范不是基于天赋的心性,而是先王和圣人为了平衡和协调人的欲求,制止人欲引起的争乱,才人为地制定出来的。王夫之、戴震反对宋明理学的道德天赋论,把道德规范的产生与人的生活欲求明确地联系起来,主张"天理"即在"人欲"之中。按戴震的观点,只要把人的欲望推己及人,就构成仁义礼智之类道德规范:

> 所谓恻隐,所谓仁者,非心知之外别有物藏于心也。已知怀生而畏死,故怵惕于孺子之危,恻隐于孺子之死。故无怀生畏死之心,又焉有怵惕恻隐之心?推之羞恶、辞让、是非亦然。……故圣贤所谓仁义礼智,不求于所谓欲之外。

> 人之有欲也,通天下之欲,仁也。

> 民之质矣,日用饮食,无非人道。所以生生者,一人遂其生,推之而与天下共遂其生,仁也。(《孟子字义疏证》)

戴震实质上是把人的"怀生畏死"欲望当作道德的出发点和各种道德规范的基础,否定了任何神启或天赋的作用。

无独有偶,与戴震同时代的18世纪法国启蒙思想家们,特别是与他同年所生(1723年)的霍尔巴赫,在道德起源问题上几乎持有与他完全一致的观点。霍

尔巴赫认为,道德的基础和源泉不是神灵和宗教,而是建立在存在于结成社会的活着的人们之间永恒而不变的关系。拉美特利说人的自然本性是追求快乐和享受,而这种追求中必然要遵守"己所不欲,勿施于人"的自然法则。这个法则决定人追求快乐的限度。过此限度就会损及别人,从而引起冲突,到头来损人而不利己。其结果,"己所不欲,勿施于人"便成了人人必须遵守的法则,并从中引出实践道德、善良、人道、慈善、仁爱、宽宏大度等等行为规范,而人在道德实践中也得到满足和快乐。

费尔巴哈深刻指出,道德本质上是人与人之间的行为规范,道德的本质内容必然涉及人和人的关系。只有当自我与他人发生关系时,才会产生自己应负的义务和他人应负的义务,也只有在这种人与人的关系中,才谈得上道德的存在。因此,道德的根基不是宗教和上帝。人之所以承担道德义务,是由于人的利己主义。

费尔巴哈所谓的"利己主义",即是生物的"自爱"本能,也就是荀子所谓的"人生而有欲",戴震所谓的"怀生畏死"之心,拉美特利、霍尔巴赫、爱尔维修等所谓的"自我保存"和对快乐与幸福的追求。上述诸思想家在这个问题上的基本主张是一致的,都是从人的自然本性,而不是从神性出发来寻找道德的根源。

启蒙思想家们的功绩在于把伦理学说从宗教神学的束缚下解放出来,把伦理学还原为人本学和社会学,把人与人的社会关系作为伦理道德的基础。到此为止,他们的学说的基本倾向是正确的。其局限性在于他们把人与人的社会关系归结为人与人之间的伦理关系,并就此停下了前进的脚步,没有进一步追溯人伦关系赖以存在的经济关系。

三、马克思主义论道德的起源

马克思、恩格斯批判和克服了18世纪法国百科全书派和19世纪费尔巴哈伦理学说的抽象人性论,从人性看到了它所反映的社会内容,从一般的社会关系进到更深的层次,发现了构成社会伦理秩序和道德观念的真正基础——社会生产关系。在此基础上,他们把道德规定为社会意识形式和上层建筑的一部分,用唯物史观来分析道德的基础和源泉问题。

在马克思主义唯物史观看来,宗教与道德都是社会意识的一种,同属上层建筑的范畴。社会的经济基础是二者的共同源泉。宗教是以幻想的超人间形式来表现现实世界中支配人们日常生活的异己力量;道德伦理观念则是以社会舆论和传统习俗所表现的行为规范的形式来调节和维系社会中人与人之间的社会关系。它们的本质内容都是人们生活于其中的社会关系,而经济关系则是一切社会关系的基础。宗教和道德,如果离开这个基础,就都没有反映和表现的对象,就会失去其存在的客观根据。因此,宗教与道德,就其自身而言都不能成为对方的根据和源泉。把宗教说成是道德的源泉,无异于说一种观念形式产生于另一种观念形式。这是以观念自身说明观念产生的原因,没有触及问题的根本。

当然,上层建筑中的各部分之间常常是互相影响的,在一定范围内,也有互为因果的情况。宗教与道德之间无疑也存在这种复杂的关系。但是,从总体上说,二者之间不是谁产生谁的问题。

如果更深一层地探究,就会进一步发现,宗教不仅不是道德的源泉,而且在二者发生、发展的历史层次上,应该说道德先于宗教。

与哲学和宗教相比,道德伦理显然更接近社会的物质经济基础。物质生产生活是人类最基本的实践活动,社会人群既要进行生产活动,必然要调整彼此的活动与行为,道德规范便由此产生出来。适应生产关系而产生的人伦关系以及反映这种人伦关系的伦理观念和道德规范,事实上乃是人类社会最早出现的上层建筑,是伴随着人类社会的出现而出现的。宗教观念和宗教制度作为远离经济基础的更高层次的上层建筑,事实上出现在道德观念产生之后。

史前文化的考古资料证明,宗教观念最早产生于旧石器时代中期的“智人”阶段,距今不过十万余年。而人类和人类社会的出现比这早得多。人类考古学的研究把从猿到人的时限日益推向更遥远的古代,即350万年以前甚至更早。这期间实际上已经有了调整原始人群内部人与人之间关系的伦理意识和道德规范。因为,他们既然要在生产力极度低下,生活环境非常险恶的条件下进行集体性的生产活动,就不能不按照集体的分配方式来分配集体的劳动所得。在这种情况下,如果原始人群内部不形成一定的行为规范和习惯,一方面调节彼此的行为,另一方面又进行自我调节,也就不可能维持这种集体的生产和分配,不可能维持自身的生存。生存和生活的要求早就把原始人的祖先——类人猿和猿人群体化了。原始集群作为群体的存在乃是个人生存的必要条件,而正是这个必要条件决定并导致各种原始集群所必须的社会人伦关系,形成相应的行为规则。如,必须共同进行狩猎,必须共同抗御外敌,必须公平分配劳动所得……这些客观的“必须”,反映在原始人的意识中,就成为主观上的“应该”,成为社会上的“道德命令”和个人的“道德义务”,这些就是人类社会最早出现的道德意识。原始人就是按照这些自然形成的行为规范来约制和调节人与人关系和自己的行为。凡符合这些规则的,就会受到人们的赞许,反之就会受到制裁。原始社会的道德规范(如团结、互助、平等之类)就是这样形成的，它是原始人对原始社会生产关系和人伦关系的直接反映。道德意识产生的直接性，表明它不需要任何神灵观念的帮助，更不需要神灵作为道德立法者。

宗教作为远离经济基础的更高层次的上层建筑，它在原始社会的产生，远在道德意识之后。原始人的宗教观念的形成，乃是出于对强大的异己力量的恐惧以及对它的依赖。原始人之所以崇拜这种异己力量，不是因为它具有什么神圣而崇高的美德。把宗教与道德如此这般地联系起来，这种人为的虚构，是需要相当发达的智力水平的。这既不符合旧石器时代中期之前的原始人在认识论上的质朴性，也不符合原始道德和原始宗教在发生学上的自发性。

第二节　宗教与道德的保证

一、道德的真正保证是社会的人际关系

各种宗教体系以及附属于它们的神学唯心主义不仅把宗教说成是全部道德的源泉，从神的启示引申出伦理准则和道德规范，而且把宗教视为道德的基础，从神的审判导引出道德的保证。按照这一说法，正是由于宗教信奉作为赏善罚恶之正义主宰的神的存在，规定了灵魂不灭、因果报应、天堂地狱、来世报偿等教义信条，这才促使世人去恶向善，并为人们的道德行为提供了神圣的保证，为社会伦理秩序的稳定和道德的净化奠定了可靠的基础；如果没有宗教这一套教义信条，人们的行为就会无所顾忌，社会上必然出现道德沦丧、天下大乱的局面；一个由无神论者组成的社会，定然是人欲横流的禽兽世界；他们常常把这一点作为论证宗教必须万古长存的根据和理由。

值得注意的是，历史上有不少著名的启蒙思想家和无神论者也深受此种说法的影响。他们在世界观上怀疑或否定超自然神灵的存在，但又觉得为了维持社会伦理秩序必须保留神和宗教的地位。持此主张者，古今中外不乏其人。荀子是先秦时代最大的无神论者，可他仍然主张“神道设教”，通过宗教崇拜来维护和加强封建宗法社会的伦理关系。

在西方，18 世纪法国启蒙思想家的泰斗伏尔泰力持此说。他在哲学上是自然神论者。他之所以不否定神的存在，主要着眼于社会伦理上的必需。他说，承认上帝存在比否认要好，因为相信有一个上帝在那里赏善罚恶，可以防止人们从事罪恶活动。他希望他的仆役和妻子都信仰上帝，这样，就很少有人来抢劫他的

财产或给他戴绿帽子。他有一句名言:即使没有上帝,也要造出一个来。

康德更是这种理论之集大成者,他在哲学认识论上否认上帝存在、灵魂不死之类基本神学信条的可证明性,给传统宗教神学以沉重的打击。但是,他认为,为了在人类社会中实现至善的道德要求,我们必须假定灵魂的不死和上帝的存在。因为,至善的道德行为要求至福生活作为报偿,这是道德的必需。但这种必需在有限的现实生活中却不能保证实现。为此,不仅必须假定灵魂不朽去享受至福的生活,而且必须假定上帝存在来保证在来世实现这种报偿。

荀子、伏尔泰以及康德的观点与传统神学大有区别,但在视宗教为道德之必需这一点上却基本相同,客观上适应了宗教神学的要求。

我们不赞成宗教保证道德之说。人死神灭,根本没有不死的灵魂作为业报的主体到阎罗王的审判台前去接受死后的审判。神或上帝不过是人的异化,由他们赏善罚恶纯属一种迷信。把这种信仰作为人类伦理生活的保证和道德行为的基础,无异于把海市蜃楼作为人们生活起居的宫殿,视幻梦为真实。这样的结果只能是使社会的伦理秩序和道德生活丧失任何可靠的基础,把伦理学变成神学的附庸。

既然社会道德是人与人社会关系的反映,人的道德行为也就受这种客观的社会关系的制约,当人的道德和行为符合于其赖以产生和存在的社会关系的性质和需要的时候,就会受到社会舆论的肯定,否则就会受到谴责。所以人的道德行为本身是依靠社会舆论以及个人与他人、个人与集体、个人与整个社会在社会关系上的互相制约发挥监督和保证作用的。

二、宗教“保证”道德的历史作用

当然,我们也要看到,在旧时代的社会结构中,人的社会关系对道德的监督和保证常常是自发的、不充分的,宗教因此便有了在道德领域发挥其作用和影响的余地。它把社会道德宣布为神圣的诫命和死后奖罚的标准,用宗教神秘主义的恐惧心加强了善男信女遵奉道德诫命的必要感。就此而言,宗教对社会道德在历史上确曾起过维护、监督和保证的作用。而遵行这些维系社会基本伦理秩序必须的道德规范、特别是普遍性的社会公德,对于社会是必不可少的。在这个特定的意义上,宗教在客观上对道德的“保证”作用,我们应该予以历史的肯定。

我们这里所肯定的东西,只是宗教“保证”社会道德的某些客观效果,既不是肯定它的本质和原则,也不是肯定它的全部作用。我们应该注意到,宗教的某些教义不仅不能有效地“保证”社会道德的遵行,而且常会起相反的作用。

按照神学家的说法,神的奖赏,天堂的欢乐,导人为善;神的惩罚,地狱的痛苦,止人作恶。在这方面,各种宗教都极尽其想像之能事,把天堂的幸福吹得天花乱坠;把地狱的残酷说得极端恐怖。从表面上看,这种种说教,确是以劝善止恶为其目的,为促使人们的行为符合道德规范的要求提供了宗教的保证,似乎未可厚非。但是,问题在于宗教主要是利用善男信女对神的奖赏的欲求和对神的惩罚的恐惧,来换取他们对道德准则的实践。在这里,无论是欲求,还是恐惧,其客观效果往往也会激发起人们的贪欲之心,无助于培养自觉的道德义务感和真正的道德意识。

各种宗教为其信徒准备的来世天堂,其境界无非都是集人间荣华富贵之大成,实为帝王贵族生活之极致。在这方面,大乘佛教的想像力尤其丰富。净土宗把涅槃境界描写为极乐世界,说什么只要善男信女一心称念"阿弥陀佛",快则一天,迟则七天,"即可往生阿弥陀佛极乐国土",成为八地(级)以上菩萨(大乘佛教菩萨分为十地)。

道教为其信徒提供的天堂更为直接,只要按照道教的信条修炼,今生即可长生不老,羽化成仙,享神仙之乐。道教的神仙世界与净土宗的极乐净土极相类似。

善男信女诚心皈依、礼神拜佛的最终目的就是挣得这种来世富贵和死后天堂的幸福生活。当然,按照宗教家的说法,如要得此福报,必须行善去恶。但行善去恶的目的在于求得来世的福报,在这里起作用的原则实际上不过是商业中的等价交换。在人与人社会关系中形成的道德准则所要求于人的道德责任心和道德义务感,在宗教中变成了对来世富贵和死后极乐世界的追求。崇高的道德在宗教中受到歪曲,变形为一种赤裸裸的宗教利己主义。

神对罪人的审判和惩罚,也许可以使信仰者不敢为非作歹,但这不过是利用人对地狱生活的恐怖感,而不是基于人的道德意识。佛教的十八层地狱,集中了人间一切惨不忍睹的刑罚。过刀山、下火海、抽筋剥皮……无所不用其极。犹太教、基督教的《圣经》中记载的上帝对不遵行其诫命者的惩罚也是极其严厉的。

道德是在人与人的社会关系中调整人的行为,互相承担道德义务的过程中自然而然形成的。真正高尚的道德行为乃是人出自道德义务感和道德责任心对别人、对集体、对社会做出无私的贡献。宗教用神的奖惩,诱之以富贵,吓之以灾祸,即使能使善男信女的行为客观上符合于社会道德的要求,但对培养和发展人们的良善的道德意识,却有不容忽视的消极作用。

第三节　宗教道德的性质和作用

一、宗教道德的性质及其与世俗道德的联系和区别

“宗教道德”是一个在日常生活和学术著作中广泛使用的概念。可是这个概念的性质和意义,却并未得到认真的分析和科学的确定,而这种分析和确定应该成为评价宗教道德的开端。

各种宗教体系以及附属于它们的神学唯心主义,事实上都把道德和宗教道德等同起来。它们往往把社会生活中一切主要的道德规范都说成是源于神启、佛说和圣训的“宗教道德”。这主要是因为它们把宗教说成是道德的源泉,从神的启示引申出伦理价值观念和道德规范所致。实际生活中存在着这样一种情况:历史上各个时代的社会道德先先后后都被纳入各种宗教体系及其神圣经典之中,成为宗教教义信条体系的一部分。仅就佛教、道教的“五戒”、“十善”,犹太教、基督教的“十诫”以及伊斯兰教关于道德的训诫和教法的规定而言,内容就非常广泛,涉及社会道德生活的各个方面。

如果我们不加分析地接受上述说法,把宗教经典所记载、宗教体系所主张的一切道德都说成是“宗教道德”,那么,在整个道德体系中,不属于宗教道德范畴的社会道德或世俗道德,即令不是一无所有,至少也是所余无几了。这样一来,我们也就在事实上返回到“道德神启说”,在评价上不能不把宗教道德奉为神圣。

有些宗教研究者为了彻底否定“道德神启说”以及宗教神学对“宗教道德”的美化,便从否定“宗教道德”的存在入手。他们认为宗教体系所谓的宗教道德实际上都充满了世俗性的社会内容,是世俗道德或社会道德的宗教化、神圣化,它们的源泉和基础乃是世俗社会,因此,宗教道德实质上就是世俗道德。

这两种说法都有片面性。无论是把社会道德归结成宗教道德,或者是把宗教道德归结为世俗道德,都不符合客观实际。两者的共同缺陷都在于未对世俗道德和宗教道德的基础和本质进行科学的比较和研究,因而不能对这两种在性质和表现形式上不同的道德规范作出准确的规定和区别。

一切道德规范都是调整人与人的关系的行为准则,它们规定和制约人的行为并使之符合一定历史阶段上的人与人的社会关系。因此,人与人的社会关系构成一切道德规范的客观基础,道德规范是人际社会关系的反映。在这个意义上,一切伦理观念和道德规范本质上都是社会性的道德。

但是,作为道德之基础的人与人的社会关系却可以在人的观念中表现为不同的形式。人,在观念中可以表现为感性的人,也可以异化为非感性的神。因此,人与人的关系既可以表现为感性的人之间的世俗性的社会关系,也可以体现为感性的人与非感性的神之间的非世俗的宗教关系。人与神的关系是人与人的关系异化的表现,本质上仍然是人际社会关系的反映。但既然人与神关系已从人与人的关系中异化出来,它也就不同于非异化的现实的人与人的关系。我们可以揭示作为人与神关系内涵的人与人关系的社会内容,但却不能把人与神的关系完全等同人与人的关系,或者用人与人的关系来取消人与神的关系。不然,宗教作为一种客观存在的社会现象,也就失去其存在的根据和意义了。

如果说,人与人的社会关系乃是一切社会道德赖以产生的基础和本质,那么,这种关系分裂为人与人之间的世俗关系和人神之间的宗教关系,这两种表现形式,便是社会道德之划分为世俗道德和宗教道德的客观根据。

所谓"世俗道德",就是以感性的人与人的世俗关系为基础,调整人们的行为使之适合于人与人世俗关系要求的规范和准则。

所谓"宗教道德",就是以非感性的人神宗教关系为直接根据,调整信仰者的行为,使之适合人神关系要求的规范和准则。

总括起来看,各种宗教体系所谓的道德,事实上有两个组成部分:一是涉及人神关系的行为规范,如对该宗教神灵的信仰、敬畏和爱,与崇拜神灵的宗教生活有关的宗教禁忌和戒律,等等。以犹太教、基督教的"十诫"为例,则崇拜惟一上帝耶和华,不可制造和崇拜别神,不可妄称主名,须守安息日为圣日等条。这一部分是典型的宗教道德。二是涉及人与人关系的行为规范,如佛、道教的五戒、十善,犹太教、基督教"十诫"中关于必须孝敬父母,不可杀人,不可奸淫,不可偷盗,不可作假见证,不可贪恋别人的妻子财物等规定。这一部分道德诫命本质上是反映人与人的社会关系的社会道德,不属于宗教道德范畴,而是把世俗道德神圣化。

从对犹太教、基督教"十诫"的分析中得出的关于宗教道德的说明及其与世俗道德的区分,大体上适用于其他各种宗教体系的情况,具有一定的普遍意义。因为尽管各种宗教崇拜不同的神灵,信奉不同的教义,但它们对超自然、超人间的神的信仰和崇拜却是共同的。这种信仰和崇拜构成了一切宗教体系中人神关系的普遍性的形式。正是从这种普遍性的人神关系中引申出了适应人神各方行为的伦理价值准则和道德规范,并在此基础上承担了相应的道德义务。事实上,世界各种宗教几乎都把对神的虔诚和敬畏,对神的圣洁纯净的爱,相信和服从神的命令和审判,为神的荣光奉献自己的一切尘世利益,以至以生命作为献祭的牺牲等等,作为神圣的伦理义务和最高的美德。各种宗教所塑造、讴歌、赞美的

"圣徒"、"高僧"、"高道",往往被它们说成是这些美德的化身和集中体现。这说明这些范畴是从人神关系中导引出来的宗教道德的基本内容,它们反映了人神关系的本质。

在概念上分析和规定宗教道德的性质和含义,并把它与世俗道德区分开来,有重要的理论意义和实际意义。由于我们比较了两种道德范畴在性质、内容和特点上的差异,说明了它们各有自己的直接所依的基础和源泉,这就使世俗道德脱去了宗教的袈裟,恢复了它独立的地位和本来的面目,在人与人的社会关系中为它找到了世俗的基础和真正的源泉,从而剥夺了宗教对世俗道德的垄断权,打破了所谓道德即宗教道德的神学恒等式,使宗教神学关于道德源于神启、伦理基于宗教的说教,失去了合理的根据。同时,由于上述分析把宗教道德的直接基础归原为人神关系,也使我们有可能对宗教道德的各个方面作出比较科学的说明。

二、宗教道德的社会意义

把宗教道德与世俗道德、人神关系同人与人关系区分出来,并不意味着宗教道德就是不食人间烟火、不具任何世俗内容的东西。人神宗教关系既然是人与人的社会关系的幻想表现和天国形式,从这种关系中引申出来的宗教道德,在内容上便不能不具有深刻的社会意义。

抽象起来看,宗教道德的具体内容主要是讲人对神的信仰、虔诚、敬畏、顺从和爱,与人事无关,但宗教所崇奉的神,其神性却是社会的人赋予它的。各种宗教体系在教义上如何规定神的权力和道德属性,要求善男信女服从神的什么性质的诫命,却是按照社会的要求和人与人的社会关系的性质来决定的。一旦人与人的社会关系发生变化,它或迟或早总会在人神关系中反映出来,改变宗教道德规范的具体含义以适应人际关系的演变。

在阶级社会中,人与人的社会关系的内容主要是阶级关系,一般地说,神性,特别是人赋予神的道德特性,其核心内容往往是人的阶级特性的一种表现,人神宗教关系实质上依赖于人与人的社会关系,特别是阶级关系。原始氏族社会和部落社会没有阶级,当时氏族和部落的保护神基本上是氏族长老和部落酋长的影像。奴隶制社会和封建制社会国家崇奉的至上神则具有明确的阶级性,基本上是专制君主的象征。当时的神人关系不能不是主奴、君臣、统治者被统治者的关系。资本主义社会的上帝也是统治阶级利益的捍卫者,但他逐渐丧失了专制君主的传统统治权,变成了对世界统而不治的立宪君主。

在各种社会体制和社会关系下的人神宗教关系以及以此为基础而产生的宗

教道德规范,抽象起来看,并没有什么变化,始终存在着人对神的信仰、虔诚、敬畏、顺从和爱,但人神关系所表现的人与人关系却有了实质性的变化,这就使得宗教道德规范的具体内容具有不同的社会意义和阶级特性。在宗教已经成为统治阶级的上层建筑的历史条件下,宗教道德规范尽管对社会各阶级的信众具有普遍的制约力,但本质上是为统治阶级的利益服务的,甚至就是统治阶级道德的一部分。

宗教道德的这种阶级特性在历史上并非总是起着消极的、保守的作用。在特定的历史条件下,它也可能有某种积极的意义。对神的敬畏和神命的服从,无疑会起到维护现存社会秩序的客观效果。但它的性质,则视其所维护的社会秩序是否符合社会发展的规律而定。当这种社会秩序在社会历史发展长河中起着积极作用的时候,宗教道德对它的维护就具有一定的积极意义。

三、宗教道德的历史作用

既然宗教与道德共存于同一社会体系之中,共生于同一经济基础之上,它们之间就不可能没有联系。在上层建筑、意识形态各部分之间,事实上存在着互相影响、互相作用、互相制约乃至在一定条件下互为因果的情况。宗教与道德的关系尤其如此。道德用伦理准则和行为规范来调整人与人的关系,使之符合于社会经济基础的性质和需要,宗教则用神的意志和天命的安排来神化以现存经济关系为基础的人与人的社会关系。社会本质的共同性把它们联系在一起。道德为宗教教义信条体系提供了部分社会内容,宗教则为道德准则涂抹上一层神圣的色彩。一方面,宗教把道德抬高为宗教的教义、信条、诫命和律法,把恪守宗教关于道德的诫命作为取得神宠和进入来世天国的标准;另一方面,宗教的教义和信条又被神以道德诫命的形式强加于整个社会体系,被说成是判断一切人的行为之当与不当、善与不善的普遍准则。这就在历史上形成所谓道德的宗教化和宗教的道德化的现象。

社会历史处于不断变化和发展的过程之中,生产力的不断发展,在一定历史阶段就会引起社会生产关系的变革,每一重大变革都会引起人与人的关系的重新调整,从而使整个上层建筑及其各部分的关系发生相应的变化。宗教与道德,作为上层建筑的两个重要组成部分,它们之间的互相影响,既为经济基础所决定,也随着经济基础的变革而发生相应的变化。在原始社会和阶级社会,情况是不同的。在阶级社会的不同阶段(奴隶制社会、封建制社会、资本主义社会),也各有其历史的特点。

第十四章

宗教与艺术

宗教与艺术都是人类为满足自身的人性需要而创造的。在人类文化史上，宗教对于艺术的发生和发展产生过深刻的影响和重大的作用；反过来，艺术的想像也激发和升华宗教的想象，宗教艺术的创造更加深和扩大了宗教的影响。本章将对宗教与艺术之关系中一些重要之点进行必要的探讨，做出扼要的说明。

第一节　宗教与艺术的起源

一、“神创艺术论”和“艺术源于巫术论”

在研究艺术起源问题时，我们首先遇到了类似“道德神启说”和“政治神启说”一样的“艺术神创说”。在世界许多民族早期宗教信仰和古代的神话传说中，都有类似的说法。在这方面，古代希腊神话表现得最为突出和典型。如主管科学、文艺的女神名叫缪斯，她是宙斯和记忆女神摩涅莫绪涅所生的女儿。宙斯和勒托所生的儿子阿波罗则是诗歌音乐之神。这些说法，固然只是神话故事，但它们却包含着早期人类对艺术产生的认识，带有浓厚的“艺术神创说”的色彩。古希腊诗人赫西阿德就认为：“蒙缪斯女神和阿波罗神的恩宠，诗人来到人世间并朗诵抒情诗”。[①] 荷马史诗中《伊利亚特》和《奥德赛》都是从对缪斯女神的祈求开章明义的。

“神创艺术说”还有一种表现形式：它不直接说各种艺术是神灵自身的活动，而是认为创造艺术的人之所以能有如此高雅美好的创造，乃是由于神灵附体

① 伍蠡甫主编：《西方文论选》上卷，上海译文出版社 1979 年版，第 4 页。

于其人之身，从而使其人具有了艺术创造的灵感。诗人之所以吟唱出抒情的诗歌，舞者之所以跳出动人的舞蹈，画家之所以画出传神的绘画，等等，皆得力于神助，即发之于神所赋予的灵感。这种观念不仅存在于古代人类，甚至在文明时代仍继续流行。当然，在这种形式的神创艺术论中，神的创造作用是间接性的。希腊大哲学家柏拉图对此有一系列的论述，例如：

> 科里班科巫师们在跳舞蹈时，心理都受一种迷狂支配，抒情诗人们在做诗时也是如此。……不得到灵感，不失去平常理智而陷于迷狂，就没有能力创造，就不能做诗或代神说话。①

> 迷狂，是由诗神凭附而来的。如凭附到一个温柔贞洁的心灵，感发它，引它到兴高采烈，神色飞舞的境界。流露于各种诗歌，颂赞古代英雄的丰功伟绩，垂为后世的教训。如果没有诗神的迷狂，无论谁去敲诗歌的大门，他和他的作品都永远站在诗歌的门外。尽管他自己妄想凭诗的艺术可以成为诗人，他的神智清醒的诗遇到迷狂的诗就黯然无光。②

> 优美的诗歌本质上不是人的，而是神的，不是人的制作，而是神的诏语。③

直接的"艺术神创说"也好，间接的"艺术神创说"也好，都是以肯定神的存在和神的艺术创造为前提，但这个"前提"既不可能有感官的实证，也无法找出理性的根据，故只能是一种信仰，一种神话的虚构。与此不同，在近代的宗教学和研究宗教的起源和本质问题的人文学者中，则提出了艺术起源于巫术的学说。这个学说基本上是建立在一定的考古事实和学术理性的基础之上的。考古学家和人类学家发现的人类最早的宗教遗迹存在于尼安德特人的文化遗址中。尼安德特人创造的"莫斯特文化"包含带有图案性的画痕，装饰性的器物，甚至出现了洞穴壁画。由此，不少学者都认为人类最早的宗教萌芽和艺术萌芽同时出现，表明宗教与艺术的联系。有些学者则进一步认为，这些艺术的早期萌芽起源于宗教活动和巫术行为的需要。如法国考古学家所罗门·雷纳克认为："我们在这里所遇到的事实是艺术本身起源于巫术，因为艺术旨在施行某种巫术来招引部

① 柏拉图：《文艺对话集·斐德若编》，朱光潜译，人民文学出版社1983年版，第118页。

②③ 柏拉图：《文艺对话集·伊安编》，朱光潜译，第9、8页。

落赖以维生的动物。"[①]研究原始艺术的德国学者赫伯特·屈恩支持这个观点。他在其著作《关于冰河时期人类的遗迹》中指出：艺术与宗教一样，乃是人揭示神灵的永恒奥秘的一条途径，是接近神灵的一种方法。因此，绘画一开始就必然与宗教膜拜连在一起。

这一说法显然与艺术神创论不同，因为巫术作为宗教的一种行为和活动，始终是人的活动（尽管信仰者相信其背后有着神灵的作用）。在这个意义上，巫术和艺术一样也是人类的一种文化创造活动的产物。从巫术行为和宗教活动的需要出发导出艺术的产生和起源，在理论上并不需要作出神灵存在的假定，可以在人性需要的范围内作出相应的推论。所以，"艺术源于巫术说"是一种人文性的、学术性的学说，不是神话的虚构，也不是宗教的信仰。

但是，如果将巫术作为艺术产生的本原，则是不科学的。因为巫术和艺术一样，实际上都植根并起源于人类为满足其人性需要的社会生活，它们是在作为共同根源的社会基础上生长出来的两种不同的文化之花。既谈不上巫术（或宗教）产生艺术，也谈不上艺术产生巫术（或宗教）。然而，如果把这里的"起源"的意义限制在"缘于"这样一个次要的层次之上，那么艺术缘于巫术的关系显然是客观存在的。所以，根本意义上的"起源"和互为因果的"因缘"是两个不同层次的问题，二者并不互相否定，都可以成立。

二、艺术起源于社会生活

艺术是人建立在美感需要之上的一种审美活动。如果人的人性中没有对美的感受和审美的需要，人就不会对客观存在的事物作出审美的判断，或按此判断认识美在形式和内容方面的规律，进行艺术的创造。但是，这并不意味着，人的美感需要和审美判断是人类先天就有的东西。人所拥有的原始本性无非是"饮食男女"之类生存本能，它可以是一切文化创造（当然也包括艺术）的出发点，但本身并不包含现成的文化艺术。美食和性的满足可以使原始人感到生理上的愉悦，但这是自然而然的生理反应，而非艺术创造带来的精神上的美感。不过，正是这种因人性本能的实现而带来的快感，以及它的不能实现引起的痛苦，促使人类去认识外在自然和内在自然，自觉地把自己提高和升华了的人性需求加之于自然之上，从而创造出适合并满足人性需求的产品。这种人性的对象化和自然人性化的过程典型地体现在早期人类的生产实践和劳动过程之中。生产劳动把

① 所罗门·雷纳克：《俄耳浦斯宗教通史》，俄译本，第136页。

人性加之于自然并使自然人性化为生存所需,它满足了人的需要,实现了人的生存,从而也引发了人的快感和愉悦。人类的美感正是在反复进行生产劳动的过程中逐渐生成和深化的。劳动工具的制造和把自然物改造为生活所需的劳动生产都是人类的一种有目的性的活动。要使劳动工具更有利于生产,并使劳动产品更适合于生活所需,都必须认识自然的特性和形式上的规律(对称、均衡、节奏之类形式美的要素),这种特性和规律被掌握了,就能生产出更多更适用的产品,更好地满足人的生存需要,人的目的得以实现,由此而自然地感到快乐和愉悦。在这个意义上可以说,人类在通过劳动工具的制造加工自然,使自然人性化的过程中,不仅依照必然性和合乎目的性的规律,而且必须依照美的规律。人类的美感、审美判断由此形成,艺术创造由此开始。艺术的真正根基是人类的生活需要。

但是,社会生活是复杂的。除了劳动生产之外,还有其他许多方面的生活内容,它们也会对人类的艺术需要和艺术创造产生影响。德国著名艺术史家格罗塞在《艺术的起源》一书中对此作了深刻的研究和论证,他用大量资料证明,艺术的起源除与人类的经济活动有关外,也与其他方面的社会生活有关。例如,人类的装饰和舞蹈与两性交际中吸引异性的需要有关,与战争中恐吓敌人的需要有关;诗歌、舞蹈和音乐与战争中激励士气有关,特别是与社会群体团结的需要有关。因此,他指出:"艺术也不但是一种愉快的消遣品,而且是人生最高尚和最真实目的之完成。"①人类社会生活的这些方面对于艺术起源的影响,虽然不如劳动生产过程那样根本,但却更为直接。它们不是艺术起源的本原,但确是艺术得以发展的"因缘"。在这个认识基础上,我们就有可能对宗教或巫术与艺术的起源、发展问题,作出更好的理解和说明了。

三、原始宗教与原始艺术的因缘关系

考古学的发现表明:

第一,人类宗教的萌芽,发现于尼安德特人所代表的新石器时代的"智人"的墓穴遗迹之中。在此以前的旧石器时代和新石器时代的文化遗址中已经发现,原始人制造的石器越来越精致,越来越具有形状方面的规范,不仅具有更加合乎目的性的实用价值,而且也更符合形式美的规律。这说明,智人阶段的原始人类虽然尚无宗教的萌芽,但却有艺术的萌芽。由此可以证明,人类为了生存需

---

① 格罗塞:《艺术的起源》,蔡慕晖译,商务印书馆 1984 年版,第 239、240、241 页。

要而改变自然使之人性化的劳动实践，乃是人类艺术之所以萌生的原始根基。

第二，人类早期艺术的考古发现，大量出现于尼安德特人及其以后进一步发展了的人类文化遗址中，如墓葬中的装饰性器物、洞穴画、壁画、人物和动物的雕塑、巫术性法器和祭祀性礼器等等。这些具有明显的艺术特征的文化遗物，大多同时具有不同程度的宗教色彩，与当时人类的宗教信仰、宗教仪式活动密切有关。这说明，原始艺术的形成与兴盛，与原始时代的宗教生活有伴生共长的关系。原始人宗教生活的需要刺激了原始艺术的发展；原始艺术的创造服务于原始宗教的需要，又反过来激发宗教的想像力，促进宗教的发展。

在此基础上，我们可以进一步深入具体地研究原始宗教与原始艺术之间这种伴生共长的"因缘"关系。按照"宗教四要素"说，宗教的四个要素都要通过象征性的感性形象展现出来，由此而表现为各种形式的艺术。

原始人的宗教观念，无论是图腾崇拜和祖先崇拜的对象，还是自然崇拜的对象，都不过是头脑中的一种想象。它们可以出现在梦中，但醒来却无影无踪；它们被认为生活在原始人的周围，决定着生活中的吉凶祸福，但却看不见，摸不着，不能直接呈现在人们的感官之前。为了使这些被人格化、神格化的宗教观念和崇拜对象超出个人的主观想象，成为群体社会共同礼拜的对象，就得把它们感性化、具体化、形象化，使之成为群体社会可以共同体认的对象。这只有两种方式：一是用象征性的语言去形容、模拟和描述那想象中的神灵，说他像什么东西。所谓"像什么"，就是用某个具体形象之物，作为其崇拜对象的"象征"；二是把想象中的神灵观念物态化，或者直接指认某个自然物体，如一棵大树、一块怪石、一座高山等，作为神灵的寓体和象征，或者图形化为绘画，或者雕刻塑造为偶像，这就发展为造型艺术。这些造型艺术的宗教遗迹在世界各地的原始文化考古遗址中已有多处发现。由此证明，是宗教的想象伴生和激发出艺术的想象，然后物态化为象征宗教崇拜物的造型艺术。

原始人在神灵和神性观念的支配下激起的关于神灵具有超人、超自然权能的想象，还发展为语言的象征性描述，后来又逐渐发展为讴歌神灵的事功，感谢神灵之恩德的神话传说和宗教文学。各民族早期口口相传的各种传说，差不多都是这类东西，其典型的表现就是各民族的史诗和宗教仪式上的颂神诗和祝祷词。如古印度的《梨俱吠陀》，古波斯的《阿维斯陀》、古希腊的《荷马史诗》等。

宗教信仰者用象征性的身体动作来展现和宣泄其内在的宗教感情，发之于表达心声的音调和手舞足蹈的动作，这就促进了原始时代音乐和舞蹈等艺术形式的发展。巫术在这一过程中则起到了特殊的作用。巫师在巫术仪式中总是用象征性的身体动作和巫术语言来模拟地表现他与神鬼交往过程以及降魔驱邪的法术过程。因此,巫术仪式必然采取亦歌亦舞的艺术形式。

自发性的宗教行为规范化、体制化为社会群体奉行的神圣宗教仪式典礼后,象征性的艺术形式得到多方面的使用和发展。不仅载歌载舞,而且还要根据特定仪式的性质和内容,把相应的神话传说用一系列象征性的语言和动作再现出来,从而形成戏剧性的表演。古代民族传统戏剧的内容,大多都是宗教性的神话剧。如澳大利亚土著人的图腾崇拜仪式一般总是由仪式参加者扮演图腾神话中的各种角色,把神话内容戏剧性地再现出来。

古代宗教的各种仪式活动对于艺术的需要是多方面的。为了调动和激发仪式参加者的宗教感受,仪式场合总是具体地象征地体现人们关于神灵境界的想象:要塑造和设置神灵的偶像,要用各种祭献的礼器和法器,要对仪式场所进行装饰,再进一步,甚至建造专门的神庙或神坛。所有这些宗教的想像都激发了人们的艺术想像,感性化为各种形式的艺术。而艺术创造者以其非凡的艺术想像力创作的这些精美艺术作品又反过来作用于宗教的想像和宗教的观念。如《荷马史诗》中的奥林匹斯诸神的形象与事功,虽然以古代希腊人的民间传说为蓝本,但它们已被荷马的艺术想象所涂饰,形象更高大,故事也更神奇。可见,艺术与宗教在其初生时代就有着非常密切的"因缘"关系。

第二节　宗教对艺术发展的影响

一、社会生活的发展是艺术发展的基本动因

尽管宗教对于文明时代各种艺术的发展起着多方面的作用,但艺术发展的基本动因仍然是社会生活的发展。主要有以下几点理由:

第一,艺术的本来意义就是技术,一定程度的技术乃是艺术赖以产生和得以发展的物质条件和认识基础,而技术水平是与社会生产力的发展水平相适应的。

原始时代的技术水平和社会生产力水平很低,除了用天然的石头或树木做简单的加工制作作为生产工具以外,不能提供专门用于艺术生产的艺术工具和材料。因此,原始人只能通过语言、声音和身体动作来表达因目的的满足而产生的愉悦、快乐和美的感受,或者利用天然的有色物质画出一定的线条和图形,由此而产生了原始时代的音乐、舞蹈和绘画之类的艺术。只是随着社会生产力和技术水平的逐步发展,社会才创造了艺术发展所需要的工具、材料、颜料,制作了乐器、戏剧的服装、装饰性的道具以及舞台设施之类。没有这一切,我们就很难

设想古希腊精美绝伦的雕塑和撼动人心的戏剧,以及古代文明国家所创造的各种辉煌灿烂的古代艺术;更难设想文艺复兴时期达·芬奇、拉斐尔的绘画、米开朗基罗的雕塑,以及流行于现代社会生活中的电影、电视等艺术。

第二,艺术的发展是与社会分工和专业艺术家的出现分不开的。如果没有脱离体力劳动的脑力劳动者的出现,社会就不可能有专门从事精神活动的文化人和艺术生产的艺术家。一旦社会上出现了艺术家,他们就有可能发展自己的审美能力和艺术技巧,研究艺术美的形式和内容的规律性,提高艺术的水平。社会分工的出现和发展,是社会生产力发展到一定阶段的产物。

第三,艺术虽然直接表现人的审美感受,满足人的审美需要,但人的审美需要和审美感受的性质和内容却取决于人生活中的社会关系。社会关系的内容常常决定个人的审美感受,社会生活的演变或迟或早会推动艺术的发展,使艺术的形式和内容适应于社会生活和社会关系的需要。正是社会生活的演变和发展,给艺术提供了不断发展的思想内容,造成了日新月异的审美情趣。前者就是艺术史上所谓艺术反映的"时代精神"的原因,后者则是艺术史上所谓"艺术风格"、"艺术时尚"变动不息的根源。原始人写不出仁人志士慷慨悲歌的人格美,因为他们没有经历过波澜壮阔的社会斗争及其所激发起来的英雄气概。野蛮人写不出文明时代诗人笔下那样缠绵悱恻的爱情诗,因为原始时代社会生活造成了两性关系的单纯性和狭隘性,使得他们的爱情不可能有丰富深刻的社会意义和高尚优美的道德情怀。不仅"社会美"是如此,"自然美"也是如此。花鸟草木,高山大河,月明风清,古往今来并没有多大的不同,然而不论中外,自然美在审美中占据重要地位都发生在文明程度较高的阶段。为什么早期的人类不去吟咏月亮、欣赏梅花?为什么原始狩猎民族几乎不去欣赏草原上茂密的花草?只有当社会生活的充分发展导致了人与自然的关系充分展开的时候,自然才被赋予了人性的意义,自然界才被人性化为"人性的自然",人们才逐渐发展出了对自然的人性的理解,把花鸟草木、高山流水,乃至凶猛禽兽、大漠旷野画到自己的画布上,写进自己的诗歌小说之中。

各个时代都有自己的时代精神,艺术如果不反映这种精神,便毫无生命力可言。艺术之所以成为一个生动活泼、不断发展的过程,就是因为它以不同时代社会生活中的时代精神作为自己表现的内容,构成自己活的灵魂。因此,我们可以说,社会生活乃是艺术在思想内容上不断创新的源泉。

艺术的表现形式也向着日益丰富多彩的方向发展,涌现出千姿百态的风格和流派,这是人们的审美趣味和艺术情调不断变化和日益丰富的结果。这些形形色色的"艺术时尚",正是各个民族在不同时代所经历的特殊的社会环境和社会生活的产物。

在谈论艺术发展的动因时,毫无疑问应强调分析事物变化的内因。艺术发展的内因在于艺术的内部所固有的形式与内容这一矛盾的发展。当内容有了重大发展,旧的形式与之不相适应时,旧形式就会被突破,新形式就开始形成,二者逐步在更高的层次上实现新的统一。这种矛盾的发展推动着艺术的发展。艺术发展的这一普遍规律,充分证明社会生活的发展是推动艺术发展的根本动因。有了这个认识作为前提,我们就可以比较恰当地来讨论宗教对于艺术发展的作用,分析这种作用的地位,探讨它起作用的途径和方式了。

二、宗教对艺术发展的影响

社会生活的发展对包括宗教和艺术在内的各种文化提出了更多的要求,同时也提供了更丰富的内容和更充分的条件。宗教在发展,艺术也在发展,二者之间的关系自然也会演变。在原始社会,宗教事实上是上层建筑、社会意识和社会文化的总汇,各种文化形式几乎完全处于宗教文化的支配和影响之下;甚至可以说,它们是作为宗教文化的一部分而取得自己的存在。艺术也不例外。当然,为满足日常生活需要的实用性艺术仍有自己的独立存在的地位。我国新石器时代文化遗址中发现的生产工具和制陶艺术显然属于此类。但得到最大发展的,确是为宗教—巫术仪式直接服务的宗教性艺术。即使到了文明时代,这种格局仍然继续存在。不过,随着社会和文化的演进,逐渐出现了新的情况:世俗性艺术开始摆脱昔日那种依附于宗教文化的附属地位,越来越明显地独立出来。世俗性艺术本质上以表现社会世俗生活为主要内容,往往具有非宗教以至反宗教的倾向。在分析宗教与艺术的关系,研究宗教在历史上对艺术的影响和作用时,有必要注意到这方面的事实,不能只是强调宗教对艺术发展的积极影响,而忽略其消极方面;也不能只看到艺术对宗教的依附,而忘记了艺术在历史上对宗教的反抗。

在各民族的文明史上,社会上的绝大多数人都是宗教的信仰者。他们既要过世俗生活,也虔诚地信仰宗教,礼神拜佛,参加宗教仪式,礼庆宗教节日。而且,人们相信,其世俗生活是否吉祥如意,取决于宗教信仰的是否虔诚,举行的宗教仪式是否隆重规范。这种生活态度反映在艺术需要上,就使得现实生活的艺术表现,既有宗教性的一面,也有世俗性的一面。宗教艺术往往是世俗生活的折射,世俗性艺术则常常打上了宗教的印记。两个方面互渗互补,融为一体。

只要我们回顾和观赏人类艺术史上留下的稀世珍品,就会看到,它们多是宗教性的艺术。埃及的金字塔,希腊的帕特农神庙,印度的阿旃陀石窟,意大利的圣彼得大教堂,法国的巴黎圣母院,以及遍及世界各地的神庙和神坛,都是宗教崇拜的艺术结晶。我国被誉为世界第八奇迹的秦始皇兵马俑,本质上也是产生于对灵魂不死和冥世生活的信仰。无论是东方还是西方,中国还是外国,各种古代艺术从题材到风格,从内容到形式,许多都渗透着宗教的观念、感情和精神。中国传统艺术与宗法性传统宗教、道教和佛教之间,印度传统艺术和传统宗教之间,西方世界传统艺术和基督教之间,阿拉伯世界传统艺术与伊斯兰教之间,都有着密切的联系。

各民族的传统宗教之所以如此深刻而广泛影响着民族艺术的发展,最重要的社会原因,当然仍是在各民族历史上宗教几乎总是居于至高无上、万流归宗的神圣地位,这就迫使其他各种文化和艺术附属于它。在艺术领域,各种艺术形式主要去表现宗教的观念和精神,宣泄宗教的激情,适应宗教传道的需要。就宗教与艺术的这种关系而论,艺术之所以接受宗教的影响,或者说,艺术之所以成为宗教观念的表现形式和宗教感情的宣泄渠道,是迫于形势(宗教的统治地位)而不得不这样。然而,实际情况也并不全然如此。除此以外,宗教之所以在历史上对艺术发展产生巨大的影响,还因为宗教自身的性质使得它必然通过艺术形式表现自己。宗教诸要素之社会表现的基本特征就是“象征化”。而“象征化”就是感性化、具体化、形象化,亦即“艺术化”。宗教诸要素在必然采用象征化的艺术表现自己的同时,必然作用于艺术,从而形成和助长了宗教与艺术之间伴生共长的关系。就宗教之所以影响艺术,或艺术之所以接受宗教的影响的这方面的原因而论,它来自宗教与艺术这两种文化形式在性质上的共同性。不是迫不得已地被动接受,而是二者之间的“同声相应,同气相求”。这种关系和作用,不仅可见之于原始艺术的形成过程,而且还体现在文明时代各种艺术的进一步发展的过程之中。当宗教成为宗教观念更为神圣和高尚、神灵形象更为完美、仪式活动更为壮观和多姿多彩的国家宗教和世界宗教时,这些发展了的宗教诸要素同时也就强化了和深化了它们象征化为各种艺术的要求,从而进一步促进了艺术的发展。社会的文明程度越高,宗教越是发达,神灵及其神性越是神圣和完美,宗教仪式越是丰富多彩,宗教对艺术的需要和要求也越来越多,越来越高,它对艺术的影响和作用也就越来越深。正是宗教与艺术之间这种内在的深刻的关系,才造就了世界各民族在其文明昌盛、宗教发达的历史时代各种艺术的发展,给今日之世界流下了那么辉煌灿烂的艺术奇葩。

三、宗教对艺术影响的二重性

承认宗教在历史上对艺术的发展起了重大的作用,并不意味着我们承认宗教在这些方面的一切作用都是积极有益的。一切事物都具有二重性,宗教对于艺术的历史作用也是这样。对宗教的积极作用,我们不能否认;但对它的消极作用,我们也不能忽视。

宗教为艺术提供的观念、意境、形象和想像力,是受宗教的观念、教义及其所追求的神圣境界支配和制约的。把宗教意象和宗教幻想象征化而形成的艺术,必然局限在宗教的领域而走向片面化的发展。宗教的想像力及其所想象的意象过于炽热,就会抑制世俗现实生活的艺术想象。正是由于这个缘故,古代文明留下来的艺术珍品几乎都是宗教性艺术。它固然因此而展现了宗教对于激发艺术创造的积极性方面,但也因此而表现了宗教限制艺术全面发展的消极性方面。这种消极性影响在一神教信仰居于绝对统治地位的社会中表现的尤为突出。在信仰多神教,允许多种宗教同时并存的社会里,尽管宗教仍只能为艺术提供局限于宗教诸要素象征化的意像,但多种宗教和多种神灵观念毕竟还能为各种艺术提供多彩多姿的神灵形象和宗教意像,可以展现为丰富多彩的宗教性艺术;而在一神教统治的社会里,神性高度抽象化,丧失了许多感性化的具体性,阉割了多神信仰时代诸神混迹人间,与人世生活息息相关的世俗生活内容,它为艺术所能提供的意象和想像力必然是相对贫乏和空洞的。多神信仰的古代希腊曾经创造出了辉煌灿烂、丰富多彩的艺术,但在基督教垄断神坛的中世纪,这些艺术均被视为偶像崇拜和异教艺术而横遭禁绝。例如,古代艺术奇珍"维纳斯女神像"就是被贬为"女妖"予以毁灭。特别是随着基督教隐修苦行思想的传播和流行,中世纪欧洲人的生活理想和审美情趣也逐渐染上了宗教禁欲主义的色彩。基督教把禁欲、苦行视为崇高的美德,而把人的自然情欲的满足看成是一种低级的、有罪的东西予以鄙弃,单纯鼓吹人对神的爱和对所谓神福的体验。在这种审美意趣的支配下,绘画、雕塑、建筑等艺术,成为表现宗教道德的感性象征,蜕化为宗教教义的点缀物。正如黑格尔所分析的那样:"绘画在这里的主要任务就在于用摧残肉体的形状把殉道者的沐神福的气象衬托出来,在面容和眼神的特点上描绘出抛舍,对苦痛的克服,以及自觉神的精神就体现在身上的喜悦。(而雕刻则只能）把肉体上所体现出来的那种痛苦痉挛状态突出地表现出来。"①

在基督教的历史上，曾经掀起了不止一次的"圣像破坏运动"。8—9世纪，保罗派就开始否定偶像供奉。726年，拜占庭帝国皇帝利奥三世下令拆除一切圣像，查理帝国也以"确保教会的纯正信仰"的名义起而响应。路德维希一世在位时（814—840），运动达到高潮。16—17世纪宗教改革运动中，加尔文教派和新教其他教派都把废除圣物作为改革的内容。1566年尼德兰加尔文教派把教堂的全部圣像圣物砸毁。1641年，英国清教派控制的长期国会通过决议，要求把三位一体的"可耻绘像"、圣母玛利亚的画像、十字架和其他迷信绘像从英国教会中清除，禁止在安息日跳舞，剧院被视为亵渎神灵的场所而长期关闭，许多娱乐活动皆被禁止，除了唱圣诗，音乐不受欢迎，教堂的艺术装饰全被摧毁。这些历史事实说明，宗教信仰不仅有限制世俗艺术和排斥异教艺术的狭隘性，而且宗教禁欲主义更具有反艺术的性质。真正的艺术本质上是升华了的人性之审美情趣的展现，它的健康发展要求走在人道主义的艺术道路之上，人性的自然展现决不能永远为神道主义的神性所束缚和扭曲。

正因为如此，意大利和西欧文艺复兴时期人文主义艺术的发生和发展，更具有特殊的意义。为什么当时会产生一大批像达·芬奇、米开朗基罗、拉斐尔、提香那样伟大的艺术家？为什么他们能够创作出如此美妙绝伦、至今犹令人叹为观止的艺术杰作？其中的原因无疑是多方面的，社会方面的原因在其中起决定的作用。但就艺术领域而言，直接起作用的原因只能在艺术自身中去寻找。应该承认，文艺复兴时期涌现出来的伟大艺术是在摆脱传统宗教的审美判断之后的产物，它所表现的艺术气质和审美情趣必然具有反传统宗教艺术的性质。传统的宗教神学及其艺术观把人的肉体、感官、情欲说成罪恶的渊薮，应予诅咒和抛弃，把人的自然人性异化出去成为敌视人的异己力量；因此，一切美的事物，特别是美的女人，便被神圣的宗教视为魔鬼的诱惑，不能成为艺术表现的对象。这种敌视人的神本主义、敌视人性的宗教禁欲主义乃是中世纪时代文化艺术衰败萎谢的根本原因。文艺复兴时期兴起的人文主义思潮适应社会发展的需要，反其道而行之，用以人为中心的人本主义去代替以神为中心的神本主义，认为艺术应该发现人、肯定人。这种对人的尊严和价值的自我意识，体现在艺术创造上就形成了新时代的审美观，认为人和自然应该成为文化艺术和社会生活的主体；艺术应该展现自然美和人体美。如果把人的一切情爱都交给神，而不热爱人和人

① 黑格尔：《美学》第2卷，朱光潜译，商务印书馆1979年版，第308页。

的肉体,不热爱大自然,那就不可能有真正的艺术。正是这种人本主义观念以及在此基础上升华出来的审美情趣,才造就了文艺复兴时期的伟大艺术家及其创造的伟大艺术。尽管当时的伟大艺术家们差不多都是受雇于教皇和教会,把他们的艺术创作献给教堂的修建和艺术装饰;雕刻、绘画的题材多以圣经故事和神话故事为其主题,但其内容和形式却有了本质的变化,神的形像实际上是人的情貌风范的再现。许多艺术大师把维纳斯和圣母玛利亚作为绘画的主题,但画布上的维纳斯和圣母集女性人体之美于一身,与其说是宗教的神,不如说是使人牵心动魄的美人。拉斐尔画了50张圣母像,都是选择了最美的女人做模特,他着意表现的东西是女人的人体美,儿童的天真可爱和母子之间的人性爱。达·芬奇的绝世之作《最后的晚餐》描绘出了耶稣与其十二门徒在一场戏剧性情节刹那之间的各种表情,实际上是世俗生活的缩影和世俗人生的再现。米开朗基罗的《大卫王》被誉为雕塑史上的顶峰。它通过细腻的肌肉纹理,完美而又健壮的体态,高雅果敢的面貌来表现一位圣经故事中的英雄:他面对可怕的巨人歌利亚,准备战斗,鼻孔略张,眉毛紧缩,呈高度兴奋,但又似缺乏自信的紧张。无论是形体的造型,还是精神状态的表现,都是人性化的。正因为这些艺术表现了生动的社会生活、真实的人性,才使之具有了震撼人心、动人感情的艺术效果,成了永恒不朽的艺术杰作。在人类艺术史上,意大利文艺复兴时期的艺术绝不是惟一的例证。它的伟大成就从反面证明宗教之于艺术发展的消极影响。这种消极影响乃是艺术的进一步发展所必须挣脱的精神镣铐。意大利的文艺复兴成了世界各民族文化复兴的起点,不仅在西方世界各个国家掀起一波又一波的破除宗教的精神束缚,创造新时代的文化艺术的新浪潮,而且几百年间影响着世界许多民族文化艺术的发展。世界艺术发展史一再证明,如果不克服传统宗教影响艺术的消极方面,反映时代精神的伟大艺术的出现和发展是难以设想的。

第十五章

宗教与科学

宗教与科学的关系历来是人们非常关心的问题。在人类漫长的历史发展中，宗教与科学作为人们精神生活的一部分，存在着十分复杂的关系。它们之间既有相互区别和对立的一面，又有相互联系和相互作用的一面。探讨二者之间的关系，将会使人们对宗教的本质及其社会历史作用有更深入更全面的认识。

第一节　宗教与科学的区别和联系

一、宗教与科学的本质区别

科学知识的幼芽萌发于人类早期的社会实践中，古代文明已包含许多近代科学得以发展的因素和内容。由于社会实践在深度和广度上的历史局限性，必然造成人类认识上的不完善和经验材料的不完全。在这种情况下，人们不能不用想象的联系代替事实的联系，以猜测性的推理填补自然界因果链上的空白。这就使科学知识在很长的历史时期一直附属于在思维方式上尚未摆脱想象性和猜测性的自然哲学体系，甚至寄生于更具幻想性的宗教神话世界观之中。

科学与宗教的这种历史的混合状态必然随着历史的进展走向解体。由于社会实践的发展和人类认识的深化，过去那种在想象和猜测中表现出来的知识，由于得到经验的确认和理性的论证，逐步克服了原来所有的想象性和猜测性，从自然哲学体系和宗教神话世界观中分化和独立出来，变成为实证性的科学。在科学知识的这种发展面前，历史上的宗教一般总是站到了实证科学的对立面，视科学为异端。这是因为作为古人幻想产物的神话世界观已被宗教神圣化为不可更改的教义，神灵安排和操纵的自然秩序决不能跟在科学发现的后面随时改变。以哥白尼太阳中心说为开端的近代实验科学，是科学的本质上的真正体现，是近代科学与宗教世界观彻底决裂的第一次宣告。为此,传统宗教对之作出了激烈的反应。宗教与科学本质上的对立被历史所掩盖的那种朦胧状态从此结束,它们的本质从此都越来越充分地展现于历史进程之中,走上了公开冲突的道路。这种冲突至今犹在继续。至于今后,尽管已有调和宗教与科学之对立的各种方案,而且有些神学家和有些科学家、哲学家都曾为此做了努力,但至今看来并未取得多少实际的效果,科学的新发现仍在不断冲击宗教神学的堤岸。二者的对立,看来是本质性的,难以调和的。

科学与宗教本质上的区别是什么?其在历史上如何展现?这种对立性能不能调和?我们将分别讨论这几个问题。由于产生于西欧的近代实验科学乃是自然科学的标准形态,它与基督教的关系又集中而典型地反映了科学与宗教各自的本质,所以,我们选择它们作为参照系展开我们的论述。

宗教与科学本质上的区别集中表现在以下两个方面:

第一,宗教是对超自然对象的信仰与崇拜,科学以承认自然规律的必然性作为科学的基础。

科学是反映客观世界的性质和运动规律的知识体系。科学知识的本质特征是从世界本身寻找说明世界的根据和原因,而不做任何人为的附加。科学把一切研究对象视为不依任何人的精神或神的意志而存在的客观实在,它们的产生是由于事物本质所决定的自然原因,它们的变化服从于客观的规律。真正的科学不承认任何超自然的力量及其对自然物的作用,因此也反对用超自然的原因和力量去说明任何自然现象及其发展进程。在对事物的说明和理解中只要引进超自然的力量和范畴,那就不再成为真正的科学。

宗教则与此相反。宗教就其本质而言就是对超自然力量的崇拜,相信超自然的上帝和神灵主宰自然界。因此,宗教一般是用超自然的原因去说明对象,把世界上的自然现象归结为超自然神灵的意志的表现,其发生和发展取决于神意和天命。宗教的本质决定它必然否认事物有客观存在的必然性和规律。这是因为如果承认自然的必然性和规律的客观性,那么一切事物的性质和表现就都是客观规律所决定的,它们的发展进程是必然的。这样一来,宗教所信奉和崇拜的神灵或上帝就没有任何可以违反自然规律而影响自然进程的能力,就不能实现超自然的神迹来惊世骇俗,显示自己的存在,也不能用超自然的形式来满足宗教信仰者的祈求。上帝和神灵就只能是由自然必然性所决定的、普普通通的自然存在,而不再是可以随心所欲地创造世界、改变自然进程的造物主。这就意味着,神不再是神,宗教也不再成其为宗教。对超自然力量的肯定与否定,决定了宗教与科学二者在本质上的对立。宗教对超自然力量的肯定与科学对它的否定,都是不可改变的,因为这种改变意味着自身的本质规定性的丧失。

第二,科学注重理性和经验,宗教一般是非理性的超验的。

宗教与科学在认识方法上也根本不同。科学要认识自然事物的本质及其规律,就必须在经验观察的基础上进行理性推理,通过再现自然进程的科学实验,或者从事物的原因推知事物的结果,或者从事物的结果推知事物的原因;或者从事物的外部特征探索决定它们的内在本质,或者从对事物内在本质的认识出发推论其外在的必然表现。科学方法本质上是经验与理性、科学实验与逻辑推理的有机结合。一切科学知识都必须建立在经验观察的事实基础之上,并通过经验和实践去检验,反对任何人为的虚构。

各种宗教信条、教义规定和神学体系的基本内容,是对超自然境界、超自然神灵及其创造的超自然神迹的信仰。这些东西,任何人都不可能通过感官经验来感知和认识,更不可能通过科学的仪器或实验使之重复再现,也就不可能在经验事实的基础上作出合乎理性的逻辑证明。因此,宗教神学总是而且只能强调这些东西超出人类的任何经验和理性之外。在宗教神学看来,人类的经验和理性只能认识有限的事物和自然的物体,对于超自然神灵的认识,则只有依靠超经验、超理性的启示或神秘主义的直觉。对于善男信女,宗教要求他们对神灵要虔诚地信仰,要无条件地爱,而不是经验的确认和科学的验证。有些宗教神学体系有时也借助于貌似理性的逻辑推理,论证其教义的真理性和上帝的存在,但由于所要证明的对象根本不存在,这种纯逻辑的推论便只能是一种概念游戏。许多宗教神学家和为宗教作辩护的哲学家懂得鉴于真正的理性思维必然会推翻宗教的基础,便坚决反对把宗教建立在理性主义基础之上。他们认为,如果那样做,只能是让宗教去经受它本来经受不起的考验。宗教认识信仰对象(神)的基本方法必然是无条件地信仰,与科学的认识方法有着根本性的区别。

二、宗教与科学在历史上的联系

宗教与科学本质上的对立,是我们站在现代社会的发展高度,运用科学的世界观和方法论进行科学分析的结果。实际上,在人类历史的漫长发展中,宗教与科学之间的对立却交织在它们错综复杂的联系之中。

第一,在古代社会,科学的萌芽基本上包容在古代宗教和其他一些宗教之中。那时,宗教除了作为当时人们的共同信仰以外,还曾长期作为人们认识和解释世界的重要工具,而且几乎是惟一的工具。这种情况是同人类的生产力和认识、改造自然的能力都很低的条件相适应的,当时的人们无法产生和形成像现代科学那样的知识来帮助人们认识自然界。另一方面,古代宗教文化也并非都是错误的幻想,其中也含有人们对人与自然关系的探索。正是这种情况决定了古代社会中一些科学知识的萌芽同宗教信仰、神话、巫术等交融在一起,形成你中有我,我中有你的复杂情况。古希腊神话故事里就有许多对自然现象的说明,其中就有一些素朴的科学因素。古埃及人盛行用巫术、咒语给人治病,并且出于宗教目的而形成了用香料保存尸体的风俗。因此,他们在数千年前,就有了初步的解剖学的知识,以及配制药物、香料的医药学知识。建立在天人感应基础上的占星术也积累了一定的天文资料,为以后天文学的形成创造了条件。古代宗教中巫师同时也是最早的医生;中国道教中追求长生成仙的炼丹术和内丹术也就成了原始的化学、医学和养生之道。

第二,在特殊的历史条件下,教会组织和一些宗教教职人员对科学的发展作出了贡献。如我国唐代的著名僧人一行是一位天文学家,他同梁令瓒一起制造了黄道游仪,以此来测定 150 多颗恒星的位置,这是世界上第一个对地球子午线长度进行的实验,并推算出相当于子午线纬度的长度。东晋道士葛洪继承汉代炼丹理论,整理了当时流行的各种炼丹术,并在长期研制金丹的实验中,积累了丰富的经验,认识了某些物质的特性及其化学变化,写下了有名的炼丹著作,成为炼丹史上一位承前启后的人物,为研究中国炼丹史以及古化学史提供了珍贵的史料。他还总结了战国以来神仙方术理论,在他的《抱朴子》内篇中,概述了东晋以前外丹、行气、服食、守一、房中术等基本概况,把为人治病列为“上功”,亲自汇集百余种药方,编成中国第一部急诊手册。唐代道士孙思邈,集唐以前医学之大成,他亲自采药制药,广泛搜集药方,对医学发展有较大贡献,被后人称为药王。对天文学作出革命性贡献的哥白尼和开普勒就是天主教的神职人员。创立生物遗传学理论的孟德尔曾经是奥地利神学院院长。这些宗教教职人员之所以能在科学上做出贡献同他们相信上帝按其最高理性创造了宇宙这一观点有关。这种观点促使了神学家们去探索宇宙运动符合理性的具体规律,但结果往往得出了否定基督教神学的结论。各大宗教的宗教活动场所和教会组织往往也是特定历史时代科学活动的场所和组织者。

第三,宗教经典往往包含许多科学知识的材料。世界各种宗教的经典,尽管都蒙上神秘主义的色彩,但实际上都是特定时代特定民族社会生活的反映。每种宗教的经典都不是预先定好的,都有一个由宗教教职人员逐步编撰的过程,而且几乎汇集了当时所有的重要文献,包括经济、政治、历史、法律、道德、文艺以及自然科学的许多知识。

第二节　科学在历史上与宗教的冲突

科学与宗教在本质上的区别与对立,必然导致二者在历史发展过程中的冲突和斗争。《科学史》一书的作者丹皮尔说得好:“科学并不是在一片广阔而益于健康的草原——愚昧的草原——上发芽成长的,而是在一片有害的丛林——巫术和迷信的丛林——中发芽成长的。这片丛林一再地对知识的幼芽加以摧残,不让它成长”。[①] 丹皮尔这里所说的危害科学知识成长的“巫术和迷信”,实际上就是一般意义的宗教,因为巫术不过是宗教的一种行为表现,而迷信也就是宗教信仰主义和蒙昧主义。科学知识要想得到发展,就必然同宗教的危害作斗争。事情很明显,只有剥去传统宗教裹在自然对象身上那件超自然的神秘外衣,自然对象才能在科学家面前展现其本来面目,成为科学研究的对象;只有斩伐有害的丛林,才能开辟一条通向科学真理的大道。

自然科学的理论基础是唯物主义世界观,至于科学真理的发现者是否自觉地意识到这一点,那倒是相对次要的问题。因此,科学在宗教问题上必然导致对宗教神学的否定,得出无神论的结论。科学在每一领域的任何重大成就,都意味着在对这个领域内自然规律的发现和对超自然力量的否定,意味着把上帝的作用和宗教的影响从这个领域中清除出去。在这个特定意义上,我们甚至可以说,自然科学的整个发展过程,实质上也就是一个接一个地攻占宗教堡垒的过程。由于两千多年来科学知识的发展,特别是欧洲文艺复兴以来近代实验科学的发展,自然界的许多领域基本上已为科学所征服,使作为造物主的上帝失去存身之地。恩格斯指出:“在科学的推进下,一支又一支部队放下武器,一座又一座堡垒投降,直到最后,自然界无边无沿的领域全都被科学征服,不再给造物主留下一点立足之地。牛顿还把‘第一次推动’留给上帝,但是不允许他对自己的太阳系进行别的任何干预。神甫赛奇虽然履行教规中的全部礼仪来恭维上帝,但是并不因此就变得手软些,他把上帝完全逐出了太阳系,而只允许后者在原始星云上还能作出某种‘创造行动’。在一切领域中,情形都是如此 。在生物学中,上帝的最后的伟大的唐·吉诃德,即阿加西斯,甚至要求他去做十足荒唐的事情:他不仅应当创造实在的动物,而且还应当创造抽象的动物,即创造作为鱼的鱼!最后,丁铎尔完全禁止上帝进入自然界,把他放逐到情感世界中去,而他之所以

① 丹皮尔:《科学史》,李珩译,商务印书馆 1975 年版,第 29 页。

还允许上帝存在,只是因为对这一切事物(对自然界)总得有个什么人能比约翰·丁铎尔知道得更多些!这和旧的上帝——天和地的创造者、万物的主宰,没有他连一根头发都不能从头上落下来——相距不知有多远!"[①]恩格斯的论述,概括地反映了自然科学从自然界中清除上帝作用的进程。现对此再作一些具体的说明。

一、古代希腊自然哲学对万物有灵论的冲击

古代希腊的唯物主义自然哲学可以说是近代欧洲自然科学的最初形态。它是在反对传统的以万物有灵论为特征的多神宗教的斗争中发展起来的。按照这种传统的宗教观,自然界的各种自然事物和自然力量,社会生活中的各个行业都不过是某种神秘力量或某种人格化神灵操纵其间的外在表现。各种神灵既是自然现象的原因,又是社会生活的主宰。按照亚里士多德的说法:"神原被认为是万物的原因,也被认为是世界第一原理"。[②] 既然神是万物的本原和原因,那么,一切现象当然就得用神灵的意志和超自然的力量作出解释。但是泰勒斯以来的各派唯物主义哲学却提出了与此完全相反的自然观:世界万物的本原和原因不是任何超自然的神,而是自然本身。物质性的元素是一切自然事物的本原,不同性质的万物及其生灭变化,归根到底不过是作为世界本原的物质元素的分解与组合。至于这种作为世界本原的物质元素到底是什么东西,各派自然哲学的说法各不相同:水、气、无限者、种子、土、原子……众说纷纭,不一而足。

这种种哲学理论都不过是一种理性的想象和推测,并不符合于我们现代人所了解的自然科学。可正是这些猜测性的哲学推理引导人们逐步打开自然奥秘的大门,开辟了通向真正自然科学的道路。它的科学意义在于否定了传统宗教及其所奉神灵的权威,从自然界本身去寻找自然现象的原因,用人类自己的理智去代替神灵的意志;这不仅打破了神灵对"自然秘密"的垄断,而且也从对"自然秘密"的解释中排除了神灵的作用,力图用物质本原与万物的物理变换或物质循环过程来说明自然事物的生灭变化及其原因,用物质元素在数量上的增减和结构上的变化,来说明物质形态及其属性的多样性。这样一来,神灵在自然界的作用就不再需要了,神灵的存在也就可有可无了。

古代希腊哲学家的这种自然观的基本原则为近代的实验科学奠定了理论基础,提供了认识自然的基本原则和基本方法。以德谟克里特为代表的原子唯物

---

① 《马克思恩格斯选集》第4卷,人民出版社1995年版,第309~310页。

② 亚里士多德:《形而上学》,吴寿彭译,商务印书馆1959年版,第6页。

论把物质世界的一切现象归结为原子在组合为物时的数量、形状、大小和组织排列的多样性。这个思想事实上是道尔顿原子论的理论先驱,它本身就是一种科学理论,也可以视为理论物理学的原始形式。它构成17世纪以来近现代一切自然科学的认识论和方法论基础。现代物理学关于物质结构的电子模型、层子模型、夸克模型——都可以视为原子论的进一步深化和发展,因为它们本质上都是在物质结构的更深层次上用物质的量的组合和空间结构的差异来说明物质的质的不同。基本思路是一脉相承的。

尽管古代希腊唯物主义自然哲学具有丰富而深刻的科学内容,但它毕竟具有想象和猜测的性质,不可能在实验室中再现出来得到科学的检验。当唯物主义哲学家用"想象和猜测"的哲学世界观去否认超自然神灵的权威的时候,唯心主义哲学家和宗教神学家也同样可以用"想象和猜测"的神学唯心主义来论证和加强超自然神灵的权威。再加上统治阶级对宗教的需要和利用,宗教不仅未被科学和哲学所压倒,而且继续发展,在整个欧洲的中世纪竟成为压倒一切的上层建筑,取得万流归宗的至上地位。科学成了宗教的牺牲品,哲学成了神学的婢女。它们都不能超越教会信条所规定的界限。

二、哥白尼天文学说对于神学世界观的第一次反叛

近代自然科学对神学世界观的第 次反叛是1543年可白尼的《天体运行论》一书的出版。恩格斯把这件事比之为是与马丁·路德焚烧教谕事件一样的革命行为。从此以后,开始了近代自然科学摆脱神学世界观束缚的解放过程。

哥白尼所反对的地球中心说并不是罗马天主教的发明。早在古代希腊时代,欧多克斯、亚里士多德、阿波罗尼、依巴谷等人就先后提出了此种主张,而由托勒密集其大成。基督教在一度反对地心说之后,转而接受了它。但基督教也做了自己的"新贡献"。这就是在亚里士多德-托勒密地心说体系之上涂上了一层神学目的论的油彩,使之具有神圣的灵光。按照基督教圣经的说法,上帝创造了天、地、万物和人类。人是上帝按照自己的形象创造出来的,因而在上帝创造的世界体系中居于特殊的地位;大地是作为人类栖息之所创造出来的,因而应该居于宇宙的中心,其他天体则围绕地球转动。至于世界万物,皆是由于上帝对人类特有的仁慈和恩惠而为人类创造出来的。托勒密的地球中心说成了基督教关于上帝创世说和神学目的论的科学根据,是中世纪基督教神学世界观的理论支柱。

哥白尼的太阳中心说的革命意义在于,第一,它把地球从宇宙中心的宝座拉

了下来,降为太阳系中的一颗行星。从而人类也不再是什么上帝特宠的"选民",在宇宙中并没有特殊的地位。这从科学上彻底粉碎了基督教的上帝创世说和神学目的论的世界观。第二,日心说的科学结论与人们感性直接观察到的经验事实(太阳绕地球的视运动)直接冲突,为自然科学如何把经验观察与理性分析结合起来、透过现象把握本质的思维方法和认识方法,提供了有力的刺激和推动。第三,在自然事物方面向教会权威进行了公开的挑战,打开了教会统治的第一个缺口。

紧跟哥白尼之后,在天文学上推进从他开始的革命进程的科学家,是开普勒和伽利略。后来,牛顿总结和发展了开普勒和伽利略的科学成果,建立了系统完整的古典力学。牛顿力学的胜利,最后打破了罗马教会和神学家对哥白尼学说的反对。牛顿发现的万有引力定律用科学的语言,圆满地解释了天体的运动,从太阳系和茫茫太空中排除了上帝的干预。星体依靠本身的力量,按照自身的规律在那里不息地运转。由于惯性定律不能解释星体运动的最初动因,牛顿宣布上帝是"第一推动力"。但上帝的作用也就到此为止。一旦上帝做完这件事,并颁布了万有引力法则之后,太阳系整个世界体系就开始运转起来,上帝从此不复插手其间。牛顿本人是一个虔诚的宗教徒,但他的科学世界观却严重削弱了上帝在宇宙中的地位和作用。基督教圣经所载的那位绝对自由、为所欲为地操纵自然事物,支配人间祸福的万能上帝,变成了一位尊重科学、讲求理性、按照自然规律办事的立宪君主。

三、近代实验科学的无神论意义

一切宗教所崇奉的神灵都是超自然、超人间的实体,他(他们)统治着宇宙中的各种事物。一神宗教把众多神灵的全部神性和权能集中到惟一无二的上帝之手,上帝的威德和权能于是便膨胀到无限之大,成了全宇宙支配一切,操纵一切的主宰。这样一来,宇宙的一切现象,大而至于天地的创造,小而至于一只豆荚长几粒豆,都被说成是上帝的决定和安排。

上述上帝安排一切的天命论,上帝创造万物的创世说是自然科学的对立物。整个中世纪时期,自然科学之所以长期处于停滞状态,与诸如此类的神学世界观的泛滥流行有着密切的关系。因此,对它们的批判与否定是近代实验科学发展的前提和条件。

17世纪首先在欧洲兴起的近代实验科学主要是以机械力学为中心的物理学和从炼金术中脱胎而出的化学。实验科学的根本特点是用科学实验的方式排除次要的、非本质的因素，以再现自然过程中的本质联系，借以探索那决定自然过程的因果关系和自然规律，发现它们之间的准确的数量关系，并力图用数学方程式予以表述。就像开普勒发现天体运动的力学规律一样，新兴实验科学也要求发现普通自然物进行物理运动和化学变化时的力学规律。在实验科学的发展过程中，科学家们因此而逐渐培养起一种思想方式和说明方式（自然观），要求用数学和机械力学的规律对整个自然界作统一的说明，把物质的一切性质还原为可以用数学和力学规律去把握的物质粒子的机械结构和数量组合。这就是盛行于17、18世纪的机械论自然观。这种自然观具有深刻的无神论意义，因为它在从神圣的天体到普通的自然物的整个自然界中排除了上帝安排一切的天命神学，它直接导致哲学和宗教观上的无神论。这就是：17世纪以霍布斯和笛卡儿（物理学）为代表的机械唯物主义无神论，17世纪到18世纪遍及整个欧洲的自然神论，一直发展为18世纪法国的战斗无神论和19世纪德国的费尔巴哈人本主义无神论。

19世纪，由于电子的发现，17、18世纪的机械论物质观受到了冲击。现代物理学的一系列重大发现，从宏观到微观，从大宇宙到小宇宙，使我们对物质的认识进入到了新的层次。但这并不意味着机械论自然观所具有的无神论价值发生动摇。相反，现代物理学用更丰富的科学事实，在更深的层次上一再证明物质的一切属性都决定于物质微粒在结构为物时的数量组合和空间排列。这种说明方式已从物理学扩展到生物学、遗传学，建立了分了生物学和分了遗传学。近年来，又进一步扩展到与大脑活动相联系的精神科学。一旦这种自然观进到一个新的领域，原来占据那个领域的超自然势力就被自然科学驱逐出去。17世纪以来，近代实验科学所开始的这个从自然界各领域中清除上帝主宰作用的进程一直在继续，它的势头是不可阻挡的。

四、天体演化说与生物进化论对上帝创世说的否定

人和世界万物的最初起源问题，是人类智慧猎奇求索的对象。古代各民族的宗教神话中差不多都有神灵如何创造世界万物的故事。在宗教后来的发展中，这些创世故事差不多都被纳入各种宗教的教义体系之中，成了所奉神灵的基本神性，是神灵之超自然权能的具体表现。例如，由于基督教在中世纪欧洲的精神统治，《圣经·创世纪》讲的那些上帝创世的神话长期被人们相信为确凿的历史事实。

但是，由于近代实验科学从自然界各个领域否定了上帝的主宰作用，也必然

随之对上帝作为“世界第一因”和“第一推动力”的创世活动产生怀疑，并用“进化”的概念来说明宇宙的形成和人类的产生。从 17 世纪到 19 世纪，进化理论在天体物理学、地质学和生物学中取得了重大的成就，形成了与上帝创世信仰直接对抗的天体演化说，地质发展观和生物进化论。

近代欧洲，在以机械力学为中心的物理学的基础上，首先提出天体演化理论的是哲学家兼科学家的笛卡儿。笛卡儿坚持自然界的物质统一性。他认为，无限世界都是由具有广延性的物质组成的，天上和地下的物质都是一样的，世界不是多元的。即使有无限之多的世界，它们也是由这种物质构成的。笛卡儿关于世界的物质统一性的原理从理论上否定了非物质的神灵世界的存在。笛卡儿进一步指出，既然一切可能的世界都是物质的世界，那么它们也必然服从于共同的规律，因此，只要用这普遍规律就可说明整个世界。笛卡儿有一句言：“给我物质和运动，我将为你们构造出世界来”。他的天体演化假说是这样来解释世界构成的：原初物质是混沌状态，按照物理学的规律进行着一种漩涡式的运动。随着运动的进程，物质分化出土、空气和火三种元素。旋风式的旋转运动把重的物质——土甩出中心而形成行星，轻的火元素则留在中心形成太阳。行星的旋转引起了新的宇宙空间的旋风，形成了一些与我们的太阳系不同的其他的太阳系。笛卡儿的漩涡理论后来经牛顿用数学证明与观测资料和开普勒的第三定律不相符合。但是，这个学说在科学和哲学上都是伟大的创举。在科学上，他第一次用机械学的原则去说明天体起源的大问题。尽管具体细节不尽科学，大方向却是完全正确的。他把宇宙视为按力学规律运动发展的产物，完全排除了上帝创世之类的神学说教，与《圣经·创世纪》里所谓上帝在六天之内创造世界的神话形成鲜明的对比。

德国哲学家康德在 1755 年出版的《自然通史与天体理论，或根据牛顿定理研究整个宇宙的结构及其力学起源》一书中提出了著名的太阳系形成假说。在康德看来，只要根据牛顿的万有引力定律就可以说明太阳、行星和卫星的起源，给我物质，我就能给你们看，怎样从物质中产生出世界。根据康德的假说，原始的物质是稀薄的星云，由于引力和斥力的互相作用而产生漩涡运动，最后形成旋转着的球形物质凝结物——天体。物质的宇宙是无限的，有一个从混沌状态到有组织状态的渐进过程，进行着宇宙体系永恒的和自然的产生和灭亡过程。

1796 年，法国科学家拉普拉斯在其《宇宙体系论》中在完全不知道康德假说的情况下提出与之类似的关于天体演化的星云假说。他认为，现在由太阳和行星组成的体系本来是一团散漫的星云，星云逐渐收缩，因此其转速也逐渐变快，离心力把物质团块甩了出去，从而形成行星；这同样的过程重复出现，便产生了行星的卫星。拉普拉斯是生活于法国大革命时代的自由思想家,根本不承认上帝创造说。拿破仑问他,为什么在他的体系中没有提到上帝,他自豪地回答说:"陛下,我不需要那种假说"。拉普拉斯的天体演化理论从科学上消灭了上帝的创世作用。从那以后,天体演化理论仍在不断发展,一种学说接着一种学说,科学已经完全不需要上帝了。

以基督教《圣经·创世纪》为典型代表的上帝创造人类和整个世界的宗教神学,直到19世纪才被达尔文的生物进化论彻底粉碎。而生物进化论之所以诞生,则得力于地质学关于地层演化的理论。18、19世纪期间,地质学家发现地球的地层保存着许多现已绝种的生物的化石,而且越是古老的地层,生物越是简单;越是新生的地层,生物越是复杂,更加接近于高等生物。这些地层的形成自然而然地被认为是通过悠久的历史过程而慢慢演化的结果(其中有水成派与火成派的争论)。如果按照《圣经·创世纪》的说法,地球的整个历史不过六千年左右,这对于地层化石层的沉积来说,时间实在是太短了。随之而来的结论是,既然不同化石层中的生物有着巨大的时间差距,《圣经·创世纪》所谓上帝在六天之内创造整个世界和一切生物的说法也只能当做神话故事。把不同化石层的生物物种连结起来,可以合理地构成一部生物连续进化的谱系和历史。

同时,生物学的发展也不断冲击着神创论。新大陆上许多动物的发现,很难使人相信那是挪亚方舟的主人从阿拉腊山远涉重洋带去的,动物种类的巨大数量(达几百万种),也不是挪亚那个小小的方舟所能容纳得了的。各种动物之间的互相残杀和互相折磨,更难使人相信造物主的仁慈。在这种历史条件下,关于生物进化的思想逐渐发展起来。法国生物学家拉马克开其端,英国生物学家达尔文总其成。达尔文于1859年11月发表了科学巨著《物种起源》,系统论证了生物进化论。它有两个基本内容:一是生物由进化而来;二是由于生物的高度生殖力引起生存斗争,进而产生通过遗传变异淘汰劣种的自然选择过程,于是造成了生物的进化,所以,自然选择是生物进化的原因和机制。达尔文学说以其丰富的实证和科学的推理很快在学术界和公众中产生了巨大的反响。对于宗教神学的上帝创造说,这是真正致命的打击。

以上概述了从哥白尼到达尔文以来自然科学反叛宗教、清除上帝势力的情况。这个说明是极其简略、非常不完备的。宗教和上帝所丢失的堡垒绝不是我们所提到的那几个领域。欧洲文艺复兴时期以来,各种自然科学都在全面而迅猛地发展,都有重要的发现。一切科学发现之所以是科学,本质上就在于它发现了自然物自身运动发展的客观规律,因而从此不再借助于超自然力量。自然科学的发展史清楚地证明,科学发展的过程实质上是不断与宗教神学作斗争,并不断清除超自然上帝作用的过程。

第三节 关于宗教与科学对立关系的调和问题

近现代自然科学的胜利虽然已经从自然界的各个领域把宗教的作用和上帝的权能驱逐出境,但由于宗教赖以存在的社会基础依然存在,宗教是不会自动退出历史舞台的。神或上帝仍旧活在那些需要神或上帝的人们的幻想世界之中。宗教神学也总结了历史上与科学做斗争的教训,不再像过去那样死守写在古老圣书上的每一句教条,愚蠢地反对自然科学的一切新的发现,用对待布鲁诺的办法把科学家处以火刑。资本主义社会的统治阶级是资产阶级,他们与中世纪的统治阶级——教会僧侣与封建贵族有不同的阶级特性。教会僧侣与封建贵族坐食俸禄,不事生产,他们并不需要靠科学技术的发展来维持自己的经济地位。近代资产阶级是商品经济的产物,他们与生产有着紧密的联系。要想在自由竞争中站住脚跟,获得更多的利润,便只有改善经营、发展生产,这就得依靠科学技术的发展。所以近现代资产阶级的阶级利益决定它对自然科学只能采取支持的态度。可是近现代资产阶级作为居于统治地位的剥削阶级,它更关心的事情是维护资本主义制度。在这一点上,与中世纪封建贵族是一致的。各国资产阶级取得政治统治权之后都逐渐改变了革命时期反对宗教的态度,转而利用和支持宗教。既需要科学,又需要宗教;既要利用自然规律来发展生产,又要利用上帝的超自然神性来维护资本主义制度,这就是近现代资产阶级的阶级特性和阶级需要。

人类进入近现代社会以后,科学技术进一步发展繁荣,越来越多的人接受了科学的真理,有神论的影响逐步减弱。在这种情况下,现代宗教在维护其基本立场的前提下,对科学不得不作出某些让步,缓和与科学的紧张关系。宗教界被迫承认达尔文的进化论等科学原理,但又力图给予神学的解释。为改善和科学家的关系,1936 年,罗马教廷成立了科学院。1979 年,罗马教皇郑重宣告为伽利略平反,并号召神职人员钻研科学。至于充分利用现代科学的成果为宗教服务则更是司空见惯的事情。协调和科学的关系,甚至对科学作出某些让步,对宗教来说是不得已的,但绝不是放弃宗教神学的基本理论。为了维护宗教的神创世界论,宗教方面更多的是采取调和宗教与科学之间矛盾的手法。

正是由于这个缘故,在 19 世纪以来的西方世界中,流行着各式各样的调和宗教与科学的对立的理论和思潮。它们的花样很多,难以尽说,但其中最有影响的大体上可以归纳为三种:一是利用哲学上的不可知主义,划分宗教与科学的范围,使之各得其所,和平共处;二是歪曲科学发现的性质,利用科学的暂时困难,使科学转而为神学服务；三是把资本主义社会在应用科学成果上造成的弊端归罪于科学，转而强调用宗教来挽救科学。这种种调和的理论和手法究竟是否能达到最终调和宗教与科学的对立呢？我们有必要对此作一番科学的、实事求是的分析。

第一种企图从根本上调和宗教与科学的对立的理论，主要是哲学上的不可知主义。它通过对人类认识的本性和能力的分析，认为科学的认识对象和所能达到的范围只限于经验感知的领域，科学决不能超过经验的限制而把握超经验的对象。宗教所信仰的上帝、不灭的灵魂和超必然律的自由意志，就是这种超经验的对象，它们是科学不可企及的领域。宗教与科学各有自己的天地，彼此井水不犯河水。

这种调和论来源于休谟和康德。休谟在哲学上自称为"温和的怀疑主义"。他认为，人类的全部知识源于感官印象，而认识的界限也止于感官印象。至于感官印象源于何处？它之外是否有一个物质实体或精神实体作为其客观源泉？原则上不可知。因为我们的一切知识都不能超出感官印象之外而作出进一步的推论。在休谟的哲学世界中，感官印象是惟一可予确证的实在，其他一切存在（物质、精神），由于得不到印象的确证，都是值得怀疑的。既然"精神实体"是否存在不能确证，那么，宗教神学所谓非物质的、不死的灵魂以及上帝神灵的存在也就成了可疑的对象。就此而论，休谟的怀疑哲学具有鲜明的反宗教倾向。但是，另一方面，它又对物质实体的存在表示了怀疑，同时又把作为自然科学之基础的因果律化为主观上的观念之间的习惯性联想，这就动摇了唯物主义哲学和自然科学的基础。休谟的怀疑哲学在宗教与科学的关系问题上实质上是一把"双刃刀"：一方面对宗教神学的合理性表示怀疑，另一方面对自然科学的合理性表示怀疑。既然自然科学也只能描述和整理经验事实而不能认识经验之外的世界，那么它也无权否定超经验世界的存在。宗教神学超越经验的限制而肯定灵魂和上帝之类当然是一种虚构，但却可以信仰它们的存在。宗教的真正基础不是理性的论证，而是单纯的信仰。休谟在批判了传统的宗教神学之后，又在超经验的领域内为宗教神学找到了一块自然科学和唯物主义哲学不能进入的领域。这种调和科学与宗教的对立的理论在德国哲学家康德那里得到进一步的发展。

康德在宗教理论上具有浓厚的妥协性。他所标榜的"批判哲学"，锋芒指向两个方面：既反对与宗教关系密切的唯心论，也反对反宗教的唯物论；既反对狂热的信仰主义，也反对无信仰主义；既反对宗教神学，也反对无神论和怀疑主义；既主张保留宗教，又主张发展科学。在康德看来，上述对立双方都有一个共同的错误，即他们在把"理性"应用于宗教领域之先，都未对"理性"本身的性质和能力进行批判性的审查,从而导致理性的误用,超出了理性所适用的范围。康德对唯物主义哲学和自然科学所推崇的“理性”本身进行了认识论上的批判考察,目的是要证明人类的理性对于宗教领域的对象是可望而不可及的,既不能用人类的理性和科学去论证宗教,也不能用它去否定宗教。

休谟与康德的不可知主义哲学及其对宗教与科学之关系的说明,彼此不尽相同,但基本思路大体上是一致的,都是把理性与科学的权威限制在经验的领域,而把宗教的基地置于超经验的领域,视为信仰的对象。按照他们的说法,科学和宗教各有自己的合法领地,彼此互不相干,文艺复兴时期以来科学与宗教的尖锐冲突从而得到调和。19 世纪以来的西方世界中,许多最有影响的企图调和宗教与科学的对立的思潮,基本上都是从休谟与康德的上述思路发展而来。

第二种常见的调和宗教与科学的论调和手法,就是歪曲科学新成就的性质和意义,利用科学在前进中的某些暂时性的困难和曲折,力图把科学纳入神学体系之中。在科学发展的历史上,每一个重大的发现,几乎总是一开始就遇到来自宗教神学的攻击和教会的迫害,而当得到实践的证实和普遍的承认以后,宗教方面无法继续反对了,便改变策略,转而歪曲科学的性质和意义,对它作出有利于宗教的神学解释。达尔文生物进化论的遭遇是这方面最典型的说明。最先,基督教会把它视为洪水猛兽全力围剿;失败之后,便转而采取顺应达尔文主义的策略,企图在进化论基础上建立新的神学。有些神学家根据进化论改造传统的上帝观念,把《圣经》中那个超世界之上而存在的上帝改造为内在于世界之中的上帝,并在此基础上来调和达尔文主义与上帝造人的神学说教的对立。按照他们的新说法,虽然达尔文认为人是猴子的后代,但基督徒仍可按《圣经》的传统说法,把自己认为是上帝的子孙,因为上帝存在于一切生命的内部。另有一些神学家的说法更为巧妙,据他们说,“进化”本来就是上帝头脑中的一个观念,生物的进化历程就是它的展示。

19 世纪以来,自然科学的重大发现一个接着一个:电子和放射现象,相对论、量子力学,测不准原理,星体红移和宇宙大爆炸学说,层子模型和夸克理论,遗传密码,有机物的合成等等,新的发现总是包含有否定旧学说的一面,其自身也有尚待进一步完善、做出科学的理论解释的地方。宗教神学常常利用科学在发展进程中自身扬弃的机会大作文章,一方面把旧学说的否定说成是自然科学的破产,另一方面又把新发现歪曲为对神学的新的证明。爱因斯坦的相对论被宗教神学和唯心主义哲学歪曲为科学知识的相对性和主观性,以此来证明自然科学对神学世界观的否定不具有客观真理的意义;量子力学的测不准原理被宗教神学歪曲为物质粒子并不遵循自然规律的决定而是具有自由意志的精神性的存在；星体红移和宇宙爆炸被歪曲地说成是上帝创世说的最新证明；从热力学第二定律导出的“宇宙热寂说”则被神学家和具有宗教倾向的科学家利用来证明基督教的世界末日论……所有这些对自然科学新发现的神学歪曲，尽管喧嚣一时，颇有声势，但科学的进一步发展却总是走到神学世界观的反面，导致对自然规律的更完善的表述。例如，现代物理学不再把牛顿的经典力学、爱因斯坦的相对论和量子力学视为不可调和、非此即彼的对立学说，而是找到了它们各自适用的条件和范围，把研究高速运动的相对论，研究常规运动的经典力学和研究微观世界的量子力学有机地统一起来。这不是自然科学的破产，而是它的发展和完善。这种发展不是有利于神学，而是进一步证明神学世界观的虚伪。只要我们看到科学不断发展的事实，我们就会承认，一切过去和现在尚未被认识的自然规律总有一天会被自然科学所认识。所谓自然规律，乃是自然本身的规律，是没有任何超自然力量发生作用的余地的。因此，自然规律的新发现，自然科学的新进展，总是必然地导致对上帝作用的进一步否定，进一步揭穿对自然科学的神学歪曲。

第三种常见的宗教与科学的调和论，是把当代社会在应用科学方面造成的社会弊端说成是科学的缺陷，然后据此要求人们不要迷信科学的权威，而要皈依宗教。他们甚至进一步宣称要用宗教来挽救科学，拯救社会。这种调和论，随着战后科学技术和资本主义物质文明的迅速发展而甚嚣尘上。自然科学本身是没有阶级性的，没有什么资产阶级的物理学和无产阶级的物理学。科学是对自然力和自然规律的正确认识，不以任何阶级的意志和利益为转移，可以一视同仁地为各个社会阶级服务。但是，人们如何利用科学成就，却是由应用科学的人及其阶级利益所决定的。科学按其本性说是一种改造自然的巨大生产力，可以造福于人类。但如其操纵在反动的利益集团之手，也会为其反动的利益服务，给人类带来比自然灾害更残酷的不幸，造成社会弊端。这种情况被有些人利用来证明科学本身的缺陷，宣称科学有两重性：它既可以创造文明，也可以带来野蛮。化学既可以合成人类生活所需的高分子化合物，也可以制造杀人的化学武器；原子物理学既可建造给人类带来光明和能量的核电站，也可制造毁灭人类的原子弹、氢弹和中子武器；电子计算机和机器人促进生产自动化，减轻了工人的劳动强度，但也造成了工人的失业；大规模的工业化创造了高度的生产率和高水平的福利社会，但也带来了环境污染，破坏了固有的生态平衡，大大提高了癌症发病率，特别是引起了人们对物质利益肆无忌惮的追求，使道德水平下降，赤裸裸的拜金主义泛滥流行，不可收拾……在这些人的眼里，科学已经不再是人类的福音；拯救人类和社会的真正福音，只能是宗教。梵蒂冈的官方神学新托玛斯主义则到处宣传原子时代的到来，人们不能保证科学技术不会毁灭人类的进步和幸福；在面临死亡的威胁面前,必须使科学服从“正确的道德意志和真正的人生目的”。为了确保科学的应用给人类带来一个幸福的世界,人类迫切需要的东西,“乃是一种新的人道主义,一种以神为中心的或完满的人道主义”。[①] 新托玛斯主义者主张,科学不仅不能取消宗教,反而需要得到宗教智慧的引导。

毫无疑问,科学技术在当代社会中的应用,确实造成了两重化的社会效果,这是客观存在的事实,视而不见是不行的。但是,问题的根子不在科学而在社会,即不合理的社会制度所造成的病态的社会结构。因此,如果真要克服科学应用的消极后果,便不是在科学真理与所谓“宗教真理”之间寻求调和或平衡,而是改造这种不合理的社会制度,使社会结构合理化。一种合理的人际关系和社会结构,当然要有高尚的伦理观念和道德规范,但高尚的伦理观念和道德规范并不来源于上帝和宗教,而是对合理的经济关系和社会制度的向往。因此,首要的步骤仍然是对不合理的社会制度进行改造。能不能借助于神圣的宗教来实现社会的改造呢？能够给这个问题提供有说服力的答案的,只能是历史事实。历史曾经长时期为宗教提供了作出这种回答的机会。在人类社会长达几千年的文明史中,宗教始终居于社会上层建筑的顶端,起着举足轻重的作用。但宗教在任何地方也没有建立过一个合理的社会结构。相反,宗教在历史上常常被用作不合理的社会制度的精神支柱,社会的变革几乎常常是在与宗教的激烈斗争中才能实现。要改造自然界就得认识自然界的规律,要改造社会就得认识社会的规律。只有适应自然规律,才能实现合理的人与自然的关系;只有适应社会规律,才能实现合理的人与人的关系。也就是说,只有科学(自然科学和社会科学)才能帮助人类去建立合理的社会结构,实现人的解放。一当实现了这一点,旧的社会结构在应用科学上造成的弊端就可随之得到克服。如果世界上消灭了战争的社会根源,新的科学发现就不致被用于制造毁灭人类的新武器。在科学技术的应用过程中也有主要是由于认识上的原因,而非由于社会原因造成的弊端,但是这种科学的局限性也只有依靠科学本身的发展来克服。工业污染的消除,生态平衡的再建,与工业化有关的职业疾病的防治……离开了科学技术的发展,断无解决的希望;不管我们如何虔诚地皈信宗教,向上帝祈祷,都无助于问题的解决。那么,怎样才能克服当代社会在应用科学上造成的弊端呢？我们的结论是:正确的道路绝不是使科学接受宗教的引导,而是科学的发展加上社会的变革,使人类成为自然和社会的主人。

---

① 马里坦:《经院哲学与政治》,见《西方现代资产阶级哲学论著选辑》,商务印书馆 1964 年版,第 432 页。

第十六章

宗教与哲学

宗教与哲学既是社会文化体系中最重要的两种文化形式，也是社会上层建筑体系中最重要的组成部分。如果把整个社会的文化体系和上层建筑体系比作金字塔式的结构，那么，哲学与宗教则处于它的顶端。二者既有区别，也有联系；既互相对立，又互相渗透。二者都对社会的经济基础和上层建筑，以及其他各种社会文化形式，发挥着自己的影响和作用。

第一节　宗教与哲学的联系和区别

一、宗教与哲学的联系

宗教与哲学在内容和形式上是最具普遍性的观念形态，都具有世界观和人生观的性质，同属精神性的文化。从本质上讲，它们都是人对自然、社会和人生的一种认识、领悟和理解，试图解决的事情往往都是人们最为关注的人生中的根本性问题，如：生与死，祸与福，善与恶，今生与来世，现世与彼岸，世界上各种事物以至世界本身究竟如何形成，个人以至社会历史的命运为何种力量所支配和主宰……宗教和哲学都曾对此作出了自己的答案。正是由于关注的问题有着这种一致和重合的关系，宗教和哲学便在人类的历史上结下不解的因缘。宗教里有哲学，哲学里也有宗教。宗教常使用哲学思维的方式和哲学的语言来论证其教义、确立其信仰；哲学则常把宗教视为神圣的教义信仰作为哲学思考的对象，把它们放在理性审视台前进行考察和批判。

二、宗教与哲学的区别

宗教与哲学在性质上和表现形式上有着明显的差异。马克思在其论文《第179号"科伦日报"社论》中提出,哲学和宗教、科学研究的世俗理性与宗教理性之间的对立,这甚至是神学家也不能不承认的历史事实。除了强使科学融化于宗教,没有别的办法可以证明科学结论和宗教结论的一致性。他还指出,哲学是理性的,宗教则是非理性的;宗教许诺人们以天堂,哲学只许诺真理;宗教要求人们信仰宗教的信仰,哲学并不要求信仰其结论,而只要求检验疑团。[①] 哲学与宗教显示出的这种理性与信仰的对立,形式上有明显的表现。进行哲学沉思的哲学家只能是社会上为数极少的文化精英。哲学的本性是理智的质疑和探索,这决定它不可能把某一哲学观念奉为无可怀疑的信仰;而本来为数不多的哲学家在世界观上的分歧,也使他们既无必要,也无可能结成以强制性哲理认同为目的的宗教教团式的群体组织。因此,哲学的表现形式必然是纯精神性的概念体系和观念形态。宗教则不然,历史上,宗教信仰者涉及广大人口,其中多为缺乏文化知识的芸芸众生。他们只求通过对天国的信仰带来感情上的慰藉,并不要求在哲理上证明这种天国的信仰是否为真实的存在。为了达到众多信徒在信仰上的认同,宗教不仅需要宣称其基本信条来自天命或神启,任何人不得怀疑,还要建立统一的宗教组织,确立严格的戒律和行为规范,对怀疑信条、违犯戒律者施以神圣的惩戒。于是,宗教便不仅是一种精神性的宗教观念,还外在化、制度化为保障其信仰认同的宗教体制和宗教组织。

宗教与哲学之所以产生这种表现形式上的区别,是因为哲学本质上必为理性主义,而宗教本质上必为信仰主义。这是为对象的性质以及认识其对象的方法所决定的。宗教信仰的对象是某种超自然的力量和存在(神、上帝),具有超自然的神性,它既不是经验的对象,也不是理性的对象,而只能是信仰的对象。古代世界各民族、各地区的宗教都是直接宣称其所信诸神的存在,或者诉诸神秘的直觉,当时并不认为有对此信仰找出理性根据的必要。只是在从古代希腊罗马时代以来的基督教系统中,由于希腊理性主义哲学的影响,宗教神学家才试图用哲学推理的方法对其教义信仰给予理性证明。这种宗教与哲学、信仰与理性的结合,在中世纪达到高峰,并以新的形式延续至今。但是,这种"结合"是直接违背双方的本性的。既然宗教信仰的对象是具有超自然神性的存在,而人的理

① 参见《马克思恩格斯全集》第1卷,人民出版社1956年版,第111、123页。

性不过是人类的自然理解能力，人类理性又怎能超越自然律的限制而认识超自然的神呢？所以，一切宗教神学的思辨推理，无论其具有多么令人心醉神迷、眼花缭乱的理性形式，终究不过是一种只许信仰、不得怀疑的信仰主义。佛教的佛和菩萨出神入化、随心所欲的神通；基督教耶稣由童贞女怀孕出生，死后又复活，传道时到处赶鬼治病，创造起死回生的神迹；穆罕默德从耶路撒冷圣殿山上骑马上天……这些惊世骇俗的神迹，任何人都无法用理性的哲学予以证明。在理性主义的哲学面前，宗教家、神学家便只能公开宣扬信仰主义的神圣性，把哲学和理性贬为世俗的知识。早期基督教教父神学家德尔图良本来是一位颇有理论修养的人，但他在论及理性与信仰的关系时，公开宣称：信仰是基督亲自制定的准则，信仰高于理性。只有异教徒才怀疑基督教的信仰，相信世俗的知识，服膺哲学家的推理。宗教的神圣真理，是人类理性所不能认识的。以新约圣经所说的耶稣死而复活之事为例。按照人类理性的判断：耶稣如果是神，就不会有死；说他死了，就不合于理性。但德尔图良却说，基督死而复活是肯定的，说它不合理，只不过证明人类理性的局限性。错误在于理性，信仰才能把握真理。理性视为荒谬的事，正说明宗教真理超出理性之上，表明了宗教的神圣，更加证明了宗教的可信性。他的名言“正因为荒谬，所以我才相信”，集中反映了基督教神学所具有的信仰主义、蒙昧主义本质。欧洲中世纪最著名的宗教神学家是 11 世纪的安瑟伦和 13 世纪的托玛斯·阿奎那。神学家中这两个最有哲学头脑的人，力图为宗教信仰寻找理性根据，作出哲学上的证明。但托玛斯·阿奎那也承认，基督教的一系列基本信条，如三位一体、道成肉身、化体说、原罪说、创世说、末日审判之类，乃是神启的真理，直接来自上帝的启示，是不能为理性所证明的。如果一切宗教所信的真理皆需通过理性或哲学的证明才能相信，那只会破坏宗教信仰。正是这位被梵蒂冈教廷封为“圣徒”、“天使博士”（1567）的托玛斯·阿奎那，在信仰与理性的关系上，仍坚持“圣道”信仰高于一切的信仰主义。他认为，哲学和其他一切学问都不过是“圣道之婢”，二者是主人与仆人、上级与下级的关系。

哲学与宗教神学有本质的不同，它对自己认识的对象和所作的结论，决不能本诸信仰，而必须诉诸理性的证明。哲学家中，有信仰宗教的，也有反对和怀疑宗教信仰的。但他们只要是在谈论哲学，就不能把自己的结论作信仰主义式的宣告，而必须通过经验的实证或理性的逻辑推理。文艺复兴时期以来的欧洲哲学，越来越多地具有启蒙思潮的性质，对中世纪以来的传统基督教日益明显地持怀疑、批判以至否定的态度，其基本旗帜就是高扬理性精神，反对信仰主义。其中，唯物主义哲学否定宗教神学的态度最为明显和坚决，到 18 世纪法国百科全书派发展为公开的无神论。按照恩格斯的说法，他们认为理性是衡量一切的尺度,宗教以及其他一切都必须站到理性法庭面前,为自己的存在进行辩护,或者放弃存在的权利。相当一部分哲学家虽不直接否定宗教的存在,但他们要求宗教必须建立在理性基础之上。对传统宗教中那些非理性、反理性的神秘主义,则坚决予以排斥,把它们放逐到信仰主义领域。

第二节　宗教与哲学的产生与发展

人和世界万物的最初起源问题,人类文化技艺的产生和发明问题,是人类智慧发展到一定阶段之后求索的对象。在古代社会各民族的宗教文化体系中,已逐渐形成了一种用某种超自然力量(神)来说明各种自然现象和社会文化活动的解说模式。各民族的古代神话中差不多都有神灵如何创造世界万物的故事。在宗教后来的发展中,这些创世神话差不多都被纳入到民族宗教的教义体系之中,成了所奉神灵的基本神性。在悠远的古代,当人类智慧尚处于萌芽状态时,对人、万物和文化如何起源这类复杂深奥的科学—哲学难题,人们只能采取神话的形式。智窦初开的古代人驰骋其不成熟的智慧和丰富的想像力编造了一个又一个的创世神话。我们与其说是宗教的迷信,不如说是神话创造者理智困惑之余的思考;当其尚未被奉为神圣不可更改的宗教信条的时候,并未对人类的理智和想像构成严重的束缚,人们可以按照自己的想像力和思维模式去构造各种各样的创世神话。神话中无疑也包含了不同程度的哲学思考的颗粒和科学探索的因素。正是这些合理的成分促进了科学和哲学的诞生。古代希腊最伟大的哲学家亚里士多德对宗教神话与哲学的关系有一段精彩的说明。他认为,古代神话产生于当时"爱好智慧的人"对自然天象的"惊奇"感,以及由此而生的哲理上的说明。因此,神话孕育了哲学,哲学导源于宗教神话:

> 古今来人们开始哲理探索,都应起于对自然万物的惊奇;他们先是惊异于种种迷惑的现象,逐渐积累一点一滴的解释,对一些重大的问题,例如日月与星的运行以及宇宙之创生,作成说明。一个有所迷惑与惊异的人,每自愧愚蠢(因此神话所编录的全是怪异,凡爱好神话的人也是爱好智慧的人);他们探索哲理,只是为想脱出愚蠢……。①

① 亚里士多德:《形而上学》,吴寿彭译,商务印书馆1959年版,第5页。

按照亚里士多德的说法,对自然和天象的惊奇以及由此而对之寻求解答,产生了宗教神话;摆脱神话的愚蠢,就形成哲学。

古代宗教的基本观念(灵魂观念、神灵观念、神性观念)所具有的"超自然"、"超经验"、"超理性"的意义,也激发了哲学思维的产生与发展。因为正是这种性质和意义的宗教观念,孕育了人类关于经验与超经验、理性与信仰、自然与超自然、神与人、神性与人性之关系的思考,成了文明时代各种哲学思辩和科学探索的动因。如果没有古代宗教关于超经验、超理性、超自然的宗教观念,也就不会在文明发展的一定阶段,出现论证其实有的宗教神学和宗教哲学,也不会因此而激发起把"超自然力量"还原为自然力量,把神还原为人、把神性还原为人性的自然科学和启蒙哲学。这就形成两种不同性质的思想路线:一方面是论证超自然神灵的宗教神学和为宗教观念作论证的宗教哲学,另一方面是把超自然、超人间力量还原为自然力量和人间力量的自然哲学(科学)和启蒙哲学。这两种思潮在历史上不断论战和斗争,又不断渗透和启发;既推动了宗教神学、哲学和自然科学自身的发展,又激发了人类理性思维和各种文化思想的发展。

对于宗教与哲学的产生和发展的关系,德国学者卡尔·雅斯贝尔斯提出过一个颇受学界关注的学说。他指出:在世界思想史上,人类最早的哲学家和哲学思想大约是在他所谓的"轴心时代",即在公元前500年左右(大致涵盖公元前800—前200年这一历史阶段的精神文化过程)出现于世的。当时,在世界范围内几个最重要的文化区内,几乎同时出现了一批划时代的思想巨人,他们创造了告别传统宗教文化的精神统治的新型文化。其中之意义最为深远者,则是出现了中国、印度、希腊三大哲学系统。雅斯贝尔斯把这三大哲学系统称之为世界历史的"轴心"。因为三大哲学系统的思想家们逐渐摆脱了传统宗教信仰的精神束缚,开始对人类自身的意识进行反思,把思想本身作为对象,提出了对历史进行自我理解的范式。他们的思想成果成了历史发展的精神动力和文化轴心。雅氏还特别指出,自中国孔老诸子、印度《奥义书》和佛陀以及希腊哲人出现于轴心时代之后,"神话时代及其宁静和明白无误,都一去不返。……希腊、印度和中国哲学的重要见识并不是神话。理性和理性地阐明的经验向神话发起了一场斗争(理性反对神话)","哲学家首次出现了","在轴心期,首次出现了后来所谓的理智和个性"。[①] 这就是说,中国、印度、希腊的哲学家在世界历史舞台上首次登台以后,就展示了哲学不同于宗教神话的性质和特征,他们一出台就用"理性和理性阐明的经验向神话发起

① 雅斯贝尔斯:《历史的起源和目标》,华夏出版社1989年版,第9~10页。

了一场斗争”,这是哲学批判宗教、理性反对信仰的斗争。雅斯贝尔斯的说法是符合历史事实的。三大哲学系统的早期哲人都是用理性和理性阐明的经验去审视传统的宗教和神话,反对用超自然神灵的神迹行为来解说宇宙的起源、自然的演变、文化的发展,而是应用人的自然理性对自然现象作出自然的说明,对社会生活作出人文的理解。这也就意味着,哲学从其开始出现之时起,就走了一条不同于宗教和神话的路:它总是努力把超自然的东西还原为自然的东西,把以神为中心的神本主义还原为以人为本的人本主义,把信仰主义还原为理性主义。

但是,哲学与宗教的关系在历史发展过程中是复杂多变的。二者既有对立性的一面,也有统一性的一面。哲学中有不同的学派,对宗教神学有不同的政治态度和思想倾向。宗教方面也有类似情况。有些宗教和教派坚持赤裸裸的信仰主义,也有一些宗教和教派却利用哲学来论证其教义,使信仰带有理性的外在形式。由于宗教在各民族、各国家的历史上常常在整个社会文化体系和意识形态中居于统治性、支配性的地位,宗教神学问题不可避免地成为哲学思考的重点和中心,对哲学的内容及其发展方向产生重大的影响。反过来,哲学在其历史发展过程中的不同阶段对自然、社会、人生以及宗教神学问题的新的答案,也会直接或间接地反馈到宗教神学体系之中,促使它们作出自己的反应,以至引发宗教神学的变化和宗教诸要素的变革。下面,我们尝试根据世界历史上三大轴心文化系统中哲学与宗教互相影响、互相作用的关系作一些概括性的历史说明。

一、中国历史上宗教与哲学的相互影响

中国哲学的产生与发展均与传统宗教有非常密切的关联。以孔老诸子百家争鸣为标志的中国哲学之所以能在东周春秋战国时期(“轴心时代”)出现于世,既是夏商周三代国家宗教中所蕴含的哲理因素进一步发展的结果,也是春秋战国时期国家宗教的精神统治逐步走向崩溃的产物。

西周代殷之后,周公旦进行社会政治改革和国家宗教改革。在完善宗法血缘等级制基础上,建立了一个具有政治伦理色彩的宗法伦理社会。与此同时,他又用“以德配天”的宗教天命论改革传统国家宗教,使之具有伦理内容,使祭祀上帝祖宗、祈求鬼神福佑的传统宗教变成为一种具有“礼乐文化”形式的宗法伦理性宗教。它被周公旦赋予了深刻的理性化、伦理化的人文精神,孕育了先秦诸子、特别是孔子儒家哲学的种子。在这个意义上可以说,中国宗教事实上是中国哲学赖以孕育的母体。

到东周,由于异族入侵,平王东迁,东周王族势力日趋衰败,宗法等级制国家的

社会控制纽带和宗法伦理性国家宗教的精神控制纽带都渐趋松弛以至崩溃了。于是,就出现了中国史家所谓"礼崩乐坏"的社会大变动局面。以孔、老为代表的诸子哲学百家争鸣的文化学术盛世就突破传统宗教信仰体制的限制,登上了中国历史和世界历史的舞台。就其产生的文化背景而言,没有传统"礼乐文化"的崩溃,就不可能有诸子哲学的产生,它显然是与传统宗教相对立的新型世俗文化。就其本身的内容而言,诸子学说所探讨的主题几乎都是社会政治的、法律的、伦理的、哲学的、军事的……是对历史的一种新的非宗教的理解,对社会问题的一种以人为本位的新的认知,代表了人类精神的新的觉醒。这种哲学的觉醒最明显地表现在对天和天命的理解上。三代以来古代宗教的基本观念是把上帝或天奉为至上神,上帝的意志是为天命,天命决定人事。肯定这种"天人关系"的天命神学构成了传统宗教最基本的信念。由于中国哲学与中国宗教之间的关系密切,"天人关系"问题不仅是中国宗教的基本主题,也成了中国哲学的基本主题。从中国哲学在宗教文化的大框架中萌生以来,直到其后的长期发展,各派哲学都在围绕天人关系问题做自己的文章,提出各具特色的理解。孔子集编的《诗》三百篇除了歌颂天神的内容外,也有不少疑天、怨天、咒天的诗句。春秋时代的政治家和有见识的智者更进一步主张"天道远、人道迩",处理人间事务应远鬼神而尽人事。这些对天命鬼神表示怀疑以至否定的人文精神,进一步的发展就是中国轴心时代的诸子哲学。

孔子的社会伦理哲学思想是在摆脱传统宗教、发扬周公旦礼乐文化中的人文精神的基础上形成的。他保留了传统宗教中的天和天命论形式,但却淡化以至消除天的人格性,抽象化为命运之天,义理之天。他努力限制天命的消极作用,强调人应发挥主观能动作用,人事未尽,不可以言命。对于鬼神的有无和死后生活,持一种类似于怀疑主义、不可知论的态度。

《老子》一书充满了深刻的人生智慧和哲学思辩。它关于"道法自然","天道自然无为","天地不仁,以万物为刍狗"的思想,实际上是对传统宗教之天的神化的否定。它把本为自然法则的"道",哲理化为宇宙的本体,不仅是宇宙万物之宗,甚至是"象帝之先"。庄子进一步把道说成是天地鬼神的本质,只要人把握了道,也就体认了鬼神的性质,没有必要对之有畏惧之心。老庄道家哲学虽不完全否定天帝鬼神的存在,但却贬低了它们在传统宗教中的神圣权威和地位。

孔老之外的其他诸子思想也都充满了人文理性,具有不同于传统宗教甚至反传统宗教的性质。法家、兵家在宗教哲学上是典型的无神论,墨子思想本有相当浓厚的宗教色彩,但其"天志"、"明鬼"的政治内容却倾向于"百姓之利",以天鬼的权威去限制统治阶级,因此与为君权服务的传统宗教大异其趣。墨子的天、鬼之说,对于三代以来的国家宗教而言,具有异端神学的性质。

孔老后学对于天人关系有不同的理解和发挥，对传统宗教的关系和影响也各有不同。孟子主张天人相通，他认为："尽其心者，知其性也，知其性，则知天也。"(《孟子·尽心》)性存于心，故尽其心则知其性；而人之性乃受之于天，故知其性则能知天。天人相通，天道与人道一以贯之，天人本性合一。

荀子则反对孟子的天人相通，而主张天人相分，强调天人的分别，天与人各有自己的职分。他否认天志与天命。天与自然完全按自己的规律运行("天行有常")，与人事祸福和社会治乱无关。人应按天行之常"制天命而用之"(《天论》)。更进一步，他还认为物质性的元气是构成自然万物(无生物和有生之物)以及人类的物质根源。这是一种明确的元气一元论的唯物主义思想，对后来王充及贯穿中国哲学史的元气唯物论产生了重要的影响，是在宇宙生成问题上反对传统宗教神话世界观的哲学基础。

孟子的天人相通论后来在西汉董仲舒那里被神秘主义化为天人感应论。他反复强调天人一体，人副天数。天(上帝)主宰一切，君权神授，天可通过降示祥瑞与灾变显示其天命与意志，对人君所施政令是否合于天意给以赏罚。董仲舒还把阴阳五行之说引入他的天人相通体系，用阴阳五行的相生相尅关系作为论证三纲五常的神圣根据。董仲舒把儒学推向宗教化、神学化的道路，为秦汉以来重建的国家宗教提供了哲学性的论证。董仲舒在历史上的影响非常重要。一方面，他提倡的"罢黜百家、独尊儒术"被汉武帝及其以后的历代皇帝所接受，孔孟儒家跃升为国家哲学，成为统治性的、最高的意识形态；另一方面，由于董仲舒把三纲五常的儒家伦理学说建立在人副天数、阴阳五行之类宗教神秘主义基础之上，从而使儒家伦理具有更加神圣的意义，成了秦汉以来重建的国家宗教的中心教理。于是，以"崇天敬祖"为中心的国家宗教与作为国家哲学的儒学的关系变得十分协调。儒学是人文学术，国家宗教是神道宗教，性质上各不相同。但二者又同是国家的最高意识形态，内容上平行一致。宗教崇拜上行"崇天祭祖"之仪，儒家哲学则教人以"忠君孝亲"之义。二者相辅相成，相得益彰。但神道与人道的界限却是泾渭分明的。历代王朝始终奉儒家为经世治国之大纲，判断是非之原理，开科取士、官吏升迁之准则，在一切意识形态(包括各种宗教)之中居于至高无上的地位。以"崇天敬祖"为内容的国家宗教本质上是把儒学"忠君孝亲"之义用宗教祭祀仪式使之神圣化。在这个意义上，可以说，儒学是核心内容，宗教为表现形式，二者是内容和形式、里与表的关系，从两汉以至明清，宗教与哲学的相互关系尽管在不同历史阶段上有不同的特点，但上述基本格局却从始至终，一以贯之。东汉时，道家哲学的某些神秘主义内容与传统的巫术和战国秦汉时代流行的神仙方术思想相结合，形成了道教。印度佛教也逐渐传入中国。

佛道二教大行其道，吸引了众多的信徒。道教作为中国土生土长的宗教，从其早期的太平道开始，就把儒家哲学的忠孝之道作为修道之士得道成仙的基本标准。佛教关于业报轮回的教义，本不讲忠君孝亲。但在中国，由于面临宗法社会的国家宗教和国家哲学（儒家）以及道教的批判（指责佛教无父无君），为求自身的生存与发展，也不得不把儒学关于三纲五常的伦理解释为佛教的“五戒十善”，作为众生业报轮回的善恶根据。这样一来，在儒学作为国家哲学在意识形态上的“独尊”地位、宗法性国家宗教在各种宗教中的主体地位得到保持的基础上，便逐渐在中国历史上形成了儒（家）释道三教合流的文化大格局。

在明确了中国哲学对于中国宗教（宗法性国家宗教、道教、佛教）的影响和作用的同时，也应该注意到宗教对于哲学的影响和作用。毫无疑问，这种影响和作用除了消极方面，也有积极方面。道教把老子、庄子拉进来作为创教之祖后，逐渐兴起谈玄论道之风的“重玄派”，参与注释“三玄”（《易》、《老子》、《庄子》）以构建道教的教理与哲学。这对中国哲学思想的发展起了促进作用。宋初著名道士陈抟的《先天图》关于宇宙生成论的思想对宋代的理学大师邵雍、周敦颐、程颢、程颐、朱熹的哲学思想产生过直接的影响。

佛教本身就是极富哲理性的宗教，传入中国后对中国哲学的影响极大。隋唐时代佛教各宗，如天台宗、唯识宗、华严宗、禅宗都构建了自己的佛理哲学。这不仅丰富了中国哲学的内容，也促进了中国哲学的发展。宋代的程朱理学、宋明的陆王心学，以及清末民初的近代哲学（龚自珍、魏源、严复、谭嗣同、梁启超、章太炎、熊十力、梁漱溟），都深受佛教哲学的影响。方立天教授在系统地分析了佛教在历史上对中国哲学的影响后，作出了这样的结论：“佛教得以长期流传，是和它能为中国哲学提供、补充新东西直接相关的。中国传统哲学尤其是儒家哲学，比较重视现实人生，侧重经验认识，而对人生本原、世界本体和彼岸世界问题探讨较少。佛教把因果报应说成是支配人生的铁的法则，为人生的本原、本质、命运问题提供了一种神秘主义的解说。佛教很重视世界本体的探讨，提出了各种各样的本体说，尤其是以个人的意识和共同的‘真心’为本体的学说，丰富了古代唯心主义的新内涵、新方面。佛教的心性说，为古代心性论贡献了丰富的资料。此外，佛教还对古代辩证法做出贡献，如关于矛盾的对立统一、现象与本质的关系、主体与客体的关系、对主体、自我意识和主观能动性的强调等，都体现了较高的辩证思维水平。”①总之，佛教对中国哲学的影响是多方面的，不了解佛

① 方立天：《中国佛教与传统文化》，上海人民出版社 1988 年版，第 318 页。

教,就不能对中国哲学有真切的了解。

二、印度历史上宗教与哲学的相互影响

雅斯贝尔斯说:“和中国一样,印度出现了《奥义书》和佛陀,探究了一直到怀疑主义、唯物主义、诡辩论和虚无主义的全部范围的哲学可能性”。[①] 以《奥义书》和佛陀为代表的古代印度哲学的出现是时代精神的一道曙光,同时它也是从古代印度的吠陀宗教中发育而来的。

在《梨俱吠陀》的神话中,已产生了用统一万有的高级神来说明宇宙万物的产生的观念,其中包含了哲学思维的萌芽。《创造之歌》说,宇宙原初只是无差别的一片混沌,当时存在的只是空虚的“太一”,它由于自身的热力而有生机和欲爱,于是生发而形成万有世界。《金卵歌》认为“金卵”(金色的胚胎)出现于太古之初,是一切创造物之主,它创生一切,主宰万有,故又称“生主”(Prajapati),它是无与伦比的创造之神。金卵作为“生主”,应该是从太阳神转化而成的最高生殖神。

《创造之歌》和《金卵歌》对宇宙的本源和产生的过程作了近乎唯物主义的说明,实际上开了后世非吠陀主义从宗教走向哲学之先河。但其中也未脱尽神话色彩,提出了统一万有的“生主”概念,这对于梵书时代形成泛神论的“梵”概念颇有影响。

《原人歌》则把原人作为宇宙的本体。当诸神把原人作为牺牲举行祭祀时,“从这伟大的总祭品上,产生赞歌和咏歌,咒语由此作,祭品也由此生”,产生了天界、空界和地界的一切,印度社会的四大种姓婆罗门、刹帝利、吠舍和首陀罗也产生于原人身体的不同部位。《原人歌》无疑是婆罗门祭司的作品,因为它把宇宙万有和社会的创生,归因于祭典献祭的结果,由此发展为婆罗门教关于吠陀天启、祭祀万能、婆罗门至上三大纲领。但在神学和哲学观念上,《原人歌》却蕴含了某种泛神论思想,因它把万有造化的原理归因于具体的原人。这种泛神一元论的最高神观念导致后来《奥义书》时代关于“梵”的观念——这是印度宗教和印度哲学的最高范畴和根本理念。

附于吠陀本典之后的终末部分——《梵书》已开始探讨吠陀经典的终极意义。这部分梵书称为“吠檀多”。吠檀多开启了古代印度人的哲理性思考,它取代了婆罗门教单纯重视祭仪以求解脱的三大纲领。这一部分文书又称“优婆尼

① 雅斯贝尔斯:《历史的起源和目标》,第8页。

沙昙”(Upanisad),此词为 Vpa+ni+sad 的合成词,意思是子弟坐于父师之侧,父师教授以人所不知的秘密教义,故意译为《奥义书》。

吠檀多或奥义书的形成过程,实际上就是从古代印度传统宗教逐渐导向哲学的过程,是用理论思想取代传统信仰的过程。其主体思想是关于“梵我一如”和“业报轮回”的宗教哲学,但同时也出现了以原素论为中心的唯物主义自然哲学和以乐生为原则的伦理哲学。此前已把创生宇宙的“生主”转化为“梵”,奥义书则进一步把梵视为世界万物的本体。认为上自梵天(自在天)的世界支配神,下及各种有情物,以及天、空、地三界世界,皆为本体之梵的显现。故我们个人的自我与梵实为同一。因此,我即是梵,梵即“大我”。既然自我与梵同质一体,自我便是生命的根源、个人内在的统御者,而且永恒不灭。人通过对自我的认识而体认梵,达到梵我同一,实现精神上的解脱。

可是人由于通过思想言行而作了“业”,便会积存为未来的“果”,使死后的自我不能回归于梵,而必须接受轮回的果报。既然业行导致轮回,所以人生是痛苦的。免除轮回之苦才是解脱。婆罗门教的祭祀和世俗的道德只是相对的善行,并非解脱的正道,只能作为促成解脱的辅助性步骤;根本性的解脱之道在于静修与苦行、禅定和瑜珈。在禅定静修的出神境界中,达到梵我合一的境界,以至获得与神交合的超自然神力。奥义书发挥的这种梵我一如、业报轮回的宗教哲学为古代印度各派宗教提供了新的发展道路。各种反传统婆罗门教的沙门思潮蓬勃发展起来。

据佛经记载,当时的沙门思潮除佛教外,还有六师,即以阿耆多·翅舍钦婆罗为代表的顺世论、以富兰那·迦叶为代表的“无因无缘论”、以末迦梨为代表的“邪命外道”、以筏驮摩那为代表的耆那教、以波浮陀·迦旃那为代表的“七士身论”和以散若耶·毗罗梨子为代表的不可知论(或称诡辩论)。总的说来,六师在哲学的具体主张上各有说法,但大体上都有反对婆罗门三大纲领的基本倾向。在世界生存论上,他们都反对梵天创世论。有的认为世界是由物质元素(地、水、火、风)构成的(顺世论);有的认为是由物质原素和精神原素两者聚合而成的(耆那教、生活派),并受先定命运的支配和主宰(生活派)。至于生存的动因也有不同的主张,如自然因说,偶然因说,结合因说,宿作因说,生类因说等等。当时印度的沙门思潮和中国春秋战国时代的诸子哲学一样,呈百家争鸣的繁荣景象。但其主体及其后来的历史发展,仍主要是在宗教哲学方面。佛教和耆那教在当时影响最大。二教虽然都反对传统宗教的梵天创世论,佛教甚至还反对主宰人的“自我”或灵魂的不灭性,但它们都接受了业报轮回的传统信仰,在此基础上提出了各具特性的摆脱生死轮回的解脱之道。尽管佛教和耆那教都发展了自己的一套颇为精深的哲学,但却都是为求得宗教解脱服务的。佛教在印度的孔雀王朝和贵霜王朝时代曾得到统治阶级的大力支持,其教义哲学因之而高度发展。不同的教派围绕基本教义展开了哲理上的争辩。如部派佛教时期有宇宙是实有和假有之争,有我和无我之争,有神和无神之争。贵霜王朝时,佛教正式分裂为大乘小乘两大派。两派在教义哲学上也有重大分歧。在宗教世界观方面,小乘派主张“我空法有”,大乘派则主张“法我两空”;在佛陀观方面,小乘派视佛陀是历史人物,大乘派则把佛陀神格化,认为佛有法身、应身和化身;在修行目标方面,小乘派一般主张个人解脱,修得阿罗汉果,大乘派则主张普渡众生,目标是菩萨行。各教派在教义上的分歧,促使他们各自寻找哲理上的论证,这就促使佛教哲学越来越走向深入。在孔雀王朝和贵霜王朝时代,佛教及其哲学盛极一时,并南传北进,走向世界化。但在中世纪后,由于新婆罗门教——印度教的兴起,以及伊斯兰教对印度的征服,佛教在印度全面溃灭。印度教成了统治性的宗教。印度教把吠檀多哲学作为其宗教世界观的基础,因此吠檀多哲学也就在中世纪印度的宗教哲学中占了统治地位。其他的宗教和哲学相比之下黯然失色了。

吠檀多哲学有不同的流派,但其主要的观点都是梵我不二论。吠檀多不二论又有不同的理论形式,最有代表性的是乔陀波陀和商羯罗的“无差别不二论”和罗摩奴阇的“制限不二论”。

乔陀波陀继承和发挥奥义书梵我一如的思想,认为梵我完全同一不二,梵即我,我即梵,梵我一体,圆融互涉。商羯罗对此又进一步发挥,认为真实不二的梵是万物的始基,现实世界是“摩耶”(Maya,幻现)而非真实,只有作为个体灵魂的“我”和作为宇宙灵魂的“梵”才是同一不二的真实存在。罗摩奴阇的“限制不二论”则有所不同。他认为神、世界和我皆为真实,本质同一,但在属性、形式和作用上则是相异的。梵即是神,神是梵的人格化。印度教所崇奉的神即是梵的化身。根据梵我关系的这种解释,印度人敬拜的众多神灵以及民间传说和史诗中的英雄人物,都被说成梵的化身,不过是用许多神灵之名来称奉那难以捉摸的最高一元神——“梵”而已。

除上述两种吠檀多不二论之外,还有大同小异的各种形式的讨论梵我关系的不二论,本质上都是为论证印度教的宗教世界观。我国研究印度宗教和哲学的学者巫白慧说:“这些吠檀多支派的理论,从总体上说,扩大了吠檀多学派在学术界的影响,使它逐渐在印度意识形态中占据主导地位,成为占印度人口75%的印度教徒的人生观赖以形成的思想基础。今天,吠檀多哲学已不成文地被印度统治集团奉作治理国家大事的指导思想。因此,研究吠檀多哲学,特别是乔陀波陀和商羯罗的无差别不二论,对于了解印度人的思想,无论是它过去的渊源或现在的趋势,无论它是官方的或民间的,同样具有不容忽视的现实意义。"①

三、希腊与西方历史上宗教与哲学的相互影响

"轴心时代"产生的希腊哲学,是作为传统宗教信仰的对立物出现于世的,但它在传统宗教思想中也有自己的源头。在古代希腊的荷马史诗和赫西阿德神谱中,我们可以看到,古代希腊人把奥林匹斯诸神说成是自然力和社会事务的主宰。它们既是某个氏族部落的英雄祖先和某个地区的保护神,又是某种自然力和自然物的主宰者,同时还兼是某些文化形式的创造者和某些技艺生产活动的保护者。围绕这种宗教观念形成了古代希腊丰富多彩、想像力惊人发达的神话故事。在这些千奇百怪的宗教神话中贯穿着一条思想轴线:它们都是用超自然力量(神)来说明一切自然现象和社会事实。正如亚里士多德对此所作的概括那样:"神原被认为是万物的原因,也被认为是世间第一原理。"②在这个渗透于一切宗教神话中的基本观念中,神是想像力虚构的、非理智的东西。但是,把万物的原因和世间的第一原理归结于神,用神的作用来说明一切,这却是一种高度抽象的思想活动,具有"世界观"的性质,孕育着哲学思维的幼芽。这当然是一种"神话世界观"。但古代希腊的智者只能否定虚构的神,而不能否定"世界观"这种人类思维的花朵。希腊人智慧的进一步发展只能通过经验和理性去探索世间万物的真正原因和真实的世间第一原理,而不能否定对"第一原理"的探索本身。从神话世界观到哲学世界观只有一步之差,哲学世界观的产生必然是对神话世界观的否定。古代希腊的神话世界观导致理性的哲学,哲学的理性反过来打破传统的宗教信仰主义的精神统治。哲学成了希腊和欧洲宗教启蒙的第一声春雷。

轴心时代的希腊出现了一批又一批的哲学家,真是贤哲如云,但泰勒斯被公认为开山之祖。他提出的基本哲学命题说来非常简单,就是为世界确定一个新的"第一原理":不是神,而是"水"。自然界的"水"取代了宗教的神成了万物的始基。他从水蒸发而为气,气凝聚而成为流质的水,水凝结为固体的冰,冰受热再化为水这类经验事实出发,进一步推论到水→万物→水的转化。这种在有限的经验基础上通过理性推理扩大为一般的世界观,本质上是理性的哲学,而非盲目的信仰。泰勒斯在说明宇宙万物的生成过程中,完全排除了

① 巫白慧:《印度哲学》,东方出版社 2000 年版,第 290 页。

② 亚里士多德:《形而上学》,吴寿彭译,第 6 页。

神的作用，而是用水与万物的物理变换或物质循环过程来揭示自然的奥秘。这是一种崭新的、自然主义的哲学—科学的思维方式，是启蒙主义的理性之光，打开了古代希腊人的思想闸门。泰勒斯以后的希腊哲学、自然科学以及整个希腊文化的各个领域都借着这道理性之光去探寻认识自然、理解人生的新的道路，从而在思想文化上激发起了启蒙思潮。特别是在哲学领域，产生了各种形式的唯物主义哲学，尽管他们在具体确立生成宇宙万物的"始基"问题上各有不同，但总的方向却是一致的。阿拉克西曼德认为是"无限者"，阿拉克西美尼认为是"气"，赫拉克利特认为是"火"，克塞诺芬尼认为是"土"，阿拉克萨戈拉认为是"种子"，恩培多克勒认为是"四元素"（水、火、土、气），留基波、德谟克里特和伊壁鸠鲁认为是"原子和虚空"。各派哲学认定的世界本原各不相同，但却都是物质性的实体；而且他们基本上都是用物质本原的物理变化过程来说明其所生成的宇宙万物在性质上的差异，排除了神灵的作用。希腊神话中开天辟地的泰坦诸神被哲学家视为"古代人的虚构"而否定了；[①]高踞于奥林匹斯山的宙斯神族被哲学家打入冷宫，或者被驱赶到诸天层的空隙之中，过着与人无干的生活。赫拉克利特则断然否定神创世界论："这个世界对一切存在物都是同一的，它不是任何神所创造的，也不是任何人所创造的；它过去、现在和未来永远是一团永恒的活火，在一定的分寸上燃烧，在一定分寸上熄灭"。[②]他甚至直接断言神就是永恒流转的火，命运则是火创生万物的"罗各斯"。[③]普罗太戈拉提出了"人是万物的尺度"这一具有人本主义色彩的思想，对神是否存在问题提出了公开的怀疑。文学家中最富启蒙色彩的欧里庇斯则在其悲剧作品中对奥林匹斯诸神在道德上的丑行进行无情的揭露，以此来否定宗教的神圣性和神灵的可信性。

哲学在理论上对诸神是否存在的怀疑和否定，文学在道义上对诸神道德行为的愤激和抗议，启发一些哲学家和思想家开始就宗教本身进行理智性的思考和学术性的探讨。围绕宗教和神灵的本质和起源问题，出现了各种学说。择其要者，有克塞诺芬尼的"神灵拟人说"，[④]德谟克里特的"恐惧造神说"，[⑤]普罗底

① 克塞诺芬尼说："不要歌颂泰坦诸神、巨人或半人半兽的怪物们的斗争，这些都是古代人的虚构"。见洪谦主编：《古希腊罗马哲学》，三联书店 1957 年版，第 45 页。

②③ 洪谦主编：《古希腊罗马哲学》，第 21、17 页。

④ 认为神灵是人的虚构，是拟人化的产物。

⑤ 认为宗教神灵观念起源于对自然力的恐惧。

库斯的“感恩说”,[1]克里底亚的“神道设教说”,[2]亚里士多德的“天象惊奇说”,[3]犹希麦如的“人死封神说”,[4]这些宗教学说都具有哲学推理的性质,是把神还原为人、把超自然还原为自然的启蒙思想。

古希腊哲学是丰富多彩的。除了上述这些批判传统宗教的启蒙哲学以外,也出现了一些直接接受宗教影响,并在哲学上为宗教观念提供理论证明的哲学家,最著名的就是毕达哥拉斯和柏拉图。二人都从东方神秘宗教和流行于民间的奥尔弗斯教中接受了灵魂轮回的教义。柏拉图还在自己的哲学著作中为灵魂不灭说和神灵创世说提供哲学史和神学史上最早的哲学证明,对后来的基督教神学和伊斯兰教神学产生了深远的影响。希腊化时代,亚历山大里亚城的犹太人开始力图把犹太教与希腊哲学结合起来。公元前150年,犹太人阿里斯托布鲁斯写了一本注释摩西五经的书,致力于说明《旧约圣经》与希腊哲学的一致性,断言希腊哲人奥尔弗斯、荷马、赫西阿德、毕达哥拉斯和柏拉图都曾从犹太经典吸取知识。他则用希腊的理性哲学来改造犹太教的神人同性同形论,认为上帝是超验的存在物,除了显示纯粹的智慧外,人对上帝是不可感知的。斯多葛学派所谓的“世界灵魂”不是上帝本身,而是上帝主宰万物的神圣权能。公元1世纪的斐洛进一步发展了这种把犹太教、新兴的基督教和希腊哲学结合起来的倾向。他利用柏拉图和斯多葛派哲学来解释犹太经典,提出一套神秘主义的神学概念。他把上帝说成是绝对超验的存在。人虽不能用理性去理解它,也不能用语言去形容他,但上帝的存在可通过理性与智慧了以证明。他认为,上帝是万物的基础和源泉,但它本身却是纯粹的精神、智慧或理性,上帝对世界的主宰作用是通过天使、魔鬼和世界灵魂作为中间工具来实现的。斐洛把斯多葛学派关于世界灵魂、宇宙模型和柏拉图的理念世界结合起来,改造成一种神秘主义的“逻各斯”概念。他把作为希腊哲学之精神的“逻各斯”说成是神的理性和智慧,还说成是最高的天使,上帝的新生子,上帝的影像,上帝第二,神人和神圣的亚当。上帝以逻各斯为工具,去铸造和范型混乱的物质质料,塑造出可见的世界;世界中的可见事物则是理念的影像或摹本。这一套理论显然是柏拉图理念论与《旧约·创世纪》综合而成的上帝创世论。人也是灵魂和物质构成的。无形体的精神、纯粹的智慧是上帝加于人的灵魂之上的,因此人也是上帝的影像。肉体是罪

---

① 认为宗教和神灵观念起源于人对生存攸关的自然力的感恩活动。

② 认为古代立法者为了约束人民,便虚构出诸神作为人类道德监督者和审判官。

③ 认为宗教神话和哲学一样,起源于人对于自然万物之创生与天体之运行而产生的迷惑感和惊奇感,解答此种惊奇,产生宗教神话,摆脱神话的愚蠢,就形成哲学。

④ 认为古代人所信诸神皆是声名显赫的帝王或英雄人物在其死后被人神化的结果。

恶之源，灵魂附于肉体之上的结果很容易使人趋向邪恶，故灵魂与肉体的结合是一种堕落(原罪)。如果堕落了的灵魂不从感官超拔出来，它们将转投入于其他生物体中。东方宗教、希腊奥尔斐斯教和毕达哥拉斯、柏拉图的灵魂轮回说从而在斐洛的神秘主义中得到新的综合。为了拯救灵魂，必须消灭一切肉体情欲，实行禁欲主义。为此，必须乞求上帝的帮助。人应该把心献给上帝，向上帝忏悔；上帝必须启发我们，渗入我们的灵魂，而人则在这种神人交往的神秘境界中直接体认和领悟上帝。按照布鲁诺·鲍威尔和恩格斯的说法，斐洛这一套说法"已经包含着基督教全部的本质观念"，他"是基督教的真正父亲"。① 如果说，基督教与希腊哲学的结合，是构成整个西方文化的基础，那么，斐洛则是促成这种结合的最早的代表人物之一。他的宗教哲学思想，通过早期基督教的教父们的吸收和改造，构成了基督教神学的基础。

欧洲的中世纪，基督教成了至高无上垄断一切的意识形态，各种哲学都失去了独立存在的地位。哲学成了基督教神学的婢女，理性主义成了信仰主义祭坛上的牺牲。希腊轴心时代哲学学派百花怒放、百家争鸣的盛况一下子烟消云散了。在基督教的精神垄断之下，哲学理性只能以一种被扭曲了的形式维持自己的存在，那就是作为一种论证的工具为基督教的教义提供哲学上的证明，为信仰主义的神学穿上了哲学理性的外衣。从罗马帝国灭亡之前(5 世纪)到整个中世纪(5—13 世纪)，基督教神学史上出现过三次高潮：一是早期基督教的教父神学和奥古斯丁神学，二是 11 世纪以安瑟伦为代表的利用柏拉图哲学理念为基督教信仰(特别是上帝存在)作论证的基督教神学；三是 13 世纪以托玛斯·阿奎那为代表的为基督教教义提供百科全书式证明的经院神学。三大神学体系讨论了上帝是三位一体、还是一位一体？基督是否与神同性？人类是否有原罪？上帝是否存在？灵魂是否不朽？神是否拥有超必然的自由？能否创造违反自然律的神迹之类神学问题。各种不同的神学派别几乎都使用了哲学武器，为自己提供理论证明。从科学和真正哲学的意义上看，所有这些神学争论都是虚假问题，一切神学的争吵都不过是"可怜无益费精神"。但是，这也并不意味着基督教神学对于哲学思维的发展没有任何积极意义。第一，各种神学尽管贬低哲学和理性的独立意义，但它们却都利用希腊哲学(特别是柏拉图哲学和亚里士多德哲学)作为论证的工具，理性和逻辑在神学框架内不仅得以保存，而且受到推崇。古代希腊哲学的伟大的理性主义精神迟早要从宗教神学的统治下挣脱出来，对信仰主

① 《马克思恩格斯全集》第 19 卷，人民出版社 1963 年版，第 328 ~ 329 页。

义作致命的反戈一击。第二,上述这些基督教神学问题事实上奠定了基督教教义体系的基础,对整个西方思想文化产生了深刻持久的影响,同时也决定了西方哲学和宗教学说的基本内容和发展方向。在很长的历史时期内,各种哲学和宗教学说,不管是护教主义的有神论,还是反宗教的启蒙思想和无神论,都不能对这些神学问题视而不见,而必须作出自己的回答。就此而论,宗教神学事实上构成了推动哲学和理性主义的宗教学说发展的契机。不管我们当代人是否喜欢基督教神学,但如果用历史眼光分析这个问题,就不能否定它的这种历史作用。

历史似乎也正是按上述分析展开的。蛰伏在基督教神学神圣权威之下的希腊哲学及其理性主义和人文精神,随着文艺复兴时期(15 世纪)的到来,终于冲破宗教神学的禁锢。从文艺复兴时期到近现代,几百年间的西方哲学与宗教的关系史,实际上是一部理性主义反对信仰主义、哲学(以及从自然哲学中独立出来的自然科学)批判宗教的历史;也是一部传统宗教神学不断威压理性主义精神、人文精神和哲学,迫害自然科学,并且在一切威压迫害均告无效之后,又力图为哲学、科学和神学划定界限,对传统信条进行修正和调整,提出与哲学、科学、社会新发展相适应的新的神学体系的历史。

15 世纪文艺复兴时期的人文主义思潮,主要内容是追求个人的自由和个性的解放,说明人追求现实幸福是合乎自然人性的,其锋芒所向是反对宗教禁欲主义。人文主义者强调肯定人的地位和作用,人应成为文化和生活中的主体,以神为中心的宗教神本主义应转变为以人为中心的人本主义。由于人和人性的解放,人的创造精神摆脱宗教神学的控制,得到高度的发挥。随着古代希腊罗马文化学术的复兴,文学、艺术、哲学、自然科学等都走向日新月异、一日千里的发展之路。

哥白尼天文学革命之后,以机械力学为中心,以开普勒、伽利略、波义耳、牛顿为代表的自然科学在自然界各领域作出了许多伟大的自然发现。近代自然科学的根本特点是用科学实验的方式,探索决定自然过程的因果关系和自然规律,发现它们之间的数量关系,并用数学方程式作出准确的表述(如开普勒的行星运动三定律,伽利略的落体定律,牛顿力学三定律和万有引力定律)。自然科学因此而培养起一种崭新的自然观,要求用数学和机械力学的规律对整个自然界作统一的说明,把自然物的一切性质和自然现象还原为可以用数学和力学规律去把握的物质粒子的机械结构和数量组合,在此基础上就形成了 17—18 世纪的霍布斯、笛卡儿(物理学方面)、斯宾诺莎、伽桑狄、洛克为代表的机械唯物世界观。这种哲学和科学实质上是把整个自然世界置于自然律的支配之下,完全排除了上帝的作用;只是由于当时的科学和哲学还不能说明一切运动的最初动因,暂时还把上帝作为宇宙的最初创造者和“第一推动力”保留下来。但上帝再也不是赏善罚恶、为所欲为的专制帝王,而变成一个完全尊重自然规律对自然界的支配,对世俗事务不闻不问、拱默无为的“立宪君主”。在宗教领域,兴起了声势浩大、遍及欧美的“自然神论”思潮,要求把基督教改造为完全建立在理性之上(机械唯物主义的哲学理性和自然科学的科学理性)的理性宗教,放弃《新约圣经》记载的那些耶稣基督创造的超自然神迹的信仰。18 世纪的百科全书派,19 世纪的费尔巴哈人本主义和马克思、恩格斯的辩证唯物论更进一步否定自然神论的“理性宗教”说,发展为完全废弃宗教的无神论哲学。

在这种启蒙哲学否定宗教神学,理性主义否定信仰主义的历史过程中,也有一些唯心主义哲学家继续维护宗教和上帝的地位。贝克莱从经验主义方面,莱布尼兹从理性主义方面为上帝的存在、灵魂的不朽、上帝的意志自由提供哲学上的新证明,莱布尼兹派还力图建立新式的“理性神学”。不过,这类为传统宗教辩护的唯心派哲学既未成为哲学的时代主流,甚至也未引起基督教教会的青睐。倒是以休谟和康德为代表的不可知主义,在哲学、科学和宗教神学方面都产生了巨大的影响,改变了它们之间的传统格局,为它们的调和与妥协打通了一条哲学之路。

休谟和康德都主张人类的经验和理性都只能认识经验对象,至于人类经验以外,是否有超经验、超理性之物的存在,那是经验和理性、哲学和科学都不能感知和确证的。自然科学和唯物主义哲学认为经验之外有一个物质世界;唯心主义哲学和宗教神学断言那就是精神实体或上帝、灵魂之类,都超越了经验和理性固有的权限和范围,是一种“独断论”和“形而上学”。在休谟和康德看来,传统宗教神学企图超越经验和理性的权限而肯定上帝、灵魂、自由意志之类,虽是没有合理根据的,但却可以“信仰”它们的存在。神学固然不能用经验和理性去论证宗教,但哲学和科学也不能用它去否定宗教。宗教的真正基础不是理性的论证,而是单纯的信仰。这样一来,哲学、科学和宗教神学便各有自己的合法领地,彼此互不相干。轴心时代的希腊和文艺复兴时期以来的启蒙哲学、自然科学和宗教之间的对立和冲突便各得其所,各安其位,彼此不相干涉,都有自己的发展空间。哲学基于理性,宗教基于信仰。休谟哲学和康德哲学对后来的西方思想产生了极大的影响。自 19 世纪以至现代,尽管西方世界继续出现各种反宗教的无神论和维护基督教的天主教神学和新教神学,但哲学和神学的主流和基本倾向,却都在以不同的方式继承休谟和康德的思路,使基督教神学与现代哲学、现代科学达成妥协与调和。

第三节　关于三大神学问题的哲学思考

灵魂是否不灭？上帝是否存在？上帝意志是否具有超必然的自由？这三个问题涉及宗教的根本基础。因为，如果没有灵魂不灭，天堂地狱之说就没有意义；如果上帝并不存在，宗教就没有信仰的对象；如果上帝的神性不能超出自然律的必然性，不能凭其自由意志随心所欲地打破自然律的限制而创造各种神迹，那么上帝就和自然人和自然物一样是一种自然的存在，没有资格被人奉为信仰、崇拜和祈求的神圣对象。因此，宗教神学家一直把上述三个问题视为神学的基本问题。一方面把上帝存在、灵魂不灭、上帝意志自由奉为神圣的信条，不许信仰者怀疑；另一方面，也不断利用哲学和理性的形式，对之作出各式各样的证明。但是，随着科学和哲学的发展，这些神圣的信仰越来越成为怀疑的对象。历史上的启蒙哲学家和自然科学家对之发出了公开的挑战，对有关神学论证的虚伪和诡辩进行了理论上的批评和揭露，更从哲学世界观的高度，从自然科学新成就出发，证明统一的自然界不可能有任何超自然的存在。围绕三大神学问题的争论，一直是哲学与神学关系史上的中心问题，它也成了宗教哲学必须解答的重要理论问题。

一、关于灵魂不灭问题

人的肉体有死亡，而灵魂却继续存在甚至可以不灭，是原始时代以来各种民族宗教体系的共同信念。为什么肉体有死亡而灵魂却继续存在和不灭呢？依照泰勒的说法，不同于身体的灵魂观念是建立在原始人把身体与精神加以区别和对立的认识基础上的。后来，随着宗教思想和灵魂观念的发展而逐步发展起来的宗教神学理论和唯心主义哲学关于灵魂不死的论证，差不多也都是从身体与灵魂根本不同出发，从身体的有死进一步推论出灵魂的不灭，推论过程和原始人并没有本质上的差别。

对灵魂不灭说真正给予逻辑论证的，是古代希腊的唯心主义哲学家柏拉图。后来发展起来的基督教神学以及唯心主义哲学关于灵魂不灭的理论，都是直接继承柏拉图哲学而来。他在其著作《斐多篇》中提出了三种论证：

柏拉图的第一论证是：万物都有对立面，且都是由它们的对立面产生出来的；生与死是对立面，故生必产生死，死必产生生；因此，灵魂于人生之前必先存在，死后的灵魂也必产生出生。这种论证无疑来源于信仰轮回转生的印度宗教和埃及宗教,不过赋予这种信仰一层辩证法的外观。自然界发展确是遵循着物质不灭的定律,生命的本质就是新陈代谢。但一般的所谓“灵魂”,说的是生命体(人)的一种机能,即精神现象。它必然依赖于生命体而存在,它的生死转化随肉体的生死转化而定。“灵魂”作为生命的机能是不可能自己发生生死转化的。

柏拉图的第二论证,是从“知识即回忆”的唯心主义先验论推论出灵魂在生前的存在。他认为真正可靠的知识是所谓理念知识,理念知识不能来自感官所得的感觉,而必为我们灵魂先天而有。既然灵魂先天拥有理念,则我们的灵魂在人受生之前必已生活在理念世界之中,故灵魂在人生之前已经存在。从哲学认识论的角度看,一切理性认识皆由感性认识发展而来,柏拉图的理念亦复如此。故独立的理念世界不存在,先天生活于理念世界之中的灵魂更不存在。

柏拉图的第三论证,是最重要的一个论证。其大意是,所谓事物的毁灭和死亡,乃是组成事物之部分的分解,而只有由部分组成的复杂事物,才有部分,也才可以被分解,从而才有所谓事物的毁灭。柏拉图认为,身体是由部分所组成的,因而可以分解,故为有死之物。灵魂与身体则完全不同,灵魂乃是没有部分的绝对单一的东西,本身不是部分的组成,也就无生,无始;本身没有部分的分解,则无死,无终。因而,灵魂永恒存在。

从科学和哲学的角度分析,柏拉图的理论是经不起推敲的。18 世纪法国百科全书派和启蒙思想家的领袖狄德罗把这种理论称为“神学上的呓语”。在狄德罗看来,精神是物质的一种特性,如果精神是单一的,不可分的,那么,物质的一切特性亦莫不如此,也是单一的,不可分的。以物质的不可入性和圆的圆性为例,既没有多一些的不可入性,也没有少一些的不可入性,一个圆形的物质的一半是有的,但“圆性”的一半是没有的。既然物质的一切特性都具有不可分的单一性,那就不应该把它从物质实体中独立出来,作为根本不同于物质实体的精神实体和灵魂。①

灵魂,作为人的精神现象,就是身体所具有的一种特性,是高度组织起来的物质——大脑所具有的机能。属性不能脱离人的身体而存在。作为精神性的灵魂亦不能脱离人的身体而存在。我国历史上的无神论者和唯物主义哲学家,根据这个道理对宗教的灵魂不灭论进行了有力的批判。东汉时代哲学家王充用当时的生理学知识对神灭论作了具体的说明:“人之所以生者,精气也;……能为精神者,血脉也;人死血脉用竭而精气灭,灭而形体朽,朽而成灰土,何用为鬼?”“形须气而

① 狄德罗的上述思想,见于他的著作《达朗贝和狄德罗的谈话》,载于《狄德罗哲学选集》,三联书店 1956 年版,第 129 页。

成,气须形而知。天下无独燃之火,世间安得无体独知之精"(《论衡·论死》)。既然神(灵魂)不能独立于形(身体),当然也就随身体的死亡而死亡。南北朝齐梁时代的思想家范缜进一步论证了神灭论。他以著名的刃利之喻来类比形神关系:锋利是刀刃的性能,刀刃才是锋利的体质,如果没有刀刃,又何来刀刃的锋利;如果没有形体,又哪有精神性的作用,所以神绝不是独立于形的精神实体。由此,"形存则神存,形谢则神灭"。一旦形体死亡,精神或灵魂也随之消灭。

在西方,无神论基本上也是坚持这样的思路来反对宗教的灵魂不朽说的。18 世纪法国无神论的代表人物霍尔巴赫指出,灵魂本来就是身体,只不过从身体的特殊本性和构造使它具有的某些作用或机能去看,才称之为灵魂。灵魂是和身体一起诞生,一同成长的。只是成长到一定阶段,它才拥有理性、判断力和能动性(这些一般被视为精神或灵魂的属性)。灵魂分享身体的苦乐,身体死亡时,灵魂作为身体的机能也将消失或消灭。

近代的宗教神学在论证灵魂的非物质性和不死性的时候,主要利用了当时哲学和自然科学遇到的暂时性困难。古代的朴素唯物论和近代的机械唯物论都是用物质元素的分解与组合来说明世界万物的生灭和性质,并在此基础上说明精神或灵魂以及生命的本质。可是,它们没有回答只具有单纯空间性质的物质如何通过分解与组合,产生出生龙活虎的生命和变幻无穷的精神(灵魂)。宗教神学和附属于它的唯心主义哲学利用了这点,它们用独立于身体的非物质的精神实体,即灵魂来说明人的一切精神现象。

近代的哲学和无神论采用了两个办法回答这种神学的驳难:

第一种办法是反诘:即使我们把物质看成是只具空间属性的、被动的、消极的东西,承认物质本身不可能产生精神和思想,为什么万能的上帝不能赋予物质以精神的属性和思想的能力呢?如果宗教神学家和唯心主义哲学家否认这种可能性,那你们岂不就否认了上帝的万能性?难道这不是一种渎神的思想吗?按照马克思的评价,这是强迫神学来宣传唯物主义和无神论。不过,这种论证方式并不能在理论上真正克服灵魂非物质性的宗教神学。

要想战胜宗教神学,就必须改变旧唯物主义的物质观,用自然科学的成就和健全的哲学推理来证明物质可以转化为精神,精神确是物质的机能和作用。这就导致反对宗教神学的第二种办法。在这方面,狄德罗是主要的代表。狄德罗指出,物质是能动的实体,物质具有普遍的感受性,不过,有些物质的感受性比较迟钝(如大理石),有些物质的感受性则比较活跃(如动物),但活跃的感受性是从迟钝感受性转化和发展而来的。

狄德罗的论断能否成立,尚需自然科学由科学实验予以证明。不过,18 世纪以来的自然科学的主流大体上是按此方向前进的。当代生物学和生命科学就是用大脑的物质元素及其构造来说明精神现象的根据,并已取得显著的成果。虽然,我们至今仍不能说,现代科学已经彻底解决了灵魂的物质性问题,但科学的发展是无止境的,今天尚未解答的问题,将来总有一天会用精确的科学实验做出解答。

二、关于神灵存在的问题

原始宗教和古代社会各种宗教几乎从不讨论神灵是否存在、如何存在的问题,当时的宗教信仰者把神灵的存在当作自然而然、无可怀疑的事实。随着自然科学和哲学的发展,特别是政治斗争的发展,社会上逐渐出现了否定、怀疑神灵存在的启蒙思想和无神论思潮,宗教神学家以及附属于他们的唯心主义哲学家们才逐渐感觉到从理论上论证神灵存在的必要性,产生了思辨神学。在宗教观念中,神灵是不能以直接可感的形式显现自己的。因此,所谓神的存在问题,实际上是思想家和神学家如何看待神灵的存在与世界的关系问题。因为,既曰存在,就有一个存在于世界上什么地方,神与世界这两个存在物彼此有何关系的问题。这种关系主要有三种形式:

(一) 超神论:神超越世界之上而存在

这种神灵观虽然在各种宗教中很普遍,但对这种超越神的存在进行理论证明者,则集中见于古希腊的柏拉图和亚里士多德哲学以及受其影响而发展起来的中世纪基督教神学。伊斯兰教神学也接受了这种影响。

柏拉图在《蒂迈欧篇》中提出了一种神灵创世说。在他看来,凡是意见和非理性的感觉对象总是变化不定的,而“凡是变化的东西必然是由于某种原因才发生变化的”;由于世界中的一切东西都是可以感觉的,因此都是处在一个创造的过程中而被创造出来的。这个作为世界的创造者和变化之原因的存在就是“神”。① 神是至善的,它按照永恒的、最美的、最完善的模型来创造世界,从无秩序之中造出秩序来。神把理智放在灵魂里,又把灵魂放在身体里。它把整个世界造成一个既有灵魂又有理智的活物。柏拉图这种神灵创世说并不直接是对神的存在的一种理论证明。但如在逻辑上把它倒过来,就可以从物质世界的被造出发,追溯到一个最后的造物主,亚里士多德正是这样着手,以明确的理论形式提出了上帝超世存在的证明。

---

① 洪谦主编:《古希腊罗马哲学》,第207~208页。

亚里士多德从事物的动因论证神的存在。他认为世界事物在不停止地运动,因此必然有东西使之运动。这种东西又必然是主动而非被动的,其本身必须是不动的、永恒的本体。那么,这种不动的推动者是什么呢?它应是愿望的对象和理性的对象。愿望的对象是好的东西,是“善”,这种善正是一切事物运动所要达到的目的,它是目的因。目的因是表示某种存在,其本身是不动的,但是,由于它被爱,别的事物想要追求它,达到它,于是就产生了运动。亚里士多德认为这种不动的推动者,这种作为最高的善而成为事物追求的目的因,推动了事物运动的,就是“神”。[①] 亚里士多德用哲学的语言和逻辑的推理来证明神的存在,对中世纪的神学产生了巨大的影响。基督教神学家们在柏拉图和亚里士多德的启发之下,构造出了各种形式的关于上帝存在的逻辑论证。

中世纪基督教神学家安瑟伦提出了著名的“本体论证明”。大意如下:上帝观念是我们所能设想的无与伦比的伟大存在的观念。与此对应,还有一个不能设想的无与伦比的伟大存在,比我们心中的观念更为伟大。前者既然存在于我们心中,后者则应是更为完善的,实际的存在。所以上帝的完善性必然包含上帝的存在;如果上帝不存在,上帝就不完善了,就不符合我们所设想的上帝观念了。

安瑟伦的本体论证明对基督教神学的发展发生了重大的影响,但也一直遭到反对。与安瑟伦同时代的僧侣高尼洛匿名出版了名为《反对安瑟伦论道篇中的推论》的书,明确揭露了安瑟伦论证的错误。他指出,作为思考的对象——观念来说,人们心中设想的上帝的存在,与人心中设想的其他东西的存在是一样的。如果说,这种设想可以证明上帝的存在,那也可以用同样的方法证明一个人心中所能设想的美丽仙岛的存在。如果一定要说有某个不能用任何事实来设想的东西在心中存在,那我也不否认它在我们心中存在。但从这个事实却不能得出结论说这个东西也在现实中存在,除非还有其他确凿无疑的证明。高尼洛的反驳在西方哲学史上一直被承认是健全有力的。

甚至托马斯·阿奎那也不同意本体论的证明。他认为,要想使用先验论的推理,根据上帝的本质包含存在的这一先验前提来证明上帝存在是不可能的。在上帝里面,本质与存在是否同一?上帝的本质是否包含存在?这只有在我们知道上帝的本质这种情况下才是可能的。可是我们并不知道上帝的本质。任何一种被创造物(包括人在内)都不具有足够的知识,从而能从上帝的本质推论出上帝的存在。托马斯·阿奎那提出,应该使用后验的方法,即通过上帝的创造物

① 亚里士多德:《形而上学》,吴寿彭译,第246~248页。

来认识上帝。他在《神学大全》中提出了关于上帝存在的五种证明:第一,一切被推动的事物都是某物推动的,由此追溯,最终必须承认有一个始动而非受动的东西(此即亚里士多德所谓的"不动的推动者")。第二,一切事物都是某种原因的结果。由于不能无限地追溯原因,便必须承认有一个第一原因,它不需要任何其他东西作为自己的原因而存在。第三,个别自然对象是偶然的,它们之所以存在不是必然的。因此,一定有某种东西,它不仅是可能的,而且是必然的。它是偶然之物的根据或基础,而其本身则是绝对必然的东西。第四,世界上的事物构成一个越来越完美的等级阶梯,这个等级序列必然有一个最高点,它是至善至美的事物,是宇宙中一切完美事物的原因。第五,自然中任何事物都在实现和完成一个目的,既然如此,这个具有目的性的世界就必然蕴含着一个制订其目的的伟大智慧。上述五种证明,都是把上帝作为超乎世界之上的存在和创世的造物主,把世界和合乎目的的世界秩序作为被造物,由之推论出它的创造主——上帝。

17、18 世纪是欧洲的唯物主义哲学和无神论在发展的时代。它们从世界观的高度论证一切实体的存在都必须具有广延性,占有空间,在空间中存在,因而都是物质的实体。凡是不占空间、没有广延性的东西,就不存在于任何地方,就是不存在。托兰德和 18 世纪法国唯物论大师们还进一步认为物质是自己运动,通过物质的运动构成了千变万化的世界;物质运动的规律性和必然性,使整个世界呈现出合乎规律(合乎理性、合乎目的)的结构。世界的合目的性的美,完全是这种自然规律的结果,根本无需借助上帝的智慧和善意来说明。这种唯物主义无神论的世界观从根本上推倒了一切关于上帝存在的神学证明,彻底否定了那种超乎世界之上而存在的神和上帝。

19 世纪的德国哲学家康德,对思辨神学进行了更为深入细致的批判分析。康德把传统神学有关上帝存在的证明分为三种类型:一是本体论证明,二是宇宙论证明(阿奎那五种证明中的前三种属之),三是目的论证明(阿奎那的后两种证明)。对于本体论证明,康德坚持认为,不能把逻辑的必然性和存在的必然性混为一谈。上帝是否存在是一个事实问题,只有靠经验,而不能靠对上帝概念的分析予以证明。可是我们对上帝却无任何经验。在康德看来,宇宙论证明是从一个有条件的有限存在出发,追溯其原因,而在最后推论出一个最高的必然存在;目的论证明则是从世界的秩序性推论出一个伟大智慧作为原因。显然,目的论证明实际上就是另一种形式的宇宙论证明。而这些论证实际上都试图在纯粹先验的概念里寻找出一个绝对必然的存在来。这种推理方式本质上就是本体论证明,而本体论证明已被证明是虚假的。

康德的批判使传统神学受到了致命的打击。同时,超越的上帝因远离世界,使它的信奉者可望而不可及,可畏而不可亲。这种情况使超越神在理论上和宗教实践上都遇到了不可忽视的困难。因此,在康德之后,关于上帝存在的方式以及证明其存在的理论形式都出现了新的变化。一方面,泛神论、内在神论时兴起来。另一方面,正统的基督教神学也力图寻找新的论据,以维护其先辈关于上帝存在的传统证明。罗马教皇庇护十二在1951年11月12日的一次讲话中,按照托马斯的宇宙论证明的思路,歪曲现代自然科学以证明上帝作为世界造物主的存在。他认为,不管现代自然科学把宇宙的存在推算到几十亿年或几百亿年之前,都只能说明这个物质的宇宙的出现和存在,在时间上是有限的;在此之前,必然有一个强有力的开端。另一位新托马斯主义的著名代表人物马利坦论证上帝的新论据的基本内容是,人们首先直觉到在他之外存在着的现实是无情的、不可抗拒的;其次又"直觉"到个人的存在所容易陷入的死亡与空虚,个人被抛回到孤独与软弱之中;再次又"直觉"到无情的、不可抗拒的现实并不是同我一样容易陷入死亡与空虚,而是包含了某种绝对的、无可争辩的存在,而这就是上帝。马利坦通过对个人存亡的有限性和对客观现实的绝对坚实性的"直觉"推论到个人对上帝的确认、依赖与皈依,这并不是什么理性的证明,而不过是一种个人在冷酷现实的逼迫下产生的感情的哀鸣和渴望。

有些新托马斯主义者还歪曲利用现代自然科学的新成就,为其对上帝存在的论证穿上科学的外衣。法国神父戴亚尔力图把科学的进化论与基督教教义协调起来。他认为整个世界的进化过程经历了宇宙生成、生物生成、人类生成、心智生成等几个主要阶段。人的生成意味着智慧、意识、反思和自由的出现,由此最后进入到一个"超意识"、"超个人"的境界。如果我们剥去戴亚尔理论中那些科学进化论的辞藻,就不难看到它不过是老托马斯的"目的论证明"的旧戏新唱。

（二）泛神论:神泛同于世界而存在

泛神论反对上帝或神超越世界之上而存在,认为神即自然,神泛同于世界而存在。泛神论思想在各种宗教和哲学中都相当普遍。印度教的"大梵",中国道教的"道",大乘佛教的"佛性",都是泛存于世界万物之中,而世界万物则被当成大梵、道、佛性的体现。中世纪以伊里杰纳、阿摩利为代表的基督教异端神学主张造物主与创造物无所区别,上帝表现在万物之中,也表现在人身上。

宗教泛神论在宗教实践中一般都导致神秘主义,主张通过宗教修行和神秘的直接体验达到梵与我、神与人的合而为一。隋唐佛教天台宗主张"无情有性"说,认为万物皆有佛性,木石亦不例外。因此人人有佛性,个个可成佛。禅宗再进一步,一方面把世界万物当作佛性的体现,因而不是真实的存在,借以破除信仰者对现实物质利益的执著,转向对真如佛性的追求;另一方面,又主张"佛向性中作,莫向身外求",只要悟此道理,即可顿悟成佛。佛性泛神论扩大了佛性存在的范围,提供了成佛的方便途径,使佛教在我国历史上得到了更加广泛的传播。

我们还应注意到,泛神论在正统神学的枷锁面前,有时能起到破除旧信仰的积极作用,把泛神论变成某种神学外衣掩饰下的哲学唯物主义和无神论。早在古代希腊时代,哲学家克塞诺芬尼就已利用泛神论来反对传统的神人同形同性的多神宗教。在他看来,神是永恒的。因此,神就不能是英雄人物或由女性诞生的人。因为凡是产生出来的东西都不是永恒的存在。神应该是惟一的,而不是众多的诸神。既然神是惟一的存在,那么神无论在形体上或思想上都不像凡人。神全视、全知、全能,永恒地保持在一个地方,永恒地静止不动。克塞诺芬尼说,这个永恒而惟一的神便是"惟一的宇宙"。把神与宇宙等同起来,也就消除了神的"超越性",神由此等同于世界而泛在。

欧洲泛神论的最高形式是斯宾诺莎哲学。他继承和发展了克塞诺芬尼关于神等同于世界的基本命题,并用细致的逻辑推理给予理性主义的证明。他从对"实体"概念的分析着手来证明"神即自然"的泛神论原理。他认为"实体"作为独立自存的东西,必然是自身的原因。既然实体是自因,那实体就必然是惟一的,无限的。这个惟一无二、绝对无限的实体,就是整个自然界。既然宗教神学认为上帝或神是无限实体,那么上帝或神就是自然。既然自然即神,是惟一的实体,是自因,它当然就不需要自身以外的东西作为世界的终极原因。斯宾诺莎的泛神论虽然在形式上保留了神的存在,但实质上却否定了犹太教和基督教传统神学所崇奉的超越神或造物主。

泛神论思潮有宗教的形式,也有哲学的形式。但是无论宗教的泛神论,还是哲学的泛神论,都有二重性。宗教泛神论没有否定神的存在,但却否定了神的与人同形的"人格性"和"超越性",人格化的神变成了泛泛的"神性"。这种东西对于绝大多数宗教信仰者而言,都是模模糊糊、不可捉摸的东西,这实际上意味着对神的否定。斯宾诺莎等人在哲学上发展了这种因素,把泛神论变成了一种无神论哲学。

(三)内在神论:神内含于世界之中而存在

内在神论与泛神论一样,也不把神视为超越世界的存在,而是把神说成是某种神性而内在于世界万物之中。神性内在于世界,实际上也是神的泛在,故内在神论与泛神论本质上是一个东西,可以看成是泛神论的一种特殊形式。

内在神论有两种形式:其一,神可能作为存在于事物中的推动力或生命原则而存在。万物皆灵,各有神性。从这种形式的内在神论看神和世界,世界万物彼此之间是分散的、独立的;世界是多元的,神也是多元的。原始宗教中的万物有灵论可以算作这种内在神论的典型形式。其二,内在神也有可能被视为统一的世界灵魂(中国道教的道、印度教的大梵、大乘佛教的佛性以及希腊哲学的奴斯、逻各斯、黑格尔哲学的绝对精神之类),或者把世界万物看成是世界灵魂的一部分,或者把整个世界说成是世界灵魂的表现。从这种视角出发,世界是统一的,神性也是统一的。我们可以把前者叫做多元的内在神论,后者叫做一元的内在神论。

希腊早期哲学家的唯物主义世界观常常把神解释为万物的内在动力和生命原则。阿拉克萨戈拉认为充满宇宙的奴斯(心灵)赋予世界万物以合乎理性的秩序并推动它们运动。斯多葛学派则认为神就是世界灵魂或"逻各斯",它弥漫于宇宙之中,渗透于万物之内,整顿万物秩序并赋之以运动变化的活力。这些希腊哲学中的内在神论,虽然提到了神的名称并讨论了神的内在的存在,但本质上是一种哲学学说,不是宗教教义。

新柏拉图派哲学家普罗提诺把上帝说成是"绝对的太一",是无因构成的初始因。这种上帝观无疑是超神论。但是,他认为世界不是由上帝"创生",而是由上帝"流溢而出"。先流出观念,次流出世界灵魂,再次则流出物质自然。一切事物都分有灵魂和观念,人因此而可以直观上帝,与上帝合一,复归上帝。这种流溢说使世界上一切事物都内在地具有神性。9 世纪的著名神学家伊里杰纳的思想既是泛神论,也是内在神论。他承认上帝按照其思想("逻各斯")中的计划和模式创造世界。但他因此而认为宇宙万物乃是上帝本质的表现。上帝与他的创造物是合二而一、浑然一体的,而不是超越世界之外的存在。内在神论强调上帝内在于万物和人心中,否定超越神,从而导致对作为神人中介的教会的否定,这就为 16 世纪的宗教改革及以后的一些新教神学派别打下了神学基础。

文艺复兴时期的人文学者在宗教哲学上大多都持内在神论观点。这方面最有特色的代表人物是库萨的尼古拉和布鲁诺。库萨的尼古拉认为世界是上帝的展现和摹本,上帝以其全部力量呈现于世界每一部分之内。就上帝无限而无所不包而言,它是极大;就上帝呈现于每一个别事物之内而言,它是极小。从这个意义来看,每一现实事物都是一切事物的缩影,上帝潜伏地内在于其中。这是一种彻底的内在神论。

布鲁诺在神灵论上发展了库萨的尼古拉的内在神论思想。他一方面把神说成是自然界,另一方面又把神说成是内在于自然界中的世界灵魂。他认为,自然界就是万物之神,就是万物的最初本原、惟一的实体、无限的永恒存在。它既是无限的,就不可能有与它相反或不同的东西使它发生变化。因此,自然界乃是产生与被产生的统一。布鲁诺的神灵观是一种彻底的泛神论和内在神论,在思想倾向上是无神论的一种特殊形式。17、18 世纪的唯物主义哲学家和自然科学家则把这种“神性”完全归结为机械力学所了解的自然规律,从而使内在神论的“神性”失去了宗教的意义。

但是,19世纪以来,由于机械力学在说明生命现象和精神现象方面有不可克服的困难,欧洲一些具有宗教倾向的唯心主义哲学家、自然科学家、宗教学家和神学家,又以各种方式恢复内在神论。其主要理论形式是以费希纳为代表的泛心灵主义和以柏格森等为代表的生命哲学。费希纳认为一切生物有组织即有生命,有生命即有灵魂。任何事物在一定程度上都具有知觉能力,它们都作为某种更为广大的实体之生命的组成部分而活动着,而这种实体则处于一个一直扩展到神的系统之中,这个系统的成分包括一切实在。上帝是世界的灵魂,而世界则是上帝的身体。正因为上帝是至高无上的,所以,它既存在于发展进程之中,又决不会被任何其他东西所超过,而它则通过时间不断地超过自身。柏格森为代表的生命哲学认为,宇宙之中存在着一种“生命的冲动”,生命冲动是最真实的存在,是世界万物的主宰者和创造者。宇宙间的一切,无论有无生命,都是这种神秘力量派生的。现实世界诸种事物的差异性,只表示这股神秘的“生命冲动”派生万物的方式的千差万别。柏格森主张的生命冲动创造一切,实即上帝创造世界。但他的上帝不是超越于世界之外的超越神,而是永无终结的创造活动本身。

但是,在说明心灵、精神、生命等现象的问题上,机械论自然观的困难是暂时的。近百年来自然科学发展证实,生命和精神现象完全有可能从物质本身的进化来说明,根本无需假定某种灵性或神性的原则,现代的分子生物学和遗传学已经完全从物质结构的特殊性为各种精神现象找到了可靠的物质根据。为了说明世界上的一切现象(包括说明精神和生命现象),我们既不需要超越世界而存在的创世主,也不需要把世界本身说成是神,或假定任何内在于世界万物之中的超自然、非物质的灵力和神性。

三、关于神迹——超自然律的自由问题

神迹是否存在?这是和神本身是否存在等价的一个问题。因此,这个问题在历史上一直是唯物主义无神论与唯心主义有神论,科学与宗教,理性启蒙主义与信仰主义、蒙昧主义激烈斗争的重要战场。唯物主义无神论,自然科学和理性启蒙主义在长期的论战中从各个方面对宗教神迹说进行了深刻而有力的批判。到现在,我们大体上可以这样说,宗教神迹说已经丧失了昔日的权威和影响,被驱赶到它所固有的世袭领地——宗教信仰主义之一隅,苟延残喘,难以为继。在科学昌明、文化发达的现当代,信仰超自然神迹的人,在有文化、受过教育的人中

已经为数不多了。荷马—赫西阿德时代,吠陀时代,摩西时代,原始基督教时代,秦汉神仙方术时代所遗留下来的神奇怪异、令人眼花缭乱的神迹故事,除了被文学家、历史学家和宗教学者作为文化—宗教资料进行学术性研究以外,对它们信以为真的越来越少了。在我们的时代,装神弄鬼的宗教术士和江湖骗子当然还存在,以后还将不断冒出来,他们还会玩弄各种神秘主义唯灵论的"法术",招摇过市,愚弄乡里(改革开放以来,我国社会一下子冒出的一批以"气功"、"禅定"为名的"特异功能"、"神通"表演者就是此类人物)。但是,像摩西、耶稣那样到处表演无中生有、起死回生之类的超自然神迹,像济公、吕洞宾那样混迹人间,济世度人的活佛真仙,终究是闻所难闻,见所难见了。我们这个世界,无论是自然、还是社会,似乎重新按照唯物主义哲学家、无神论者和自然科学家的安排,在那里合乎自然规律、社会法则地运转,破坏自然法则的神迹逐渐变成了历史的陈迹。

这一切,并不是神灵和宗教的主动让步,而是科学和哲学的胜利。我们应该对历史上科学和哲学对宗教神迹说的批判作一番理论上的总结,把这些理论财富继承下来作为今后的借鉴。

历史上,唯物主义无神论、自然科学和理性启蒙主义思潮批判宗教神迹说的理论观点,择其要者,大致有如下几种:

(一) 自然哲学的批判

自然科学和唯物主义哲学从其诞生之日起就是作为宗教神迹说的对立物出现于世的。它们反对用超自然的神和神的超自然作用,而用物质本原的组合和作用来说明一切自然现象。早在古代希腊和古代中国的唯物主义自然哲学中,即已达到这样的认识:整个世界是各种物质元素互相作用而形成的因果系列,一切自然现象都有其自然原因,都为先在的物质原因所决定而必然发生。按照古希腊最重要的唯物主义哲学家德谟克里特的说法,"一切都由必然性而产生"。[①]在他看来,偶然性(包括神迹事件)只是由于人们对事件产生的必然原因无知而产生的主观意见,是一种为了掩盖自己的轻率而进行的捏造。这就从根本上排除了神对自然的干预,排除了作为破坏自然必然性而产生的神迹事件存在的可能性。唯物主义哲学关于因果必然性的原理,后来一直成为自然科学和哲学反对神迹说的理论基础。

斯宾诺莎的泛神论认为神即自然,天命就是自然律。万物作为实体(神)的

---

① 洪谦主编:《古希腊罗马哲学》,第97页。

样式是为自然律的必然性所决定的,自然物的这种合乎规律的互相决定,使整个自然界表现出有秩序有条理的合理性。在自然体系中,一切反乎自然必然性的奇迹事件决不可能产生。具体地说,宗教圣书中和普遍迷信中所谓的神迹,或者是讲述者对这些事件之自然原因的无知,或者是由于他们在有意进行欺骗。斯宾诺莎呼吁把《圣经》中一切违反自然规律的神迹故事"弃绝摈斥"。①

18 世纪法国百科全书派从根本上否定神的存在,完全把自然视为一个按照自己的规律而运动的体系。自然界的一切都永远遵循不变的法则。在此基础上,抛弃了泛神论和自然神论的一切掩人耳目的神学外衣,对神迹说作了彻底的否定。

综上所述,从古代希腊以德谟克里特为代表的原子唯物论到近代唯物论(斯宾诺莎、霍尔巴赫等),都是根据自然进程的规律性和因果必然性去否定宗教的神迹说。在哲学上,人们常把这种唯物主义原理称为"机械决定论",对它的哲学意义不无微词,认为它没有正确全面地处理必然性与偶然性的关系。关于这一点,本书不拟从哲学的角度详加评论,只想从宗教学的角度评价它对神迹说的批判。本书认为,决定论是自然科学的哲学表现,它的基本内容是完全合乎科学的。正是由于决定论对神迹说的否定,又反过来推动了自然科学在各个自然领域排除了神的干预和神对自然必然性的违反,坚持探寻一切自然奥秘的自然原因,使科学理性在许多领域都获得了清除神迹信仰的伟大胜利。

(二)认识论的批判

文艺复兴以来的近代科学和哲学一致强调理性的尊严,要求把宗教建立在理性基础之上,并把宗教信仰视为反理性的迷信而予以否定。这种理性主义表现为各种形式的反对信仰主义的启蒙思潮和公开的无神论。宗教信仰主义的反理性实质,主要就表现在对宗教神迹的信仰上。在理性启蒙主义看来,一切神迹,因其违反自然法则,都不能得到科学和理性的证明,因而都是荒谬的。相信荒谬的神迹,乃是愚昧无知的表现。

当然,我们也应当注意到,在反对宗教神迹说、坚持在理性基础上建立信仰的思潮中,也有不彻底的表现。主要有两种,一是"双重真理说",一是"超理性论"。

双重真理说把哲学的真理视为"理性的真理",但却把宗教的主要教义说成是"信仰的真理"。双重真理说在神迹问题上认为,神迹信仰虽不能用理性去加以证明,但却应信以为真。它一方面公开把神迹说贬入信仰的领域,另一方面,又在信仰领域为神迹保留生存的余地。

---

① 参见斯宾诺莎:《神学政治论》,温锡增译,商务印书馆 1982 年版,第 101 页。

“超理性论”的主要代表人物之一约翰·洛克认为宗教信仰应该建立在理性基础之上,宗教信仰绝不能违反理性。一个人信什么,不信什么,都得依照自己的理性的指导。这事实上是对神迹信仰之类神秘主义的否定。但与此同时,洛克又承认某些宗教信条(如“死后复活”之类)是超乎理性的。所谓“超理性”,意即它们虽不能为理性原则所证明,却不一定违反理性,这种信仰与理性完全无关。①

“超理性论”与“双重真理说”一样,既有反宗教神迹说的一面,又有在信仰领域内为神迹信仰保留余地的一面。

在认识论领域内,18 世纪英国经验派哲学家休谟根据他的经验主义认识论对宗教神迹说进行过系统的分析和批判,他反对神迹的主要推论有如下几个方面:

首先他认为,神迹是否存在,也和任何事实的存在一样,其证明只能依赖于经验的报导。当事实是否存在有互相冲突的两种证据时,人们总是选择证据较多的一方。证据越多,我们给予确信的程度就越大;对于从无例外的事件和证据,我们就视为自然法则的体现而予以最大的确信。所谓奇迹或神迹,本质上乃是违反和破坏自然法则而出现的独特而奇异的事件,是与日常生活的齐一经验相冲突的。可是我们的经验却又使我们确信自然法则和表现自然法则的齐一性经验。因此,任何神迹都不能得到经验的证明。

其次,所有超自然的神迹和神怪传闻,主要充斥于野蛮无知的民族之中。如果一个文明民族也相信和流传此类传奇,几乎总是发源于其野蛮无知的祖先。随着我们日益接近文明时代,此类传奇也在历史的卷页中相应地日渐稀少。他指出,一个聪明的读者,在披阅这些神异的历史学家的记述时,往往容易说,这类怪异的事情从来不曾发生于我们这个时代,这真是奇怪的。不过古往今来的人都是会撒谎的,这并不是什么稀罕事。② 休谟对《旧约圣经》的神迹进行了大胆的解剖:

> 摩西五经并不是上帝本人的语言和证据,而只不过是世俗作家和历史学家的作品。我们将按此原则来考察。我们首先在这里看到的,是由一个野蛮无知的民族提供给我们的一部书,它是在比他们更为野蛮的年代写的,而且完全可能是在其所叙述的事实很久以后写成的。它们没有为一致的证据所确证,而且仿佛是各民族对其起源所作的那些荒诞的说法。在读这部

① 参见洛克:《人类理解论》,吴文运译,商务印书馆 1959 年版,第 693 页。

② 休谟:《人类理智研究》,吕大吉译,商务印书馆 1998 年版,第 110 页。

> 书的时候,我们发现它充满怪异和神迹。它所述说的世界和人类本性的状况完全不同于现在的状况:关于我们从那种状况的堕落;关于人的年龄大到一千岁;关于世界为一次洪水所毁灭;关于一个民族被上帝任意选择出来作为天国的宠儿,而那个民族乃是作者的同胞;关于他们借助于最为惊人的神迹而从奴役中拯救出来;我希望任何一个人把他的手放在自己的心上,并在严肃地思考以后宣布:他是否会认为由这样一种证据所支持的一部书之为虚妄,会比它所叙述的神迹更为怪诞和神奇?无论如何,按照上述所定的或然性的标准,如果承认这部书的虚妄,这是必要的。①

第三,休谟还从人性好奇的天生癖好论证了神迹信仰产生和流传的心理根源。普通民众由于好奇心的驱使,特别热衷于相信和传播神迹传奇。因为神怪的传奇会引起惊奇而又快意的情绪,故极易使人相信,人们总是如饥似渴地相信和传播各种稀奇古怪的传闻。宗教家则由于充当先知的虚荣心,便迎合听众的好奇心故意玩弄编造神迹传奇的骗术。听众的轻信增加了他的厚颜,他的厚颜也征服了听众的轻信。在休谟看来,神迹信仰是好奇心与宗教狂的结合,无知的轻信者与厚颜的说谎人相遇。

休谟的哲学否定了因果联系的客观必然性,只承认经验的齐一性。这不能从根本上否定神迹说。单纯从经验的齐一性出发,只能否定神迹的可证性,而不能否定神迹的可能性。因为,如果没有因果必然性和自然法则的客观存在,神迹就无所谓破坏自然法则了。当然,我们总得承认,尽管有严重的理论缺陷,但休谟对神迹的否定,在态度上仍是坚决的。他把神迹信仰归结为轻信与欺骗的结合,与伏尔泰所谓宗教产生于傻子加上骗子的观点完全一致,是一种反对信仰主义、蒙昧主义的启蒙思潮。

(三)心理学的批判

费尔巴哈在《基督教的本质》和《宗教本质讲演录》中从各个方面对宗教神迹说进行了批判。其中,最有特色之点是他从心理学角度对宗教神迹信仰所作的分析。

费尔巴哈认为宗教奇迹与自然奇迹不同,"自然界奇迹同人类漠不相关,宗教奇迹则与人类,与人类利己主义有利害的关系"。② 宗教奇迹的根据不在外在的自然界,而是在人。它没有自然的原因,不是从自然界的本质而产生的结果。

---

① 休谟:《人类理智研究》,吕大吉译,商务印书馆 1998 年版,第 120 页。

② 《费尔巴哈哲学著作选集》下卷,第 737 页。

这也就是说，所谓宗教奇迹并非客观存在，而只是人的主观的信仰和意见。

问题在于，人信仰宗教神迹的主观根据又是什么？费尔巴哈的特殊贡献在于他对此作了心理学的分析，他认为神迹观念和神观念一样，它的最后根据都是出自人类的利己主义的愿望和需要。饥者希望得食，寒者希望得衣，瞎子希望复明，聋子希望复聪，苦难者希望得到拯救，死者亲人希望死者复活……这些发自人性需要的愿望和欲求，如果以符合于理性的方式得到满足，那就不是奇迹；如果由于客观环境的限制，或在自然途径不能满足的情况下，人们寄希望于超自然的方式，这就是所谓宗教奇迹。

人的利己主义的愿望不仅为宗教奇迹提供信仰的动力与动机，而且也为这种愿望的超自然主义的实现提供了主观的可能性。因为，就人的愿望和需要的本性而言，它本身就具有不受客观必然性限制的"超自然性"：

> 一般说来，凡是愿望都是超自然的东西，至少在形式上，在其希图借以实现的方式上是如此。比如当我在远乡漂泊的时候，我想望回到家里去。这个愿望的对象并不是什么非自然的和超自然的东西，因为我循着自然的道路可以达到这个愿望，我只消动身回家去就够了。但是愿望的本质，恰恰在于我想要无需耗费时间马上就到家里，恰恰在于我想心里愿意怎样事实上立刻就怎样。……愿望不受空间和时间所限制，它是自由的，像神一般。①

对于人类的愿望而言，世间没有什么不可能的事情。但超自然的愿望的实现却是人所不能的事情，只能乞灵于超自然的神灵。神是无所不能的，神创造奇迹，像人的主观愿望一样迅速地立即实现人的愿望。所以，费尔巴哈认为，对神的信仰和对奇迹的信仰是一个东西；奇迹和神的分别仅仅是行为和行为者的分别。奇迹乃是证据，证明行奇迹者就是一个万能者，它能实现人的一切愿望。惟其如此，它才被人尊奉并崇拜为神。

对于费尔巴哈说来，宗教神迹本质上是人的主观幻想的产物，宗教宣扬的神迹，不言而喻是一种人为的谎言。但是，费尔巴哈没有停留在这种启蒙思想所谓骗子加上傻子的公式之上，而是进一步分析神迹信仰的心理根源，从来自宗教的外在欺骗进到信仰者的内在秘密，这就使我们对宗教神迹的认识进了一步。

---

① 《费尔巴哈哲学著作选集》下卷，第737～738页。

第4编

现代社会的宗教及其发展趋势

第十七章

现代社会的发展和宗教的演变

在人类历史的发展进程中,经历过两次世界大战的现代社会是变动最为激烈、发展最为快速的时期。宗教,作为社会文化体系和社会意识形态的一个重要组成部分,势必会面临社会变动引发的挑战,并随着社会的发展而发生相应的变化。不仅传统的宗教会在教义内容、信仰行为、崇拜活动和组织体制诸方面发生适应社会需要的演变,而且还可能会产生新的宗教和宗教运动。如何理解现代社会的发展趋向及与此相适应的宗教演变?这是当前宗教研究的一个重要课题。

第一节　现代社会的发展及其对宗教的影响

现代社会是一个非常复杂的整体,它的发展和变化是多方面的,对宗教和其他社会文化形式的影响也是多方面的。概括言之,最能体现现代社会发展的基本特点和趋向者,集中体现在下述三个方面,即:第一,经济走向全球化;第二,政治趋向多极化,文化趋向多元化;第三,高新科技大发展。

一、经济走向全球化

进入 20 世纪,由于现代科技日新月异的发展,社会经济从机械化、电气化、自动化进一步走向信息化。到 80 年代,世界经济开始出现全球化[①]的趋势,90 年代渐成高潮,在 21 世纪将更加深入全面地发展,这个趋势是不可逆转的。

---

① 对于经济全球化,国内外现在尚无一致认可的界定。国际货币基金组织在 1997 年 5 月发表的《世界经济展望》中指出,"全球化是指跨国商品与服务交易及国际资本流动规模和形式的增加,以及技术的广泛迅速传播使世界各国经济的相互依赖性增强"。

当前的经济全球化实际上是世界范围内的一次产业结构调整过程。它以发达国家为主导,以跨国公司为主要动力,以世界统一大市场的形成为标志。在经济全球化的过程中,商品、服务、信息、生产要素等跨越国界、在全球范围内自由流动的规模与形式不断增加,通过国际分工,在世界范围内提高资源配置的效率,从而使各国间经济相互依赖程度日益加深。冷战结束后,经济全球化的政治障碍减少了。美国等发达国家为进一步控制和垄断世界市场,大力鼓吹自由主义经济思想,推行经济、贸易自由化政策,为经济全球化拓展道路。多边贸易体制(WTO)的建立,推动了全球统一市场及机制的形成,尤其是20世纪90年代,以信息技术革命为中心的高新技术迅猛发展,不仅冲破了国界,而且缩小了各国和各地区的距离,使经济全球化成为可能。

经济全球化不仅是经济领域的一场深刻的革命,它已经对世界各国的政治、经济、军事、文化、思维方式、价值判断、宗教信仰等社会的方方面面,产生了巨大的影响力和冲击波。一方面,经济全球化推动全球生产力大发展、加速世界经济增长,为发展中国家追赶发达国家提供了一个难得的历史机遇。但同时,也不可避免地加剧了国际竞争,增多了国际投机,增加了国际风险。由于经济和科技水平发展程度存在差距,各国的综合国力不同,发达国家和跨国公司将得利最多,而发展中国家则不仅在科学技术和经济发展上承受着巨大的压力,而且面临着国家主权和经济安全的挑战。经济全球化有可能对发展中国家的民族工业造成严重冲击。其结果将使发展中国家与发达国家的差距进一步拉大,导致富者越富,穷者越穷。一些最不发达国家甚至可能被排除在经济全球化之外,成为发达国家和跨国公司的"新技术殖民地"。加之由于各国经济相互依赖加深,经济危机的传染性空前增强。这样,在经济全球化的过程中,在激烈的全球化竞争中,充斥着发达国家与发展中国家的矛盾,发达国家之间以及发展中国家之间的矛盾。这些矛盾必然会在宗教领域中产生相应的影响和反应。经济全球化的趋势一方面为世界各国和各民族的文化和宗教提供了加强交流和对话的机会;另一方面,由于各民族、各国家在此过程中所处的实力地位和所获利益的不平等,也必然会因此而引发各种文化和宗教之间的排斥和对立。

二、政治多极化与文化多元化

西方世界曾经认为,西方文明代表着历史的发展方向,是最好、最优秀、最有生命力的。他们也曾力图以西方的文明去改造、同化甚至灭绝其他国家和地区的不同文明。随着社会的发展和视野的开阔,人们越来越认识到,不论是民族,还是宗教,还是各国不同的文化之间,是无优劣可言的。任何文化或宗教的存在,都有其历史的必然性和合理性,正像种族和民族自身存在所具有的历史合理性一样。尤其是当以美国等发达国家及跨国公司为主导的经济全球化浪潮力图把人们纳入一个模式、纳入西方文明的框架中时,当每个民族不论愿意还是不愿意,都被迫进入全球化世界市场的竞争中一决雌雄时,民族生存的危机感,更激起了民族意识的上升和高扬。

在20世纪初,世界上只有60多个国家,而今已经变成190多个国家。在这百年当中,与国际政治格局的三次大变化相对应,民族解放运动和民族国家的独立,也形成三次浪潮。在第一次世界大战中,沙皇俄国、奥匈帝国和奥斯曼帝国土崩瓦解,在它们的废墟上,出现了20多个获得独立的民族国家。

第二次世界大战中,有50多个国家卷入你死我活的拼杀之中。战争改变了世界各国的力量对比,推动了人民民主运动和民族解放运动,战后在亚非拉和大洋洲先后建立起近100个新兴的民族国家(其中亚洲25国,非洲49国,拉丁美洲13国,大洋洲12国)。

第三次民族主义浪潮是"冷战"的结果,多是以加盟共和国为基础的联邦国家的解体和分裂:捷克斯洛伐克一分为二,南斯拉夫一分为五,苏联一分为十五。这些地区的民族冲突和领土纠纷并没有随着国家独立而解决,相反,在某些地区演变为民族仇杀的"新型热战"。冷战结束后,两极格局被打破,在美国成为世界上惟一超级大国的同时,也出现多极化的发展趋向,国内外许多学者将此概括为"一超多强格局"。宗教不等于政治,但从阶级社会形成以来,宗教就从来没有与政治完全分离,它或是政治斗争的工具,或是利用政治为其自身的目的服务。在21世纪里,宗教在国际政治斗争中的作用仍然不容忽视。宗教仍被西方社会作为推行其价值观的工具。在第三世界,宗教也日益成为维护民族独立和尊严、反对霸权主义的象征。社会的发展将宗教在政治生活中置于何种地位?21世纪的政教关系模式会有什么新的特征?不同宗教、不同教派对于政治的参与将会对地区、民族乃至全球的安危产生什么影响?这些问题已经成为国际政治必须关注的重要课题。

文化的多元化原本是就全世界范围内而言的一个历史现象,即不同国家、不同民族在相对隔绝的状态下,保持着自己独特的文化特色。然而,随着经济的全球化、政治的多极化、民族意识的复苏、文化交流的扩大、各国疆域的打破,文化之间的相互渗透将必然进一步加剧,致使一个国家或一个民族内部,在社会文化和意识形态的诸多方面也都呈现出多元化的态势。

三、高新科技大发展

第二次世界大战以来,现代科学技术的发展,展现出一日千里、日新月异的态势。以相对论和量子力学为基础理论的现代科学在各门具体科学领域都有新的发展,引发了一系列令人眼花缭乱的技术革命。这集中体现在三个领域:一是以制造核子武器和开发核能为中心的核子科学和核子技术;二是以电脑和信息技术为中心的信息科学;三是以遗传密码、分子生物学为中心的生命科学和生物工程。这些现代高新科学不仅使人类进一步揭示了物质界(大至"至大无外"的宇宙、小至"至小无内"的量子世界)、生命界以至精神界的奥秘,而且极大地提高了社会生产力,加强了人类对自然界和自然力的控制和利用。现代社会经济的大发展、经济全球化大趋势的出现,在很大程度上可以说是现代高新科技大发展的结果。在当代世界,哪个国家手中掌握了最高最新的科学技术,它也就控制了经济全球化和世界政治以至文化发展趋向的主导权。

现代科学的发展对于宗教不可避免地会产生直接的影响。理论物理学、宇宙科学、生命科学和信息科学的科学结论都直逼传统宗教的核心教义(神是否存在、灵魂是否不朽、创世论、末世论等)。这既进一步推动着对传统宗教神学的科学理性及其支配下的宗教科学和宗教哲学的发展,也促使传统宗教及其神学理论或者改变其传统教义,或者创建新的神学理论,对其神圣经典所载的传统教义作出新的诠释,从而使传统宗教发生适应性的演变。

但是,在现代高新科学技术高速发展的同时,在无限的自然界中,仍然存在着科学的未知领域,特别是存在着社会对科学技术的误用,如利用现代科技制造可以毁灭整个人类的武器,对自然力的过度开发造成生态平衡的破坏,高度工业化带来的环境污染以及与此有关的疾病,社会生产高度工业化、信息化造成了技术理性对社会、人生和精神生活的控制……这种种情况导致一系列社会问题和文化观、价值观的认同问题。如何解决上述这些问题,社会和学术界提出了多种不同的对策。与宗教学有关,宗教学研究必须面对的,是在当代世界颇为流行的一种以非理性、反理性为特色的浪漫主义和神秘主义的思潮,它可以算是所谓后工业、后现代思潮的一种表现形式。这种思潮把上述所说的科技误用的社会弊端,直接归因于科学技术高度发展本身。认为正是由于现代科技的大发展,导致人把自己视为"万能的上帝"和"自然的主宰",膨胀了人的享受之欲和贪婪之心,促使人对大自然进行掠夺性的开发;在高度技术化、理性化的现代社会中,人逐渐丧失了精神的自由和人性的全面发展,成了技术理性支配下的机器。因此,社会必须恢复宗教的价值,科学技术的发展必须接受宗教的指导和制约,只有宗教才能为人类提供一个精神归属的家园。这种思潮不仅为传统宗教的复兴推波助澜,甚至还为各种新兴宗教和神秘主义教团的兴起准备了文化土壤。

综上所述,由经济全球化,政治多极化、文化多元化以及高新科技大发展集中体现的现代社会的发展动向,不能不促使传统宗教改变自己的面貌,发生与现代社会相适应的各种演变。实际上,世界上各地区、各民族的各种宗教先后都已被卷进社会现代化的变革进程之中。宗教的这种变化是多方面的,形式是多种多样的,择其要者而言,主要表现在以下三个方面:传统宗教的演变;新兴宗教和神秘主义教团的兴起;各种宗教和教派之间的对立与对话。

第二节　传统宗教的演变

随着现当代社会的发展,传统宗教先后所发生的各种演变,主要表现为两种趋向:一是为了适应市场经济和现代政治生活的发展,传统宗教进一步世俗化,使宗教诸要素(教义信仰、组织形态、仪式生活等)更多地带上个人主义和自由主义的色彩;二是作为对世俗化进程的回应,主张回归神圣传统的基要主义或原教旨主义乘势而起。它们构成传统宗教在现当代社会存在和发展的内在张力。

一、走向"世俗化"——传统宗教适应现代社会的新发展

按照贝格尔的说法,世俗化(secularization)就是社会和文化的一部分摆脱宗教制度和宗教象征控制的过程,人们越来越少地依靠宗教来理解世界和个人的生活。[①]席勒尔把世俗化的主要特征概括为6个方面:(1)宗教的衰退,即宗教思想、宗教行为、宗教组织失去了原有的社会意义;(2)由于人们越来越关注此生此世更为迫切的需要和问题,宗教团体的价值取向也从彼岸转向此岸;(3)宗教失去了原有的公共性与社会职能,日益变成纯私人的事务;(4)宗教信仰和行为的重要性弱化,各种世俗的组织不再以神秘的力量为支撑,并且发挥了过去由宗教团体承担的职能;(5)世界逐渐揭开神秘的面纱,社会的超自然性减少;(6)社会由"神圣"的,变为"世俗"的,人们的决定和行为越来越多地建立在理

① 参见贝格尔:《神圣的帷幕》,高师宁译,何光沪校,上海人民出版社1990年版,第128页。

性的和功利主义的基础之上。[①]概言之,宗教的世俗化主要指社会生活的世俗倾向增加,社会越来越摆脱宗教的影响,宗教的世界观和价值观不再是判定社会各项事务的决定因素。与此同时,传统宗教也从"神圣"领域走向"世俗"领域,积极适应并参与社会生活与世俗事务。

宗教和社会的世俗化进程起始于近代资本主义的发展,以政教分离为特征。在被马克思誉为第一次资产阶级革命的欧洲宗教改革中,马丁·路德在反对教皇对世俗事务的垄断控制中提出,教皇的权力应当限于宗教事务,世俗事务应当归世俗政权管理。1787 年美国以国家宪章立法的形式,在世界历史上首次确立了政教分离的原则,规定宗教不能干预国家的行政事务,从而使宗教与教育、宗教与法律、宗教与政治、宗教与经济的发展相分离。这是与当时社会发展的要求相适应的。在伊斯兰教世界中,1923 年土耳其政治革命家基马尔建立了共和政体,实行了政教分离,首次冲破了穆斯林国家政教合一的传统体制,并促进了大多数穆斯林国家逐步走向政教分离,使社会的世俗化大大向前发展。此外,在哲学、艺术及思想文化领域中不断开展的启蒙运动,冲破了把宗教作为惟一思维方式的禁锢,导致思想的多元化及理性的高扬,为社会的世俗化开拓了一条不归之路。对于曾经被神性压抑的人性的肯定,对于曾经被来世否定的现世的赞美,对于财富的积累和人生享乐的肯定,都使人们的眼光更多地关注现世的世界和人生。尤其是 20 世纪后半叶,物质主义和消费主义的泛滥,更加快了社会世俗化的进程。21 世纪社会的世俗化趋向,将不可避免地以更为广阔的方式继续发展。世界各国的宗教信仰都将面临巨大的危机和挑战。

宗教的世俗化几乎是与社会的世俗化同步进行的。由于传统社会日益非宗教化,宗教的价值观和世界观对于人们社会生活的方方面面已经不再具有至高的统辖权,在这种情况下,如果传统宗教仍想为信仰者提供人生及世界的价值和意义,那它们就不能继续像过去那样一味强调超自然的神圣存在及来世彼岸的学说,而必须更多地关注并参与世俗社会各项事业,以图对世俗社会的发展和导向维持并发挥自己的作用和影响力。

20 世纪西方欧美各国国家宗教日益凸显"民事宗教"的特征,这是以宗教文化为传统背景的国家宗教世俗化进程的一种表现。与民事活动结合在一起的宗教行为、宗教典仪,更多地具有的是象征的寓意,是一种文化传统及民族风习。国家元首和总统手按《圣经》宣誓就职;国会参众两院的会议以牧师和神甫的祷

① 参见席勒尔:《经验研究中的世俗化概念》,载于希尔·米歇尔:《宗教社会学》,基础图书公司,纽约,1973 年版,第 228 ~ 251 页。

告开始;美国的货币上印有"我们信仰上帝"的字样;新郎和新娘在法院领取结婚证书之后要在宗教场所举行婚礼;私立学校的开学典礼和毕业典礼上有牧师祷告等等,这些活动实质上已不再是纯粹的宗教行为。

世界各大宗教的活动都不再局限于教堂、寺庙宫观等宗教场所的崇拜或礼仪。各宗教团体都以大量的人力和财力服务于社会,在社会福利、社会保障方面发挥着越来越大的作用。它们关注世界和平、生态环境、伦理、人权以及教育问题,关心社会政治、经济、文化的发展,对于社会各界人士用各种科学的方法来制止和改造由于工业化和现代化所造成的环境污染、生态失衡等社会问题,也表示赞同并积极参与。

西方社会的宗教团体原本就有参与各项社会活动的传统。在20世纪,面对科技发展带来的各种社会问题,他们做出了相应的姿态,将道德说教和社会福利工作在教会中的位置抬到前所未有的高度。他们在不否定彼岸世界和神的超越性的同时,更多地关注社会现实问题并寻求解决的办法。他们更多地宣扬"上帝是爱"的学说,发动"道德复兴运动",宣传宗教的博爱精神,承担更多的社会福利事业。在政府机构的视野之外,越来越多地承担无家可归者收容所的设施、饮食、住宿;救灾扶贫,照料孤寡;经营和管理托儿所、幼儿园、小学、中学、大学和研究生院;为低收入家庭提供奖学金;为贫困人口提供养老设施、养老公寓和医疗服务;为失业者提供技能培训;对于诸如堕胎、吸毒、青少年犯罪、单亲家庭等各种社会问题发表意见并提供解决的办法;对于婚姻、家庭、教育子女以及有心理障碍的人提供心理咨询。有些宗教院校甚至规定,学生在校期间,就要去医院、监狱、无家可归者收容所、孤儿院等机构或场所义务提供服务,将学生接受这样的训练作为今后祝圣封牧的必要条件。

在西方社会,世俗化的外在表现,最明显的是去教堂的人数在不断减少。1989年,全世界的基督教徒有16.44亿,比1900年的5.58亿增长了1.95倍,但同期世界人口的总量却增长了2.1倍。如果考虑到基督教在亚非拉的增长速度,欧洲和北美的基督教徒实际上是负增长。比如,北美新教徒的人数在1900年时为总人口的77%,1970年时降为60.6%,1989年则降至50.3%。[①]而在欧洲,虽然信教人数在总人口中的下降比例不如北美那么显著,但相信上帝存在、相信有天堂和地狱的人数却有所下降。比如"欧洲体系研究会"公布的一项调查显示,相信上帝存在的人数占被调查人数的百分比,法国从1968年的71%下

① 引自于可主编:《当代基督新教》,东方出版社1993年版,第354页。

降到 1981 年的 62%，荷兰从 1968 年的 79% 下降到 1981 年的 65%。而英国的一项调查则表明，1974 年被调查的青少年中只有 36% 的人怀疑上帝的存在，而到 1989 年，这个比例已经超过半数。有学者进一步概括出世俗化的两个类型：将人们越来越少地参加崇拜仪式和采用圣礼的现象称为“外在的世俗化”；而将人们参与宗教活动的动机的转变（如为孩子提供道德教育，为家庭生活提供指南，作为参与社区生活的一种方式等）称为“内在的世俗化”。①

传统宗教世俗化的最高表现，是它们适应现当代社会的发展需要，放弃或修改某些不合时宜的传统教义和信仰体制，提出了适合其社会处境和文化特殊性的新的教义和神学理论，甚至发展为具有宗教革新性质的宗教社会运动。现代世界各大宗教都有这方面的表现。欧美基督教世界的社会现代化进程较早较快，基督宗教走向现代主义的世俗化的内容和形式，以及由此发展而来的神学思潮和社会运动也较为活跃和多种多样。②

20 世纪前后，西方基督教在启蒙思潮、理性主义和经验主义哲学和自然科学（特别是达尔文进化论）的冲击和影响下，就逐渐出现了各种与近现代社会相适应的自由派神学，如经验主义和自然主义神学、进化神学、过程神学、社会福音派神学等等。

经验主义和自然主义神学的代表人物麦金托什和魏曼认为神学和科学并无本质区别。上帝的本质不可能与自然脱离，因此人们可以通过经验，用实验科学的方法去认识上帝；人类社会的发展，科学技术的进步，人类对道德的追求，都反映出上帝正在行使对人类和世界的救赎。

进化神学的代表人物法国天主教神父德日进和美国新教牧师艾波特认为，传统神学把上帝创世说成一次性完成，这与达尔文进化论不符。现代神学应从认同进化论出发，用上帝内在于世界之中的内在论观点重新考虑人与上帝的关系。宇宙和物种都是从低级向高级进化，人类也是由原始向文明道德化发展。宇宙进化本身是一种理智结构，证明上帝正是以其自身的内在的生命力在塑造包括人类在内的自然界。

以怀特海为代表的过程神学与进化神学多有相似之处，它也强调宇宙始终处于变动发展的过程之中，上帝并非一成不变的实体，而是流动世界的一种能动性，是与世界紧密结合、内在于世界之中的能动实体。上帝积极引导世界的进

① 贝格尔：《天使的传言》，高师宁译，汉语基督教文化研究所，1996 年版，第 14 页。

② 段琦在其《基督教学》一书中对现代基督教各种神学思潮和社会运动有比较系统的论述。本书以下关于基督教神学革新的概说多有参照，特此说明。该书由当代出版社于 2000 年出版。

程,使世界渐趋完善。人类只有在世界发展的过程中发现上帝,上帝也随着过程的发展而变化。

上述这几种自由派现代神学的主旨在于弥合传统基督教神学与现代科学和哲学的矛盾,自由派神学的另一派——社会福音派则更多关注社会问题。该派不仅一般地强调上帝之爱和基督教的道德,而且提倡把这种道德和爱从个人得救扩展到整个社会。要求改良社会,改善贫苦人民的生活条件,克服贫富不均等社会不公现象。它相信随着社会的进步、科学的发展,上帝之爱会在社会上实现,最终在尘世建成充满仁爱和幸福的上帝之国,使整个人类得到拯救。

第一次世界大战、30 年代经济危机及其以后的大萧条,使欧美的一些思想家和神学家认识到人性和社会的缺陷,似乎人类社会和世界并非如自由派神学所说的那样不断进步,日趋完善。于是就出现了不同于上述自由派神学的各种神学,如新正统派神学、危机神学、存在主义神学、福音派神学等等。其思想倾向并不完全相同,既有倾向于回归传统者,也有适应于新的社会发展者。如尼布尔兄弟所代表的美国新正统神学不赞同自由派神学对人性向善的乐观看法,认为人由灵与肉组成,因此有向善和向恶两种倾向。人可因纵欲而致罪,但只要信爱上帝和基督,仍能得救。该派神学也提倡社会的正义和互爱,实现人类对上帝之爱这一最高道德标准。

存在主义神学的代表人物布尔特曼和蒂利希试图用存在主义哲学对基督教信仰作新的解释。认为现代基督教应该关注人存在于其中的险象环生的生存处境以及由此而生的焦虑感,探究人生存的意义,对精神(宗教)的需求和对生存命运的终极关怀。人类精神追求的终点(终极关怀)就是宗教的上帝。存在主义神学所关注的人的生存处境和焦虑感,实质上也就是现当代社会的各种弊端以及这些社会弊端在人类社会生活和精神上产生的痛苦。把解决这些问题当做现当代宗教神学的主题,反映了存在主义神学的社会关切,说明它具有明显的时代性。

在基督宗教中为适应现代世俗社会而产生的具有革新意义的神学思潮中,发生了最为重要的社会影响者,当首推罗马天主教的"梵二会议"神学和拉美解放神学。

1962 年至 1965 年间,罗马教皇约翰二十三世及其继任者保罗六世相继召开了第二次梵蒂冈大公会议(史称"梵二会议")。会议颁布了一系列天主教实行革新开放的文件,它的基本精神和主要内容具有革新意义。在神学理论上,它突出基督在三位一体中的中心地位,把基督视为人性的最高体现;对于人,它充分肯定人在现实世界中的地位和作用,不再像传统神学那样强调人的原罪;在教会论上，它突出“天主子民”的观点和平信徒的地位，不再强调教阶制和神职人员的特殊作用，并修正了“教皇永无谬误”的传统信条；关于救赎论，它打破了固有的“教会之外无救心”的说法，将基督救赎的对象扩大到全人类；在终极论上，它放弃了把天国与尘世完全隔离的传统主张，转而强调天国将在尘世建立。梵二会议还提倡把神学研究与现代社会的各种文化相结合，使天主教的启示真理成为各地区人民可以理解和接受的东西，这就开辟了神学本土化、多元化的发展道路。梵二会议还提倡神学应该讨论与人的自身和人类社会密切相关的各种社会问题。[①]

梵二会议的开放精神赋予天主教以一种新的形象，各地区、各民族的神学家们在这种开放精神的激发下，逐渐淡化了对传统神学命题的专注，转而关注人类社会，特别是本地区、本民族当前所面临的各种社会文化问题（如婚姻、伦理、生态、经济、文化和世界和平）。由此而形成与本地区、本民族文化传统和现实生活相关联的本色神学，如解放神学、民众神学、斗争神学、发展神学、非洲神学、亚洲神学、黑人神学、妇女神学、对话神学……如此名目繁多的神学，显然是天主教走向现代主义的开放革新之路的产物。

在上述这些令人眼花缭乱的各种神学中，解放神学的影响最为深远。

解放神学是20世纪60年代在拉丁美洲由以古铁雷斯神父为代表的一批具有社会革新精神的神学家提出的一种宗教思潮。解放神学有两大主题，一是上帝偏爱穷人，“优先拣选穷人”；二是“解放”。其基本精神是想把拉美国家的社会改造作为神学的直接关注点，要求改变不公正的现行社会结构，实现民族独立，解放被压迫的人民。古铁雷斯曾明确提出：“坚决采用解放一词，让人们从中可以看到蓝图。它是以最明确和最直接的方式告诉受压迫者，促使他们同现状决裂，亲自掌握自己的命运。”[②]“要为不再有奴役、压迫、异化劳动的世界而斗争。这就是预告和意味着救世主的来临”。[③]而“消除贫穷和压迫，就是上帝王国来临的标志”。[④]解放神学不仅获得拉丁美洲的天主教信众的拥护和支持，而且对亚洲和非洲的天主教界也产生了影响。

伊斯兰教在中世纪达到了它的辉煌时代。但自18、19世纪以来，由于社会发展停滞，伊斯兰教社会越来越远地被西方资本主义列强抛在后面，相继沦为殖民地。伊斯兰教作为各穆斯林民族凝聚力的传统文化，为求民族和国家的生存，

① 关于梵二会议的“神学革新”，参见段琦：《基督教学》，第370页。

②④ 古铁雷斯：《解放神学》，布鲁塞尔，1974年版，第175页。

③ 古铁雷斯：《穷人的历史作用》，利马，1979年版，第47页。

也逐渐兴起了种种以复兴伊斯兰教、振奋民族精神、反对殖民统治为宗旨的现代主义宗教思潮和社会运动。伊斯兰教现代主义主张对传统进行改革,宗教的发展趋向应与当前社会处境和社会发展潮流相适应,对外来文化不能一律排斥,而应有选择地利用,采取开放态度,使伊斯兰教社会走向现代文明。有些人还吸取西方的科学和哲学来重新解释、修正和补充伊斯兰教,力图使之具有时代精神。这种现代主义思潮早在19世纪奥斯曼帝国时期即已出现。以后,在不同的伊斯兰国度,在不同时期,都出现了一批代表性人物,使这种思潮和运动继续发展,同时也使它具有因时而异、因地而异的形态和内容。如第一次世界大战之后以"土耳其之父"基马尔为代表的土耳其民族主义,[①]从伊克巴尔到辛迪、哈吉姆等人为代表的伊斯兰教社会主义,以纳赛尔为代表的阿拉伯民族主义(纳赛尔同时也提出并在埃及推行伊斯兰社会主义),以及在其他伊斯兰教国家发展而出的各种地方民族主义。这些伊斯兰教现代主义思潮实质上都是力图在伊斯兰教的旗帜下解决现代社会所面临的政治、经济和民族发展问题,使传统的伊斯兰教具有了鲜明的现代性和世俗化的色彩。这些伊斯兰教现代主义思潮先后发展为波澜壮阔的社会政治运动和民族解放运动,在现当代国际政治中发生了重大的影响。

传统佛教本来具有强烈的出世特征。在近现代帝国主义、殖民主义的侵略下,信仰佛教的南亚、东南亚和东北亚各民族、各国家差不多都沦为西方列强的殖民地和半殖民地。面临殖民侵略,它们都有一个如何在政治上实现民族解放,在文化上,在努力实现经济和科学现代化的同时,如何保持和革新传统宗教(佛教)和传统文化的问题。因此,佛教也和伊斯兰教一样,在社会现代化的进程中,一洗过去那种一尘不染、不问世事的超然传统,更加面向人生、面向社会、面向世界。对国家的独立、民族的解放、文化的变革,持积极参与的态度,并从教义学说上进行有益于民族发展的阐释,努力把教义与现实生活的需要结合起来,寻求使人类摆脱痛苦的新的途径。佛教这种走向现代主义和世俗化的进程在第二次世界大战之后发展得更为迅速和普遍,它集中体现为佛教民族主义和佛教社会主义。

南传佛教的三大中心泰国、缅甸、斯里兰卡以及柬埔寨等国在二战之后都大力振兴佛教,把佛教作为民族文化的主体和民族团结的象征,甚至立为国教,以之抵制殖民文化的影响。这些国家的政治领袖在国家建设中,大多都在不同程度上接受马克思主义和社会主义的影响,以之来重新诠释佛教关于"利他"、"众生平等"的教义,把佛教与社会主义结合起来,提出了佛教社会主义的口号。斯

---

① 基马尔主义的主要内容是六大纲领,即:共和主义、世俗化、大众主义、民族主义、国家主义、改革主义。参见吴云贵、周燮藩:《近现代伊斯兰教思潮与运动》,社会科学文献出版社2000年版,第233~236页。

里兰卡的班达拉奈克、缅甸的吴努、柬埔寨的西哈努克以及泰国的佛教思想家佛陀达沙都是这方面的代表性人物。值得一提的是，他们在把佛教与社会主义相联系的同时，都力图划清佛教社会主义与马克思主义的科学社会主义的界线。在这方面，西哈努克的说法很有代表性。他说："我们是社会主义者，但是我们的社会主义更多地是由佛教徒道德所激发，由国内外输入的教义所形成的我们民族存在的宗教传统"，①"佛陀布道时都宣传说，一个人或者一个民族，如果要积大德，就要全面行善，特别是要善良、节欲、真诚、温和、大公无私、利他主义、平等待人、善恶分明。也正因为如此，我们才把佛教当成我国的国教，我们的社会主义也才借鉴于此"。②西哈努克把他的社会主义建立在佛教的道德准则之上。这也是各种牌号的佛教社会主义的一般情况。

二战后，北传佛教和藏传佛教地区发生了巨大的社会变革。日本发展为发达的资本主义国家，中国则进入社会主义社会。传统佛教在这些地区也因此而出现了适应现代社会的巨大变化。当代日本佛教分化为许多新兴教团，其中创价学会最为成功。该派在教义上公开倡导"利"的价值中心地位。认为人孜孜追求的是"利"，从小利到大利，从本能的个人之利到社会之利。"善"和"美"实质上是"利"的表现。善无非就是"公利"，"美"不过是感官欲望的满足感。因此，人生的最终目的是以人的生命创造"利善美"的价值，即追求幸福。在创价学会的教义哲学里，传统佛教视为罪恶和痛苦之源的"利欲"，演变成了价值中心和人生追求的最终目标。佛教在这里成了资本主义社会利益原则的宗教表现。创价学会当然不能仅止于把"利"的原则神圣化，它也提出了一套与日本现代社会相适应的政治理念，内容有三，即"佛法民主主义"、"人性社会主义"、"地球民族主义"。

"佛法民主主义"认为当今世界上实行的资本主义民主和社会主义民主皆不完善，只有基于日莲宗佛法的民主主义，才贯彻了生命尊严和主张平等的生命哲学，才能实现真正自由平等的民主社会。

"人性社会主义"认为资本主义的不平等的社会结构埋没了人性，社会主义则"压抑人性"，只有他们的主张才是基于人性的社会主义。

"地球民族主义"反对狭隘的国家主义和民族歧视，认为全人类都是"地球民族"，是同一命运的共同体，反对一个民族以牺牲其他民族的利益来谋取自己的发达。

创价学会积极参与国内和国际的社会政治活动，还组织了自己的政党——

① 赫里希·都穆林主编：《现代世界的佛教》，美国，1976年，第2版，第112页。

② 《西哈努克回忆录》，黑龙江人民出版社1987年版，第297页。

公明党，在日本政坛相当活跃，至今还与日本自民党联合组阁执政。它的教义、社会政治理念和实践活动，集中体现了现当代佛教的现代主义和世俗化的发展趋向。[①]

中国在50年代进入社会主义社会，中国佛教强调传统佛教关于“庄严国土，利乐有情”的教义，提倡爱国爱教，发展并完善太虚法师关于建立人间净土的“人间佛教”的思想，积极争取与社会主义社会相适应。中国佛教（包括藏传佛教）越来越明确地走上了现代主义的道路。

二、对传统的坚持与回归——宗教保守主义的复兴

宗教的现代主义与宗教的传统主义、宗教世俗化与回归传统的宗教基要主义或原教旨主义在历史上一直是同一事物中互相依存、彼此制约的两个方面。二者都是宗教或主动、或被动地顺应社会发展而变化的产物。传统宗教的某些教义和体制与现代社会的不适应，常常导致相应的变革，走向现代主义和世俗化；但这种世俗化的变革由于改变了固有的传统，势必损害到传统体制的既得利益者，从而又必然引起保守势力对世俗化进程的反对，以神圣的名义来坚持和维护古老的传统。宗教发展的这种趋向被称之为“基要主义”或“原教旨主义”，在基督教和伊斯兰教中表现得最为明显和强烈。

在西方，基督教自由派神学出现之后不久，保守派就提出了与之相对的“福音派”神学，他们坚持认为圣经是惟一的权威，个人因信得救；基督教应积极向别人传基督的福音，与他们共享救恩。“基要派神学”坚持传统教义，反对自由派神学企图重新解释圣经词句使之与理性相符合的圣经批判学；在文化上反对世俗人道主义；在自然观上反对进化论；在社会政治问题上反对马克思主义和社会主义。他们把传统教义信仰总结为五条“基本要道”，即：坚信圣经无谬误；耶稣为童贞女所生；耶稣为救赎人类使人神和解而受难；基督肉身复活；基督将复临。这种神学思想就是所谓“基要主义”，也称“原教旨主义”。20世纪下半叶，基督教保守派在美国社会相当活跃，颇为得势。他们针对现代派神学的世俗人道主义发起了重振基督教的各种道德复兴运动。新老基要派坚决捍卫传统宗教的价值观，对六七十年代以来社会和文化上日益世俗化的各种表现（如无神论、共产主义、性解放、女权运动、堕胎合法化活动、同性恋等）都激烈反对，把这一

① 关于日本佛教的论述，参考了杨曾文主编：《日本近现代佛教史》第五部分“新兴佛教宗派的兴起”，浙江人民出版社1996年版。

切说成是对上帝的反叛,对道德的破坏,决不能宽容。拉什杜尼在《复兴运动的根基》一书中甚至建议对通奸犯、同性恋者、亵渎神灵者、占星术士、巫师和传授谬论者处以死刑。①基督教保守主义在当代美国的社会和政界中已发展成为举足轻重的社会政治力量。

罗马天主教通过“梵二会议”使神学走向开放革新,促发了各种关注社会、政治、文化的新的神学思潮和社会运动,但同时也因此而遭致那些捍卫传统的保守势力的反对,其代表性人物法国大主教勒费弗尔坚决反对“梵二神学”向人本主义方向发展,要求重新回归到以神本主义为中心的传统教义。他还自立门户,不经教廷而自己任命主教,与教廷分庭抗礼。教廷方面则把他开除教籍。这一事件体现了天主教中现代主义与保守主义的公开对抗。1990 年,勒费弗尔去世,这一对抗才告一段落。

罗马教廷通过梵二会议推行的开放革新当然也是有限度的。其主要的目的和原则是使传统天主教适应现代化的世俗社会的性质和特点。超出这个尺度,不仅违犯了它所能开放的范围,也违背了天主教的根本传统。当拉美解放神学等激进派神学与被压迫民族的民族解放运动和社会解放运动相结合,甚至成了下层贫苦人民进行社会改革的旗帜的时候,罗马教廷就不能对之容忍了。不仅对解放神学予以否定,公开宣布“必须改变解放神学这一思潮的方向和基础”,而且还对其领袖人物(巴西的博夫、秘鲁的古铁雷斯等)进行惩罚,剥夺他们的讲道权,罢除他们的教职,改组解放神学家所控制的教会。

在现当代三大世界宗教中,伊斯兰教的传统主义思潮——原教旨主义表现得尤为强烈。这有两方面的原因。一方面,信奉伊斯兰教的民族和国家近代以来差不多均沦为帝国主义的殖民地和半殖民地。二战后虽先后独立,但却积弱不振。面对新老帝国主义和霸权主义的强势文化和政治上、经济上以及军事上的沉重压迫,它们一般都力图通过加强和复兴伊斯兰教的传统信仰来保持民族团结,振奋民族精神,争取国家复兴。伊斯兰教传统主义坚决反对伊斯兰社会的西方化和世俗化。在他们心目中,中世纪的哈里发帝国、奥斯曼帝国才是伊斯兰教的黄金时代,集中体现了伊斯兰教的辉煌与伟大。只有回归辉煌的传统,才能获得国家和民族的复兴。如果伊斯兰世界走向西方化、世俗化,必将导致伊斯兰教传统的沦亡。因此,伊斯兰教传统主义思潮具有两个特点:一是强烈的复古主义,二是强烈的排外主义。实际上,18 世纪以来,随着殖民主义、帝国主义的入

① (美)哈维·麦克斯:《基督教右派并非铁板一块》,载于《交流》,1996 年第 2 期,第 65 页。

侵，伊斯兰教世界就出现了“恢复正教”、“回到《古兰经》去”的口号，并先后在不同地区出现了用发动“圣战”来复兴伊斯兰教的社会运动和民族运动。如阿拉伯半岛的瓦哈比运动，波斯的巴布运动，苏丹的马赫迪运动，印度西北部和西非尼日利亚的圣战者运动，印尼的巴德利运动等，这些“圣战”运动虽然已成过去，但其思想影响却是持久的。坚持回归传统的原教旨主义在现当代社会条件下又以各种形式走向新的高潮。其直接的激发原因主要有二，其一，是亚非一系列伊斯兰国家在二战后独立，其执政党和领导人大多是属于现代主义思潮的伊斯兰民族主义者，其施政理念或者引进西方资本主义政治经济图式，或者借鉴社会主义国家的某些方面，实行政教分离，弱化伊斯兰教在历史上的至高无上的地位和作用。这就引起了民族主义现代派和传统宗教力量之间的矛盾和斗争。由于这些民族主义国家在建设国家过程中的政策失误，其现代化的进程并不成功，在国际政局中备受帝国主义和霸权主义的欺凌，这种情况为伊斯兰教保守势力反对现代主义思潮，坚持回归传统，走向原教旨主义准备了社会条件。其二是阿拉伯国家与以色列之间的三次战争均告失败，使阿拉伯民族主义丢尽脸面。伊斯兰教世界重新响起了泛伊斯兰主义的口号，号召全世界穆斯林团结起来以“圣战”方式来解决阿以争端，夺回被占领土，并发动各种恐怖主义活动袭击支持以色列的西方强权国家。伊斯兰原教旨主义由此而走上了宗教恐怖主义和宗教极端主义。

现当代原教旨主义在社会政治问题上的主要主张是反对世俗化和现代化，他们把现代化进程中出现的政治腐败、贫富两极分化、传统宗教价值沦丧等问题，归结为社会世俗化、西方化的结果，认为应该在伊斯兰教传统教义和教法体系的基础上来解决社会政治问题。因此他们鼓吹社会政治伊斯兰教化，宗教组织政党化，恢复传统的政教合一制度。他们把世俗的民族主义政权视为“非法政权”，主张以泛化的“伊斯兰主义”来代替民族主义，以宗教认同来代替民族认同。[①]这种泛伊斯兰主义不仅造成伊斯兰教国家和非伊斯兰教国家之间国家关系的紧张，也在那些多民族国家内造成信奉伊斯兰教的民族与信奉其他宗教的民族之间民族关系的紧张。这已成为近年来国际政治中的重大问题，今后如何发展，也是世界各国高度关注的问题。

第三节 新兴宗教的活跃

在传统宗教为适应现代社会而发生演变的同时，新兴教派也应时而起。第

① 参见吴云贵、周燮藩：《近现代伊斯兰教思潮和运动》。

二次世界大战后,无论东方还是西方,无论是发达国家还是发展中国家,都出现了许多新兴的宗教团体。它们大多自生自灭,昙花一现,也有一些存在下来。新兴宗教往往在信仰上和组织上标新立异,其价值取向并不一致。大多数在发展中并不反对社会的主流价值体系,有的甚至逐渐演变为主流宗教,但也有个别打着“宗教”旗号的宗派走上了反社会、反人类的邪教之路。

一、新兴宗教的社会文化背景

近现代社会,新兴宗教之所以此伏彼起,蓬勃发展,有着深厚的社会文化背景:

第一,现代社会的迅速转型(如日本的德川幕府末期与明治初期),频繁发生的社会动荡以及战乱带来的严重危机(如日本战败后的昭和后期、越战失败后的美国、饱受战争与自然灾害困扰的乌干达等),各种苦难为新兴宗教的蓬勃发展提供了温床。

第二,现代化进程的日益加快,在不断给各行各业的人们提供机会的同时,也使人们面临着日益严重的挑战和风险,由此形成的社会压力和心理失衡,前所未有;另一方面,各种各样的“快餐”文化又使一部分人(特别是青年人)精神贫困、心里空虚、人格扭曲。不安、恐惧、危机、失落与孤独,都促使人们急切地想改变现状,摆脱孤独。当这种精神需求与具有新的面貌和时代特点(包括“科技”含量)的新兴宗教相遇时,就使一部分人投入其怀抱。

第三,现代科学技术的迅猛发展和社会演变的加剧,使人类赖以生存的生态环境日益恶化,加上大大小小的自然灾害,使悲观主义的情绪有所抬头。而新兴宗教关于“世界末日”的说教和对“新时代”的预言,则在世纪末的关头成为医治心灵空虚的灵丹妙药。

第四,传统宗教随着现代化的浪潮而面临着世俗化冲击,与此相适应,宗教自身也越来越向世俗化方向发展,这不能不使传统宗教的神圣性和神秘性大打折扣。于是,一部分信徒便从中游离出来,或者寻求更现代的宗教形式,或者加入神秘主义色彩浓厚的宗教团体。

二、新兴宗教的特点

新兴宗教名目繁多,千奇百怪。有的以“教”、“派”、“道”、“门”、“会”、“宗”等冠名;有的却以“研究会”、“学会”、“培训会”、“静修会”、“公社”、“阵线”、“家庭联合会”、“法行”等名义出现;有的还挂着传统宗教的一些招牌;有的则打出“科学”的旗号。宗教思想方面，许多新兴宗教是吸纳某些传统宗教或多种宗教与信仰的素材，经过加工有所创新，但很少有完全意义上的独立创造。

新兴宗教在组织形态、活动方式和社会作用等方面的差异较大，就其开放程度而言，有开放型的，结构比较松散；也有封闭型的，内部等级森严，实行家长制统治。从参与社会生活的程度来看，有积极参与社会现实活动的入世型的；也有专注个人修炼的遁世型的。就发展的规模说，有的已经走出原生地演变为国际型的；也有的依然活动于原生地成为本土型的。

从组织化的角度，从总体上看，新兴宗教大致有以下五个比较显著的特点：

第一，产生并活跃于传统社会解体或社会剧烈动荡时期。新兴宗教的出现是对现代化进程主导着新的社会转型的一种曲折的反应。它迎合与满足社会部分人的精神上及心理上的需求，使信徒觉得减缓了现代社会对他们的冷漠与压力。

第二，对现存世俗社会与主流文化持批判态度的同时，信奉功利主义、个人主义价值，更强调个人对生存价值的探索、自身的宗教体验及内在意义的追寻。在宗教行为上，表现为注重个人的沉思、默念、打坐、与神灵直接相通等。

第三，教义思想具有混合性的特点，突出表现为对传统宗教素材以外各种成分的吸收与宣扬，如心灵开发、人体潜能开发、信仰治疗、自我提升、现代科技神话等，以及对东方宗教中神秘主义因素的利用与渲染。大多数新兴宗教的教典简而不繁，教义通俗易懂，更加迎合现代人的口味。

第四，强调对本教团创始者、关键的领袖人物与现世的教主的神化与崇拜，极力推崇他们的超凡的“灵能”与“神性”。

第五，更具入世品格。大多新兴宗教强调“现世救济”，宣扬通过宗教信仰和宗教活动，使信徒获得诸如快乐、财富、健康、平安、家庭美满、幸福之类主观感受。

三、当代新兴宗教的发展趋势

人类现已跨入21世纪的门槛，新兴宗教在新世纪的发展趋势，必然会成为人们关心与思考的问题。有人说21世纪是“新兴宗教的世纪”，这话言之过甚，也不确切。但是，新兴宗教在多元化社会、多元文化的现实世界中还会有较大发展的总态势，这点不容忽视。随着科技、通讯事业的发达，世俗化程度的提高，居民流动性的加大，未来宗教更趋向于信仰的综合混同、个性化，人们对归属感、亲近感会有更加强烈的渴求。而新兴宗教则普遍具有这些特点，因此，可以相信，它在信仰多元化的宗教市场上还会占有重要的一席之地。

自20世纪80年代末以后，新兴宗教在内外各种因素的作用下，其发展已逐渐进入了一个相对平稳的时期。传统宗教在未来世界宗教中占有的地位仍不至动摇与改变。今后新兴宗教的发展与走向，同它们能否处理好以下三方面的问题至关重要。一是与现代社会的关系问题。面对现代化、世俗化，如何做出反应与掌握适当的"度"，同所在的社会保持良好的互动关系，顺应时代前进的总潮流。二是与科学的关系问题。新兴宗教从产生起往往利用"科学"为其时代性的一个标志，然而科学日新月异的发展，伪科学不断被揭穿，科学向宗教的挑战已直接威逼到宗教核心教义，新兴宗教也不例外。该如何做出反应与回答，既严峻又无法回避。三是与传统宗教的关系。传统宗教虽失去了昔日的光辉，不再能像过去那样充分满足现代社会信仰者的精神需求，但毕竟历史悠久，信徒众多，影响深远，各方面比新兴宗教更加成熟、完善，今后仍是新兴宗教必须面对的强大对手。它们之间的竞争与调和、冲突与融合，都会影响到新兴宗教未来的发展趋向。

四、"异端"与邪教现象

"邪教"与"正教"是两个相对应的概念，具有相对性。不同的时代、社会和不同制度的国家都有各自的"邪教观"，判断邪教的标准也随之不同。历史上，由于基督教在西方占绝对统治地位，因此把非基督教都说成是"异教"，对教会内的那些具有非正统神学思想的人则称之为"异端"。这些称谓在那时大体上就相当于我们现在所说的"邪教"了。在现代西方国家，对那些脱离常轨而又有违法行为的宗教组织，通常称之为极端的膜拜团体或破坏性的膜拜团体。在我国历史上，统治者和老百姓早就使用"邪教"一词来泛指一切不正当的，对社会有害的民间神道迷信会社。

邪教一般都是某些新兴宗教在其发展过程中改变了性质，走向危害社会、违反法律与人性，扰乱社会秩序，甚至自绝于社会与人类的组织。如20世纪70年代发生在美国的"人民圣殿教"，初起时只是属于基督教新教的一间"国民公共教堂"，其宣传内容是耶稣基督对穷人的爱心和爱行，头目琼斯还一度被"美国生活基金会"选为"美国百名优秀牧师"之一。后来琼斯派人杀死了前来调查的国会议员及其随从，然后集体自杀。1986年在日本发生了"七女升天"的事件。臭名昭著的"奥姆真理教"曾在1989年进行了注册登记，得到宗教法人的认可，把弘扬以古代瑜伽、原始佛教、大乘佛教为背景的教义，从轮回的苦难中拯救众生的使命作为最终目标,成为合法的宗教组织。但其在1994年组织实施的沙林毒气事件暴露了它的邪教性质。20世纪90年代发生在美国的"大卫"教派事件与人民圣殿教组织的经历相似。当时在韦科镇的大卫教派受到烟酒枪支管理局的怀疑,警察在进入教派大院强行检查时,遭到袭击,一下子事态发展成对抗性的矛盾,最后不得不动用装备有坦克的警力进行了长达51天的包围,酿成举世瞩目的悲剧,有86个教徒葬身火海。另外还有发生在欧洲的太阳神殿教的集体自杀事件。至于"天堂之门",起初是众多信仰飞碟并希望与想象中的太空族进行交流的新团体之一,从对飞碟的痴迷进而又发展为具有神秘信仰的宗教组织,并满怀着希望赶在"世界末日"来临前集体自杀升天。

虽然邪教在形式上表现各异,但有其共有的特点:极端的、绝对的教主崇拜;偏狭狂热的末世劫难说教;强烈的反社会、反人类、反理性、反道德倾向;不择手段地聚敛财产。

邪教与正常宗教,与正常社会行为的最大区别,在于它从事违法犯罪活动。为了保护正常的宗教活动,维护社会的正常秩序,保护公民的人身与财产安全,国家和社会有必要运用法律武器,依法取缔、打击邪教组织,制止其危害社会的活动。1997年3月我国人大八届五次会议修订的《中华人民共和国刑法》第300条,首次明确提出了"邪教"问题。1999年10月最高人民法院与检察院进一步对"邪教组织"做出了司法解释,指出邪教组织的涵义是"冒用宗教、气功或者其他名义建立,神化首要分子,利用制造、散布迷信邪说等手段蛊惑、蒙骗他人,发展、控制成员,危害社会的非法组织"。这个界定把邪教与传统的正信宗教作了严格的区别,有利于贯彻我国的宗教信仰自由政策,保护正当的宗教活动,以动员、吸引广大信教群众与政府同心同德,共同对付邪教。尽管中外对邪教的称呼及界定范围有些差异,但以法律为准绳来判定邪教的做法,以及对邪教反社会、反人类、反科学的共同特性的认定是一致的。与邪教作坚决斗争是所有法治国家的共同任务。

第四节　宗教的对立与对话

一、宗教对立的原因

由于宗教信仰的不同而导致不同信仰群体之间的矛盾、冲突,以至激烈的宗教战争,这种情况在人类历史上屡见不鲜。20世纪发生的两次世界大战,以及绵延至今数以百计的大小战争,其中实际上也或隐或现地交织着不同宗教信仰和民族之间的对立。

社会群体之间的冲突当然有多种多样的原因,但大体上都可以归结为有形的利益分歧和无形的观念分歧两大方面。就第二方面即无形的观念分歧而言,它最集中地表现为各社会群体自身所执著的信仰和价值信念。随着经济全球化进程的日益加速,有形的利益分歧越来越与这种无形的观念分歧结合在一起,宗教信仰和价值信念越来越成为社会群体对外保持独立性,对内加强凝聚力的精神纽带。

自古及今,各民族和不同信仰群体的宗教教义常常被视为本群体不同于,或优越于其他群体的神圣根据。一个社会群体的文化及其生活方式、习俗惯例、社会制度、伦理道德以及价值观念等等,常常被说成具有某种神圣起源或神圣标准,因而是不可放弃或不可更改的。当与之不同的另一个社会群体也将自己的文化传统神圣化之时,这两个群体的观念分歧就成为难以调和的了。

解决不同社会群体间的信仰冲突,不同的社会历史条件有不同的解决办法。借用政治力量和军事力量也许是解决信仰冲突的最简单和最直接的办法,这在历史上曾多次发生。但是一般而言,武力征服的途径,在双方力量对比不对称的情况下比较奏效。斗争的双方如果势均力敌,斗争旷日持久,情况就会复杂多变,往往是两败俱伤。另一种途径就是不同信仰群体间的对话,求同存异,以便能够在有限的社会空间和资源里共同生存。不同宗教群体间的对话,不是今天才有的新事物,在中国历史上,就有过儒释道三家的多次对话。在20世纪,特别是经过两次世界大战之后,宗教界的有识之士越来越认识到解决利益冲突和信仰冲突,仅仅靠武力是不能从根本上解决问题的。既然现实的力量对比,是无论哪一个信仰群体,都不可能凭借政治军事力量彻底“征服”其他的信仰群体,而且全球化的进程,把不同的信仰群体从相对独立的状态变成“零距离”接触,甚至是“你中有我,我中有你”,那么不同信仰群体间的对话,就成为每个信仰群体生存与发展的保障。因为只有营造一种和平的氛围,消除各信仰群体间的误解和对立,才能消弭或减少不同信仰群体间的灾难性冲突。

二、宗教对话的基础

提倡不同信仰群体间对话的有识之士,不仅认识到宗教对话减少磨擦的重要性,而且主张在宗教对话中能够使人的信仰得到升华。宗教对话既得益于世界和平运动的发展,也得益于比较宗教学的发展。比较宗教学通过比较研究盘根错节的宗教形态，使人们不仅了解了其他的宗教，而且更深刻地认识自己的宗教，从而能够在最深刻的层次上把握宗教生活的真谛。

从 19 世纪后期到 20 世纪初期，人类所有的最重要的宗教内部都产生了一些促进改革的活动家和理论家，他们都对本宗教的保守和排他倾向有所矫正，对外部世界（相应地对其他宗教）也或多或少地倡导一种开放态度。这无疑对于宗教间的对话有巨大的促进作用。

专断的宗教神学将让位于信仰自由和对其他宗教的尊重。在基督教内部，新教自由主义神学在不同程度上，以不同的方式把宗教体验扩大到基督教之外，并把其他宗教纳入到一个更大的宗教范畴之中。天主教的"现代主义"神学所起的作用，也同自由主义神学在新教中的作用相类似。在佛教方面，斯里兰卡佛教活动家和思想家达摩波罗，日本佛教著名思想家释宗演和铃木大拙，都不但把活动范围扩大到东西方各国，而且在思想上也开始重视西方宗教，为佛教与世界其他宗教之间的交流和相互理解做了许多工作。在印度教方面，罗摩克里希纳提倡"人类宗教"，认为各种宗教只是形式、名称和途径不同，而目标则是一致的。他的弟子，在印度和西方都影响甚大的印度改革家辩喜则熟悉西方思想，一方面向西方世界传扬了印度教，另一方面又吸收西方思想以改革印度教。在伊斯兰教方面，19 世纪末叶到 20 世纪初叶也出现了一批倡导改革的现代主义思想家、活动家，如加马尔丁·阿富汗尼、赛义德·阿赫默德汗、穆罕默德·阿布杜以及穆罕默德·伊克巴尔等人。这些影响巨大的人物都曾在西方生活或学习，都对西方思想包括宗教思想有较深的了解，他们主张吸收西方文化和宗教的某些方面以改革伊斯兰教。这在伊斯兰教内部是难能可贵的。

于是，在 19 世纪末期，不论在学术界还是在宗教界，都有了一批先进的思想家开始以比较的、客观的、冷静的甚至是理解和赞赏的态度，来对待自身信仰之外的其他宗教。这种事态发展的高潮，就是 1893 年在芝加哥世界博览会期间，由一些教会人士所发起的"世界宗教议会"。这是宗教史上第一次由世界不同宗教的代表以平等地位聚集一堂的一桩盛举。大会以"宗教之间的兄弟情谊"为其宗旨，至于它采用"议会"为名称，主要有两个方面的含义：一是要让"世界各宗教的代表们，在同一时间同一地点聚在一起，以平等的权利相互并列，以尊重的态度彼此交流"；二是要使"世界各宗教的代表来自其成员基层……而非宗教等级制度的上层"。[①]这就使得"世界宗教议会"不具有体制性的特征，而具有

① 卡尔·约瑟夫·库舍尔：《世界宗教议会》，载孔汉思、库舍尔编：《全球伦理》，何光沪译，四川人民出版社 1997 年版，第 87 页。

运动性的特征,“不是僵硬的外交家之间的来往,而是一种自发的、人与人之间的接触”。[①]这种“交流”和“接触”,也就是不同宗教之间的对话,由这次会议得到了一次很好的推动,并且以不同的方式延续到了20世纪。[②]

三、宗教对话运动

在基督宗教方面,基督新教在20世纪之前早已确立了多元并存、各自为政的局面。在20世纪之初,为了协调传教和避免亚洲、非洲的本地不同教会之间的不和,基督新教内部出现了一种重要方向,即所谓“普世合一”运动。1910年在英国爱丁堡举行的世界宣教大会是这一运动的重要起点。1914年第一次世界大战开始时,欧美各国教会人士在康斯坦茨举行和平会议,号召各国教会说服本国政府与别国友好,维护和平,随后成立了跨宗派的“教会促进国际友谊世界同盟”。另外,从1925年第一届世界基督教生活与事工大会开始的“生活与事工运动”,以及1927年第一届世界信仰与体制大会所推动的“信仰与体制运动”,都联合了众多不同的新教宗派。这些运动合在一起,终于导致了“普世运动”的一个高潮,即“世界教会联合会”于1948年在荷兰阿姆斯特丹宣告成立。参加成立大会的有一百多个国家的代表,甚至还有除当时苏联东欧以外的东正教会的代表。这些动向不但为新教各宗派间的对话奠定了良好的基础,而且为新教与其他的基督徒,甚至为后来基督教与其他宗教之间的对话,创造了某种有利的条件。

在20世纪以前,亚洲的佛教就已开始了同西方文化的接触,并通过东方的僧侣与西方的传教士而与基督教进行了双向的交流。20世纪以后,一方面,西方有更多的学者进行了大量的佛教研究并向西方公众推介佛教教义。另一方面,东方也有一些得道高僧前往西方,同西方宗教界学术界进行了不少卓有成效的交流。这些东方和西方的学者、僧人的大量工作及其成立的组织,大大推进了西方人对佛教的认识和理解,为20世纪下半叶的对话开辟了道路。

在伊斯兰教方面,尽管19世纪后期兴起的泛伊斯兰教运动没有取得多大成

---

① 卡尔·约瑟夫·库舍尔:《世界宗教议会》,载孔汉思、库舍尔编:《全球伦理》,何光沪译,四川人民出版社1997年版,第87页。

② 需要指出的是,这次“世界宗教会议”也受到基督教正统派教会的严厉攻击,说它是一次“形形色色的宗教陈列展览……是有史以来对于基督教的最为亵渎的和不可原谅的凌辱”(参见夏普:《比较宗教学史》,吕大吉、何光沪、徐大建译,上海人民出版社1988年版,第122页)。

效,伊斯兰世界的民族主义反而在20世纪大获进展,但1926年还是在麦加召开了世界伊斯兰教大会,以求加强不同地区不同教派的穆斯林之间的团结,并为此设立了永久性的泛伊斯兰常设机构。然而,由于民族独立问题在20世纪上半叶已经成为伊斯兰教世界关注的主要问题,所以在那里占上风的思想是政治上的民族主义而不是宗教上的对话。不过在当时的形势下,民族主义往往同宗教上的现代主义而不是同保守主义结盟,所以至少在先进的穆斯林知识分子当中,它是有利于对西方思想的吸收因而是有利于对话的。

从宗教对话运动的进展来看,首先是两次世界大战的教训,尤其是热核武器和其他大规模毁灭性武器的出现,使人们意识到维护和平是人类生死攸关的头等大事。由于冷战时期复杂紧张的国际形势,更由于冷战之后诸多局部战争和热点问题都与民族和宗教矛盾有关,更使人们深切意识到宗教应该对世界和平做出贡献。这就要求宗教之间首先要通过对话消除对抗,取得共识。正如20世纪下半叶著名的天主教神学家孔汉思所言:“没有各宗教间的和平,便没有各文明间的和平。没有各宗教间的对话,便没有各宗教间的和平。”①

同时,由于20世纪下半叶科学技术更加迅猛的发展,以及与之相关的工业化、城市化和不合理社会关系所导致的资源耗竭、环境污染、犯罪盛行、道德危机等等,都成了各大宗教及其影响下的社会生活所面临的共同难题,要求各宗教做出回应,以助解决。这又形成了不同宗教必须通过对话寻求合作基础的形势。

20世纪下半叶,由于战争、迫害和政治动乱,以及饥荒、贫困和经济不平衡等等原因,世界范围内的移民规模巨大,不同文化背景的民族混居杂处的局面也发展迅速,这就造成了不同宗教之间距离缩短、教徒相互为邻的情况。一些局限于民族范围内的宗教,例如印度教和藏传佛教之类,迅速传播到了远离本土的世界各地,使得整个世界上宗教多元化的景象更加突出。此外,交通、传媒和通讯技术的突飞猛进,也使得不同宗教之间的接触大大增加。所有这些发展一方面使宗教对话的需要更为迫切,另一方面也为宗教之间的对话创造了更为便利的条件。

在这种情况下,20世纪后半叶的宗教对话有了很大的进展。在1962—1965年第二届梵蒂冈会议的“革新”和“开放”方针指引下,罗马天主教设立了与其他基督徒、与其他宗教甚至与无神论意识形态进行对话的一系列机构,参加了“世界教会联合会”的某些活动,与东正教建立了友好关系并撤销了一千年前相互开除教籍的决定。这无疑是对宗教间对话的一大推动,也造成了宗教间对话形

① 孔汉思、库舍尔编:《全球伦理》,何光沪译,第170页。

势的积极转变。

还应该提到的是,早在1961年"世界基督教协进会"的新德里大会上,罗马教廷就派了观察员出席,苏联和东欧的东正教会也参加了该联合会。这样,联合会所代表的普世运动就开始能够更有效地促进基督教各大教派之间的对话。同时,随着该联合会和别的一些国际性宗教组织[①]在联合国或世界范围内展开活动,随着宗教和平大会等跨宗教组织的活动持续开展,世界各大宗教也有机会更多地坐在一起,平等对话,共同讨论世界和平、环境保护、伦理建设等重大问题。

所有这些进展的一大高潮,是1993年8月28日至9月4日在美国芝加哥召集的第二次"世界宗教议会"大会。这次"由来自几乎每一种宗教与教派的6 500人参加"[②]的大会,在宗教史上第一次勇敢地制定并提出了一份《走向全球伦理宣言》,"这份宣言在大会上引起了热烈的讨论。然而,令人鼓舞的是,正当许多宗教都在流血的战争中卷入种种政治冲突之际,各种大大小小的不同宗教的代表,却以世界上无数信徒的名义签字,批准了这份宣言"。[③]这就是说,不同宗教之间的对话终于开始取得了某种具有历史意义的成果,在对话中为着全人类的福利而搁置了对自身象征体系的执着。

为20世纪后半叶宗教间对话的进展,付出心血最多、实际效果最显著的,乃是一批富于良知、勇敢正直的饱学之士,其中最著名的有西班牙—印度的雷蒙·潘尼卡、瑞士—德国的孔汉思、美国的韦尔弗雷德·坎特韦尔·史密斯和列奥纳德·斯威德勒、英国的约翰·希克与日本的阿部正雄等。他们既持守自身信仰而又以天下为己任。他们对不同的宗教及其精神,以至有关的神学、哲学、宗教学、心理学和社会历史问题有着深刻的理解。在此基础上,他们都以深切的社会责任感,对不同宗教之间的关系做出了精辟的说明,对宗教之间的对话在理念上和实践上做出了重大的贡献。

宗教对话虽然是个充满曲折的长期过程,但这是"一种交流或沟通,它不仅是交流不同的价值与观念,而且对话交流本身又是一种媒介或新催化剂,它使对话参与者的宗教意识展露出新的方向或方面"。[④]宗教对话有助于推动文化交

---

① 如"世界佛教徒联谊会"(1950)、"西方佛教僧团之友"(1967)、"欧洲佛教联盟"(1975)、"世界佛教僧伽协会"(1966)等,政治色彩较重的"亚洲佛教和平会"(1970)、"伊斯兰会议组织"(1971)和前面提到过的世界伊斯兰教大会(1926)等,以及印度教、巴哈伊教等的联合组织。

②③ 孔汉思、库舍尔编:《全球伦理》,何光沪译,第2,23页。

④ 参见斯特伦:《人与神——宗教生活的理解》,金泽、何其敏译,上海人民出版社1991年版,第360页。

流，促使狭隘的、排他的信仰让位于开放的信仰，促使专断的宗教神学让位于信仰自由和对其他宗教的尊重，促使霸权主义让位于互利互尊的国际合作。对话还可以促使人们进一步领悟更具普遍意义的人类价值，为人们提供选择和解决冲突的途径。

第十八章

宗教的未来

宗教作为一种重要的社会文化现象,与其他一切社会现象一样,既有它的历史,也有它的未来。宗教寄托着广大信仰者对未来的希望和对人生的关切,因此,信仰者也就像关切自己的人生和命运一样关注宗教的未来。惟其如此,如何理解宗教的未来,自然也就成了宗教学必须关注并作出解答的课题。在中外思想史上,已经有众多的宗教家、神学家、哲学家、社会学家和宗教学家对此作了自己的回答,在不同观点之间进行了长期的讨论。讨论中的一个重要问题是:宗教的未来命运是永恒存在,还是走向消亡?对不同的论点做必要的概括和分析,必将使人们对这个重要问题有更深入、更系统、更全面的理解。

第一节　关于"宗教永恒论"

相信宗教将永恒存在或永久存在,对于宗教的崇信者、创建宗教的宗教家以及构造神学理论的神学家而言,无疑是神圣的绝对真理。随着历史的发展,一部分富有智慧和理智的哲学家、思想家也逐渐加入到这个队伍中来,对宗教永恒或宗教永存这个命题,不是盲目地信仰或武断地宣告,而是提出了各种理论性的说明。于是,宗教永恒论或宗教永存论便从信仰主义层次进入到理智色彩层次,具有多种形式。最具代表性的是以下三种:

一、从神性永恒导出宗教永恒

任何宗教都是以神观念(神灵、神圣、神性物)为中心的信仰体系。在宗教信仰者、宗教创建人和宗教神学家的心目中,他们信仰和崇拜的神或神性物都是具有超自然特性的实体。所谓"神性",即是不受自然法则所限制的超自然性。宇宙中的一切事物均为自然物,必然受自然法则的限制。"受限"就是"有限",

只能按照自然律生存、活动于一定的时间、空间之内。故自然物必为有限之物。神性物既不受自然法则的限制，也就意味着不为时空所限，乃是超时空的无限者。佛教所谓的泛在的佛性、基督教的上帝、伊斯兰教的真主，皆被各教的神学家说成是无所不在、无时不在的“全在”。“全在”在时间上就是“永恒”。既然神性和神灵永恒，信仰和崇拜神灵的宗教当然也就永恒了。不信仰和不崇拜神的宗教，就不是真正的宗教；相信神灵“可死”那就等于承认“神”不过是有限的自然物，不具真正的神性。如果宗教竟把“可死”的自然存在物当作信仰和崇拜的对象，那就无异乎宣告宗教自身的死亡，这对宗教神学而言是断乎不能接受的。神性永恒，宗教永恒，在他们心中是天经地义的绝对信条。

可是，这个“绝对信条”却受到近现代自然科学和理性主义启蒙哲学的挑战和质疑。自然科学把被宗教神学宣布为“超自然”的事物和领域，一个接一个地予以否定，以至进一步把自然界的一切事物都置于自然律的统治之下。否定任何的“超自然”存在，也就从根本上否定任何神和神性物的存在。理性主义的启蒙哲学则从哲学推理上证明宗教神学对于神的存在的一切理论证明，都不过是经不起理性推敲的概念游戏。神的存在和信神的宗教日益成为令人怀疑的对象。哲学家尼采则公然宣称“上帝已死”。尼采的宣告使宗教失去了存在的根基。因为如果上帝确已“死去”，宗教的未来就屈指可数了。萨特也曾尖锐地指出：“上帝不存在是一件极端尴尬的事情，因为随着上帝的消失，一切能在理性天堂内找到价值的可能性都消失了”。[①] 上帝不存在了，“理性天堂”没有了，宗教和教会还会有神圣的永恒价值吗？

二、宗教为人性天赋论

在哲学和宗教神学的理论推理中，神或上帝乃是外在于人、超越于世的超理性、超经验的绝对存在，既不能为理性所证明，也不能为经验所触及，因此，把宗教建立在如此的上帝观念基础之上，是不牢靠的。于是，一些宗教神学家便改弦更张，从“超越神论”转向“内在神论”，认为宗教的永恒性不能立足于外在于人的超世之神，它的根基就在人类内在的天性，此即人性中天赋而有的“宗教性”。许多有思想的学者也曾提出过诸如此类的观点。

一种最常见的说法是：人是生命有限的生物，生而具有对死的恐惧，从而产

① 萨特：《存在主义是一种人道主义》，周熙良、汤永宽译，上海译文出版社 1988 年版，第 12 页。

生对永生的渴望。这种乐生避死之心乃是人类天赋的人性和本能，也就是宗教赖以产生、得以永存的深层根据。这种通俗的说法有些道理，也有宗教史上的根据。中国道教的根本宗旨就是追求人的长生不死，肉体成仙；佛教的终极目标则是断生死、绝轮回的涅槃境界。但是，从哲理上推究，从对死的恐惧到对宗教永生的追求，并无必然的联系。因为对生死的理解，可以是宗教的，也可以是科学的和哲学的。随着科学和哲学的发展，越来越多的人在越来越深的程度上认识到生的有限性和死的必然性。既然如此，与其徒劳无益地信仰宗教而求永生与来世，不如实实在在地求助科学以获健康和益寿。在这个问题上的经验事实是：从人类乐生畏死的人性或本能出发，既可能走向宗教信仰，亦可能走向科学和哲学，两种走向都只具有一定的或然率。如果说，在原始时代和科学不发达的社会走向宗教以求永生的或然率相对较大，那么，在科学飞速发展的现代社会，走向科学以求益寿的或然率必然会越来越大。那种建基于上述人性本能之上的"宗教永存论"（宗教与人类永久共存）日益清楚地发现，它们在这里得到的只是"失望"。

对于这个问题的理性分析，可以在麦克斯·缪勒那里找到类似的案例。他在其名著《宗教的起源和发展》中系统阐发了一种学说，认为一切宗教的基础和本质在于人类潜在的一种本能，即相信在感觉和理性所把握的"有限之物"的背后和之内，有一个"无限者"的存在，它支配和主宰着"有限之物"的活动，这也就是各种宗教的"神"。这种在有限之后追求"无限者"的人类本能，产生了宗教的神。世界上各民族和历史上的各种宗教所崇奉的"神"以及他们的名号，不过都是不同人群对于"无限者"的不同体认而赋予的不同名称。一部人类宗教的发展史，实质上是不同民族、不同时代的人们体认和把握"无限者"的历史。

"宗教永存论"者大概会因此而把麦克斯·缪勒引为同道。因为在有限物背后去体认"无限者"（神）既是人类的潜在本能，那宗教的命运岂不将与人类的命运同其永久，共其始终。只要是人类，就有这种本能，从而就有宗教。但对于麦克斯·缪勒本人而言，上述推论却只有一半的真理。向前再走一步，他就与宗教分道扬镳了。他指出，历史上人们之所以把"无限者"体认为"神"，那不过是人类在体认"无限者"的过程中对它无知、认识不完善的表现。人类关于无限观念的"最终的或最高的顶点"，就是认识到，一切宗教的"神"都是对"无限者"的错误表达，是一种"语言诟病"。对无限的认识愈是完善，必将导致对虚妄不实的神的否定，从而走向"诚实的无神论"。未来的宗教必然而且应该建立在为这种"诚实的无神论"所净化了的、完善的无限观念之上，那才是"人类的真正宗教"。但是，一种无神论的宗教，与其说是"人类的真正宗教"，不如说是关于"无限非神"之认识的哲学体系。在缪勒那里，宗教失去了它得以神圣化的永恒性，而被一种理性的哲学所代替。

精神分析大师弗洛伊德关于人类意识层之下的"潜意识"的发现,使人类进一步洞悉精神现象的内在奥秘。他曾应用自己这个发现来分析宗教的本质和起源,构建了一种无神论的宗教学理论。可是,也有一些哲学家、思想家(如美国的实用主义哲学家和宗教心理学家威廉·詹姆士、英国的历史学家和思想家汤因比等)却把人类潜意识这种生命本能的"神秘性"与宗教联系起来,把它说成是宗教的源泉:"潜在意识无疑是诗情和宗教洞察力的源泉,它还是一切情动和冲动的根源。"①而此潜意识与作为整个宇宙的终极实在是同一的。这个"终极实在"也就是各种宗教所信奉的上帝或神。因此,人类的一切意识和心理活动都通过"潜意识"而与作为"终极实在"的上帝发生联系和交通。心理活动、精神体验本质上是灵魂与上帝的交往,是对上帝的直觉。威廉·詹姆士在分析"宗教经验"的最终基础时也发表了相似的看法。在汤因比和詹姆士那里,作为人类天赋本能的"潜意识"变质为"宇宙精神"、"终极实在"——上帝在人类精神上的表现,成了一切宗教的基原。既然"潜意识"为人类的天赋本能,以它为基原的宗教自然将与人类命运一样永久了。把"潜意识"神秘化以至神化,是完全违背它的发现者弗洛伊德的初衷的。

企图在人类的天赋人性和本能的范围内建立宗教的根基,并以此来说明宗教的"永存性",除了上述这几种说法以外,还可以找到其他一些类似的说法。但人类作为一种有生命的物体,一种生物,仍不过是自然之物。人的一切,包括人生而具有的生命本能和人性,本质上是自然之性;它可以具有科学一时难以穷尽的奥秘,但决非超自然的神秘。它是自然科学,特别是生命科学、精神科学的研究对象,而永远不是宗教信仰的对象。任何想在天赋人性之内建立宗教永恒性的努力,终将是徒劳无功之举。

三、宗教为社会必需论

为证明宗教的"永恒性",还有一种最常见的理由,就是认为宗教是社会赖以维持其自身而必不可少的需要,没有宗教的维护作用,社会就不可能正常地维持和运转,只要社会存在,宗教就必须存在。这种宗教与人类社会共永久的理论,对于宗教家、神学家和宗教笃信者说来,无疑是天经地义、理所当然的。因

---

① 《展望二十一世纪——汤因比与池田大作对话录》,简春生等译,国际文化出版公司1985年版,第17页。

为,宗教一般总是把神或上帝尊崇为世俗社会以至整个世界的主宰。人类为上帝所创,社会秩序为天命所安排,个人与社会的苦难必须等待大慈大悲的菩萨和仁爱如父的上帝的拯救,人类社会的存在是离不开宗教与上帝的。

在这个问题上,更应值得人们注意的一件历史事实是:在古今中外历史上的无神论者和启蒙思想家中,不少人也曾以各种不同方式赞成宗教为社会所必需。荀子是先秦时代最大的无神论思想家,他把传统的神圣之天归结为自然之天,否定降福救灾的鬼神,可他仍然主张"神道设教",通过宗教崇拜的仪式活动来维护和加强宗法社会的伦理关系和政法关系。他完全是从社会的需要来理解敬天祭祖的宗教活动:"故先王案以之为文,尊尊亲亲之义至矣。故曰:祭者,志意思慕之情也,忠信爱敬之至矣,礼节文貌之盛矣,苟非圣人,莫之能知也。圣人明知之,士君子安行之,官人以为守,百姓以成俗。其在君子,以为人道也;其在百姓,以为鬼事也"(《礼论》)。举行各种宗教祭祀活动,不过是利用神道设教对老百姓进行精神教化作用的文化活动:"日月食而救之,天旱而雩,卜筮然后决大事;非以为求也,以文之也。故君子以为文,而百姓以为神。以为文则吉,以为神则凶也"(《天论》)。

18 世纪法国启蒙运动的旗手伏尔泰更是力持此说。他把基督教的历史视为人类的不幸,对基督教的各种教义和信条都采取严厉批判的态度。但他主张使上帝净化为摆脱一切神迹故事的道德化身,把传统宗教改造为消除了神学教条的道德宗教。他认为一个社会、一个人如果不依靠对超自然主宰的信仰,是不能单靠自己的道德律令来抗拒个人本能的原始冲动的。在《无神论者与圣人》一文中,伏尔泰通过"圣人"之口说:

> 我将假设(上帝禁止它!)所有的英国人都是无神论者。我承认有某些平和的公民,天性宁静及其财产足以使其诚实。它们追求荣誉,举动谨慎,设法在社会中共同生存。……但是一个穷光蛋的无神论者如果获知能够逃避惩罚,还不谋财害命,他必定是个笨蛋。如果这样,社会所有的枷锁都可以撤除。秘密罪行将泛滥得像看不出的蝗虫一样布满世界……一个无神论的君主远比一个狂热的教徒危险……信仰一个奖善罚恶的上帝对人类较有益处。①

基于社会需要宗教的考虑,伏尔泰留下了一句名言:即使没有上帝,也要造

① 引自威尔·杜兰:《世界文明史》第 29 卷,幼狮版,第 366 页。

出一个来。

杜尔凯姆则从宗教社会学的角度来证明宗教为社会所必需。他指出,社会的一体化需要一体化的宗教。宗教信仰的基本特点就是它对于其信仰者群体而言具有共同性。由于其成员有着共同的信仰,便由之而构成群体的统一性,并把共同的信仰化为实践活动,结成教会组织,组成统一的社会。宗教信仰的共同性还通过宗教仪式的不断举行来予以维持。仪式的功能在于它强化信仰者与神的关系,也由之而强化个人与社会的关系。仪式本身就是一个手段,社会集体通过它定期地重新肯定自身,那些认为有共同信仰对象(社会或神)的个人,通过共同的仪式活动而意识到他们在道德上的一致性。社会由此而形成了一个道德共同体。在杜尔凯姆的宗教社会学里,超自然、超人间的上帝本来是不存在的。但他认为上帝或神就是社会本身。如果社会存在,就必然会把自己象征地表现为上帝或神。宗教之于社会,不仅是必要的,也是必然的。

杜尔凯姆的宗教社会学理论,在整体上的是非可另当别论,但就其所谓社会的一体化需要一体化的宗教这一论点而言,对于一个多种宗教同时并存的社会,特别是对于高度个人化的现当代社会,其适用性和合理性显然是不足的。这是因为杜尔凯姆所谓的"一体化的社会"和"一体化的宗教"似乎都已渐行渐远地成了过去的历史,不同的个人选择不同的宗教信仰的自由度越来越大。德国当代社会学家托玛斯·卢克曼在其《无形的宗教——现代社会中的宗教问题》中对此作出了新的分析。

他认为,在前现代社会,经济政治制度能否有效地运转,取决于其制度规范对个人的约束力,而这种约束力又取决于个人是否有效地把社会规范纳入其主观意识系统,并据此形成社会化的自我。作为意识形态的制度化宗教在这种内在化过程中起了重要作用。但是,在以高度复杂的劳动分工为主要特征的工业社会,社会制度的功能合理化所带来的是角色专门化,这一变化从根本上改变了个人和社会整体的关系。作为个体的"可替换性",决定了社会的关注点在于对角色的有效控制,人格的塑造不再是社会控制的重要方面。宗教在意识形态方面的控制作用也就相应减弱了,"制度领域只需要关注对扮演的有效控制","扮演在某种制度领域内的'意义'是由这一领域的自主规范所决定的",于是"'官方'宗教模型和流行的主观'终极'意义系统之间的近似和谐一致丧失了"。宗教正在变成越来越私人化的东西。①然而,卢克曼并没有就此提出宗教的消亡,

① 卢克曼:《无形的宗教》,覃方明译,卓越书楼 1995 年版,第 106~107 页。

而是提出了“无形的宗教”的概念。

卢克曼指出,现代社会中政治与经济领域的自我合法化使宗教在传统上所行使的合法性功能丧失了意义。由于这种社会转化,现代神圣世界的基础既不可能在教会中,也不可能在国家中,更不可能在经济制度中找到,它的社会结构基础只可能是处于私人领域内的个人自我认同构建。这意味着个人无须通过公共制度而直接与神圣世界相沟通。但这也意味着对于终极意义的追求成了纯粹的“私人”需要。宗教制度和宗教表象现在成了私人消费品,它们必须迎合自主的消费者不时变换的需要。“现代工业社会的神圣体系不再代表一个强制性秩序结构,并且这一体系也不再作为一致的主题性整体而得到清楚的表述。……传统社会秩序的神圣世界包含清晰明了的主题,这些主题组成了一个依据自身逻辑合理地连贯起来的‘终极’意义体系。现代神圣世界也包含着可以合法地定义为宗教性的主题,这些主题也能被潜在的消费者内化为‘终极’意义”。但这些主题不是被“自主的”消费者作为一个整体来内化,而是被他们有所选择地纳入一个或多或少不太稳定的私人“终极”意义系统之中。[①] “在缺少‘官方’模型的情况下,个人可以从形形色色的‘终极’意义主题中进行挑选。挑选基于消费者的偏好,而这种偏好又取决于个人的社会经历”。[②] 现代社会宗教信仰的多样性和多元性都是这种“终极”意义体系的市场化的表现。卢克曼的理论,比之于杜尔凯姆,显然更适合于解释现当代社会中宗教多元性的情况。但他并不否定宗教在现当代社会由个人进行价值选择时的优先地位,而只是揭示了宗教在一个个人主义社会被个人选择的特殊性:“可以说,现代神圣世界象征着个人主义的社会—心理现象,它以各种不同的表述方式将‘终极’意义赋予了‘私人领域’的由结构所决定的现象。我们试图表明,现代神圣世界结构及其主题内容代表着一种新的宗教社会形式的出现,而这种形式又是由个人与社会秩序之间关系的根本转变所决定的”。[③]

杜尔凯姆和卢克曼都把宗教说成是社会的需要,不过,杜氏的神和宗教就是社会自身,而卢氏的神和宗教不过是个人“基于消费者的偏好”而把自己纳入于一个“不太稳定的私人终极意义系统之中”。尽管这个“终极意义系统”也指“传统社会秩序的神圣世界”,但其被作为“消费者”的个人有所“偏好”地“挑选”而内在化后,这个“神圣世界”或“终极意义系统”的内容和性质也必然多样化了,与传统宗教信仰的神或上帝可能就大异其趣了。在一个飞速变化着的现当代社会中,在经由个人高度自由地挑选其“终极意义系统”的时代,我们所能看到的

---

①②③ 卢克曼:《无形的宗教》,覃方明译,第114、117、130页。

宗教图景，与其说是宗教的“永恒”存在，不如说是宗教的永恒不断地变化。伏尔泰希望保留的那个作为社会和人类之主宰的神和上帝，演变成杜尔凯姆的社会一体化之象征性的符号，而在卢克曼的现当代社会里，它又变成了个人挑选的“终极意义体系”。但是，既然这种神圣世界可以像商品一样，任由消费者的个人偏好挑来选去，它还具有“终极意义”吗？它的“神圣性”又在何处？

第二节　关于“宗教消亡论”

中外历史上的无神论思想家们在不同的时代从科学理性和哲学理性的高度，否定宗教神学所谓的主宰自然界和人类命运的各种超自然、超人间的诸神或上帝，揭露教会的黑暗、僧侣的腐败、教权统治的各种祸害，对传统宗教进行了尖锐的批判。但是，理论上的无神论并不一定在实践上主张消灭或废除宗教的存在。这是由于宗教不仅是一种信仰和崇拜超自然、超人间力量的社会意识，而且还拥有广大的信众，是一种以教会组织为基础的强大的社会力量；如果主张废除宗教的思想家没有足够强大的社会政治力量作后盾，是不敢贸然提出这种口号的。中国历史上出现过荀况、王充、范缜等卓越的无神论思想家，但他们却从未对以“敬天法祖”为核心内容的宗法性传统宗教挑战。西方历史上无神论与宗教神学的论争历代均在进行，形式更为尖锐，但在 18 世纪法国启蒙运动之前，无神论思想家几乎都通过各种形式与传统宗教妥协，只求改变宗教的内容和形式，几乎没有人敢于否定宗教本身的存在。文艺复兴时期的人文主义，17 世纪以机械力学为中心的自然科学和唯物主义自然哲学，斯宾诺莎的无神论唯理主义哲学、17—18 世纪的自然神论思潮，都是这方面的典型代表。只是在 18 世纪的法国，以百科全书派为代表的启蒙运动才喊出了战斗无神论的口号，公开向传统的宗教和教会势力宣战，要求废除宗教。19 世纪的德国，从青年黑格尔派到费尔巴哈继承了这个传统，马克思、恩格斯的历史唯物主义宗教观则把它发展到极致，坚决主张与一切宗教实行彻底的决裂，论证在未来社会中宗教必然走向消亡。

这就是说，要求在社会中废除和消灭宗教的理论，从 18 世纪法国百科全书派以来已经形成了一种思潮和传统，有众多的思想家、哲学家、政治家继承并推动了它的发展。在理论形式上，他们各有特色，具体的论说并不完全相同。列宁在《论工人政党对宗教的态度》一文中对这个问题作过研究，他把“坚决反对一切宗教”的无神论区分为两种类型：一种是非马克思主义的文化主义观点，另一种则是马克思主义的辩证唯物主义和历史唯物主义。二者的根本区别在于对宗教存在的根源有不同的看法，由之而在消除宗教的途径、方法和策略问题上分道扬镳。本书对列宁所说的这两种"宗教消亡论"作一些具体说明。

一、文化主义的宗教消亡论

马克思主义之前和之外的各种主张废除宗教的"宗教消亡论",按其理论基础而论,大概均可归属于列宁所指称的"文化主义"范围,总的说来,他们基本上都是从文化学的角度来认识宗教的本质与特性、起源与发展,也从文化学的角度论证废除宗教的必要性,提出相应的途径。以18世纪法国的启蒙思想家为例。他们对上述这些问题展开过广泛深入的讨论,写出了大量名垂青史的理论著作。但如果要用一句最简单的判断来概括他们的基本思路的话,较为贴切的仍是那句众所周知的老话,宗教产生的原因就是"骗子碰上了傻子"。梅叶的说法最为极端和激烈:

> 任何宗教仪式、任何敬神行为都是谬误、舞弊、错觉、欺骗和奸诈行为。所有利用上帝和诸神的名义,以及利用他们的声明发布的规则和命令,都不外是人捏造出来的东西,这正和为庆祝诸神而举行的盛大祝典、祭典及其他宗教性及宗教祭祀性的活动都是人捏造出来的一样。我已说过:所有这一切都是先由奸滑狡诈的阴谋家虚构出来,继而由伪预言家、骗子和江湖术士予以渲染扩大,而后由无知无识的人盲目地加以信奉,最后由世俗的国王和权贵用法律加以维持和巩固。①

霍尔巴赫在《自然的体系》中为探寻人类宗教的基础和起源,从具体人的心理状态追溯到普遍的人性,从当代人追溯到远古时代的野蛮人,他使用的理论和方法颇类似于近现代的宗教人类学和宗教心理学。但他所得出的结论仍然未突破那个时代的基本思路:"人往往是在无知、惶恐和灾难的深处,引出他们关于神的一些最初的概念的",②"使众神得以诞生的,不是别的,乃是过去人们对自然原因和自然的种种力量的无知"。③宗教的祭司则利用人的无知谋取特权和财富,建立起祭司制度,给人类社会带来数不清的灾难。宗教必须被消灭。如何消灭?既然是无知产生宗教,那消灭之道就是通过文化教育,消除无知,宣传无神论,发扬人的理性,研究认识自然。这显然是一种文化主义的宗教消亡论。

19世纪德国青年黑格尔派发动了宗教批判运动。按照恩格斯的说法,这场

---

① 梅叶:《遗书》,见《十八世纪法国哲学》,商务印书馆1963年版,第676页。

②③ 霍尔巴赫:《自然的体系》上册,管士滨译,商务印书馆1997年版,第11、19页。

斗争名义上"是用哲学的武器进行的"，但其实质"已经直接是要消灭传统的宗教和现存的国家了"。[①]青年黑格尔派在哲学上坚持黑格尔的绝对理性主义，把宗教信仰主义视为对理性的束缚和对精神的奴役。因此，要实现人的解放和理性精神的解放，首先必须实现人的宗教解放；要打碎人的"世俗桎梏"（此即恩格斯所说的消灭"现存的国家"），首先必须打碎"宗教桎梏"（此即恩格斯所说的消灭"传统的宗教"）。传统的基督教赖以产生和建立的福音神话不过是"观念"（圣经中的"救世主"观念）在人类意识中的表现，本质上是人无意识地（施特劳斯）或有意识地（布·鲍威尔）进行的一种编造，并无历史的真实性。只要按照青年黑格尔派的主张，通过理性哲学的分析和对圣经历史的批判研究，就可使人们认识到传统的宗教不过是骗人的虚构；不是神和宗教创造了人，而是人创造了神和宗教。达到这种认识，人们就将从传统宗教的欺骗下解放出来，恢复人的尊严和理性精神的自由。理性于是战胜信仰，哲学于是取代宗教。

费尔巴哈本来也是青年黑格尔派反宗教大军中的一员，但他把宗教批判运动的哲学基础从黑格尔唯心主义转向唯物主义和人本主义。他继承了施特劳斯和布·鲍威尔关于人创造神的无神论路线，但这个创神的"人"已不再是施特劳斯和鲍威尔所理解的那个作为绝对精神（观念、自我意识）之外在体现的抽象的"人"，而是作为自然之物的、活生生的、世俗的、感性的人，这就把神和宗教置于世俗基础之上。费尔巴哈否定了一切宗教及其神灵。他主张通过教育和无神论的宗教批判，使人摆脱宗教偏见的精神奴役，把对神之爱转移为对人之爱，使人从爱神者变成爱人者，从宗教的奴仆和政治的奴仆变成自由和自觉的公民。宗教之神在宗教批判下消失之后，人就只会把自己的爱从虚幻的神那里转移到真正的人的身上，使人与人之间充满爱的精神和爱的热情，用对人自己力量的信仰来代替对神的信仰，人于是就能成为自己命运的主人，人类就可能结成合理的社会，过上充满爱心的美好生活。费尔巴哈有时把这种"对人的爱"称之为"惟一真正的宗教"。不过，这种"爱的宗教"本质上并非真正的宗教，而不过是费尔巴哈的一种道德理想。他的真正目的并不是建立某种新宗教去代替传统宗教，而是想用"文化"去代替宗教：

> 惟有当人的行为是从那含在人性内的原因发生出来时，原则和推论、原因和效果中间才有一种和谐，才是圆满无缺的。文化便是这样做，或向这个方向努力去做。宗教据说是要代替文化的，但代替不了；文化则确实代替了

① 《马克思恩格斯选集》第4卷，人民出版社1995年版，第221页。

> 宗教，使得宗教成为无用之物。歌德已经说过："凡是有了科学的人，便无须宗教"。我要用"文化"来替换这句话中的"科学"，因为"文化"包括整个的人。……不要把人做成宗教信徒，而要教育人，要使文化普及于一切社会阶层，——这便是现今时代的使命。①

一言以蔽之，费尔巴哈的宗教消亡论就是以文化代替宗教，这可以视之为各种文化主义的宗教消亡论的基本思路。不过他们把这种代替传统宗教的"文化"说得不尽相同：有些人说是"科学"，有些人说是"哲学"，有些人则说是"道德"或"美育"。

孔德的实证主义在宗教问题上实质上也是主张以科学和道德来取代传统宗教。他认为自己在人类智力发展问题上，"发现了一条伟大的根本规律"，即思想发展的三阶段律。他说：我们的每一个知识部门，都在发展中经历三个阶段。第一是神学的虚构阶段；第二是形而上学的抽象阶段；第三是科学的实证阶段。照此说来，神学虚构和附和神学的形而上学抽象最后必将让位于科学的实证，为科学和基于科学的实证哲学所代替。不过，孔德却又企图在他的这种哲学思想基础上建立一种新的宗教——人道教。人道教崇拜的对象不是神学虚构的上帝，而是服从于自然秩序的人类自身；人道教的基本宗旨是实现将人类各部分联络在一起的相互之间的爱，为人类服务；这也是人类最高的道德责任。孔德的人道教尽管采用了宗教的形式，但内容却完全变了，本质上是用科学、哲学和道德来取代传统宗教。

从哥白尼的天文学革命以来、自然科学各领域迅猛发展，特别是 19 世纪末达尔文生物进化论的伟大发现，深刻而突出地暴露了传统宗教信仰和神学理论的虚妄，科学家、哲学家、社会思想家实际上普遍相信传统宗教的基础已被推翻，科学必将代替宗教。这种思想实质上构成了近现代比较宗教学的认识论和方法论。以泰勒、弗雷泽、马雷特为代表的宗教人类学专门研究宗教的起源和发展问题。他们的基本主张是：人类是进化的，宗教也是进化的。宗教起源于原始时代野蛮人出于无知的推理，神和宗教是野蛮人的错误观念；尽管宗教在文明时代仍在发展，但终将随着人类理智和科学的发展而让位于科学。这种出自宗教学家的"宗教消亡论"集中体现在弗雷泽的宗教学说中。弗雷泽提出了一个著名的人类精神发展从巫术→宗教→科学的三阶段论，即认为人类最早企图通过巫术

① 《费尔巴哈哲学著作选集》下卷，荣震华、王太庆、刘磊译，第 716 ~ 717 页。

来控制事物；由于巫术的失败，人类便转而祈求神灵的帮助，从而形成宗教；宗教祈求无效，便让位于科学。弗雷泽以宗教人类学的理论形式论证了宗教必然消亡，为科学所取代。

清末民初，西方的宗教启蒙思想随“西学东渐”而传入中国，在知识界的影响日益扩大。“五四”运动中，中国的启蒙思想家高扬科学精神与民主精神，传统宗教被视为为封建君主专制制度张目的迷信，遭到严厉的批判。一些著名的启蒙思想家也仿效西方启蒙先驱的榜样，提出了以各种文化来代替宗教的宗教消亡论。在这方面，蔡元培的观点堪称典范。他认为，中国数千年来的君权和神权必须破除。现代社会应以人道主义去君权之专制，以科学知识去宗教之迷信。科学与宗教本质上是对立的，应以科学真理的“理信”代替对传统宗教的“迷信”。传统宗教排斥人在现实生活中的快乐和幸福，既不合乎人性，也不利于道德的培养。社会应该以培育高尚情操的美育来代替宗教。人类未来的信仰必将是哲学，在哲学发展以后，宗教没有存在的价值。

梁漱溟、冯友兰为代表的新儒学坚持认为儒学具有永恒的价值，早已取代了宗教的地位，成了中国文化的主体。建设中国新文化的正确道路是使儒学现代化。至于如何现代化，二人各有侧重。梁漱溟相信未来的中国社会和中国文化应继续发展儒家的道德理想，建设以伦理为本位的社会，未来的中国文化仍应像周孔以来那样以道德代替宗教。冯友兰则主张中西文化互补，吸取西方文化之所长，发扬儒家哲学；因此，未来的中国文化和世界文化必然是以哲学代替宗教。

综观上述中外历史上的种种“宗教消亡论”，尽管说法不一，但却具有共同之点，这就是它们普遍把宗教的基础和根源归结为一个文化问题，即文化水平的低下导致人类认识上的无知。解决之道自然也就是通过发展文化教育，发展科学，发扬人的理性，最终以文化来代替宗教。它们有时也讨论人类何以无知的问题，但往往归结为社会环境的缺陷（政治制度和法律不完善）。至于决定社会环境的经济制度，则几乎没有涉及。正是在这个问题上，列宁把它们称之为“资产阶级的文化主义”，与马克思主义唯物史观关于经济基础决定上层建筑的原理，以及由此发展而出的宗教消亡论，形成明显的区别。

二、马克思主义的宗教消亡论

关于宗教的未来和命运问题，马克思、恩格斯的论著中曾进行过深入的讨论。这部分宗教理论是与唯物史观关于宗教存在的社会根源及其消亡的条件和途径的基本原理联系在一起的，它构成马克思主义宗教观理论体系中最为深刻、最有特色、也最为重要的组成部分。

青年时代的马克思、恩格斯都曾是青年黑格尔派的主要成员，热情参加宗教批判运动，致力于消除宗教的迷雾。但是，当他们形成历史唯物主义世界观，成为社会主义运动的领袖之后，他们对宗教的看法便有了很大的改变。他们认识到，宗教的消灭并不是消灭旧社会制度的条件。宗教作为颠倒的世界观，它的根源在于颠倒的世界。只有消灭颠倒的世界，才能除去宗教赖以产生和存在的基础，从而创造出宗教消亡的条件。颠倒的世界之所以颠倒，是由于在私有财产制度基础上产生的一个阶级对另一个阶级的剥削和压迫；如果要把它颠倒过来，只有首先消灭私有财产制度，实行社会主义或共产主义。马克思是在批判鲍威尔和费尔巴哈时系统展开这一理论的。

在1843年的《论犹太人问题》中，马克思对鲍威尔把社会不平等归结为宗教信仰问题，把废除宗教视为社会解放的根本途径的理论，提出了不同的主张。他指出，宗教上的不平等并不是社会不平等的原因，而是它的结果：

> 但是由于宗教的存在是一个缺陷的存在，那么这个缺陷的根源只应该到国家自身的本质中去寻找。在我们看来，宗教已经不是世俗狭隘性的原因，而只是它的表现。因此，我们用自由公民的世俗桎梏来说明他们的宗教桎梏。我们并不认为：公民要消灭他们的世俗桎梏，必须首先克服他们的宗教狭隘性。我们认为：他们只有消灭了世俗桎梏，才能克服宗教狭隘性。我们不把世俗问题化为神学问题，我们要把神学问题化为世俗问题。相当长的时期以来，人们一直用迷信来说明历史，而我们现在是用历史来说明迷信。①

既然宗教对于人的精神压迫（"宗教桎梏"）根源于社会对于人的物质压迫（"世俗桎梏"），那么，要想消灭社会的不平等，正确的途径便不是首先废除宗教，而是革新社会，进行废除私有制度的社会革命。

马克思在《1844年经济学—哲学手稿》中通过对宗教异化与劳动异化的关系的讨论，深入论述了只有通过消除劳动异化的社会主义革命才能消除宗教异化的理论。费尔巴哈通过对基督教的批判已经得出了一个重要的结论：上帝是人把自己的本质自我异化的产物。异化的结果造成了人与上帝的颠倒：创造上

① 《马克思恩格斯全集》第1卷，人民出版社1956年版，第425页。

帝的人成了上帝的创造物,而被人创造的上帝反倒成了创造人的主体。宗教异化现象还把人从人类中分离出来,变成为脱离了与其他人交往的孤独的、利己主义的个体。只有消灭宗教,人才能重新跟人类统一起来,从而也才能够过上符合人的本质的、合乎理性的生活。那时候,人类之爱就会代替人对上帝之爱,并成为人类生活的最高准则。这就是费尔巴哈通过宗教批判达到的“人道主义”或“人本主义”。马克思接受并改造了费尔巴哈的异化理论。他进一步认为,人的自我异化现象不仅存在于宗教之中,也存在于社会和国家之中;而且人之所以自我异化,其主要原因不是宗教,而是以私有制为基础的社会关系。人要消除自己本质的异化并且过上符合其本质的生活,就不能只是消灭宗教,而必须首先消灭以私有制为基础的资产阶级社会以及与之相适应的政治国家。以私有制为基础的资本主义社会必然产生异化劳动,而异化劳动的消灭必须以消灭私有制为条件。

马克思当时认为,人为了把自己确立为真正的人,必须自由地、自觉地活动;这种活动主要就表现在人把自己的生命力外化为劳动并自己占有劳动的产品。在劳动过程中,人为自己创造了一个自然界,这个自然界当作为人的活动的产物时,便失去了它的异于人的异己性和客观性,成为人化的自然。当人把自己的活动异化为劳动产品,又重新占有了自己的劳动产品时,人便在其中重新发展并确立自身。人异化出来的劳动产品在回到劳动者手中以后,也就不再是一种异己的存在。可是,在资本主义社会,由于私有制的统治,劳动者的劳动产品不但不为劳动者所占有,反而变成了资本家的资本,变成了独立于劳动者之外的异己的对象,劳动者转而受到异化物(资本)的统治。由于劳动的异化,劳动者便不能通过自己的劳动产品重新发现自身、确立自身。人与人的社会关系便只有通过商品交换这种物化的形式来进行。人的生活本身变成了一种异化的生活。为了克服人性的异化,劳动者阶级就必须通过社会革命粉碎以私有制为基础的剥削制度,消除异化劳动,使劳动产品回复到劳动者手中,而不再成为与自己作对的力量;过去物化于劳动产品之中的人性或人的本质从而得以恢复,劳动者阶级于是就成了自己劳动的主人,成为一个真正的人。

劳动异化的消除,必将消除一切形式的异化,人将解决人与人之间和人与自然之间的矛盾。消除了异化的人将会解决个体与类、个人与他人的矛盾而成为社会化的人。同时,自然也将不再成为与人作对的异化对象,而成了人化了的自然界。“社会化的人”与“人化了的自然界”于是达到了自然的统一。劳动异化现象的消灭,也就是整个社会的解放。随着社会异己力量的消失,必将导致宗教异化现象的最后消失。在这里,马克思把克服宗教异化的无神论和克服劳动异化的共产主义革命紧紧地联系起来。无神论由于否定神而否定了人和自然界的非实在性,共产主义则由于废除了私有制而创立了人的真正存在。但是,单纯的无神论仅是一种抽象的哲学,只有扬弃私有财产制度才能废弃宗教异化,使人在异化的对象世界中重新确立自身,实现人的本质的完全复归。在后来的马、恩著作中,他们更具体地认为宗教存在的最深刻的根源是人与自然、人与人之关系的不合理,从而使自然力量和社会力量对人成为盲目起作用的、异己的支配力量。只有当人与自然、人与人之间的关系变得明白而且合理,人在社会生活中成为自由的人,社会生产方式成为自由人自然结合的产物,物质生产过程处于有意识、有计划的控制之下时,宗教才将失去其存在的社会基础而趋于消亡。马克思在《资本论》中是这样论述这个问题的:

> 只有当实际日常生活的关系,在人们面前表现为人与人之间和人与自然之间极明白而合理的关系的时候,现实世界的宗教反映才会消失,只有当社会生活过程即物质生产过程的形态,作为自由结合的人的产物,处于人的有意识有计划的控制之下的时候,它才会把自己神秘的纱幕揭掉。但是,这需要有一定的社会物质基础或一系列物质生存条件,而这些条件本身又是长期的、痛苦的历史发展的自然产物。①

马克思的这段话论及宗教的根源和消亡的条件,显然已不完全局限于私有财产制度问题。他提出了宗教消亡的两个条件:一是人与人的关系极为明白而且合理;二是人与自然的关系极为明白而且合理。要实现这两条,一必须实现社会主义,使人与人之间的关系在社会生活和社会物质生产中是自由结合的关系。这当然意味着必须消灭建立在私有财产制度基础上的资本主义制度。二必须“有一定的社会物质基础或一系列物质生存条件”。这就意味着社会的物质生产力高度发达,使人成为自然的主人。这个条件并不是单纯消灭资本主义、消灭私有财产制度就能自动实现的事情。所以,马克思接着说:“这些条件本身又是长期的、痛苦的历史发展的自然产物”。前苏联搞了七十多年的社会主义革命,多次宣布已经彻底埋葬了资本主义制度,正在走向共产主义。可是,这个世界上第一个社会主义国家彻底失败了。那里的宗教不仅一直未曾消灭,而且大有重新燎原之势。这就充分证明,私有财产制度并不是宗教存在的独一无二的根源。

① 《马克思恩格斯全集》第23卷,人民出版社1972年版,第96~97页。

私有财产制度的消灭,也不能自动地带来一个人与人的关系极明白而且合理,人与自然的关系也极明白而且合理的理想社会。如果用马克思这个论断去分析前苏联社会宗教之所以继续存在的原因,那就必须承认,那个国家和社会的人与人的关系、人与自然的关系仍是“不明白”、“不合理”的。由于那里的“社会生活过程”并非是“作为自由结合的人的产物”;人际关系不明白、不合理,那里的人民并未成为掌握自己命运的主人;由于那里缺乏“一定的社会物质基础或一系列物质生存条件”,人民并未完全控制自然力、成为自然的主人,所以,正当苏联社会的各种宗教仍然继续健在的时候、立志要消灭它的社会主义国家体制倒先期崩溃了。苏联人民用自己的亲身经历证实了马克思的预言:这是一个“长期的、痛苦的”历史过程。

在恩格斯生活的晚期,他集中讨论宗教的根源和消亡问题的著作是《反杜林论》。他仍然坚持生产资料私人占有制对社会成员的奴役是宗教的根源,但与此同时,他又认为宗教的消亡,不仅必须实现生产资料的社会占有和有计划使用,而且只有在“谋事在人,成事也在人”的时候才能实现:

> 当社会通过占有和有计划地使用全部生产资料而使自己和一切社会成员摆脱奴役状态的时候(现在,人们正被这些由他们自己所生产的、但作为不可抗拒的异己力量而同自己相对立的生产资料所奴役),当谋事在人,成事也在人的时候,现在还在宗教中反映出来的最后的异己力量才会消失,因而宗教反映本身也就随着消失。原因很简单,这就是那时再没有什么东西可以反映了。①

恩格斯这里提及的宗教异己力量消亡的条件至少有三条:一是消灭生产资料的私人占有制,实行社会占有制;二是社会对生产资料实行有计划的使用;三是谋事在人,成事也在人。除了第一条比较明确具体以外,后两条的内涵很抽象,很模糊,可以做弹性很大的多种解释。但是,无论如何,有一点还是可以比较清楚地看出来的,后两个条件并不等同于第一个条件,因而,即使实现了第一个条件,把生产资料的资本主义占有制改变为社会主义的占有制,并不就自动实现了社会对生产资料的有计划使用,更不等于实现了谋事在人,成事也在人。大体上,恩格斯的宗教观里,已经比较清楚地意识到,从私有财产制度产生出来的支

---

① 《马克思恩格斯选集》第3卷,人民出版社1995年版,第668页。

配力量并不是社会中惟一的异己力量,因而也不是宗教产生和存在的惟一根源。即使在消灭了资本主义,把私有制改造为社会所有制之后,如果社会还不能有计划地使用生产资料,消除经济关系中支配人们日常生活的异己力量,使人成为自己命运的主人,宗教反映的根源仍将存在。苏联七十余年,中国五十余年的社会主义实践一再证明,要实现社会对生产资料的有计划地使用,消除经济生活中的盲目性和异己力量,并不是消灭私有制之后自动实现的。甚至不顾社会发展的客观规律和现实的社会条件,从某种平均主义的道德理念出发而采取立即消灭一切私有制这种激进行动本身,就是一种更大的盲目性,人民并未因此而成为经济关系和社会的主人,人的命运仍在很大程度上被各种异己力量所支配。人民仍将"长期的、痛苦的",和各种异己力量作斗争,甚至在"痛苦"之余跑到宗教幻想的天国里去寻找精神上的安慰。

总而言之,从《资本论》和《反杜林论》的这两段论述中,我们可以看到,马克思、恩格斯已经意识到宗教的根源和消亡问题的复杂性,逐渐认识到不能把私有制度当作宗教的惟一根源。他们已提到:人与人之间、人与自然之间的关系不明白、不合理,社会物质基础的不充分;社会未能实现有计划地使用生产资料,"谋事在人、成事也在人"的社会条件的缺乏;这些也可能构成宗教的根源。这些想法是极富教益的。沿着这条思路,人们对一个未来的理想社会可以产生许多构想:究竟什么样的人与人、人与自然之间的关系才算是极为明白而且合理?什么样的社会生活形态才算是自由结合的人的产物?有计划地使用生产资料的准确含义是什么?在什么样的社会条件下,才有可能实现"谋事在人、成事也在人"?为什么这些条件未能实现的时候,宗教就不可能自然消亡?这一切,已经远远超出了宗教观的范围,涉及马克思主义科学社会主义学说的理论基础。遗憾的是,马克思、恩格斯生前似乎并没有对这一系列问题作出非常具体准确的回答。他们的后继人常常从那些相对模糊的前提推出错误的结论。这些后继人一般总是认为在消灭了资本主义所有制之后,颠倒的世界就颠倒过来了;劳动者阶级就因此而成了生产的主人、社会的主人、自己命运的主人;人与人之间的关系和人与自然的关系就因此而极为明白合理了;私有制的结束也就意味着生产无政府状态的结束,国民经济有计划、按比例发展的法则已经实现了;在社会主义社会,人已由必然王国进入自由王国,谋事在人、成事也在人了;于是,在苏联东欧的社会主义国家和我们中华人民共和国,先后不止一次地采取过用行政手段消灭宗教的措施。其结果也是众所周知的:毫无例外地以失败而告终。如果我们今天以一种客观的、理性的态度来分析这个问题,那么,应该说,马克思、恩格斯本人除了主张通过社会主义革命消灭一切私有制的途径来消灭宗教以外,他们是反对用行政手段来消灭宗教的。在他们生活的后期，更意识到了宗教消亡的其他社会条件，他们不能承担其后继人在这个问题上所犯错误的责任。问题只是在于他们的有关论述有相当的模糊性，存在着错误解读的可能性。马克思主义宗教学者应该吸取的历史教训是，不能把马、恩的个别论述当成绝对真理的教条，而应该深入具体地研究现实生活中的宗教问题，把宗教研究推向前进。

第三节　几点认识

在本章第一节、第二节，我们概略地评述了几种主要的宗教永恒论和宗教消亡论。通过这种考察，可以得到几点基本认识：

首先，从永恒的神和上帝导出宗教的永恒，只是一种宗教神学，没有科学的根据，也经不起哲学的分析批判。我们人类生存于惟一而且无限的自然宇宙之中。除了作为整体的自然宇宙本身以外，其中的一切存在，大到星团星系，小至物质微粒，都是有限之物，既有开端，也有终结，生命体更是一个生死流转的过程。人类自身的存在尚且有限，信神的宗教又怎能永恒！离开人类，宗教岂不成了无人信仰的东西！

其次，“宗教为人性天赋论”和“宗教为社会所必需论”与信仰主义的神学不同，是一种学术性的理论。它所主张的宗教永恒性不是与神的永恒存在相联系的绝对永恒，而是与人类和社会的存在相联系的相对永存。不过，即使这种相对性的宗教永存论也经不起学术理性的推敲。

如果人类有某种宗教的天性，那么，自地球上出现人类那一天起，即应当相应而伴生人类对宗教的信仰和崇拜。可考古学和人类学的科学事实却告诉我们，最原始的宗教萌芽是人类发展到一定历史阶段的产物，即智人时代，距今至多十万年左右。在此之前的原始人是没有任何宗教观念和崇拜活动的，而从类人猿到智人，人类已走过了三百万年至五百万年的发展历程。在那如此漫长的岁月里，人类为何不信仰宗教？人类天赋的宗教性跑到哪里去了？

如果人类有某种宗教的天性，那么，无论何时何地，凡为人者均应有宗教信仰，概莫能外。可是，从人类进入文明时代以来，就逐渐出现了一批一批的哲学家和科学家，他们中许多都不相信超自然、超人间的神，也不信仰宗教，甚至还提出各种批判和否定宗教的无神论理论，这是宗教天性论所不能解释的。饮食男女，人之天性也。因如不饮食，个人生命即告终结；如无男女之事，人类种族无法延续。而所谓天赋宗教性之说显然不能与“食色性也”之类真正人性或生命本能相提并论。

从社会必需来论证宗教永存，也将面临考古学和人类学的诘难，解答不了前智人原始社会何以没有宗教的问题。至于人类的未来社会中是否仍像过去几千年那样必需一个宗教来维系社会的秩序和道德，那是一个存在着许多不确定性的未知问题，人类社会的未来还很长很长。根据天体物理学说，地球终有毁灭的一天，但那是几十亿年，甚至上百亿年以后的事。人类进入文明时代，至今不过几千年。对于人类和社会的未来，在五百年、一千年、一万年、十万年乃至更长的时间之后，究竟是个什么样子，当时需要什么，谁能讲得清楚，说得明白！在已成过去的人类文明史上，宗教适应了社会的需要，发挥了特定的功能。这是历史事实，谁也不能否认。但是，第一，对于宗教在历史上所发挥的社会功能，我们的评价不能绝对化，既要辩证地看，也要历史地看。有些好作用，但也有很多不好的作用；有时起好的作用，有时则起很不好的作用。第二，已成历史的社会需要宗教，不能据此推断未来的社会必然需要宗教，因为其间没有逻辑的必然性。例如，天体力学早已算出，由于太阳系星体之间引力场的演变，太阳终有一天不会出现于地球的东方。社会中的一切事物亦复如此。历史中的一切存在，终将成为历史。这里所说的"一切存在"，也包括宗教在内。只要我们使用大尺度的历史观全景式地观察整个人类的文明史和宗教史，当不难发现，世界上一切民族对于宗教信仰的深度（虔信程度）和广度（信仰者在总人数中的百分比），几乎总是与文明（科学和文化）发展程度成反比。在中国夏商周三代时期，在印度吠陀时代及其以后的印度教时代，在以色列民族的亚伯拉罕、摩西诸先知时代，在基督教成为国教之后的整个中世纪，在伊斯兰教从哈里发帝国到奥斯曼帝国的整个时代……总之，在近现代理性启蒙思潮之前世界各民族的相应的历史阶段上，宗教曾是何等的辉煌，其地位是何等的神圣，它拥有的虔信度和广泛度又是如何之广大！难道这些文明史和宗教史的史实，不能反映宗教发展的历史趋势吗？当代有不少宗教学者似乎非常热衷于高谈阔论"宗教的复兴"，二战以来，世界各大宗教都曾致力于宗教复兴的神圣事业。可是，这种口号的提出，这种努力的展现，不正说明宗教领袖们对于传统宗教信仰江河日下的颓势已感到惶恐与不安吗？

最后，宗教是一种重要的社会文化体系，它的产生有其文化上的原因，它的未来演变也会遵循文化发展的一般规律，因此，从文化主义角度探讨宗教的性质、起源、基础及其未来命运等问题，不仅是必要的，也是合理的。文化主义的宗教消亡论与唯物史观的宗教消亡论本质上并不互相排斥，而应是互补和兼容的。宗教的存在、发生及其发展，既有社会经济方面的原因，也有文化方面的原因。辩证地看世界，宗教和任何自然物和社会现象一样，都非永恒，终将走向自身历史的终结。如果在不确定的未来,宗教走向消亡,那必然既有社会经济变革的原因,也有文化(科学、哲学等)发展的原因。这必然是整个社会从经济基础到上层建筑、从物质层面到精神层面综合演变的结果。历史的经验已经给了我们有益的教训,单纯强调其中任一方面最后均事与愿违。文化主义的任何一种具体主张,用无神论宣传消除宗教愚昧也好,用科学、哲学、道德、美育去代替宗教也好,想法是美好的,目的是崇高的,但却始终壮志难酬。根本原因在于社会经济结构造成的社会不公平,必然形成社会大众享受文化教育的机会不均等(个人智力天赋不一尚且不论),能够用高雅深奥的文化去替代宗教信仰者,只能是社会中的少数精英,芸芸众生只能在通俗的信仰体系中去寻找精神的慰藉。另一方面,应用政治的强制力,通过取消私有财产制度来消除宗教的根源,废除宗教的存在,也被历史证明为不切实际的幻想。因为宗教赖以存在的文化方面和精神方面的原因,并未因私有财产制度的废除而自动消除。马克思、恩格斯在其后期关于宗教存在的根源以及消除宗教的条件的研究,把对这个问题的认识大大地深化了,既克服了上述两方面的局限性,又包含了它们的合理内容。宗教消亡的条件,既有物质的和社会制度建设的层面,也有精神发展和文化建设的层面。它要求建设一个物质文明和精神文明高度发展的文明社会。在这个社会中,人要成为不受任何异己力量支配的、"谋事在人、成事也在人"的真正自由的人,成为掌握自己命运的主人。这样的社会条件确实是高度完美的。虽非高不可及,却也难于攀登。只要尚未建成如此完美的社会,宗教就将有自己存在的根基。宗教的未来,在理论上绝不是永恒的;但在实际生活中,却将是长期的。宗教将在未来社会中长期存在,这是马克思主义唯物史观关于宗教的重要结论。基于这样的认识,我们人类在宗教领域中的努力方向,与其致力于宗教的消亡,毋宁致力于一个完美的理想社会的建设。在这漫长的未来历史过程中,对于黑暗势力利用传统宗教进行危害社会的非法活动,社会当然应保持必要的警惕;但与此同时,社会应以更大的努力,发挥传统宗教所含的那些正面有益的文化因素,使之有助于社会文化的建设。如何才能做到这一点,既往的历史也许尚未提供完善的经验,有待社会在未来的历史中去创造;但如果不这样做,历史却已积累了足够的教训,值得人类永远记取。

阅读参考书

马克思:《黑格尔法哲学批判》(导言),《马克思恩格斯选集》第 1 卷,人民出版社 1995 年版。

恩格斯:《反杜林论》(节录),《马克思恩格斯选集》第 3 卷,人民出版社 1995 年版。

恩格斯:《路德维希·费尔巴哈和德国古典哲学的终结》(第三、四部分节录),《马克思恩格斯选集》第 4 卷,人民出版社 1995 年版。

恩格斯:《社会主义从空想到科学的发展》(英文版导言),《马克思恩格斯选集》第 3 卷,人民出版社 1995 年版。

列宁:《论工人政党对宗教的态度》,《列宁选集》第 2 卷,人民出版社 1995 年版。

吕大吉:《宗教学通论新编》,中国社会科学出版社 2002 年版。

吕大吉:《西方宗教学说史》,中国社会科学出版社 1994 年版。

施船升:《马克思主义宗教观及其相关动向》,四川人民出版社 1998 年版。

牟钟鉴、张践:《中国宗教通史》,中国社会科学文献出版社 2000 年版。

杜继文主编:《佛教史》,中国社会科学出版社 1991 年版。

秦希泰、唐大潮主编:《道教史》,中国社会科学出版社 1994 年版。

唐逸主编:《基督教史》,中国社会科学出版社 1993 年版。

金宜久主编:《伊斯兰教史》,中国社会科学出版社 1990 年版。

马西沙、韩秉方:《中国民间宗教史》,上海人民出版社 1992 年版。

戴康生主编:《新兴宗教》,东方出版社 1999 年版。

《费尔巴哈哲学著作选集》(二卷集),三联书店 1959、1962 年版。

《伏尔泰和启蒙思想》(*Voltaire and the Enlightment*; Selections from Voltaire Newly Translated.),纽约,1931。

E. J. 夏普:《比较宗教学史》,吕大吉、何光沪、徐大建译,上海人民出版社

1988 年版。

W. 施米特:《比较宗教史》,肖师毅、陈祥春译,辅仁书局 1948 年版。

爱弥尔·杜尔凯姆:《宗教生活的基本形式》,渠东、汲喆译,上海人民出版社 1999 年版。

奥·西格蒙德·弗洛伊德:《论宗教》,国际文化出版公司 2001 年版。

大卫·施特劳斯:《耶稣传》,吴永泉译,商务印书馆 1993 年版。

丹皮尔:《科学史》,李珩译,张今校,商务印书馆 1979 年版。

弗雷泽:《金枝》,徐育新、汪培基、张泽石译,汪培基校,大众文艺出版社 1998 年版。

霍布斯:《利维坦》,牛津,1929。

霍尔巴赫:《自然的体系》,管士滨译,商务印书馆 1977 年版。

康德:《纯粹理性界限内的宗教》(*Religion inner Hald der Grenzen der Blossen Vernunft*),1793。

卢克曼:《无形的宗教》,覃方明译,(香港)卓越书楼 1995 年版。

鲁道夫·奥托:《论"神圣"》,成穷、周邦宪译,王作虹校,四川人民出版社 1995 年版。

罗素:《西方哲学史》,何兆武、李约瑟译,商务印书馆 1976 年版。

罗素:《我为什么不是基督徒》,沈海康译,商务印书馆 1982 年版。

罗素:《宗教与科学》,徐宜春、林国夫译,商务印书馆 1982 年版。

洛克:《论宗教宽容》,吴云贵译,商务印书馆 1982 年版。

马克斯·韦伯:《新教伦理与资本主义精神》,于晓、陈维纲等译,三联书店 1987 年版。

马林诺夫斯基:《巫术、科学、宗教与神话》,李安宅译,中国民间文艺出版社 1986 年版。

麦克斯·缪勒:《宗教的起源与发展》,金泽译,陈观胜校,上海人民出版社 1989 年版。

麦克斯·缪勒:《宗教学导论》,陈观胜、李培茱译,上海人民出版社 1989 年版。

梅叶:《遗书》(三卷集),陈太先等译,商务印书馆 1959 年版。

荣格:《心理学和宗教:西方和东方》(*Pshchology and Religion: West and East*),普林斯顿,1969。

史宗编:《20 世纪西方宗教人类学文选》,金泽、宋立道、徐大建等译,上海三联书店 1995 年版。

斯宾诺莎:《神学政治论》,温锡增译,商务印书馆 1982 年版。

泰勒:《原始文化》,连树声译,谢继胜、尹虎斌、姜德顺校,上海文艺出版社 1992 年版。

托兰德:《基督教并不神秘》,张继安译,商务印书馆 1982 年版。

威廉·詹姆士:《宗教经验之种种——人性之研究》,唐钺译,商务印书馆 2002 年版。

谢·亚·托卡列夫:《世界各民族历史上的宗教》,魏庆征译,中国社会科学出版社 1985 年版。

休谟:《人类理智研究》,吕大吉译,商务印书馆 1999 年版。

休谟:《自然宗教对话录》,陈修斋、曹棉译,商务印书馆 1957 年版。

约翰·麦奎利:《20 世纪宗教思想》,何光沪、高师宁译,上海人民出版社 1989 年版。

外国人名中英文对照

阿拉克萨戈拉	Anaxagoras
阿拉克西美尼	Anaximenes
阿拉西曼德	Anaximandros
阿里斯托布鲁斯	Aristobulus
阿摩利	Amalric/Amaury of Bennes
安瑟伦	Anselmus
奥托	Otto, Rudolf
柏格森	Bergson, Henri
柏拉图	Platon
鲍威尔	Bauer, Bruno
贝格尔	Berger, Peter L.
毕达哥拉斯	Pythagoras
毕达佐尼	Pettazzoni, R.
布尔特曼	Bultmann, Rudolf
布兰顿	Brandon, C. G. F.
布鲁诺	Bruno, Giordano
布罗斯	Brosses, Ch. De
丹皮尔	Dampier, Sir Willam Cecil
德尔图良	Tertullianus, Quintus Septimius Florens
德谟克利特	Demokritos
狄德罗	Diderot, Denis
笛卡儿	Descartes, Rene
蒂勒	Tiele, Cornelis Petrus
蒂利希	Tillich, Paul
杜尔凯姆(涂尔干)	Durkheim, Emile
范·德尔·来乌	Van Der Leeuw

斐洛	Philo, Judaeus
费尔巴哈	Feuerbach, Ludwig Andreas
费希纳	Fechner, T.
冯特	Wundt, Wilhelm
弗雷泽	Frazer, James George
弗洛伊德	Freud, Sigmund
高尼洛	Gaunilo
格罗塞	Grosse, Ernst
古德	Goode, William J.
古铁雷斯	Gutierrez, G.
哈特兰德	Hartland, Edwin Sidney
荷马	Homer
赫拉克利特	Herakleitos
赫西阿德	Hesiod
赫胥黎	Huxiey, Adous
黑格尔	Hegel
霍布斯	Hobbes, Thomas
霍尔巴赫	Holbach, Pual
金	Kin, John H. g
康德	Kant, Immanuel
克雷奇	Krech
克里底亚	Critias
克塞诺芬尼	Xenophanes
孔德	Comte, Isidore
孔汉思	Küng, Hans
昆	Kuhn, Adalber
拉德克里夫-布朗	Radcliffe-Brown, Alfred Reginald
拉菲托	Lafitau, Joseph-Francois
拉马克	Lamarck, Jean
拉普拉斯	Laplace, Pierre Simon
莱布尼兹	von Leibniz, Gottfried Wilhelm
兰格	Lang, Andrew
勒费弗尔	Lefebvre, Henri

雷纳克 Reinach, Salomon
留巴 Leuba, James H.
留基波 Leukippos
卢克曼 Luckmann, Thomas
罗伯特森·史密斯 Smith, William Robertson
罗摩克里希纳 Ramakrishna Paramahmsa
罗素 Russell, Bertrand Arthur William
洛克 Locke, John
马丁·路德 Martin Luther
马雷特 Marett, Robert Ranulph
马林诺夫斯基 Malinovski
玛丽·道格拉斯 Mary Douglas
梅叶 Meslier, Jean
缪勒 Muller, Friedrich Max
摩尔 Moore
摩斯 Mauss, Marcel
尼采 Nietszche, F. W.
欧里庇(德)斯 Euripides
潘尼卡 Panikkar, Raimon
普费弗尔 Pfeifer, J.
普拉特 Pratt, J.
普罗底库斯 Prodicus
普罗太戈拉 Protagoras
普罗提诺 Plotinos
萨特 Sartre, Jean-Paul
瑟德布罗姆 Säderblom, N.
施米特 Schmidt, Wilhelm
史密斯 Smith, W. C.
斯宾诺莎 de Spinoza, Benedictus
斯宾塞 Spencer, Herbert
斯塔伯克 Starbuck, E. D.
斯威德勒 Swidler, Leonard
泰勒 Tylor, Edward Burnett

泰勒斯	Thales
汤因比	Toynbee, Arnold Joseph
托兰德	Toland, John
托马斯·阿奎那	Thomas Aguinas
韦伯	Weber, M.
韦尔斯	Wells, H. G.
沃尔克	Walker, Williston
希克	Hick, John
休伯特	Hubert, Henri
休谟	Hume, David
雅斯贝尔斯	Jaspers, Karl
亚里士多德	Aristoteles
伊壁鸠鲁	Epikouros
伊里杰纳	Eriagena, Johannes Scotus
伊利亚德	Eliade, Mircea
英格	Yinger, J. Milton
犹希麦如	Euhemerus
詹姆士	James, William

后　　记

本书是应高等教育出版社的约请，为学习宗教学的本科大学生和攻读硕士、博士学位的研究生写的一本具有教科书性质的书。它是以我所著的《宗教学通论新编》及其前身《宗教学通论》为蓝本，重新编写而成的。

《宗教学通论》（以下简称《通论》）和《宗教学通论新编》（以下简称《新编》）是应用马克思主义唯物史观的基本原理，广泛吸取和借鉴近代西方比较宗教学（宗教人类学、宗教社会学、宗教心理学、宗教现象学、宗教哲学等）中具有科学价值的理论和方法，对中国宗教史和世界宗教史的基本事实进行综合性比较研究，在此基础上构建宗教学理论体系的一部学术性专著。初版于1989年，迄今已历时15个春秋。但广大读者对它的热情历久未衰。这两部书一版再版，先后已出六版（其中《通论》两版，《新编》两版，台湾另出了一个繁体字版，也出了两版）。学术界高度评价，多次荣获国家级科研成果奖和优秀著作奖的最高荣誉。① 特别需要提及的一个事实是，《通论》（特别是《新编》）问世后，我国内地和台湾的众多大学和宗教研究机构都把它选定为宗教学课程的教材，或列为必读参考书。对于读者和学术界给予的厚爱，作者深受感动。这些年来，使用《通论》和《新编》作为教材的大学生、研究生和教授们，也通过各种渠道向我反映，认为这两部书作为教材，篇幅过大，内容过多，初学者难于把握，教师也很难在规定学时内完成教学任务。他们建议作者删繁就简，突出精要，改编成一个教科书性质的书。这是一个很好的建议。无论是就应教学方面的一时之需而言，还是就宗教学基础理论的建设和学术人才的培养而论，编写一部这种性质的书，确实是一件必要而且迫切的事情。

其实，早在十多年前，在《通论》问世之后不久，我就从学界朋友那里听到这个建议，但我始终没有纳入我的工作日程。原因主要两条：一是没有充足的时间，二是我个人的学风和文风比较偏好学术探讨性的内容，不善于写"四平八

---

① 《宗教学通论》曾荣获第四届中国图书奖一等奖（1990）；第一届国家图书奖提名奖（1992）；中国社会科学院优秀著作一等奖（1992）；第一届全国社会科学基金项目优秀成果一等奖（1999）。

稳”、“一本正经”的教科书之类。有此顾虑,学界同道们的上述建议,也就被我置之高阁,迁延至今。

但是,这一次我终于接受了高等教育出版社的委托。其中固然有我个人对此任务的认识问题,但更重要的是几位学界朋友愿意为我提供帮助。与我有师生之谊的龚学增教授、金泽教授、魏琪副教授以及何其敏教授分别承担了编写初稿的任务。他们具备良好的学术素养和其他一些有利条件。他们在研究生时代曾接受我的指导,系统学习过宗教学的理论与方法;后来,他们又在多年从事宗教学的教学和学术研究过程中,积累了丰富的教学科研经验。他们不仅深研过《通论》和《新编》,而且有许多自己的心得体会。由他们在过去基础上编写这本书,不仅能较好地把握原书精要,而且有可能赋之以新的特色和内容。经过我们两年多的通力合作,《宗教学纲要》终于完成了。如果读者把新书与旧著两相比较,当会发现,这部新书较好地实现了原先的意图。《通论》、《新编》建立的宗教学理论体系进一步得到完善;原有篇幅虽压缩一半之多,但其中精要却得以突显。同时,还根据理论和实践的需要,增加了新的篇章,它们是:第 11 章:宗教与社会经济生活(龚学增);第 16 章:宗教与哲学(魏琪);第 17 章:现代社会的发展和宗教的演变(何其敏);第 18 章:宗教的未来(金泽)。

在我国,宗教学还是一门正在建设的新学科,在体系构建和具体内容方面,都具有高度的探索性,谁也无权宣称他掌握了完善的真理。《通论》和《新编》如此,《宗教学纲要》亦复如此,我们继续保留了学术探索的风格。当本书被作为教材使用时,希望使用者不要把它当成无可怀疑、不可变易的教条,更希望给予必要的批评和指正。

吕大吉
2003 年 6 月于
中国社会科学院世界宗教研究所

策划编辑　周亚权
责任编辑　周亚权　杨　鸣
封面设计　刘晓翔
版式设计　陆瑞红
责任校对　王　雨
责任印制　赵义民

读者意见表

书　名	宗教学纲要	作　者	吕大吉　主编

1. 您获悉本书的渠道是（请打勾，下同）

□新华书店教材目录；　□新华书店社科新书目；　□高教出版社宣传材料；
□高教出版社网站；　□城市大型书店；　□校园书店；
□同行、朋友；　□图书馆；　□报刊；　□其他。

2. 您购得本书的地点是

□本校（教材科）；　□城市大型书店；　□校园书店；
□高教社在本地的代理点；　□高教社本部；　□其他。

3. 您认为本书的价格

□偏低；　□适中；　□偏高。

4. 您对本书的肯定性评价是：

您最欣赏本书哪些部分（方面）：

5. 您认为本书有何缺点，具体应如何修改（可另附纸，您的意见被采纳后我们将酌付酬谢）：

6. 您还需要哪些知识、信息，希望以什么形式（图书、光盘等）提供？

7. 您近期有何写作计划，需要我们提供哪些支持和服务？

8. 您的信息和联系办法：

姓名：____________　职称（务）：__________　所教（学）专业：__________

单位名称：__________　邮编和地址：______________________________

E-mail：____________　方便的电话：______________________________

感谢您对我们工作的大力支持和帮助，很荣幸接受您的意见和建议。

我们的联系办法：

1）E-mail：　zhouyq@hep.com.cn

2）邮编和地址：100120 北京德外大街 4 号 高等教育出版社 文科分社　周亚权

3）电话：（010）58581965　传真：（010）82080921

（本表可从www.hep.edu.cn或www.hep.com.cn“文科分社”下载）

宗教是什么?

宗教是还没有获得自己或已经再度丧失自己的人的自我意识和自我感觉。

——马克思

一切宗教都不过是支配着人们日常生活的外部力量在人们头脑中的幻想的反映，在这种反映中，人间的力量采取了超人间的力量的形式。

——恩格斯

宗教是关于超人间、超自然力量的一种社会意识，以及因此而对之表示信仰和崇拜的行为，是综合这种意识和行为并使之规范化、体制化的社会文化体系。

——吕大吉

ISBN 978-7-04-013116-1

9 787040 131161 >

定价 47.70元